从西郊到南郊

北魏的迁都与改革

康乐 著

序

"西郊"与"南郊"指的是两种不同的国家祭典，分别代表了两个关系既密切，却又颇有一点距离的文化体系——"西郊"是拓跋人的祭天大典，代表北亚草原游牧文化的一支，"南郊"则是两千年来汉族王朝国家祭典的核心，同样也是祭天的仪式。

在北魏史的研究领域里，孝文帝的迁都与汉化，无疑是个聚光的焦点，特别为中国史家所津津乐道。孝文帝的致力汉化，当然是个无可争议的史实，只是，史家在研究这个主题时，多半强调拓跋人"汉化"的必然性与正确性，有意无意间似乎忽略了当孝文帝开始推动其汉化政策，尤其是迁都洛阳时（493），北魏的国势正处于极盛；然而，就在孝文帝迁都不过三十载之后，北疆即爆发了"六镇之乱"（523），北魏帝国的丧钟自此响起。从某个角度来看，孝文帝热烈推动的迁都与汉化运动，反而间接导致了帝国的土崩瓦解，为何如此？

《从西郊到南郊》叙述的就是这个故事，想解答的则是这样的一个问题。在本书中，笔者除了分析孝文帝汉化运动背后的客观形势压力外，更着重探讨其个人意志在整个过程中所扮演的角色。除此之外，笔者也尝试从反对者——姑且称之为"保守派的代人贵族"——的角度，来了解他们反对汉化的缘由。

希望通过这样一个正反的辩证过程,让我们在一千五百年后的今天,能更清楚地看出当年这出悲剧的来龙去脉。

书与论文的写作形式到底不同。本书收集旧稿十余篇,写作时间前后相距长达七八年,重复之处在所难免,既要成书,斧削自是必要;年岁渐长,涉世日深,观点自也有所不同;新出资料的补充更是写作者的义务。本书面貌与旧作相去甚远,自属必然。然而斧削之举,观点之变,读者见仁见智,意见或许不尽相同。爰将旧稿发表时地列于文末,读者若有兴趣,可自行参阅。

踏入史学领域已有二十年,长路漫漫,如果没有师长亲友的一路扶持,是不可能走到今天的。在这里,要特别感激家人对我无止境的关怀与信心,余英时师多年来的引导与启发,史语所诸友的问难、鼓励与支持,以及当年海外进修时好友夏伯嘉、柯娇燕(Pamela Crossley)的情谊。没有他们,或许就没有本书的问世。个人也深切了解,这一点点的小成果,与他们的期望之间实有甚大落差;然而,来者犹可追,期待今后的努力能尽快地弥补这个差距。此外,在本书的电脑编排过程中,彭明辉兄协助解决许多技术上的问题,特此致谢。最后,谨以本书献给先父尔珪公、先师蓝孟博(文徵)、祁乐同与傅乐成诸位先生在天之灵。

康乐

1994年12月12日

先父逝世九周年纪念

本书章节	旧稿	备注
导言　从草原游牧封建制到家产制	《鲜卑石室的发现》,《历史月刊》,5（1988）	第一节乃修订旧稿而成。其他三节为新作。
第一章　帝室十姓与国人	《〈魏书〉"帝之十族子弟七人"试释》,《食货》,16:7,8（1987）	第一节部分参考旧稿修订而成。
第二章　拓跋魏的国家基础	《代人集团的形成与发展》;《代人与镇人》,《历史语言研究所集刊》,61:3,4（1990）	
第三章　文明的崛起	《北魏文明太后及其时代》（上篇）,《食货》,15:11,12（1986）	
第四章　文明的改革	《北魏文明太后及其时代》（下篇）,《食货》,16:1,2（1986）	
第五章　国家祭典的改革	《从西郊到南郊》,《"中央研究院"第二届国际汉学会议论文集》（1989）	
第六章　民爵与民望	《民爵与民望》,《汉学研究》,4:1（1986）	
第七章　孝道与北魏政治	《孝道与北魏政治》,《历史语言研究所集刊》,64:1（1993）	新增《孝道与〈孝经〉》一节,结论重写。
附录1　北魏的"河西"	《北魏的"河西"》,《大陆杂志》,84:4（1992）	
附录2　司马金龙墓	《北魏的司马金龙墓》,《历史月刊》,13（1989）	
附录3　论李唐氏族	《代人与镇人》注释10	

目 录

导　言　从草原游牧封建制到家产制 001
　　　　一、"鲜卑石室"的发现 001
　　　　二、"森林之民"与"草原牧民" 006
　　　　三、从部落到国家 010
　　　　四、从草原游牧封建制到家产制 021

第一篇　代人集团

第一章　"帝室十姓"与"国人" 035
　　　　一、帝室十姓 035
　　　　二、国人 046
第二章　拓跋魏的国家基础 051
　　　　一、"代"的范围 051
　　　　二、代人集团 056
　　　　三、代人与镇人 084
　　　　四、其他政治团体 095
　　　　五、代人集团的历史意义 102

第二篇　文明太后

第三章　文明的崛起　107
　　一、到权力之路　107
　　二、统治风格　120
　　三、中古时期的女主　124
　　四、影响　128

第四章　文明的改革　132
　　一、背景　133
　　二、目的　138
　　三、文明与孝文　145

第三篇　从西郊到南郊

第五章　国家祭典的改革　154
　　一、早期的国家祭典　154
　　二、孝文帝的礼制改革　165
　　三、礼制改革的回响　183

第六章　民爵与民望　193
　　一、爵制的演变　194
　　二、孝文帝的赐民爵　198
　　三、民爵与民望　200
　　四、时空错置的民爵制　206

第七章　孝道与北魏政治　213
　　　一、孝道与《孝经》　215
　　　二、庙制与服制　229
　　　三、"姓族难分"与"同姓为婚"　243
　　　四、王室氏族共同体的瓦解　252
　　　五、征服王朝与《孝经》　257

第四篇　附　录

1　北魏的"河西"　267
2　司马金龙墓　272
3　论李唐氏族　278
4　代人集团表　280
5　外戚、客与宠幸表　312
6　镇人表　324
7　领民酋长表　334
8　公主婚姻表　340
9　将相大臣年表　343
10　地方长官表　353

王畿图　375
北镇图　376
书　目　377

导 言

从草原游牧封建制到家产制

昔黄帝有子二十五人，或内列诸华，或外分荒服，昌意少子，受封北土，国有大鲜卑山，因以为号。

——《魏书·序纪》

一、"鲜卑石室"的发现

拓跋鲜卑是我国古代北方的民族，在公元4世纪"五胡乱华"的末期进入中原收拾残局，建立了长达一百余年的北魏王朝（398—534），中国史上的南北朝时代，大致即以此一王朝的统一黄河流域为起点。由于在孝文帝统治时期（471—499）推动了一连串的改革，包括中古史上极重要的均田制度，以及易胡服、禁胡语、迁都洛阳等重大的汉化政策，再加上后来创造中国史上黄金盛世的隋唐帝国与此王朝颇有渊源，北魏的历史一直是史学界注意的焦点。可惜的是，关于这个民族的早期历史，我们所知不多，他们虽然自称"鲜卑"，可是当时南朝的史料——例如《宋书》与《南齐书》——却说他们是

"匈奴"[1]；而且他们的文化，从近年考古发掘所知，与公元1、2世纪时游牧于今日内蒙古境内西拉木伦河与老哈河一带，且曾在檀石槐统治时期（150—180）建立过一个强大部落联盟的鲜卑人（亦称"东部鲜卑"），有着显著的差异。他们到底与东部鲜卑有何关系？根本上就是两个不同的民族？还是原本同一起源，只是由于后来的历史因素才逐渐在文化上出现距离？所有这些问题，除非我们能有更多早期拓跋民族的资料，否则就无从着手。

1980年7月30日，呼伦贝尔盟文物管理站在大兴安岭北段嘎仙洞（今日鄂伦春自治旗阿里河镇西北，东经123度36分、北纬50度38分）的石壁上找到北魏太武帝太平真君四年（443）的石刻祝文，初步证实了这个山洞就是当年太武帝派遣中书侍郎李敞前往祭祀其祖先的"石庙"（《魏书》有时亦称之为"石室"）[2]。这个发现不管是对中国古代北方民族史的研究，还是对拓跋鲜卑人的起源问题，都可以提供不少极有价值的线索。

《魏书·序纪》提到拓跋人的远祖时说："国有大鲜卑山，因以为号。"那么，大鲜卑山显然就是早期拓跋人的居地，问题是，大鲜卑山究竟是今天的哪座山？有人说是大兴安岭，也有说是外兴安岭，还有远推至贝加尔湖的。大兴安岭与外兴安岭距离虽较近，相去也有数百公里，贝加尔湖那就更远了。更麻烦的是，所有这些答案都是仅凭推测的，既无文献，更没有实物可资佐证，聚讼虽久，却也始终无法决疑。

1979年，学者米文平决定从考古上设法来解决此一问题。他根据《魏书·礼志》中另外一段有关拓跋祖先居处的记载："魏先之居幽都也，凿石为祖宗之庙于乌洛侯国西北。"（108:1，页2738）认为只要能找到这

---

[1]《宋书·索虏传》："索头虏姓托跋氏，其先汉将李陵后也。陵降匈奴，有数百千种，各立名号，索头亦其一也。"（95，页2321）《南齐书·魏虏传》："魏虏，匈奴种也，姓托跋氏。"（57，页983）

[2]《魏书》，108，页2738—2739；100，页2224。

个"石庙",早期拓跋民族的居地就不难确定了。问题是,就算能找到"石庙",又如何来确定这就是《魏书》中所说的那个"石庙"?所幸,在北魏太武帝时,乌洛侯国派使者来朝贡,提到"石庙如故,民常祈请,有神验焉"等,于是太武帝即遣李敞北上,找到石庙致祭,并"刊祝文于室之壁"(《魏书》,100,页2224)。《魏书》里也保留了这份祝文,这就有了文字资料可供佐证。米文平根据这些资料,首先推断北魏时乌洛侯国的位置应当在今日大兴安岭的嫩江流域(当时称为难江)。其次,他根据《魏书·乌洛侯传》的一段记载,"石室南北九十步,东西四十步,高七十尺"(100,页2224),判断这应当是个天然山洞,因为以拓跋祖先当时的技术,是不可能造出如此大规模的一个建筑物的。基于这些判断,米文平对大兴安岭地区的山洞做了一番调查,最后确定嘎仙洞的规模最为近似。1979至1980年间,他连同一批考古学家对此山洞先后进行了四次发掘,终于在最后一次发掘时,找到了壁上的刻文。"当天下午四时,阳光由西照进洞内,视度很好,我们沿洞内西侧石壁往里走不到一分钟,突然发现眼前石壁上隐约有个'四'字。我简直不敢相信自己的眼睛"[1]。埋没在大兴安岭林区一千五百余年的祝文就此重见天日。

> 维太平真君四年癸未岁七月廿五日
> 天子臣焘使谒者仆射库六官
> 中书侍郎李敞傅菟用骏足一元大武
> 柔毛之牲敢昭告于
> 皇天之神启辟之初祐我皇祖于彼土田
> 历载亿年聿来南迁应受多福

---

[1] 米文平,《鲜卑石室的发现与初步研究》,《文物》,1981:2,页4—7。

光宅中原惟祖惟父拓定四边庆流

后胤延及冲人阐扬玄风增构崇堂剋

揃凶丑咸暨四荒幽人忘遐稽首来王始

闻旧墟爰在彼方悠悠之怀希仰余光王

业之兴起自皇祖绵绵瓜瓞时惟多祜

归以谢施推以配天子子孙孙福禄永

延荐于

皇皇帝天

皇皇后土

皇祖先可寒配

皇妣先可敦配

尚飨

东作帅使念凿

　　与保留在《魏书·礼志》中的祝文相对比，除了字句稍有出入，基本上是相符的，确切证实了这就是李敞所祭拜的"石庙"。此外，在山洞中还发掘出不少打制的石器与陶片，跟完工及扎赉诺尔等地发掘的早期鲜卑墓葬物有着相似的文化特征，这点对于了解石室原住民的族属也提供了不少线索。

　　鲜卑石室的发现对于了解拓跋人早期的历史而言，的确是一大突破，大陆学者在进行这次的发掘前先彻底研究了既存的历史文献，再根据考证所得动手，其结果则是一次考古与历史的完美结合。当然，考古发掘在很多情况下是没有文献可以依循的，鲜卑石室的发现也许不能作为一个通则，不过，它在考古学与历史学中所起的典范作用还是值得我们注意的。

　　只是笔者对于大陆学者就此认定嘎仙洞"即拓跋鲜卑所居住的旧墟石室"，以及这就是他们最早发源地的说法，尚持保留态度。因为根据目前所得资料，我们顶多也只能说嘎仙洞是5世纪时的拓跋人所认为的祖先原居地。我们晓得当拓跋人离开原居地开始南迁时，还没有文字，"石庙"的传说固然早已有之，也只能靠故老口耳相传，连他们两次迁徙的路线都记不清楚，更谈不上留下任何有关"石庙"的地图或方位记载了，否则太武帝也用不着要等到乌洛侯使者来报，才匆匆遣人北上祭拜。然而，来告知此一消息的乌洛侯国，距离北魏的领土有四五千里之遥，也没听说他们原先与拓跋人有任何关系或来往，他们又如何能知道居处附近的嘎仙洞就是数百年前拓跋祖先的原居地？或许嘎仙洞内有些事物足以让太武帝等人相信这就是他们远祖的居处，然而，至少单从嘎仙洞本身发现的文物，是无法直接证明这一点的，或许还有待更进一步的考古发掘。其次，就算拓跋人的祖先曾经在此一山洞停留过，我们也不能就此认定这就是拓跋鲜卑的"发源地"，因为他们还是有可能从别处迁徙到这里的。西伯利亚（Siberia）一名，有人认为即从鲜卑而来，因此主张鲜卑人最早起源于今日西伯利亚一带，后来才逐渐南移的。这个说法虽然还没有直接证据支持，但也不能就认为毫无可能。

尽管如此，鲜卑石室的发现还是有其学术贡献的，至少在所有有关"大鲜卑山"方位的争论中，由于此一石室的发现，大兴安岭一说是要更占优势的。此外，由于东部鲜卑的活动范围亦接近此一地区，那么，如果我们接受此地为拓跋人的一个原居地的话，或许就可以解释他们与东部鲜卑的关系了；换言之，他们原先与东部鲜卑属于同一民族，只是因为迁徙路线的差异，遂导致后来彼此文化的不同。而拓跋鲜卑由于最后迁入河套阴山一带的"匈奴故地"，与匈奴人多少也有些融合，才会被南朝史家认为是"匈奴"[1]。

---

[1]南北朝时有人认为"拓跋"一词即指"父为鲜卑、母为匈奴"者，见姚薇元，《北朝胡姓考》，页6；马长寿，《乌桓与鲜卑》，页30—33。

另外一点值得注意的是，石壁上的刻辞是用汉文书写的。我们知道一直到公元494年孝文帝迁都洛阳，下令禁北语以前，北魏朝廷上所用的还是鲜卑语，太武帝派遣使者千里迢迢远赴大兴安岭祭拜祖庙，怎么会用被征服的汉民族的语言？我们当然可以说这是"汉化"的一个表征，不过，更可能的一个解释是，当时的拓跋人还没有自己的文字，甚至连借用汉字来音译鲜卑语（如后来蒙古人写的《蒙古秘史》）都还没想到。利用汉字或其他文字来译写鲜卑语，显然是较晚的事——比较明确的记载要迟到孝文帝统治时期才出现[1]。因此，石室壁上的汉文刻辞，从某个角度而言，似乎也可反映当时拓跋人的文化水平。

二、"森林之民"与"草原牧民"

如果"鲜卑石室"的确是拓跋人的原居地，那么，他们显然有一段时期应当得归入"森林民族"的范畴。因为当地到今天为止都还属于大兴安岭林区。而树木或森林之所以经常在拓跋人的祭祀或传说中扮演着一个特殊的角色（一直到拓跋人已接受游牧生活，或甚至定居之后依然如此），或许也可以从这个背景得到一个较为妥当的解释。例如，《序纪》中提到拓跋猗㐌（桓帝，305年卒）的事迹时，即有"帝曾中蛊，呕吐之地仍生榆木。参合陂土无榆树，故世人异之，至今传记"（1，页7）；道武帝拓跋珪降生的神话也有"明年有榆生于埋胞之坎，后遂成林"的故事（2，页19）[2]；

---

[1]《隋书·经籍志》："魏氏迁洛，未达华语，孝文帝命侯伏侯可悉陵，以夷言译《孝经》之旨，教于国人，谓之《国语孝经》。"（32，页935）
[2] 印第安的阿帕几人（Chiricahua Apaches）也有类似的习俗，他们将婴儿的脐带和胞衣藏在会开花结果的小矮树或大树上，因为这些树木每年会生枝开花结果，阿帕几人期望婴儿的生命像树一样，每年更新，见阮昌锐，《中国民间宗教之研究》，页3。

一直到李敞奉命北上"石庙"祭拜拓跋祖先时，还"斩桦木立之，以置牲体而还"，传说中也有"后所立桦木生长成林，其民益神奉之，咸谓魏国感灵祇之应也"（《魏书》，108:1，页2738）。颜师古在注《汉书·匈奴传》里"蹛林"一词时，也引鲜卑的习俗作证：

> 蹛者，绕林木而祭也。鲜卑之俗，自古相传，秋天之祭，无林木者尚竖柳枝，众骑驰绕三周乃止。此其遗法。（《汉书》，94:1，页3752）

居住在这样的一个环境里，早期拓跋人的生活形态显然只能以渔猎采集为主。一直到今天，当地的原住民，例如鄂伦春人或鄂温克人，除了技术更为进步外，基本上仍然维持着类似的生活形态。拓跋氏的祖先到底在嘎仙洞一带住了多久，我们已无从查考。不管怎么说，照《魏书》所言，在氏族长推寅领导时，拓跋人决定离开森林，"南迁大泽"。这里所谓的"大泽"，根据近代学者考证，应该就是今日呼伦池与贝尔湖附近，至于迁徙的时间，以《魏书·序纪》世系来推算，大约是在公元1世纪左右。

从《魏书》看来，呼伦贝尔地区留在拓跋人脑海中的印象似乎并不太好，《魏书》里的描述是"厥土昏冥沮洳"，而传说中也有"神人言于国曰:此土荒遐，未足以建都邑，宜复徙居"的记载（1，页2）。尽管如此，从自然环境上而言，这个地区却是所谓欧亚大草原的东部边缘，至迟在春秋时期即已步入游牧社会，迁徙到这里的拓跋人想必也无可避免地踏上游牧化的历史过程。这一点从近年大陆学者在呼伦贝尔草原的考古发掘中也可部分地得到证实[1]。类似地，从森林之民转变为草原牧民的故事在后世还不断重演，蒙古人就是个最好的例子。

---

[1] 宿白，《东北内蒙古地区的鲜卑遗迹》，《文物》，1977:5，页49—50。

众所周知，12—13世纪纵横于欧亚大陆的蒙古人当然是以游牧民族闻名于世，只是，根据波斯史家拉施特哀丁（Rachid-Eddin）以及《蒙古秘史》的记载，当时的蒙古人除了草原游牧部落（Ke'er-ünirgen）外，还有一些居住在森林、以狩猎为生的部落（hoyin irgen）[1]。当铁木真崛起时，他的氏族——孛儿只斤（Borjigin）氏族——固然已是个纯粹的草原游牧部落，然而值得注意的是，铁木真早年的游牧地——斡难、克鲁涟与土兀剌河流域，亦即蒙古游牧部落公认的发源地——离呼伦贝尔草原并不远（克鲁涟河即流入呼伦池），而属于大兴安岭林区的额尔古纳河流域在当时也还住有不少蒙古的森林居民。其实，根据近代学者的研究，蒙古人的祖先——室韦族的蒙兀部（亦称为"蒙兀室韦"）——原本即为居住在额尔古纳河流域的森林民族[2]。只是，由于史料有阙，他们转变成草原牧民的过程，我们今日已不甚了然。不过类似的游牧化过程，即使是在铁木真的时代，也还在持续进行中。《蒙古秘史》即曾记载过某个豁里剌儿台蔑儿干（Xorilartai-mergen）氏族从森林部落豁里秃马惕（Xori-Tumad）分化出来成为草原牧民的故事[3]，俄国蒙古学者符拉基米尔佐夫的结论是：一部分"森林"居民开始受邻近游牧民的影响，其经济结构发生了变化，即朝游牧生活演变，逐渐向这方面过渡[4]。

部分鄂温克人显然也走过类似的途径。由于时代距今较近，有关他

---

[1] 符拉基米尔佐夫，《蒙古社会制度史》，页54—56。
[2] 傅朗云、杨旸，《东北民族史略》，页72、122；参见《魏书·失韦国传》，100，页2221。
[3]《蒙古秘史》第9节；详见符拉基米尔佐夫，《蒙古社会制度史》，页56。
[4] 见《蒙古社会制度史》，页57。从某些角度看来，森林之民与草原之民的生活并不能那么截然划分开来，例如森林民族赖以维生的狩猎其实也是草原牧民重要的生计之一，他们与森林狩猎民的不同之处主要在于他们拥有羊群（对纯粹狩猎民而言，照管羊群可是件难以应付的事情）；其次则是在居住方面——森林民住在以桦树皮和其他木料搭成的简便棚子里，游牧民则居住在可移动的、"有毛毡的帐裙"里（页66）。

们游牧化的过程,我们所能掌握的资料较多,只是,与早期其他许多民族的转变过程比较起来,他们步入游牧生涯的开端似乎要戏剧性与人为化得多了。雍正十年(1732),为了巩固边防,清政府将1636名鄂温克士兵移驻于呼伦贝尔草原,与部分达斡尔人及鄂伦春人编成50个牛录,分隶八旗,并发给牛、羊、马等牲畜,令其游牧,这应该就是鄂温克人接触游牧事业的开始。其后,在森林中的鄂温克人陆续加入此一行业,到今日从事畜牧业的已占全族总人口的半数以上[1]。

从上述这些例子看来,北亚的森林民族之转变为草原牧民,似乎已是千百年来的常态,其间固然有各部落,或甚至个别氏族与家族的各自考量,却也有其客观的因素存在:易言之,自从游牧生活发展成人类社会一种重要的经济生产形态后,欧亚大草原很快即成为这种经济形态的大本营,而在其周围的森林地带,亦即从大兴安岭经贝加尔湖、直抵叶尼塞河与额尔济斯河流域的地区,在人口增长与物资不足的双重压力下,转变成欧亚草原游牧社会补充其人力资源的主要供应站,显然是再自然不过的事了。

还可一提的是,森林民族的这种游牧化过程并非全面性的,换言之,总是会有一部分族人留在森林中,继续过着他们采集渔猎的生活。今日的鄂温克族仍有相当多的一部分人是住在森林中、依赖渔猎为生的("鄂温克"的意思即为"住在大山林中的人们")[2]。铁木真时代的蒙古人也还有不少是以森林狩猎为生的。以此类推,当年应该也有一些拓跋人尚留在原居地。根据史料记载,明清时期东北的少数民族中有锡伯一族,以渔猎为生,而民族学者一般认为,"锡伯"一词应即"鲜卑"之转音,故锡

---

[1] 吕光天,《鄂温克族》,页8、14。
[2] 鄂温、鄂伦即"奥伦",在鄂温克与鄂伦春语言里皆有"山岭""驯鹿"之义,见《东北民族史略》,页170、172。

伯族可能是古代鲜卑人的后裔；藏在沈阳的《太平寺碑记》也提到，历史明载世传之锡伯部族原居海拉尔东南扎赉托罗河一带[1]，扎赉托罗河即今日之绰尔河，介于呼伦贝尔草原与嘎仙洞之间。换言之，锡伯族的原居地恰为当年鲜卑拓跋人活动的地区，就此而言，他们确有可能是早期鲜卑拓跋人的后裔。只是年代悬隔久远，当地民族混杂又极为频繁，此一说法是否确切，还有待更多的资料来证明了。

三、从部落到国家

大约在公元2、3世纪之交，拓跋人出现在《魏书》称之为"匈奴故地"，亦即阴山一带的漠南草原地区。汉人的文献中自此开始有关于这支部落的记载，他们本身的记忆也逐渐摆脱神话传说的色彩，换言之，我们似乎可将之视为拓跋人跨入历史时期的开始。

拓跋人到底在呼伦贝尔草原逗留了多久，我们已不得而知。至于他们离开的原因，倒是比较容易理解的——从上述他们对呼伦贝尔地理环境的抱怨（"厥土昏冥沮洳"）看来，当时此地的沼泽似乎还是太多，这对他们发展游牧事业显然是不利的。从拓跋人以后的历史发展来看，这次的迁徙无疑是他们命运的一个转捩点，因此，相关的记忆也较多一些。拓跋人详细的迁徙路线已无从查考，不过，照《魏书》所说的"山谷高深，九难八阻"这句话看来，他们当年大概是沿着大兴安岭西部边缘南下的。传说中还提到他们的"神兽"——"其形似马，其声类牛"的一种动物——曾经现身，引导他们走出山区。照《魏书》描述的情状看来，这个"神兽"极有可能是头鹿，因为一直到今天，居住在森林中的鄂温克人仍然以驯

---

[1]《东北民族史略》，页174—175。

鹿为其主要的交通运输工具（"鄂温克"或"鄂伦春"一词，除了上述含义外，另一个意思即为"有驯鹿的人们"[1]）。

传说中除了简单的迁徙事迹外，还提到在迁徙之前氏族长拓跋邻"七分国人"、重编氏族组织的经过。这是我们所知最早的有关拓跋人氏族组织的记载：

> 至献帝（拓跋邻）时，七分国人，使诸兄弟各摄领之，乃分其氏。自后兼并他国，各有本部，部中别族，为内姓焉。年世稍久，互以改易，兴衰存灭，间有之矣，今举其可知者。献帝以兄为纥骨氏，后改为胡氏。次兄为普氏，后改为周氏。次兄为拔拔氏，后改为长孙氏。弟为达奚氏，后改为奚氏。次弟为伊娄氏，后改为伊氏。次弟为丘敦氏，后改为丘氏。次弟为侯氏，后改为亥氏。七族之兴，自此始也。又命叔父之胤曰乙旃氏，后改为叔孙氏。又命疏属曰车焜氏，后改为车氏。凡与帝室为十姓，百世不通婚。（《魏书》，113，页3005—3006）

此即"帝室十姓"的出现，相关的问题详见《"帝室十姓"与"国人"》一章，这里只想提出两个比较值得注意的现象：第一，不管拓跋人在呼伦贝尔草原停留了多久，在他们离开时，氏族成员显然已有大幅增加，因此才会由拓跋氏一族析为八族，而帝室十姓也就成为拓跋人迁徙南下时的基本队伍。其次，根据姚薇元的考证，十族里的纥骨氏与乙旃氏皆为高车人种[2]，这点说明了拓跋人进入草原后，已逐渐与其他的草原民族相

---

[1] 参见第9页注2。拓跋人对鹿似乎也有特别的兴趣，神䴥四年（431）十一月，太武帝行幸漠南，北部敕勒莫弗库若干还特别"率其部数万骑，驱鹿数百万，诣行在所，帝因而大狩以赐从者，勒石漠南，以记功德"（《魏书》，4:1，页79）。
[2] 《北朝胡姓考》，页9、23—24。

互融合，这种融合的趋势一直到拓跋人建立国家时，都还在持续进行中，对于草原游牧民族而言，这应该也是个常见的现象。

迁到漠南草原的拓跋人，比起初离森林时期，人口虽然已有增加，但较之游牧于漠南草原的其他部落而言，却仍显得相当微弱，这就是他们初到漠南时尚须依附于没鹿回部——即后来的纥豆陵部，孝文帝时改姓窦氏——的原因。

> 始祖神元皇帝讳力微立。……元年，岁在庚子（220）。先是，西部内侵，国民离散，依于没鹿回部大人窦宾。……久之……始祖请率所部北居长川，宾乃敬从。积十数岁，德化大洽，诸旧部民，咸来归附。二十九年（248），宾临终，戒其二子，使谨奉始祖。其子不从，乃阴谋为逆。始祖召杀之，尽并其众，诸部大人，悉皆款服，控弦上马二十余万。三十九年（258），迁于定襄之盛乐。夏四月，祭天，诸部君长皆来助祭，唯白部大人观望不至，于是征而戮之，远近肃然，莫不震慑。(《魏书》，1，页3)

这段简短的记载，叙述了拓跋人在部落长力微的领导下，逐渐挣脱附庸的身份，并在数十年后建立起一个强大的联盟，成为漠南一带游牧部落共主的经过。资料的来源想必就是《魏书·乐志》里所说的《真人代歌》：

> 凡乐者乐其所自生，礼不忘其本，掖庭中歌《真人代歌》，上叙祖宗开基所由，下及君臣废兴之迹，凡一百五十章，昏晨歌之，时与丝竹合奏。郊庙宴飨亦用之。(《魏书》，109，页2828)

这一百五十章原先仅靠传统吟唱方式流传的《真人代歌》，在某个时期似乎曾经以文字的形式保存下来,《隋书·经籍志》里所登录的《国语真歌》极有可能就是它的写定本（32，页935）。可惜的是，这部作品最终并没能留传到后世，否则我们今天也许就多了一部可与《蒙古秘史》相媲美的英雄史诗。

缺乏了这批资料的辅助，对于从拓跋力微到拓跋珪建国的这一段历史（220—398），我们所能依赖的就只剩下《魏书》。只是从上述所引的记载看来，《魏书》偏重的还是政治方面的事务，拓跋部落联盟的盛衰固然可以从中得其大概，其他的一些问题，例如当时拓跋人的社会组织，以及他们比较常用的游牧方式——"阿寅勒"（ail，亦即小单位的游牧组合），抑或是"古列延"（küren，大单位的游牧组合）[1]，《魏书》所能提供的线索就相当有限了。然而，对于解答另一个核心问题——国家的起源——而言，这些信息却是极具关键性的。

在资料的问题无法有效解决的情况下，此处我们不拟——实际上也无从——深入探讨拓跋人"国家起源"的问题[2]；至少是，无法在这个问

---

[1] "阿寅勒"及"古列延"皆为蒙古族用语，游牧社会一般采用的是"阿寅勒"的游牧方式，然而碰到战乱时，为了防卫，即会采用"古列延"的方式，参见《蒙古社会制度史》，页59—61。

[2] "国家的起源"是个学术史上的老课题，早在古希腊时代，亚里士多德即曾提出过这方面的理论。对于研究早期拓跋历史的学者而言，拓跋国家的起源是一个相当重要的课题。因为从正统马克思学派的立场来看，"国家形成与否"是了解某个社会财富、阶级分化程度的重要指标之一。就世界学术界而言，"国家的起源"也是近数十年来相当热门的一个问题，除了历史学学者外，考古学、人类学与社会学学者也纷纷加入，各种理论层出不穷，有战争、阶级分化、生态、意识形态与贸易（或对外关系）等说法，立论的根据则有考古发掘、历史文献资料、游牧社会与（特别是）非洲部落社会的田野调查等。每一说法皆有其各自的拥护者，阶级分化说是正统马克思主义学者的标记，战争说的群众基础最为稳固，生态、意识形态与对外关系则是后起之秀，各个阵营党同伐异，争论不休，最后往往陷入"鸡生蛋还是蛋生鸡"的起源论的困境中。就以"战争起源论"来说，由于"国家"此一组织最显著的特征是强制与暴力，而士兵的训练与战事的遂行皆免不了要诉诸强制与暴力；此外，由战争组织演化出政治与权力分化的现象亦屡见不鲜，例如战争会产生"领导者"与"被领导者"的关系，战争的成败又会导致

题上寻找到一个通则性的解释。法国史学家布洛克（M.Bloch）在《史家的技艺》一书里即对某些热衷于追寻"起源"的史学家提出强烈的批评（他称此为一种"对起源的偶像崇拜"或"对起源的偏执狂"），因为，一切历史研究的特色乃在于其对象"绝不能与其发生的时刻分开来了解"[1]。对于这个问题，杜正胜提出的一个看法或许是较为中肯的："国家起源不仅是时代划分的问题，往往也涉及'国家'的界定，定义不同，权衡一个社会是否达到国家的标准自然不一致，论断国家起源的时代乃产生种种异说。……依据的经验既不一律，自然无法求得一个适用于不同时代和不同地区的准则。勉强划一，个人作文或许方便，对实体的了解恐怕没有太大的帮助。"[2]

照韦伯的取径，从"支配"的角度下手，固然也是个可能的途径，只是同样的，由于资料的缺乏，我们还是无法深入探讨早期拓跋人内部支配形成的基础问题，尽管某种形式的支配的存在确是毋庸置疑的，这

"支配者"与"被支配者"关系的形成，换言之，构成政治（或说国家）组织的几个要素似乎都与战争脱不了关系，战争因此自然被视为国家起源的最直接因素。问题是，反对派的学者也有他们的意见："国家的形成并非由于战争，而是为战争所促成，或者说，由于战争的威胁所促成。"换言之，战争只能说明国家如何形成，而非为何，战争背后的因素在他们看来，才是更根本的关键（H.J.M., Claessen, & P. Skalnik, "Ubi sumus? The Study of the State Conference in Retrospect", *The Study of the State,* p.473）。类似的困境似乎也是其他各说都会面临的。

也因此，尽管在"国家起源"的问题上，韦伯似乎有着"战争说"的倾向，例如在讨论卡理斯玛支配时，他就谈到由一个军事英雄所开创出来的"战侯国制"（《支配社会学》，页336—338）；然而，基本上他所关心的问题还是"支配"，因为，"任何我们可以想象得到的制度，都不能没有权力——即使是最为有限的——来发号施令；因此，就有支配"（《支配的类型》，页25）；从此一角度而言，"国家"其实也只不过是一种较为复杂的权力与支配的关系罢了；既然"支配"普遍存在于所有的制度或团体里，那么，"起源"显然就不是那么要紧的问题了，至少对韦伯而言的确如此，对他来说，支配的"正当性"（Legimität）基础何在，毋宁说是更为关键性的。

[1] 布洛克，《史家的技艺》，页35—40。
[2] 杜正胜，《中原国家的起源及早期的发展》，《古代社会与国家》，页158。

点从前后两次的长途迁徙,以及拓跋邻"七分国人"的行动即可得到证明。基于这些因素,在本书里,我们以公元398年拓跋珪进入中原,夺取河北、山西两地,定都平城为分界点,在此之前的拓跋政权,不管其体制(官僚制、法律等)发展到什么程度,也不管其君长握有多少权力,我们一概称之为"联盟"或"部落联盟",只有在拓跋珪正式定都平城后,我们才视之为一个"国家"。其间的标准则在于:在此之后的拓跋政权才拥有一块比较清楚的"领土"(因此也才有所谓的"边疆"与"镇戍"),有了一个比较固定的"都城",还有——更为重要的——一支"常备军"[1]。从这个角度来看,昭成帝时(什翼犍,338—376)虽然已有所谓的"百官众职"、简单的法律、大致固定的都城(盛乐),甚至还有年号(建国),在本文中却并不将之视为"国家"。必须强调的是,这样的一个标准纯粹只针对当时特定的时空环境而设,笔者并无意将其视为一个普遍性的"国家"的定义。

在此界定下,一个较值得我们注意的现象,倒是拓跋人迁徙到漠南后所处的经济生态环境。公元2、3世纪之交出现在漠南一带的拓跋人固然已是个游牧部落,然而他们在建国之前与农业城居民族却曾经有过一段相当密切的交往,这个经验对他们日后建立国家应该有某种程度的助益。要提醒的是,此处所说的农业城居民族并不单指当时中夏的汉族王朝,更重要的是山西北部勾注山脉南北与桑干盆地一带——亦即当时雁

---

[1]这并不是说拓跋部落或联盟首长就完全没有自己的军队,军事扈从——蒙古人称之为"伴当"(nökör,那可儿)——总是有的,符拉基米尔佐夫在《蒙古社会制度史》一书中曾说:"巩固和组织军事随从——那可儿,是古代蒙古首领们,特别是罕的最重要的事业。……因此,可以看到罕怎样把军事随从组成常备的队伍,组成正规的亲卫。"(页153)拓跋人应该也不例外。后面所提到的西晋末年亡入拓跋部落的汉人"宾客",有一部分即构成部落首长的"军事扈从",因此也才有"旧人忌新人悍战"的说法。只是这支军队的规模似乎并不大,什翼犍末年在抵挡苻坚的入侵时,根据《魏书》记载,所调动的军队主要还是部落军(1,页16)。

门、新兴与代郡等地——的城镇居民。这个地区是中国历史上有名的"边缘地带"[1]，换言之，也就是农牧交会之处。农牧民的来往频繁照说并不足为奇，然而，我们晓得，当中夏的汉族王朝国力较强，对边境秩序尚能有效控制时，居住在这个地区的城镇居民与游牧民是相当程度地被隔离开来的，交往互市只能局限在某些特定地点，魏晋初期大致即是如此。拓跋力微在公元258年成功地建立部落联盟后，鉴于当时边境的情势并不十分有利于劫掠的进行，因此决定采取和平手段，亦即纳质子于魏（继之则为晋）以交换互市[2]。关于这段经过，《魏书》有如下的记载：

> 始祖（力微）乃告诸大人曰："我历观前世匈奴、蹋顿之徒，苟贪财利，抄掠边民，虽有所得，而其死伤不足相补，更招寇雠，百姓涂炭，非长计也。"于是与魏和亲。……遣子文帝如魏。……聘问交市，往来不绝，魏人奉遗金帛缯絮，岁以万计。（1，页3—4）

只是这样的边境秩序并没能维持太久，爆发于公元3、4世纪之交的"八王之乱"绵延长达十余年，严重削弱了晋王朝的国力，到公元4世纪初时，帝国的边防体系实已形同瓦解，尤其是山西一地，自公元301年后，由于匈奴族刘渊的起兵，中央号令基本上已不行于此，少数尚效忠

---

[1] 拉铁摩尔（O. Lattimore）在《中国的边疆》（*Inner Asian Frontiers of China*）一书里曾经指出，沿着中国长城线的南北存在着一条宽数百公里的"边缘地带"（marginal land），包括今天的内蒙古高原南部、桑干盆地、河套、陇西高原及河西走廊（页423）。关于此一地区从东汉末至晋初（180—260）的变迁，《晋书·地理志》有一段简单的记载："（东汉）灵帝末，羌胡大扰，定襄、云中、五原、朔方、上郡等五郡并流徙分散。建安十八年（213），省入冀州。二十年，始集塞下荒地立新兴郡，后又分上党立乐平郡。魏黄初元年（220），复置并州，自陉岭（勾注山）以北并弃之，至晋因而不改。"（14，页428）
[2] 不过，根据《晋书》的记载，力微仍是当时晋王朝的主要边患之一。《卫瓘传》中说："于时幽并东有务桓，西有力微，并为边害。"（《晋书》，36，页1057）

于晋室的地方官吏，例如刘琨，名义上虽然还带着"并州刺史"的头衔，实际上号令仅及于山西北部的几个郡县，而且这还是靠着拓跋联盟的鼎力相助才办到的。随着拓跋联盟势力在穆帝（猗卢，304—312）死后的中衰，刘琨的地方政权也宣告瓦解，山西北部很快就陷入一种无政府的状态，当地的城镇居民虽然必须与周遭的强权维持某种友好的关系，在一些短暂时期里甚至完全附属于某个政权，却基本上可说是自治的，这样的情况大致上一直维持到4世纪末拓跋珪建立国家。

公元4世纪初中原的大乱，以及随之而来的，山西北部（实际上可说是整个华北）长期的无政府或半自治的状态，对游牧于其附近的拓跋人而言，到底有何影响，这是此处关心的问题。比较容易观察到的现象就是大量的晋人（主要来自雁门、代郡、上谷等地，亦即山西、河北沿长城边疆地区）为了逃避战乱而投奔到拓跋联盟旗下，尤其是在桓帝（猗㐌，292—302）、穆帝及昭成帝等几个联盟内部比较稳定的时期。《魏书》卷二十三、二十四及二十八所记载的有一部分即为这些人的事迹，在桓、穆两帝时代，他们被称为"新人"，本书则将之列入"客"范畴（详见《拓跋魏的国家基础》一章）。这些"宾客"与拓跋人（尤其是贵族）之间的关系自然并不永远都是融洽无间的，公元312年穆帝死后拓跋联盟的内乱，就曾迫使他们大量南下回归到刘琨那儿：

> （拓跋）六脩之逆，国内大乱，新旧猜嫌，迭相诛戮。（卫）雄、（姬）澹并为群情所附，谋欲南归，言于众曰："闻诸旧人忌新人悍战，欲尽杀之，吾等不早为计，恐无种矣。"晋人及乌丸惊惧，皆曰："死生随二将军。"于是雄、澹与刘琨任子遵率乌丸、晋人数万众而叛。（《魏书》，23，页602—603）

当联盟陷于分崩离析之际，类似的情况想必都在所难免。这对汉人势力在联盟中的持续扎根茁长自然有所妨害，然而，他们所构成的"宾客扈从"团体对于君主权力的扩张、施政，乃至其他拓跋上层贵族的影响，仍是不可忽视的。

其次，由于晋王朝的瓦解，原有的边防系统不再存在，自公元4世纪初开始，拓跋人已可自由地与游牧所在地附近（主要是山西北部）的城镇居民来往，从而在当地形成一种游牧者与定居者共存的局面。由于史料不足，我们今日已无法如实重绘出当年双方来往的情况，平心而论，这种共存的局面当然不可能一直都是和平的，例如《魏书·燕凤传》中就曾经提到双方一度剑拔弩张的场景：

> 燕凤，字子章，代人也。好学，博综经史，明习阴阳谶纬。昭成素闻其名，使人以礼迎致之，凤不应聘。乃命诸军围代城，谓城人曰："燕凤不来，吾将屠汝。"代人惧，送凤。昭成与语，大悦，待以宾礼。后拜代王左长史，参决国事。又以经授献明帝。（《魏书》，24，页609）

只是，我们却也看不出其间存在着一种由于战争而出现的制度化的附庸或臣属关系，至少并不明显。

长久以来大量汉人宾客的出入于部落，以及与邻近城镇居民长期相处的经验，使得拓跋人与其他的游牧民族，例如早先的匈奴人、后来的突厥人与蒙古人，在基本心态上有着相当的距离，其中最具体而明显的就是他们很早即表现出对筑城的强烈兴趣[1]，《序纪》中记载的就有下列几件：

---

[1] 司马迁在《史记·匈奴列传》里描述匈奴人的习俗："随畜牧而转移，……逐水草迁徙，毋城郭常处耕田之业。"（110，页2879）虽然在公元前119年，卫青、霍去病率军越大漠北击匈

一、穆帝六年（309），"城盛乐以为北都，修故平城以为南都。帝登平城西山，观望地势，乃更南百里，于灅水之阳黄瓜堆筑新平城，晋人谓之小平城"（《魏书》，1，页8）。

二、惠帝（拓跋贺傉，321—325），"四年（324），帝始临朝，以诸部人情未悉款顺，乃筑城于东木根山，徙都之"（《魏书》，1，页10）。

三、烈帝（拓跋翳槐，329—335，337），"后元年（337），城新盛乐城，在故城东南十里"（《魏书》，1，页11）。

四、昭成帝（什翼犍），"三年（340）春，移都于云中之盛乐宫。四年秋九月，筑盛乐城于故城南八里"（《魏书》，1，页12）。

这里面什翼犍移都盛乐与筑城一事值得提出略作讨论。什翼犍原先是想建都在桑干盆地南端的灅源川："二年夏五月，朝诸大人于参合陂，议欲定都灅源川，连日不决，乃从（平文）太后计而止。"（《魏书》，1，页12）此事在《皇后列传》中叙述得更为详尽："昭成初欲定都于灅源川，筑城郭，起宫室，议不决。（太）后闻之，曰：'国自上世，迁徙为业。今事难之后，基业未固。若城郭而居，一旦寇来，难卒迁动。'乃止。"（《魏书》，13，页323）

奴时，曾逐北至"寘颜山赵信城而还"（《汉书·匈奴传》，94:1，页3769—3770），此外，壶衍鞮单于时（85—68B.C.），也有"卫律为单于谋，穿井筑城，治楼以藏谷，与秦人守之"的记载，不过这可能是给投降的汉人居住的，而且随后即有人认为"胡人不能守城，是遗汉粮也"，卫律遂停止此项计划（页3782）。不管怎么说，在汉匈数十年的战争里，我们始终看不到匈奴人凭城据守的场面。突厥在毗伽可汗时，一度有建城壁寺观之意，结果为宰相暾欲谷所谏止，理由是："突厥人户寡少，不敌唐家百分之一，所以常能抗拒者，正以随逐水草，居处无常，射猎为业，又皆习武。强则进兵抄掠，弱则窜伏山林，唐兵虽多，无所施用。若筑城而居，改变旧俗，一朝失利，必将为唐所并。"（《旧唐书》，194:1，页5174）蒙古人一直到1235年时，窝阔台才首度在鄂尔浑河流域建立都城，亦即哈剌和林，不过这已经是在灭金、领有整个华北之后的事了（《蒙古社会制度史》，页70—72；札奇斯钦，《蒙古文化与社会》，页57）。契丹人倒是在内蒙古西拉木伦河流域建了不少巨大的城郭，然而契丹人本为耕牧兼营的民族，自阿保机开始即有筑城的经验，早在公元918年即筑城临潢以为皇都（太宗时改称上京），逮辽太宗取得燕云十六州以后，与汉族更有直接共同生活的经验，这点倒是比较接近拓跋人的。

平文太后与诸部大人之所以反对定都灅源川，固然是因为什翼犍打算在那儿"筑城郭，起宫室"，因此太后也特别针对这点提出警告："若城郭而居，一旦寇来，难卒迁动。"然而，他们真正顾虑的或许还是战略地理的因素——灅源川在今日山西雁门关北，距离拓跋人当时根本所在地的盛乐（今内蒙古呼和浩特市和林格尔县）过于遥远，南方又有大敌虎视眈眈（例如石赵、慕容燕等），其间可守的天险就只有勾注山一线，缓冲的空间未免太小——而非基于游牧传统，从根本上反对筑城，因为接着什翼犍就在次年移都盛乐，并"筑盛乐城于故城南八里"，而这些举动并没有遭到太后与诸部大人的任何阻力。

　　拓跋人与其他游牧民族在心态上的差异当然不只筑城一端，只是筑城一事，正如逯耀东在《从平城到洛阳》一书中所指出的，的确可作为区分农业与草原游牧两种不同文化形态的重要指标（页25）。虽然我们并不能就此认为当时的拓跋人即已步入农业社会[1]，但不管怎么说，作为长期与城镇居民互动的结果，拓跋的统治阶层至少在某个程度上已经相当能接受定居民族的一些生活模式，筑城就是个最好的例证。明乎此，对于公元4世纪末拓跋珪击败慕容燕取得山西、河北后，决定仿照中原农业汉族王朝的模式建立起一个国家，例如解散部落、组织一支常备军、在新征服地区留驻一支庞大的镇戍部队（最多时达到四万人）、大兴土木将平城建为都城、立宗庙、定礼乐律令等措施，我们或许就不会感到过于惊讶。

---

[1] 唐长孺，《拓跋国家的建立及其封建化》，《魏晋南北朝史论丛》，页207—208、220。此外，当时这一地区的游牧民族似乎普遍学到筑城的技巧，对筑城也表现出相当大的兴趣。例如拓跋人的深仇大敌铁弗部，在赫连勃勃时（407—425），"不置郡县，惟以城为主，战胜克敌，则徙其降房，筑城以处之"（洪亮吉，《十六国疆域志·夏国》，16，页440）。

四、从草原游牧封建制到家产制

然而,如果拓跋珪就此认为他已经打造出一个长治久安的局面,那也未免太过于乐观。形式上,一个以汉族王朝为范本的国家是建立起来了,主观上,拓跋珪也希望他在这个新兴国家里的地位——至少相对上——能如传统汉族王朝皇帝一样稳固。这种希望具体呈现在他在天兴三年(400)十二月连续发布的两道诏书上:

> 世俗谓汉高起于布衣而有天下,此未达其故也。夫刘承尧统,旷世继德,有蛇龙之征,致云彩之应,五纬上聚,天人俱协,明革命之主,大运所钟,不可以非望求也。然狂狡之徒,所以颠蹶而不已者,诚惑于逐鹿之说,而迷于天命也。故有踵覆车之轨,蹈衅逆之踪,毒甚者倾州郡,害微者败邑里,至乃身死名颓,殃及九族,从乱随流,死而不悔,岂不痛哉!春秋之义,大一统之美,吴楚僭号,久加诛绝,君子贱其伪名,比之尘垢。自非继圣载德,天人合会,帝王之业,夫岂虚应。历观古今,不义而求非望者,徒丧其保家之道,而伏刀锯之诛。有国有家者,诚能推废兴之有期,审天命之不易,察征应之潜授,杜竞逐之邪言,绝奸雄之僭肆,思多福于止足,则几于神智矣。如此,则可以保荣禄于天年,流余庆于后世。夫然,故祸悖无缘而生,兵甲何因而起?凡厥来世,勖哉戒之,可不慎欤!(《魏书》,2,页37)

> 上古之治,尚德下名,有任而无爵,易治而事序,故邪谋息而不起,奸慝绝而不作。周姬之末,下凌上替,以号自定,以位制禄,卿世其官,大夫遂事,阳德不畅,议发家陪,故衅由此起,兵由此作。秦汉之弊,舍德崇侈,能否混杂,贤愚相乱,庶官失序,任非其人。于是忠义之

道寝，廉耻之节废，退让之风绝，毁誉之议兴，莫不由乎贵尚名位，而祸败及之矣。古置三公，职大忧重，故曰"待罪宰相"，将委任责成，非虚宠禄也。而今世俗，咸以台辅为荣贵，企慕而求之。夫此职司，在人主之所任耳，用之则重，舍之则轻。然则官无常名，而任有定分，是则所贵者至矣，何取于鼎司之虚称也。夫桀纣之南面，虽高而可薄；姬旦之为下，虽卑而可尊。一官可以效智，荜门可以垂范。苟以道德为实，贤于覆悚蕃家矣。故量己者，令终而义全；昧利者，身陷而名灭。利之与名，毁誉之疵竞；道之与德，神识之家宝。是故道义，治之本；名爵，治之末。名不本于道，不可以为宜；爵无补于时，不可以为用。用而不禁，为病深矣。能通其变，不失其正者，其惟圣人乎？来者诚思成败之理，察治乱之由，鉴殷周之失，革秦汉之弊，则几于治矣。

（《魏书》，2，页38）

诏书虽长，想传达的意旨却很简单：帝王之位乃天命所归，其他人万万不可有非分之想，以免招致杀身灭族之祸，最为明智的做法就是不要在乎名位，尽心尽力地为君主服务。然而，诏书固然具体表达了他的期望，却也相当程度地泄露出他内心深处的疑惧，担心某些人不愿承认他地位的正当性，问题是，他为何会有这样的疑惧？担心的又是哪些人？

严格说来，这并不是什么大不得的事，凡是身居高位者大概总是免不了会有类似的疑惧，只是拓跋珪的处境却的确有其特殊之处。第一，他是以一个外族人的身份入主中原的，统治下的人民除了大量的汉人外，还有其他各族人民，尽管所谓的"夷夏之防"与种族主义的观念在当时并没有那么强烈，但如何让这些不同种族的人都顺服于他的统治，终究还是个颇伤脑筋的问题。在争取这些被统治者的认同上，拓跋珪能做的实际上相当有限，因为他的政权本质上仍是个征服政权，对被统治者固然也有让步妥协之处，例如，以高官厚爵笼络各族有力人士，允许他们在某个程度之内处理其部落或宗族的内部事务，甚至包办赋税及力役的缴纳与征集（亦即所谓的"宗主督护制"，详见《文明的改革》一章）。然而，这些让步充其量只能算是次要的，更基本而具有普遍性的统治手段仍是军事高压的控制。明元帝神瑞二年（415），秋谷不登，平城陷入饥荒，太史令王亮、苏垣上言谶书国家当治邺，应大乐五十年，劝明元帝迁都，结果遭到崔浩与周澹的反对：

> 今国家迁都于邺，可救今年之饥，非长久之策也。东州之人，常谓国家居广漠之地，民畜无算，号称牛毛之众。今留守旧都，分家南徙，恐不满诸州之地。参居郡县，处榛林之间，不便水土，疾疫死伤，情见事露，则百姓意沮。四方闻之，有轻侮之意，屈丐、蠕蠕必提挈而来，云中、平城则有危殆之虑，阻隔恒代千里之险，虽欲救援，赴之甚难，如此则声实俱损矣。今居北方，假令山东有变，轻骑南出，耀威桑梓之中，谁知多少？百姓见之，望尘震服。此是国家威制诸夏之长策也。（《魏书》，35，页808）

这一番话直截指出拓跋政权的武力征服性格及其立都平城的必要性，根据《魏书》所载，明元帝就此打消了迁都的念头。而这件事也有助于我们了解当年（398）拓跋珪在巡视河北新征服地时，虽曾一度有意定都于邺，终究还是打消此一念头的缘故[1]。

---

[1] 拓跋珪平定河北，"至邺，巡登台榭，遍览宫城，将有定都之意"（《魏书》，2，页31）。邺在北魏政治史上的重要意义，详见劳榦，《北魏后期的重要都邑与北魏政治的关系》，《劳榦学术论文集甲编》，页939—950。

这种武力征服的本质，从中原士族在拓跋政权里的亲身经历即可明白看出。为了建立一个汉式王朝并统治黄河中下游广大而复杂的汉族农业社会，拓跋政权当然需要当地士族的协助，因此，从拓跋珪时代开始，拓跋政权对于征召这些士族为其政权服务就不遗余力，而且多半使用胁迫的手段——例如开国时为北魏制定典章制度的崔宏，就是拓跋珪在征服河北时，"遣骑追求，执送于军门"的（《魏书》，24，页620）；而其他曾经任职于北魏朝廷的中原士人，要不就是在公元398年拓跋珪启程返回平城时，与数十万的农人、工匠一起被迫迁徙北上的，要不就是在以后的几朝里，随着北魏征服地区的不断扩大，或是帝王（主要是明元帝与太武帝）特别颁布的"征士诏"之下，陆续被迫迁徙到平城去的[1]。因此，尽管有些士人，例如道武帝时代的崔宏，明元帝、太武帝时代的崔浩与高允等人，由于学识才智而得君主赏识，甚至可以对朝政发挥相当的影响力，然而他们的身份，说得客气点算是客卿，坦白说来则终究还是被征服者，拓跋统治者对他们总是不免要存着几分戒心，最明显的例子就是，终北魏一朝，这些中原士族极少能有掌握军权的机会。《魏书·高允传》记载文成帝（452—465）曾有一次向拓跋贵族抱怨："汝等把弓刀侍朕左右，徒立劳耳，皆至公王，此人（高允）把笔匡我国家，不过著作郎，汝等不自愧乎？"（48，页1076）文成帝是否真心对此现象不太满意，我们不得而知。问题是，在军权即政权的传统下，"把弓刀者"位至王公本来就是拓跋王朝一贯不移的政策，而真正关键所在却是，"把弓刀者"乃是由一个特殊的团体（"代人集团"）所垄断。

作为统治工具的中原士族所受的待遇尚且如此，其他一般汉人及各族被统治者的处境如何，自然可想而知。北魏一朝叛乱频仍，与其政权

---

[1] 详见本书《拓跋魏的国家基础》。

一味强调武力高压控制自然是脱离不了干系的[1]。

其次，也是更为严重的，拓跋珪出身的拓跋鲜卑是个北亚游牧民族，而在北亚政治文化传统里，君长的地位本来就不是那么稳固的。拓跋珪当然知道，不过半个世纪以前，拓跋联盟就曾因为叔侄互不相让而上演了一出长达十年的争国记。其间的变化反复还颇具戏剧性：公元325年，惠帝死，弟纥那继位，是为炀帝（与拓跋珪的曾祖父郁律同辈），然而郁律的长子翳槐（烈帝，拓跋珪的伯祖父）却在贺兰部的支持下与其分庭抗礼。双方僵持数年后，烈帝在贺兰部与其他诸部大人的拥护下，入主拓跋联盟，逐炀帝于宇文部，这是公元329年的事。到了335年，烈帝杀贺兰部帅蔼头，《魏书》说"国人复贰"，于是炀帝自宇文部归来，"诸部大人复奉之"，烈帝则奔邺投靠石赵。两年后（337），石赵"遣将李穆率骑五千纳烈帝于大宁，国人六千余落叛炀帝，炀帝出居于慕容部，烈皇帝复立"（1，页11），绵延十余年的内争至此才算告一段落。在这场内争中，外力的介入（尤其是石赵）固然不可忽视，联盟的"诸部大人"与拓跋部落的"国人"的向背，无疑是更关键性的因素。拓跋纥那与翳槐之争并非偶然性的事件，其实，自从拓跋力微死后（278），一直到什翼犍的时代为止（339），联盟的分合与兴衰，都得视君长的地位稳定与否而定，而君长地位的稳定与否，却又得看各部落大人与部落民的支持与否而定。这样的历史事例虽然尚不足以让我们确定当时的拓跋部落仍维持着北亚游牧民族传统的"选汗制度"，不过，联盟君长所受到的来自部落大人及部落民的制衡，对拓跋珪而言，却是历历如绘的。

---

[1]明元帝一朝（410—423）有11次叛乱，太武帝时（424—452）有16次，孝文帝时（471—499）则有20次，这还只是黄河中下游地区的统计数字。而拓跋魏的铁腕控制则可从下述一例看出：孝文帝太和初，"怀州民伊祁苟初三十余人谋反，将杀刺史。文明太后欲尽诛一城之民"（《魏书》，24，页616）。此事虽因大臣的劝阻而止，然而当时拓跋魏统治这些地区已有七八十年，手段却仍如此残暴，早期的行径自然可想而知。

拓跋珪自然不会喜欢这样的一种制衡,他在建国后立即下令解散部落,一同编户,部分原因也是着眼于削弱这些部落大人及其成员的力量。他的这个期望固然不能说全盘落空——以部落为基础的制衡力量在国家建立之后的确是大幅衰退了,或者说,基本上是不存在了——然而,代之而起的"代人集团"(包括原有部落大人与宗室贵族在内的团体)却仍然在往后的北魏政权里扮演着举足轻重的角色,拓跋珪与其孙太武帝挟带着巨大军事胜利的威望(一个是开国之君,一个则统一华北),在某种程度上的确可以拥有更为专断的权力,然而他们两人却都死于非命。而北魏一朝的皇位继承,除了少数几人外,或多或少也都有些问题[1]。

换言之,尽管拓跋人在4世纪末即已成功地建立起一个国家,然而其统治者"支配"的正当性却仍然不十分稳定。作为一个军事征服英雄,拓跋珪(太武帝也一样)支配的正当性是建立在卡理斯玛的基础上,然而即使是这样的基础,仍不足以防止各族人民的反抗(北魏一朝最为严重的叛乱——盖吴之乱——就发生在太武帝的统治时期),以及他们自己的被谋杀;其他缺乏此种威望的君主所可能遭遇的内在与外在的困难,自然可想而知。

此处暂且撇开外在的问题不谈,因为一个异族政权想要取得被征服民族的认同,本来就不是件容易的事,拓跋统治者会遇到不断的反抗自不足为奇。比较复杂的还是北亚政治文化传统的问题。我们晓得在草原游牧社会里,一个领袖人物的出现基本上要依赖两种"干部"的支持:一种是私人性的军事扈从,也就是后来蒙古人所说的"伴当";另

---

[1] 太武帝之所以能顺利继承,主要是因为他的父亲明元帝趁着自己尚在世时即提早让他摄政。明元帝对继承问题的忧心详见他与崔浩的讨论,太武帝的摄政也出自于崔浩的建议(《魏书》,35,页812—813)。太武帝也曾经让太子晃摄政,只是晃死于太武帝之前,详见《魏书·世祖纪》附《景穆皇帝传》。

一种则是传统的部落首长或贵族[1]。拓跋珪建国时，除了他自己的族人外，所依赖的基本上也就是这两种人物，开国功臣之一的穆崇，照《魏书》的记载看来："代人也。其先世效节于神元、桓、穆之时。崇机捷便辟，少以盗窃为事。太祖（拓跋珪）之居独孤部，崇常往来奉给，时人无及者。"（27，页661）传中提到他早期的事迹，也都是单枪匹马地陪伴拓跋珪冒险犯难，显然是个典型的"伴当"。至于所谓传统性的部落首长与贵族等人物，则可以同传中所附的穆崇族人穆丑善为例："崇宗人丑善，太祖初，率部归附，与崇同心戮力，御侮左右。……拜天部大人，居于东番。"（页676）这些"干部"究竟是在什么样的一种基础上接受拓跋珪的领导，这是此处关心的问题。我们当然可以简单地将之归诸为一种"卡理斯玛的支配"[2]——也就是说，领导者具有一种卡理斯玛的魅力，包括汉族王朝在内的绝大多数开国君主大概都拥有这种特质。然而，由于北亚草原特殊的政治环境，领导者除了诉诸其卡理斯玛外，与其"干部"之间多半还有一种忠诚誓言的约束。就此而言，11、12世纪时蒙古草原游牧部落的情况倒可以提供给我们一些借镜。符拉基米尔佐夫在《蒙古社会制度史》一书中曾说："古代蒙古罕（汗）的'权力'与'权利'在一定程度上使人想到它往往就是一种匪帮首领的特权。"（页129）铁木真初次被举为汗时，《蒙古秘史》记载了他的主要干部阿勒坛、忽察儿与撒察别乞等人对他的誓词：

（我们）立你做皇帝。你若做皇帝呵，多敌行俺做前哨，但虏得美女妇人，并好马都将来与你。野兽行打围呵，俺首先出去围将野兽

---

[1] 参见符拉基米尔佐夫，《蒙古社会制度史》，页113—154。
[2] 韦伯，《支配社会学》，页291—298；《支配的类型》，页65—70。

来与你。如厮杀时违了你号令，并无事时坏了你事呵，将我离了妻子家财，废撇在无人烟地面里者。（页960，第123节）

铁木真本人在另一个场合也曾谈到汗的义务：

> 我想，如果我是帝王，并是许多国家的军队的先锋，那末，我一定对部下尽义务，将许多马群、畜群、帐幕、女人、孩子和百姓都取来与你们，在草原狩猎时，我与你们整治通道、构筑围场，并把山兽赶到你们方面去。（《史集》，1:2，页130）

类似的接近封建契约形式的忠诚誓言[1]，想来也曾存在于拓跋珪与其干部之间。公元398年后，拓跋珪虽然建立了一个汉式王朝，这样的一种关系终究是难以一下子就消解掉的。其实，一直到将近百年之后，当孝文帝锐意推动其汉化、迁都等政策时，身为拓跋贵族的元老重臣还是会不时地公然表达其不满，最为坚持的就是拓跋丕：

> 丕声气高朗，博记国事，飨宴之际，恒居坐端，必抗音大言，叙列既往成败，（孝文）帝（文明太）后敬纳焉。……雅爱本风，不达新式，至于变俗迁洛，改官制服，禁绝旧言，皆所不愿。高祖知其如此，亦不逼之，但诱示大理，令其不生同异。至于衣冕已行，朱服列位，而丕犹常服列在坐隅。（《魏书》，14，页358—360）

---

[1] 符拉基米尔佐夫称成吉思汗所建立的帝国为游牧封建制，其实主要也是着眼于此种精神，见《蒙古社会制度史》，页140—176。

而穆泰、陆叡等人在公元496年的起事，显然也是基于这样的一种心态[1]。这种心态当然很令君主头疼，孝文帝推动改革的主要目标之一，无疑就在根除这种残留的，却又弥漫整个朝廷的北亚草原政治文化的传统。

孝文帝一朝的"太和革新"其实就是为了解决这些问题。在孝文帝亲政（486）以前，他的祖母文明太后已陆续推动了几项重大的变革，例如俸禄制、三长制与均田制。这几项制度的推行当然不能说与上述问题无关：俸禄制的直接目的是防止官吏贪污，着眼在增加国家租调的收入以及减轻百姓的负担，间接用意则在建立一个比较正常的官僚制度，以有效扩展君权；三长制与均田制的目的则是希望能增加政府直接控制的人口与垦田，着眼在扶植帝国内部——特别是黄河中下游地区——的小自耕农，从而将帝国置于一个比较稳固的社会与经济基础上。只是这些措施基本上仍偏重在政府与社会经济的层面上，对于解消自建国以来始终挥之不去的草原政治文化传统，以及争取中原士族的认同方面，其成效究属有限。这是孝文帝所体认到的危机，并认为只有通过某种新政治文化的建立，才有可能解除。本书对于孝文帝改革的讨论，基本上即从此一角度出发。

从公元486年开始，孝文帝陆陆续续推动一系列的改革，而于493年迁都洛阳时达到最高潮，改革的内容虽然繁复多端，总归起来是以礼制的重整为其核心，目的则在建立一个讲究礼法制度的家产制政权。我们晓得，除了少数例外，历来中国的汉族王朝基本上皆可纳入家产制政权的范畴，在这种类型的政权里，支配者与被支配者之间的联系与互动乃

---

[1] 根据《魏书》所言，穆泰、陆叡起兵之事，除了于烈一族，几乎所有重要的拓跋贵族都有族人参加，见《魏书》，27，页663；31，页783。

是建立在一种礼法制度与恭顺关系（Pietät）的基础上[1]，"恭顺"是其内在精神，"礼法"则是其外部规范；"正如家产制源自于家子对家父权威的恭顺关系，儒教亦将官吏对君主的服从义务、下级官吏对上级长官的服从义务，以及（尤其是）人民对官吏与君主的服从义务，奠基在孝顺此一首要的德行上"[2]。明乎此，则孝文帝所要塑造的新政治文化也就不难理解了，换言之，他想要达到的目的乃是：以家产制之下被支配者对支配者的恭顺关系，来解消草原游牧封建制里存在于"汗"与"伴当"之间，以忠诚誓言为基础的契约关系；与此同时，借由礼教文治的提倡来争取汉人士族的认同。

问题是，并非所有的拓跋贵族——尤其是老一辈的——都能认同孝文帝的危机意识，他的改革也因此遭遇到不少的阻碍，只是在他坚强意志的主导下，这些阻碍一一迎刃而解，就某种程度而言，孝文帝的政治理想大体算是实现了，尽管并没能持续多久。

从平城到洛阳，地理上不过几百公里的距离，却花了拓跋人将近一个世纪的时间去跨越，这段经历就是本书所要叙述的故事。两千年的历史岁月里，黄河流域的战乱离合往往牵动着北亚草原的风云变幻，在一

---

[1] "家是恭顺与支配的原始基础，也是其他许多团体的基础。……就恭顺而言，家是臣属者对拥有权威者之恭顺的基础，也是他们彼此间相互恭顺的基础。由于对祖先的恭顺，恭顺乃渗透入宗教。又因为家产制下的官吏、随从、封臣的恭顺，而渗入这些原具有家之性格的诸种关系内"（韦伯，《支配的类型》，页172—173）。韦伯所谓的"恭顺"，大致而言，可说是"一种骨肉之情，对长上孝悌恭顺，对手足则发挥兄弟爱、骨肉爱，而与所谓的客观性、切事性、计算等，一般说来是相对立的。恭顺虽是以家为其原始母胎，但逐渐会渗透到原有的家之外，而成为许多其他人际关系的基础"（世良晃志郎，《支配の諸類型》，页12）。换言之，家产制支配的性格其实是最接近"家"的，支配者的身份类似于家父长，而被支配者则接近家人的角色（例如子女、家士、家臣与仆从），维系着家父长与家人之间关系的乃是"恭顺"，在家产制政权里则转化为"忠"与"孝"，详见本书《孝道与北魏政治》一章。
[2] 韦伯，《支配社会学》，页132。

批批草原民族南下牧马的英雄事业里,固然有着数不尽的汉族人民的辛酸血泪,却也为这个民族的扩大茁壮提供了无穷的机会,拓跋人的历史,平实而论,也只不过是这许多故事中的一个,就如老话所说的:

是非成败转头空,青山依旧在,几度夕阳红。

第一篇 ◎ 代人集团

公元4世纪初，连绵十余年的八王之乱严重削弱了晋王朝的国力，随着永嘉风暴的席卷，长城内外的少数民族大大地活跃起来，相继在黄河流域建立起政权。其中，拓跋人所建立的北魏王朝，由于最后统一了黄河流域（439），享祚最久（398—534），而且又经历孝文帝（471—499）轰轰烈烈的迁都与汉化运动，最为史学界所瞩目。

以一个少数民族入据中原，拓跋统治者到底是以什么方式来巩固其支配的？尤其是我们晓得，拓跋人原先只是鲜卑民族的一个分支，基本人口并不多，他们之所以能建立国家乃至一统北方，有相当的程度是依赖异族人的支持。那么，他们又是如何来凝聚这些不同的人群，并使之成为政权基础的呢？这个问题无疑是北魏史研究里极具关键性的一环，它的解答，对于我们了解一个游牧政权如何转化为定居的国家这样一个更具普遍意义的问题而言，或许也可以提供若干线索。

此外，在本书附录里有几份资料可供参考，分别是《代人集团表》《外戚、客与宠幸表》《镇人表》《领民酋长表》《公主婚姻表》《将相大臣年表》与《地方长官表》，各表所依据资料、制作方式以及一些考证上的问题，详见各表之注释。本篇正文里的各种统计图表即根据附录的这些资料而来。

第一章

"帝室十姓"与"国人"

一、帝室十姓

《魏书·礼志》在记述北魏开国君主道武帝拓跋珪于天赐二年（405）所举行的四月西郊祭天大典时，有如下一段记载：

> 祭之日，帝御大驾，百官及宾国诸部大人毕从至郊所。……选帝之十族子弟七人执酒，在巫南，西面北上。……拜讫，乃杀牲，执酒七人西向，以酒洒天神主。（108:1，页2736）

其中提到宗室子弟与祭的情况，倒是符合《官氏志》中所说的"太和以前，国之丧葬祠礼，非十族不得与也"的规定（113，页3006）。当然，这里的"国之丧葬祠礼"指的只是依拓跋传统习俗举行的祭典，至于在开国时模仿汉族王朝所建立的那一套国家祭典，拓跋人基本上是不太理会的[1]。问题是，

---

[1] 详见本书第五章《国家祭典的改革》。

既然说是"帝之十族",却又何以只有"子弟七人"?

这当然不是拓跋历史上多么了不得的关键问题,只是这句话确实还有可稍加解释的余地。另一方面,有关拓跋民族早期历史的资料甚少,这个问题的解答,或许多少也可帮助我们了解他们早期部落组织演变的情况。

有关拓跋人的部落组织,我们所知最早的一条是《魏书》里记载的:成皇帝拓跋毛时,"统国三十六,大姓九十九"(1,页1),《官氏志》里也有"初,安帝统国,诸部有九十九姓"的说法(113,页3005),唐长孺推测"九十九加上拓跋自己合成百姓,这正是原始的百姓意义,即是氏族社会中氏族十进制的组织。至于三十六国,则是与拓跋部落相结合的同盟氏族与部落"[1],拓跋人是否在这么远古的时代就采取了十进制,我们姑且置而不论[2]。只是,就算"曾经有过这样一回事",我们对其具体内容仍一无所知,亦无从讨论,倒是所谓的"帝之十族"(即"帝室十姓"),我们拥有的资料要稍微多些。"帝室十姓"首见于《魏书·官氏志》:

至献帝(拓跋邻)时,七分国人,使诸兄弟各摄领之,乃分其氏。自后兼并他国,各有本部,部中别族,为内姓焉。年世稍久,互以改易,兴衰存灭,间有之矣,今举其可知者。献帝以兄为纥骨氏,后改为胡氏。次兄为普氏,后改为周氏。次兄为拔拔氏,后改为长孙氏。弟为达奚氏,后改为奚氏。次弟为伊娄氏,后改为伊氏。次弟为丘敦氏,后改为丘氏。次弟为侯氏,后改为亥氏。七族之兴,自此始也。又命叔父之胤曰乙旃氏,后改为叔孙氏。又命疏属曰车焜氏,后改为车氏。凡与帝室为

---

[1] 唐长孺,《拓跋国家的建立及其封建化》,《魏晋南北朝史论丛》,页193—194。
[2] 唐长孺也认为成帝与安帝的真实性值得怀疑,只是他觉得拓跋早期历史上似乎"曾经有过这样一回事"。拓跋历史上大概是有过十进制的组织阶段,不过应该是在他们与草原游牧民族接触以后的事(其实魏收自己都没太搞清楚,成帝与安帝就差了有四代,详见下文)。

十姓，百世不通婚。太和以前，国之丧葬祠礼，非十族不得与也。高祖革之，各以职司从事。（113，页3005—3006）

"七族"（其实应当是"八族"，因为还得加上拓跋邻——拓跋氏——自己的一族）与"十姓"首次出现在这段资料中，而且内容要具体得多，其存在似乎没有什么值得怀疑的地方；只是，关于其出现的时间，史学界尚有一些争论。

照上述引文所言，"七族"与"十姓"源自拓跋邻的"七分国人"，时间大约是在公元2世纪后半。然而早在南北朝时期，即已有"十姓"起源于道武帝拓跋珪的说法。北周《庾子山集》卷十一《周广化公丘乃敦崇传》云："崇，恒州代郡人也。魏道武皇帝以命世雄图，饮马河洛。兄弟十人，分为十姓，辨风吹律，丘氏即其一焉。"此外，照《魏书·官氏志》的说法，拔拔氏是拓跋邻的第三个兄长，然而后来在孝文帝易姓氏时，却改为长孙氏。我们晓得孝文帝在改易拓跋人姓氏时，大致上是有其规则可寻的，要不即取其音之一，例如达奚氏之改为奚氏、伊娄氏之改为伊氏，否则即取其意，例如乙旃氏本为"叔父之胤"，故改为叔孙氏。依此看来，拔拔氏应当是拓跋邻的长兄，才能取得"长孙氏"一名。胡三省在注《资治通鉴》时，即意识到此一问题，因此，虽然在注"长孙斤"时采取了《魏书》的说法："代之先拓跋邻，以次兄为拔拔氏，后改为长孙氏。"（页3244）然而在注"南部大人长孙嵩"时，却改取另一说法："拓跋郁律生二子：长曰沙莫雄，次曰什翼犍。沙莫雄为南部大人，后改名仁，号为拔拔氏，生嵩。道武以嵩宗室之长，改为长孙氏。"[1]

---

[1] 胡三省所根据的可能是《新唐书》卷七十二《宰相世系》里"长孙氏"的前言，其中道武帝应该是孝文帝才对（详见姚薇元，《北朝胡姓考》，页12—14）。

(《资治通鉴》，104，页3279—3280）不过，对于其他诸氏的来源，胡三省大体上还是采取《魏书》中起源于拓跋邻时期的说法，例如对"奚氏"（页3350）、对"叔孙氏"（页3358）的注解。换言之，胡三省是以"两阶段发展论"来解释"十姓"的形成，并以此解决长孙氏的问题。

这个办法固然有效，然而把一个完整的"七分国人"与重组"十姓"的过程一分为二，未免有点牵强。再说，沙莫雄的出现也相当突兀，《魏书》及南北朝的资料完全没有提及此人，姚薇元在《北朝胡姓考》里根本就否定此人的存在（页13—14）。然而，"十姓"起源于道武帝的说法并未完全止息，尤其是珍妮弗·霍姆格伦（Jennifer Holmgren），她以胡三省对长孙氏的注解为底本，配合其他一些材料，而推出一个新版的"十姓说"。简单说来，霍姆格伦除了接受长孙氏源自沙莫雄（什翼犍之兄）的说法外，还认为叔孙氏源自拓跋孤（什翼犍之弟）。至于其余姓氏，霍姆格伦则认为应该源自拓跋力微或更晚[1]。

---

[1] Jennifer Holmgren, *Annals of Tai*, pp.20—21，霍姆格伦认为叔孙氏源自什翼犍的幼弟拓跋孤（她的证据之一是《魏书》卷二十九里提到叔孙建的父亲名"骨"，与"孤"音近，见Jennifer Holmgren, 前引书，页46）。问题是，如果叔孙氏果真源自拓跋孤，那么，第一，根据其与什翼犍（即拓跋王室）同血缘的关系，他们应该也可以像长孙氏一样，主持拓跋人传统的四月西郊祭天大典，可是实际上，他们并不在"十族子弟七人"之列（详见下文）；其次，也是更重要的，如果霍姆格伦的说法为真，那么，拓跋孤的子孙应该都已列入叔孙氏的本传中，可是实际上，拓跋孤的后代（包括其儿子拓跋斤）总共尚有二十一人完全列在《魏书》卷十四《神元平文诸帝子孙列传》中。就算我们退一步接受霍姆格伦的另一说法，亦即拓跋斤实际上即《魏书》卷一所言，是在什翼犍建国三十四年（371）谋反的长孙斤（霍姆格伦对此另有一番解释，见前引书，页43—46），那么，他的后代也应当列入长孙氏的本传。此外，霍姆格伦认为"拔拔氏"一名出现甚晚（页115，她认为此名首见于《新唐书》），其实，在《孝文帝比干文碑》题名中即有"符玺郎中臣河南郡拔拔臻"，可见，北魏早已有此氏（姚薇元，《北朝胡姓考》，页12）。

霍姆格伦对拓跋氏的早期祖先尚有如下的意见：一、《魏书》首卷前两段的人物基本上都是虚构的，真正具有历史真实性的人物要从拓跋推寅开始算起，而拓跋推寅与六代之后的拓跋邻其实是同一人，也就是檀石槐鲜卑游牧联盟里的西部大人推寅（页19）；二、推寅与邻之间的六代拓

第一章　"帝室十姓"与"国人"

　　公元1206年，铁木真扫平漠北，建九脚白旄纛，大会蒙古诸部于斡难河畔，即大汗位，号成吉思；会中除了大封功臣、在"游牧封建制"的基础上重整国家组织外，还确定了乞颜（乞牙惕）·孛儿只斤（Kiyad Borjigin）氏族的范围：只有其父也速该的后裔——换言之，亦即成吉思汗兄弟及其子孙——才被承认为氏族成员。根据符拉基米尔佐夫的说法，成吉思汗所创建的"大蒙古国"（Yeke Mongghol ulus）乃是此一氏族的共有财产，至于汗位的继承权，则当然是保留在成吉思汗的嫡系子孙手中[1]。从拓跋民族发展的历史来看，拓跋珪是北魏的开国君主，在其手中重新确定王室系谱，使后代子孙明了继承权的归属，似乎也相当合理。问题是，如果"十姓"果真出现在拓跋珪的时代，而且他又确实是以什翼犍（拓跋珪

跋君主，都是虚构的，其目的在于配合《魏书》卷一百一十三里提到的"七分国人"的七个氏族（页20）。北亚草原民族早期历史颇多为传说，上述推测固可自成一说。只是还有下列问题仍须考虑：一、如果鱼豢《魏书》中所提到的推演（其实在《三国志》的注里是"日律推演"，不知是否可分为"日律"与"推演"二人，见《三国志》，30，页838），的确是拓跋氏的祖先推寅，那么，当时拓跋人的势力已经不小，而且距离力微也不过才两代，《魏书》中关于他与诘汾（力微之父）的事迹不该那么不清楚；其实如照《魏书》中所说的，"推寅"一词本为鲜卑人美号，则鲜卑人取名为"推寅"者当不止一二人，这就像拓跋珪本名是"涉珪"（或"涉归"），跟他同时的叔孙建本名也是"涉归幡能健"（姚薇元认为"涉归"为官号，乃"使者"之意，《北朝胡姓考》，页22），更早一些则有徒河涉归，为慕容鲜卑与吐谷浑的祖先（《魏书》，101，页2233）。此外，北魏时河东薛氏："（薛谨）长子初古拔，一曰车辂拔，本名洪祚，世祖赐名。"（《魏书》，42，页942），而陈寅恪在考证李唐氏族时，也发现李唐祖先有名李初古拔者（《李唐氏族之推测》，页343—346），"初古拔"一词似乎也是当时鲜卑人习惯采用的名字。类似的现象在北亚草原应该是相当普遍的，例如蒙古人即习惯用"把阿秃儿"（勇士）、"薛禅"（贤者）等名（符拉基米尔佐夫，《蒙古社会制度史》，页119）。因此，只凭一两个字即将两个人等同起来，是非常危险的。二、《魏书》中提到拓跋邻"七分国人"，其实总共是八族，因为还得加上拓跋帝室一族，因此上文认为拓跋邻之前的六代祖先皆为虚构，其目的在配合七族之说，恐有问题。

[1]有关"游牧封建制"，详见符拉基米尔佐夫，《蒙古社会制度史》，页140—176。关于成吉思汗的氏族，"（把儿坛把阿秃儿的）第三个儿子为成吉思汗之父也速该把阿秃儿。乞牙惕—孛儿只斤（部落）出自其后裔"（拉施特，《史集》，1:2，页61）。此一氏族在蒙古国的权利与地位，见《蒙古社会制度史》，页157—162。不过，后来的"黄金氏族"（Altan urugh）习惯上似乎只指成吉思汗的嫡系子孙，而不包括其兄弟的后裔。此处承洪金富兄提供相关资料，谨此致谢。

祖父）为分氏辨姓的依据，那么，什翼犍以前的拓跋氏族成员应该都已分散编入其他"九姓"之内，换言之，他们就应该分别列入如长孙氏、叔孙氏、伊氏等家族的列传里，可是在《魏书》里，我们却看到神元帝（拓跋力微）的子孙尚有数十人——并非什翼犍的子孙——都列入卷十四的《宗室列传》里，换言之，他们全都还是"拓跋氏"的成员（详见次页附表）。除非我们能找到此一例外的解答，或者更极端些，认为《魏书》此卷的记载大都有问题，否则我们对"十姓起于拓跋珪"的说法只好存疑。如以《魏书》卷十四为准，那么"十姓"起于神元帝——拓跋氏尊之为"始祖"——的可能性或许要更大些，只是缺乏旁证，不敢擅自论断。此处我们还是因袭"十姓"起于拓跋邻的传统说法，至于拔拔氏（长孙氏），也许是拓跋邻的长兄，魏收在此处可能有所误记也说不定。

　　"十姓"（或"十族"）的起源问题既如上述，接下来我们要探讨的就是当时拓跋邻为何要重组部落。根据现有考古资料，我们晓得拓跋人的原居地大约是在今日大兴安岭北段一带（详见《导言》），公元1世纪左右，在部落长拓跋推寅（宣帝）的领导下，向西南迁徙到呼伦池附近。约一个世纪后，在拓跋邻当政时，"有神人言于国曰：'此土荒遐，未足以建都邑，宜复徙居。'帝时年衰老，乃以位授子圣武皇帝讳诘汾，……命南移"（《魏书》，1，页2）。是否就是为了迁徙，拓跋邻才决定重组部落？这一点现在当然已不可考，不过，拓跋邻后来与宣帝同样被部人尊以"推寅"的美称（《魏书》："推寅，盖俗云'钻研'之义。"），除了决定南迁的策略外，重新组织拓跋部落无疑也是个重要的贡献。

　　问题是，当时拓跋人的基本部落（即《官氏志》中称为"国人"的）明明只有八个，也就是拓跋邻自己的拓跋氏及其他兄弟分领的七族，为何还要另外加上乙旃氏及"疏属"组成的车焜氏凑成"十族"呢？

　　有关此一问题，其他民族的社会组织演化过程或许可以给我们一些

第一章 "帝室十姓"与"国人"

神元平文诸帝子孙表

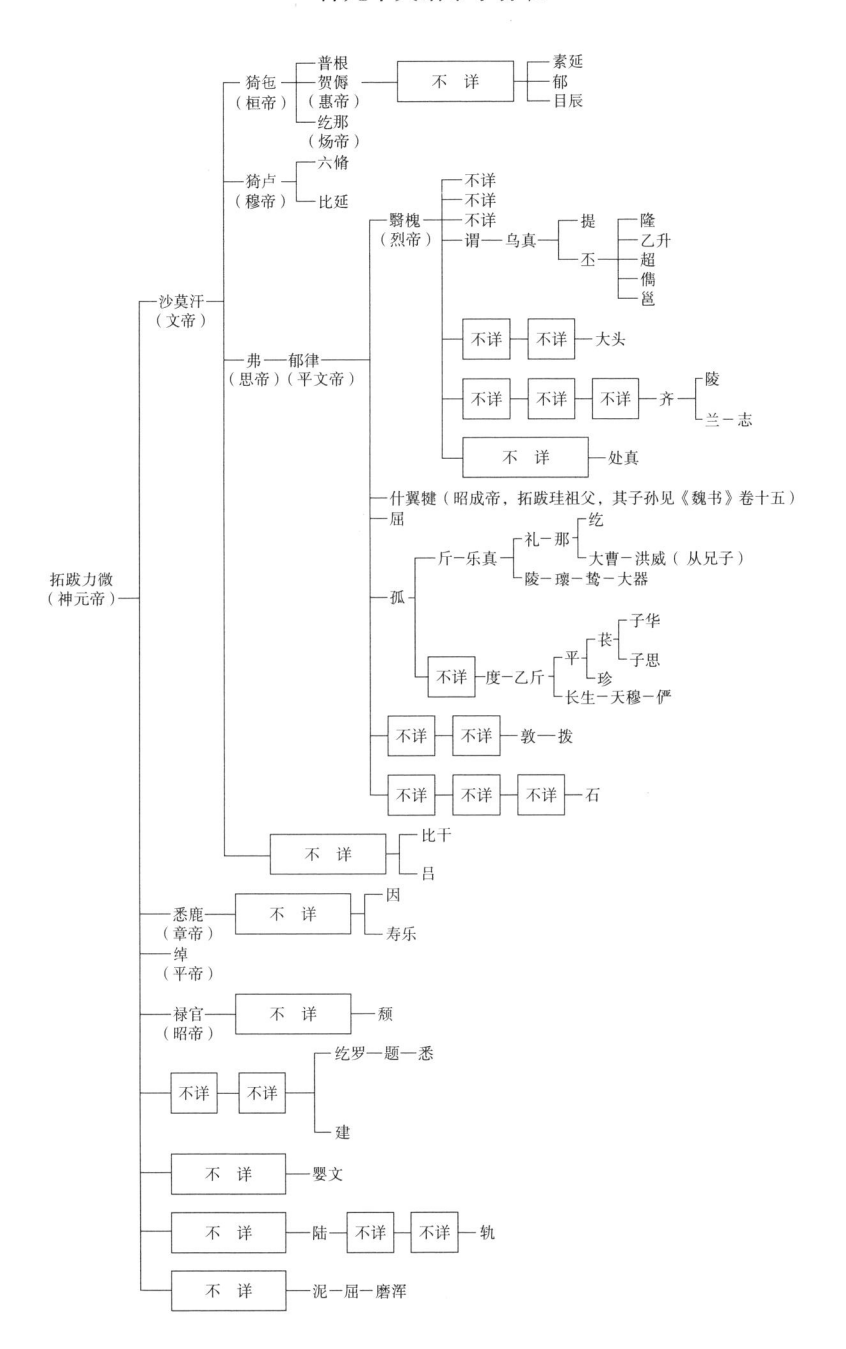

```
拓跋力微（神元帝）
├─ 沙莫汗（文帝）
│   ├─ 猗㐌（桓帝）
│   │   ├─ 普根
│   │   ├─ 贺傉（惠帝）── 不详 ──┬─ 素延
│   │   │                        ├─ 郁
│   │   │                        └─ 目辰
│   │   └─ 纥那（炀帝）
│   ├─ 猗卢（穆帝）
│   │   ├─ 六脩
│   │   └─ 比延
│   └─ 弗（思帝）── 郁律（平文帝）
│       ├─ 翳槐（烈帝）
│       │   ├─ 不详
│       │   ├─ 不详
│       │   ├─ 不详
│       │   └─ 谓 ── 乌真 ──┬─ 提 ──┬─ 隆
│       │                    │       ├─ 乙升
│       │                    │       ├─ 超
│       │                    │       ├─ 僑
│       │                    │       └─ 邕
│       │                    └─ 丕
│       ├─ 不详 ── 不详 ── 大头
│       ├─ 不详 ── 不详 ── 不详 ── 齐 ──┬─ 陵
│       │                                ├─ 兰
│       │                                └─ 志
│       ├─ 不详 ── 处真
│       ├─ 什翼犍（昭成帝，拓跋珪祖父，其子孙见《魏书》卷十五）
│       ├─ 屈
│       ├─ 孤 ──┬─ 斤 ── 乐真 ──┬─ 礼 ── 那 ── 纥
│       │       │                │         └─ 大曹 ── 洪威（从兄子）
│       │       │                └─ 陵 ── 瓘 ── 鸷 ── 大器
│       │       └─ 不详 ── 度 ── 乙斤 ──┬─ 平 ──┬─ 苌 ── 子华
│       │                                │       │       └─ 子思
│       │                                │       └─ 珍
│       │                                └─ 长生 ── 天穆 ── 俨
│       ├─ 不详 ── 不详 ── 敦 ── 拨
│       └─ 不详 ── 不详 ── 不详 ── 石
│   └─ 不详 ──┬─ 比干
│             └─ 吕
├─ 悉鹿（章帝）── 不详 ──┬─ 因
│                         └─ 寿乐
├─ 绰（平帝）
├─ 禄官（昭帝）── 不详 ── 颓
├─ 不详 ── 不详 ──┬─ 纥罗 ── 题 ── 悉
│                  └─ 建
├─ 不详 ── 婴文
├─ 不详 ── 陆 ── 不详 ── 不详 ── 轨
└─ 不详 ── 泥 ── 屈 ── 磨浑
```

启示。我们晓得世界上许多民族在其发展过程中都曾经有过"十进制"的组织，而且这种十进制的组织通常都是与军队编制相配合的。例如，印加族统治前后，古秘鲁印第安人的组织就是每族系由十大氏族，每一大氏族由十氏族，每一氏族由十血族所组成。而大氏族、氏族、血族的划分显然又是以所能提供的战士数目为标准的，因为大氏族又名"千人团体"，氏族则称"百人团体"，至于家族，则为"十人团体"[1]。从这个角度来看，我们就可以知道《史记·匈奴列传》中所记的"万骑""千长""百长"与"什长"等名称（110，页2891），以及《魏书·蠕蠕传》中所云"千人为军，军置将一人，百人为幢，幢置帅一人"（103，页2290），除了是军队编制外，也代表了他们的部落组织方式，因为他们的军队基本上就是部落军。而在中国历史上，殷人及周人的社会组织也都还残留有相当鲜明的十进制色彩[2]。那么，是否有可能拓跋邻在重组其部落时，也是采取十进制作为其组织的法则？若果真如此，则拓跋邻七分国人、建构十族的目的就不只限于马长寿所说的：取消七个部落的异姓酋长，代之以自己的七个兄弟，"这正是拓跋邻加强部落联盟的统治，使部落联盟统一化的初步表现"[3]。因为，如我们前面所举的例子，十进制组织并不只限于上层的单位，它实际上一直贯彻到小至家族的单位，如果拓跋邻真的彻底实施了"十进制"，那么他在拓跋民族史上的地位，差不多也就可与罗马史上的罗慕路斯[4]，或张政烺所推测的中国史上的尧相提并论了[5]。他的功绩，套用

---

[1] 此处资料转引自张政烺，《古代中国的十进制组织》，《历史教学》，2:3,4,6（1951），页86。
[2] 有关北亚民族的十进制，参见田村实造，《中國征服王朝の研究》（上），页41，（中），页133—136；中国古代的十进制，详见张政烺，前引文。
[3] 马长寿，《乌桓与鲜卑》，页246—247。
[4] 罗慕路斯（Romulus），传说中罗马早期君主，一般将罗马人采用十进制组织归功于他。详见Morgan, L.H，《古代社会》，页519—522。
[5] 张政烺推断古代中国的十进制组织可能是从尧的时代开始的。张政烺，前引文，页122。

《尚书·尧典》里的话来说，也可算是"以亲九族，九族既睦，平章百姓，百姓昭明，协和万邦"了[1]。当然，由于史料不足，拓跋邻的重组部落到底深入到什么地步，我们基本上还只能保持存疑态度[2]。

拓跋诘汾继承了领导权后即率部南移，大约在公元2世纪末抵达"匈奴故地"，亦即今日河套阴山一带。公元220年，拓跋诘汾死，子力微继位，当时的拓跋人力量尚弱，充其量也不过是漠南一带稍大一点的部落罢了。不过，至少这是拓跋历史上首次有明确年代记录可寻的开始，拓跋民族自此步入"历史时期"，而力微也为后来的拓跋人尊为"始祖"。

在力微的领导下，拓跋人在公元258年成功建立了一个较为强大的部落联盟，此后经百余年经营，到拓跋珪时终于取得河北、山西，而成功建立国家。有关拓跋人从部落到国家的发展过程，非本文主旨所在，

---

[1] 屈万里，《尚书今注今译》，页3。"百姓"，张政烺释为"一百个氏族"（张政烺，前引文，页122—123），屈万里则释为"百官"（前引书，页3）。其实两解并不一定矛盾，因为张政烺亦认为古书上所提"百姓"，有时很可能只是他们的领袖，"一百个族长"，而且在远古时代，职官也是分由各氏族领袖（代表）担任的（张政烺，前引文，页123、124—125）。

[2] 马长寿认为拓跋邻"分国人，定十族"的措施，除了要巩固部落领导权外，也代表了"以地域的关系代替血缘的关系"（《乌桓与鲜卑》，页284）。巩固领导权的确是拓跋邻重组部落的主要目的之一，然而是否可以就此认定此一改变代表了从血缘到地缘的发展，则恐怕还有商榷余地。至少，我们从拓跋邻的此次行动委实还看不出有此趋势。他以兄弟七人分别统领七个异姓氏族，又要他们接受这七个氏族原有姓氏，主要目的就是想建构出一种拟血缘关系，希望通过此一改变，那些氏族的成员会接受拓跋氏的人为自己的氏族长。此外，他又决定所有这"十族"皆"百世不通婚"，换言之，也就是有同血缘的关系。拓跋邻这些措施的有效性如何，我们姑且不论。至少，就他的行动而言，我们还是得肯定，血缘关系还是当时凝聚群体的主要力量，拓跋邻要重组部落，基本上也只能利用此一关系来达成其目的。因此，实在还谈不上从血缘到地缘的转变。大致上，要等到拓跋珪建立国家，下令"解散部落、分土定居"之后，拓跋社会才有可能逐渐转变为以地缘为主的关系。换言之，只有在"编户齐民"的社会里，才谈得上"地缘关系"。而且即使在这种情况下，血缘关系是否就那么不重要，也还有待斟酌，邢义田在《汉代的父老、僤与聚族里居》一文中即已点出这个问题（《汉学研究》，1:2）。当然，我们可以承认汉帝国时，地缘关系的确已非常重要，至少政府（不管是中央还是地方）在考虑一些问题时，基本上已是以"地区"（州、郡、县、邻、里）为单位，而非"族"。

姑且置而不论。不过，所谓的"帝室十族"在这个发展阶段中，应该是扮演了相当骨干性的角色，"十族"一词也因此成为习惯称法。

然而当初拓跋邻在重组部落时，真正的核心氏族——亦即所谓的"国人"——实际上只有八个，虽然为了符合十进制，硬凑上乙旃氏及车焜氏，这两族与其他八族的关系究竟不是那么亲密[1]，在部落内的地位显然也无法与其他八族相提并论。因此，名义上虽有"十族"之称，拓跋人真正承认为"国之大姓"的[2]，却依然只有这八个氏族，重要的部落祭典（似乎也应该包括部落会议），也只有这八族可以主持。拓跋氏一直据有部落长（建国后则为皇帝）的地位，为当然代表，其他七族则派代表参加，是为"十族子弟七人"这句话的由来。这可能也是拓跋人建立国家后，所谓"八国""八部""八部大人""八部帅"等制度的渊源之一[3]。

---

[1] 乙旃氏氏族成员原非"国人"（见前注），派去担任其氏族长的也只是拓跋邻叔父的后裔，车焜氏则《官氏志》已明言是"疏属"。

[2] 公元491年，太庙明堂落成，得移置拓跋历代君主神位，孝文帝打算派神部尚书王谌负责执礼，元老贵族拓跋丕即反对："移庙之日，须得国之大姓，迁主安庙。神部尚书王谌既是庶姓，不宜参豫。"这里所说的"国之大姓"显然即指"十族"的代表（《魏书》，108:3，页2789）。

[3] 马长寿认为这些制度即来自"八族"的传统（《乌桓与鲜卑》，页285—291）。唐长孺在《拓跋国家的建立及其封建化》里也提到这些名词（页209注2），不过却没有给出肯定的答案。

也有认为"七"乃拓跋民族之"神秘数字"者，此亦不无可能，兹抄撮祭典中与"七"字有关的史料如下：

　　天赐二年夏四月，复祀天于西郊，为方坛一，置木主七于上。……选帝之十族子弟七人执酒，……执酒七人西向，以酒洒天神主，复拜，如此者七。（《魏书》，108:1，页2736）

　　延兴四年，六月，显祖（献文帝）以西郊旧事，岁增木主七，易世则事更次，其事无益于神明。初革前仪，定置主七，立碑于郊所。（《魏书》，108:1，页2740）

　　（平）城西有祠天坛，立四十九木人，长丈许，白帻、练裙、马尾被，立坛上，常以四月四日杀牛马祭祀，盛陈卤簿，边坛奔驰奏伎为乐。……（孝文帝元）宏西郊，即前祠天坛是也。宏与伪公卿从二十余骑戎服绕坛，宏一周，公卿七匝，谓之"蹋坛"。明日，复戎服登坛祠天，宏又绕三匝，公卿七匝，谓之"绕天"。（《南齐书》，57，页991）

上引有关拓跋祭典资料中，屡出现"七"或与"七"有关之数字（四十九），我们似乎也没有什么证据可以否认"七"字是拓跋民族之"神秘数字"；再者，研究萨满信仰的学者Eliade

第一章　"帝室十姓"与"国人"

　　国家成立后，部落解散，这八个（或十个）氏族的成员——至少在理论上应当也随着转变成皇帝直接统治下的"编户齐民"，各氏族的统治阶层在拓跋政坛上的地位也各有浮沉[1]，然而，七族代表协同皇帝主持国家重大典礼的传统却还是保留了下来，这就是《官氏志》中"国之丧葬祠礼，非十族不得与也"这句话的缘由。这一传统一直要到5世纪末，孝文帝锐意推动礼制改革时才加以废除，而改由礼部官员来负责。

　　由于资料不足，在孝文帝改革前，七族代表实际参与主持的祭典，除了上述祭天、移神主等少数几条记载外，其他我们所知不多。幸好，在北魏末年六镇之乱后，帝国有一段时间大量恢复了当年（平城时期）拓跋人的遗俗，其中高欢在公元532年立孝武帝时所行的"代都旧制"，倒是可以给我们一些启发："以黑毡蒙七人，（高）欢居其一，帝于毡上西向拜天讫，自东阳、云龙门入。"（《北史》，5，页170）黑毡所蒙七人，显然即是当年的"十族子弟七人"，而皇帝（拓跋氏）伏于黑毡七人之上拜天的仪式，更充分呈现出"七族"拥戴拱卫帝室的象征意义[2]。

也认为"七"是北亚萨满信仰民族的神秘数字之一（M.Eliade, *Shamanism, Archaic Techniques of Ecstasy*, pp.274—279）。若然，则"子弟七人"与"黑毡蒙七人"就不必然代表"七族"，甚至"七族"之来源可能也只是为了符合此一数字。不过，这些都只能算是推测，是否的确如此，则还有待更进一步的研究来证实了。

[1] 原先的这些拓跋"贵族"在后来政坛上的地位，决定因素当然很复杂，因为一方面要看这些贵族的后裔能力如何，另一方面也要看拓跋君主的意向如何，换言之，即他（或他们）要依赖既有的贵族势力，还是要培养出自己的新贵。因此，虽然在拓跋邻划分氏族时，纥骨氏在乙旃氏之上，而且理论上也应该一直如此，例如纥骨氏一直到孝文帝改制为止，都可以派出代表主持国家祭典，乙旃氏则无此特权，然而在北魏朝廷上，乙旃氏的后裔（后改姓叔孙），至少就《魏书》列传来看，显然要比纥骨氏（后改姓胡）要来得发达。另一方面，我们也看到拓跋珪建国后，所谓穆、陆、贺、刘、楼、于、嵇、尉等"勋臣八姓"的影响力，似乎又非原先的这些"帝族"（拓跋宗室除外）所能比拟的了。

[2] 高欢的《本纪》中特别记下这一幕，自然是因为七人之中，"欢居其一"，换言之，他已被正式承认为"帝族"成员，这当然是一种恩宠的表示。另外，马长寿引用此段材料时，推测此一仪式乃相当于后来契丹人"捉认盟主"的制度（《乌桓与鲜卑》，页255—256）。我们所能看

二、国人

　　相形之下，"国人"的内容就要模糊多了[1]。上述拓跋邻"七分国人，使诸兄弟各摄领之"的记载，可说是《魏书》提到"国人"的最早例子，而且也是内容最明确的一次：即纥骨氏、普氏、拔拔氏、达奚氏、伊娄氏、丘敦氏、侯氏，以及拓跋氏的八个部落。前面也提到过"七分国人"之后，拓跋邻又另外编组了两族，乙旃氏与车焜氏，而与前八族合称为"十姓"，亦即"帝室十姓"（有时也称为"十族"），这就是拓跋人离开呼伦池往南迁徙的基本核心部落。"国人"原先只有八族，到此时当然就成为十族了。

　　拓跋邻扩大"国人集团"的举动，相当程度地突显出拓跋人的一个特色，此即他们的民族界限是相当宽松的，从某个角度而言，这点或许也可说是形势使然。在长达数百年的民族发展过程里，拓跋人的势力迭有兴替，"兼并""掳掠""投靠""离散"的循环自然难以避免，不要说国人集团，连更为基础的氏族结构都不得不复杂化起来，正如《魏书·官氏志》里所说的："自后兼并他国，各有本部，部中别族，为内姓焉。年世稍久，互以改易，兴衰存灭，间有之矣。"（113，页3005）其情况或许有点类似13世纪初，成吉思汗崛起时的蒙古氏族："氏族（obogh）已不仅是基于共同血缘的亲族结合，而是包容几个互有主从关系的异质社会单位的组织。最上为主宰的氏族，其下为隶属的氏族，最下为世袭的奴

到的有关拓跋皇位继承仪式的资料，几乎就只有《北史》中的这一小段，单凭这一段简单的描述，是否就可以在两者之间拉上关系，不无疑问。至于早期拓跋的君长是否由"世选制"产生，这是另一个问题。

[1] 有关此一问题比较近期的研究，参见毛汉光《北魏东魏北齐之核心集团与核心区》，《"中央研究院"历史语言研究所集刊》，57:2（1986）。

隶群。"[1]而主宰氏族的姓氏通常即成为整个"组织"（或许应该称之为"部落"）对外所习用的名号。类似情况亦可见之于古代中国的黄河流域。周公平定管蔡武庚之乱后，分殷遗民六族（条氏、徐氏、萧氏、索氏、长勺氏与尾勺氏）给鲁，命其为氏族长：

> 帅其宗氏，辑其分族，将其类丑，以法则周公，用即命于周。是使之职事于鲁，以昭周公之明德。（《左传·定四年》）

其中"宗氏""分族"和"类丑"这三个名词，照杜正胜的解释："宗氏是族长的嫡系亲属，分族是族长的旁支亲属，类丑则是替氏族长从事生产劳动的被统治者。……类丑和宗氏当无血缘联系，但他们却同属一族。"[2]可见氏族构成的复杂化在人类历史上似乎是个相当普遍的现象。

了解到此一背景，我们对于拓跋人乃是一个糅合了多个不同民族的部落所构成的"新民族"一事，或许就不会感到太过诧异。"拓跋"一词，据姚薇元解释，可能即指匈奴与鲜卑的混血族，而我们晓得当拓跋人的祖先在氏族长推寅的领导下迁徙到呼伦池一带时（第一次迁徙），由于正当北亚大草原东端，交通较便利，拓跋人与其他各民族融合混居的机会自然大增。因此，在拓跋部落内发现有出自匈奴、高车、柔然等各族的姓氏，实不足为奇。此所以拓跋邻在"七分国人"时，所谓的"国人"中，即有原属高车人的纥骨氏，而另外加上的两族中，乙旃氏也是高车人。换言之，在当时客观形势的考量下，拓跋人的"国人"观念从一开始就不是那么拘泥于自然血缘的因素，而是以人为认定的方式为主。

---

[1] 萧启庆，《元代史新探》，页64；符拉基米尔佐夫，《蒙古社会制度史》，页100—113。
[2] 杜正胜，《殷遗民的遭遇与地位》，《古代社会与国家》，页540。

当然，为了凝聚彼此，他们也得设法创造出一种"拟血缘关系"以为依据，例如"十族"编成后，根据《魏书》所云："与帝室为十姓，百世不通婚。"换言之，成为"国人"即被归入同一类属，而与其他部落或民族有别。这种构成原则，与后来的"代人集团"颇有异曲同工之妙。此一原则基本上一直延续下去，故后来所谓"内入诸姓"的七十五姓中，来自匈奴、柔然、高车、乌桓与东部鲜卑的即有三十一姓[1]。虽然如此，拓跋人一定还是有个标准来划分"国人"与"非国人"的（尽管此一标准会随着时代而变化），否则我们便无法解释，纥骨氏与乙旃氏同属高车人种，然而前者在"七分国人"时被视为"国人"，后者则否[2]，而且前者在拓跋部落（乃至后来的国家）中的地位也一直在后者之上。笔者推测，基本上应当是以"附国先后"的次序来决定的，是否还有什么其他条件（例如归附的方式——征服或结盟），就不得而知了。

因此，虽然中古史料屡见的"国人"一词，与"旧人"及"种人"一样，在当时应有确切的指涉对象[3]，唯因史料不足，早期拓跋国人集团的内容

---

[1] 马长寿，《乌桓与鲜卑》，页248—254。

[2] 乙旃氏在列入"帝室十姓"后，自然也就纳入了"国人集团"。

[3] 例如苻坚灭前燕，取得关东之地后，分遣氐人十五万户出镇之，而将鲜卑等移入关中，其弟苻融在提到此事时即说："陛下宠育鲜卑、羌、羯、布满畿甸，旧人族类，斥徙遐方。"（《晋书》，114，页2913）赵整的歌词亦有"远徙种人留鲜卑"之句（《晋书》，114，页2928）。此处"旧人"与"种人"皆明指氐人。公元316年，拓跋猗卢为其子六脩所杀，"国内大乱，新旧猜嫌，迭相诛戮。（卫）雄、（姬）澹……言于众曰：'闻诸旧人忌新人悍战，欲尽杀之，吾等不早为计，恐无种矣。'"（《魏书》，23，页602—603）根据唐长孺考订，所谓"旧人"即指拓跋本部人及联盟部落的部民，而"新人"则指汉人及乌丸（非联盟部落者），《魏书·官氏志》则称之为"诸方杂人"（唐长孺，《拓跋国家的建立及其封建化》，页198—201）。"国人"除了上引拓跋邻"七分国人"外，尚有一条亦可确定其所指涉范围者。《北齐书·神武纪上》："神武（高欢）乃诈为书，言尔朱兆将以六镇人配契胡为部曲，众皆愁怨。又为并州符，征兵讨步落稽，发万人……神武亲送之郊……乃喻之曰：'与尔俱失乡客，义同一家，不意在上乃尔征召，直向西已当死，后军期又当死，配国人又当死，奈何？'"（页6—7）此处"国人"即指尔朱氏的契胡人。有关契胡（或羯胡）参见唐长孺，《魏晋杂胡考》，页414—427。

实在极难确定,《魏书》中有关"国人"的记载,除了上述一条还可明确指出其内涵外,其他几乎都相当模糊。就算上述的"七分国人",再加上乙旃与车焜两族后,"国人"的范围显然就扩大了。不过,即使如此,我们至少还可以说,当时所谓的"国人"即指"帝室十姓";然而,以后的"国人"连这样的认定都不可能。例如,公元4世纪初,拓跋纥那与翳槐叔侄争位,先是纥那得胜(追封为炀帝),公元329年,贺兰部及诸部大人立翳槐为君(烈帝),逐纥那于宇文部。335年,翳槐杀贺兰部帅蔼头,《魏书》说:"国人复贰。"于是纥那自宇文部归来复位。到了337年,石虎又助翳槐,"国人六千余落叛炀帝"(1,页11),纥那出奔慕容部。上述例子两见"国人",却皆无详细意涵,我们可以推测,"帝室十姓"应当还是其中主要构成分子,然而除了"十姓"呢?拓跋人从力微组织部落联盟至此已将百年,尽管其间盛衰无常,势力比起当年呼伦池时期应当是要强大多了,"国人"理应也有相对的扩大,然而,除了上述简单的"国人"一词外,其他我们皆茫然无所知。

《魏书》记载中与"国人"并列的还有贺兰部、宇文部、独孤部、铁弗部和白部等,他们与拓跋氏有婚姻、臣属甚至世仇的关系,然而我们也无法确定他们是否为"国人"。其中的铁弗部,一直到公元391年被拓跋珪彻底歼灭为止,与拓跋氏大半时间皆为世仇,然而,根据姚薇元的考证,铁弗与拓跋实为同音之异译,换言之,他们本来是同族人。此一说法如果可信,那么,铁弗部(至少在与拓跋氏反目前)应该也是"国人"了[1]。再如护佛侯部与乙弗部,拓跋珪曾说他们是"世修职守"(《魏书》,2,页30),类似而各有职守的部落想必不少,只是我们也无法确定他们是否为

---

[1] 姚薇元,《北朝胡姓考》,页6。唐长孺则考证铁弗部在当时通常被视为"乌丸",换言之,即在"血统上与所领部落上都有混杂之嫌"(《魏晋杂胡考》,页430)。

"国人"。类此的问题尚多，然而由于史料不足，我们几乎完全不能置一词。

公元376年，什翼犍领导的部落联盟在苻秦军队的攻击下迅即崩溃，除了一小部分人被掳到长安外，其余的部落由独孤部与铁弗部分领，拓跋宗室他、南部大人长孙嵩（拔拔氏）带着什翼犍的嫡孙拓跋珪及其母亲贺后，率领一小群旧民依附于独孤部，以帝室十姓为核心长期凝聚起来的"国人集团"至此冰消瓦解，想来这也是日后魏收在撰述《魏书》时已无法究明早期的"国人"详细内容为何的主要缘故。

第二章

拓跋魏的国家基础

一、"代"的范围

要分析拓跋王朝的国家基础，我们必须先了解拓跋政权疆域的演变。根据《魏书》所载，拓跋人大约是在公元3世纪初迁徙到"匈奴故地"，也就是今日漠南一带的（绥远[1]、察哈尔[2]南部及山西北部）。公元258年，拓跋部落长力微，也就是后来被拓跋族人尊为始祖的神元皇帝，决定迁到定襄的盛乐（今内蒙古呼和浩特市和林格尔县），此后一直到拓跋珪建立国家为止，盛乐一直是拓跋人最重要的基地，就算在拓跋珪建国定都平城之后，盛乐也还是皇陵（称为金陵）的所在地。我们晓得，3、4世纪时的拓跋基本上还是个游牧民族，因此，严格说来并没有固定的疆域可言。不过，他们还是有一个大致固定的游牧区，也可以说是"势力范围"，

---

[1] 绥远是中国旧省级行政区，简称绥，省会归绥（今呼和浩特市），位于今内蒙古自治区中部。——编者注
[2] 察哈尔是中国旧省级行政区，简称察，辖境包括今河北省张家口市、北京市延庆区、内蒙古自治区锡林郭勒盟大部、乌兰察布市东境。——编者注

比较清楚的记载可见之于3世纪末拓跋部落联盟分裂为三部时《魏书》的记载：

> （拓跋禄官）自以一部居东，在上谷（今河北省张家口市怀来县）北，濡源（今河北省张家口市赤城县附近）之西，东接宇文部；……（拓跋）猗㐌统一部，居代郡之参合陂（今山西省大同市阳高县北）北；……（拓跋）猗卢统一部，居定襄之盛乐故城。（1，页5—6）

大致说来，也就是上面所说的"匈奴故地"的范围，只不过这时拓跋猗卢继续向西北发展，控制了五原（今内蒙古呼和浩特附近）、朔方（今内蒙古包头市固阳县）一带，势力已经及于阴山山脉以北。到了公元304年，居住在山西的匈奴人刘渊起兵叛晋，晋在当地的刺史刘琨急于寻找外援以对抗刘渊，恰好这时拓跋禄官与猗㐌两位部落长都已先后死去，拓跋猗卢统一三部，成为漠南最强大的力量，于是公元306年，刘琨即以晋王朝的名义封猗卢为代公，并割让勾注山（今山西雁门关）以北五县的土地给他，猗卢移了十万户的人口以实之，拓跋人的势力遂深入山西北部（《魏书》，1，页7）。三年后（309），猗卢修平城（今山西大同）以为南都，盛乐则成为北都，拓跋族势力所及的范围南起勾注山，北抵阴山山脉及大漠南缘大宁（今河北张家口）一带，东至赤城，西至朔方，地盘已算不小。公元338年，拓跋什翼犍继任君长之职，拓跋部落联盟在其领导下，势力达于极盛，甚至越过黄河及于陕北。什翼犍一度曾想定都于灅源川（今山西雁门关北），终因南方局势未定，遂听从太后的意见，仍以盛乐为都（《魏书》，1，页12）。可见拓跋人的势力虽然已经包有山西北部，然而一直到此时，盛乐一带还是他们的主要基地，公元376年，苻秦伐什翼犍，兵锋所指也是这个地区。

什翼犍的部落联盟为苻秦所瓦解后，苻坚指派独孤部酋刘库仁与铁弗部酋刘卫辰分领部民，以黄河为界，刘库仁居于山西北部，刘卫辰则据有陕北（当时称为"河西"）[1]。公元386年，什翼犍的嫡孙拓跋珪在旧部拥戴下，回到定襄的盛乐故地，展开复国运动。此后数年，他东征西讨，逐步并吞了独孤部和贺兰部，大致恢复了当年拓跋联盟极盛时的地盘；公元391年，他越过黄河，彻底击溃了宿仇铁弗部，据有陕北部分地区，并筑河南宫于其地。然而，盛乐一带还是他的根本基地，公元394年，东平公拓跋仪奉命屯田，屯田地点从五原至稒阳塞，皆在盛乐附近，而395年慕容燕讨伐拓跋，兵锋也是直指此地区（《魏书》，2，页26）。396年，拓跋珪乘着慕容燕君主慕容垂死亡的机会，大举兴兵南下，两年内彻底击溃了慕容燕的抵抗，拓地直抵黄河北岸，而据有河北、山西一带。这次的胜利，对拓跋人的发展而言，是最具关键性的一个转捩点：第一，彻底解决了南方的威胁，使得平城适合作为新都。我们晓得，虽然拓跋人早在公元4世纪初即已取得平城及其以南的土地，然而除了拓跋猗卢比较注意经营平城及其以南的地区外，其他拓跋君主大抵皆将平城作为一个军事据点，主要根据地还是放在盛乐一带。这是因为当时南方尚有大敌虎视眈眈（例如早期的石赵、苻秦及后来的慕容燕），以平城为都，可守的天险只有勾注山，一旦失守，平城立刻告警；盛乐一带则较为偏远，离阴山也较近，一旦有事，可以避至山北。公元376年，苻秦军队北上，拓跋人节节败退，什翼犍"乃率国人避于阴山之北"（《魏书》，1，页16）。拓跋珪在重建部落联盟时，有一次独孤部来袭，他也是"北逾阴山，幸贺兰部，阻山为固"（《魏书》，2，页21）。然而等到拓跋珪控制了山西、河北全境，盛乐作为政治中心就未

---

[1] 国史上称"河西"者，一般皆指以凉州为中心的所谓"河西四郡"，不过在北魏时，"河西"有时亦指陕北及内蒙古南部（今鄂尔多斯市），详见本书附录《北魏的"河西"》。

免太偏远了些；再说，这时柔然已崛起于漠北，成为此后拓跋政权的北方大患，盛乐孤悬塞外，一旦柔然入袭，反而没有回旋应变的空间[1]；相形之下，平城在此时不论对内还是对外，反倒是个比较理想的都城。必须一提的是，拓跋珪在平定河北后，虽一度曾想以邺（今河北省邯郸市临漳县）为都，终因距离过远，还是打消了此一念头。其次，对燕战争的空前胜利，不但给拓跋人带来无数的物资与劳动力，也给拓跋珪带来无与伦比的威望，这使得他有能力在定都平城的同时，强制原先部落联盟的成员"离散诸部，分土定居"，拓跋民族就此正式跨入国家的阶段。

公元398年，拓跋珪定都平城，并将周围约三万平方公里的地区划为"王畿"[2]。"王畿"的范围东起代郡（今河北省张家口市蔚县），西至善无

---

[1]柔然虽起于拓跋人建国以前，然而尚未构成大患，等到拓跋珪开始建国时，柔然也出现一位雄才大略的领袖郁久闾社仑，"北徙弱洛水，始立军法，千人为军，军置将一人，百人为幢，幢置帅一人；先登者赐以虏获，退懦者以石击首杀之，或临时捶挞。……号为强盛，……于是自号丘豆伐可汗。'丘豆伐'犹魏言驾驭开张也，'可汗'犹魏言皇帝也。……太祖（拓跋珪）谓尚书崔玄伯曰：'……今社仑学中国，立法置战陈，卒成边害。'"（《魏书》，103，页2290—2291）。公元402年，拓跋珪出兵伐姚秦，柔然乘机入侵，"入参合陂，南至豺山及善无北泽"（页2291）。此后频频犯塞，公元424年，柔然趁着太武帝初即位的机会，"入云中，杀掠吏民，攻陷盛乐宫"（《魏书》，4:1，页69）。公元439年，太武帝西征北凉，事先还派遣大将嵇敬等人率军两万屯漠南以备柔然，然而柔然还是大举入塞，"至七介山，京邑大骇，争奔中城"（页2294）。此后太武帝连年北伐，柔然势力大受打击，边患才稍微舒缓，即使如此，北魏除了沿边置镇外，每年"秋冬，遣军三道并出，以备北寇，至春中乃班师"（《魏书》，41，页922），可见柔然为患之烈。平城偏居塞内，都还不免遭到威胁，孤悬塞外的盛乐曾两度被攻陷自然是可以理解的事了。实际上，平城在作为首都的一百年间，除了上述两次因柔然入侵而告警外，基本上没有受到过其他威胁。因此，纯就军事而言，实为一比较理想的都城所在。

[2]有关王畿的范围及今地名，见唐长孺，《拓跋国家的建立及其封建化》，页222。王畿的范围还有另一说法，此即东至上谷军都关（今北京市昌平区居庸关），西至黄河，南至中山隘门塞（今山西省大同市灵丘县），北至五原（今内蒙古巴彦淖尔市五原县，即拓跋人故都所在，详见《元和郡县图志》，14，《云州》）。除了南境外，北、东、西皆扩大甚多。将故都包含在"王畿"之内，似乎有点道理，只是范围未免太大了些。马长寿认为这是王畿之外的"郊甸"（马长寿，《乌桓与鲜卑》，页266—267），这当然也有可能，只是《魏书》中并无有关"郊甸"的任何资料。有关"王畿"的分析，可参见严耕望，《中国地方行政制度史——魏晋南北朝行政制度》，页421—423。

（今山西省朔州市右玉县），北包参合（今山西省大同市阳高县），南抵阴馆（今山西省忻州市代县北），差不多涵盖了今天整个的桑干盆地，亦即当年拓跋联盟活动领域的南区，在中国历史上习称为"代"。

拉铁摩尔（O. Lattimore）在《中国的边疆》（*Inner Asian Frontiers of China*）一书里曾经指出，沿着中国长城线的南北存在着一条宽数百公里的"边缘地带"（marginal land），包括今天的内蒙古高原南部、桑干盆地、河套、陇西高原及河西走廊（页423）。之所以称为"边缘地带"，是因为越过此区再往北即进入纯粹的草原游牧地带，往南则是汉族经营数千年农业的发达的黄河中下游河谷。因此，这条带状的边缘地带可说是一个宜农宜牧的过渡地区。位于此区中段的"代"（桑干盆地）自然也有这些特色。《太平寰宇记》卷四十九"云州云中县"条引《冀州图》云："自晋阳（今山西太原）以北，地势渐寒，平城、马邑凌原二丈，云中、五原积冰四五十尺，唾出口成冰，牛冻角折而畜牧滋繁。"尔朱氏的封地秀容川已偏在王畿南端[1]，然而"牛羊驼马，色别为群，谷量而已"（《魏书》，74，页1644），可见此地在当时畜牧业发达之情况。农业方面，由于此一地区水源尚称充沛，只要有足够劳动力的投入，农业发展还是大有可为的。拓跋珪在征服河北、山西后，为了要充分供应王畿粮食所需，即从河北移入了数十万的农业劳动力。大量人力、物力的投入，使得桑干盆地的

---

[1] 秀容川的今地为何，有两种说法，一般认为是山西省朔州市朔城区西北，然而周一良则认为应当在山西省忻州市忻府区北（周一良，《北朝的民族问题与民族政策》，页158—159）。本文采忻府区之说。不过，忻府区之说有点小疑问，前面曾提到王畿南至忻州市代县勾注山一带，而忻府区又在代县之南，那么尔朱氏的封地显然就不在畿内了。可是根据《魏书》所云："太祖（道武帝）初以南秀容川原沃衍，欲令居之，（尔朱）羽健曰：'臣家世奉国，给侍左右。北秀容既在划内，差近京师，岂以沃埌更迁远地？'太祖许之。"（74，页1643）南秀容今地为何，不得而知，"划内"一词据周一良考证，即"关内"之意，换言之，即"畿内"，这与上面所言显然互相矛盾。不知当时"王畿"的南境是否一直延伸到代县以南忻府区以北，而将尔朱氏的封地包括进去。

农业生产取得了前所未有的成就，在太武帝时，即有人形容农作收成时"秋谷悬黄，麻菽布野，猪鹿窃食，鸟雁侵费"(《魏书》，28，页692)。如果我们把此地自然环境的变迁估计在内，恐怕也是后无来者了[1]。一直到6世纪初，当王畿昔日的繁华已随孝文帝之迁都而去时，郦道元游历此地还留下如此的记载："东湖西浦，渊潭相接，水至清深，晨凫夕雁，泛滥其上，黛甲素鳞，潜跃其下。"(《水经注》，13，页3)"弱柳荫街，丝杨被浦，公私引裂，用周园溉，长塘曲池，所在布濩。"(《水经注》，13，页6) 一派江南水乡风光。

二、代人集团

不管怎么说，等到公元398年拓跋珪建立王朝、定都平城后，为了巩固此一核心地区的安全、保证充裕的物资供应以及加强对新征服地区（河北、山西）的控制，拓跋珪采取了下列一些措施：

第一，下令"离散诸部，分土定居，不听迁徙，其君长大人皆同编户"(《魏书》，83:1，页1812)。解散后的部落民当然也有从事农牧业的，不过他们的主要任务还是提供国家的武力基础。这支武力除了一部分出镇新领地外，其他大部分即屯驻京城，成为捍卫王畿的中央常备军——这是任何一个定居国家皆需要的。至于他们的"君长大人"，则转任政府的文武官员。

---

[1] 长城边疆——特别是漠南一段——沙漠南移（或原地起沙）的现象，已有许多学者探讨过。详见侯仁之，《历史地理学的理论与实践》，页33—40。有许多地区在唐代，甚至到明代，还是农垦地或牧草地，今日则已成为一片黄沙。例如，位于陕西省榆林市横山区西无定河北岸的赫连夏（407—428）首都统万城，在建都时还是"临广泽而带清流"的水草地（《元和郡县图志》，4，《夏州》），北魏灭夏，以此地为牧场，到了唐初，又成为农垦区（《旧唐书》，58，页2281；陕西文管会，《统万城城址勘测记》，页231），然而今日已成一片黄沙。

其次，将新征服区（特别是河北）的重要士族迁徙到平城。一方面既可借重他们的知识以建立国家制度及治理汉地，另一方面则可将他们作为人质，以防止他们乡里的反抗。此一政策在拓跋珪以后仍持续进行，例如关中于426年、凉州于439年、青齐（今山东）于469年，在征服后都有大批地方官吏、士族被迫迁往平城（太武帝之后亦有被分发至北镇屯戍者）。除此之外，政府也不时将新的地方领袖征召到中央来，例如公元431年太武帝拓跋焘的征士诏，范围即遍及全国，同时被召的有数百人之多（《魏书》，4:1，页79）。

第三，在建国时期曾立下汗马功劳，然而与拓跋族关系较疏的部落，则仍维持其部落组织，安置于固定的采邑（原先多半在王畿附近）[1]，并给予其部落长"领民酋长"的头衔。

除了上述几项外，当然还有其他的措施，例如，拓跋珪在平定河北之后，即修"直道"越过恒山通抵平城，以加强对此地的控制；此外，又从河北迁徙了数十万人口到平城，以供应王畿所需的工业、农业劳动力。由于这些措施与拓跋王朝统治阶级的构成并无直接关系，我们此处姑且置而不论。

拓跋珪（及其后继者）采取的这些措施，是拓跋统治集团形成的直接因素："离散诸部，分土定居"的措施，导致"代人集团"的出现；征

---

[1]拓跋珪原先封尔朱氏于南秀容，尔朱羽健以南秀容在王畿之外，而决定仍居原地（北秀容），参见55页注1所引。不过，由此一记载可知，拓跋珪分封时，并没有执意要将这些人封在"畿内"。《北魏刘玉墓志》云："弘农胡城人也，……远祖司徒宽之苗，……大魏开建，托（拓）定恒代，以曾祖初万头大族之胄，宜履名宦，从驾之众，理须督率。依地置官，为何浑地汗。"（《汉魏南北朝墓志集释》，6）弘农胡城据周一良考订，可能在今天河南省灵宝市阳平镇阌乡村东（《领民酋长与六州都督》，页178）。若然，则初万头的封地要远在王畿之外了。当然，拓跋珪初建国时，所能控制的地区相当有限（今河北、山西、漠南中段），而且为了易于微调领民酋长的军队，领民酋长的封地集中在王畿附近是相当可以理解的事。等到太武帝开疆拓土之后，领民酋长分布的领域就要分散多了。

募中原士族任职中央及地方的政策，使得中原士族在拓跋政坛上分配到一个角色；领民酋长制的实施则使得帝国境内散布着许多大小不等的"封建领主"。这几个集团即构成拓跋帝国境内除王室之外最主要的统治阶级，下面我们就来分析这几个集团在北魏史上所扮演的角色。必须说明的是，虽然代人集团中除了具有统治身份的贵族外，还有大量被统治的原有部落民，就像汉人除了任官的士族外，也有大量的平民，领民酋长也都统治着一些部落民一样，不过，我们此处讨论仍以具有统治身份者为主，至于各团体中属于被统治者的下层阶层，则只有在必要时才会涉及。

1. 代人集团的形成

代人集团的出现在拓跋发展史上可说是划时代的一件大事，没有这个团体，常备军不可能组成，拓跋政权大概就会像早先的匈奴人一样，始终只是个游牧联盟，而无法形成一个拥有固定都城及领土的"国家"。

在北朝史料中，"代人"一词可说是个惯见的词语，公元401年，拓跋珪下令尚书三十六曹，每曹置代人令史一人（《魏书》，113，页2973），已充分显示出"代人"身份之特殊性，及其在拓跋政权中所扮演的角色。以《魏书》为例，除皇后、宗室、外戚等标题性的传记外，列名传中而明言为"代人"或其后裔的家族就占了总数的四分之一强，与其他的地域团体相较，比例算是最高的了，如果再加上列传中的拓跋宗室子弟——他们当然都是"代人"——那比例更要提高许多。一直到北魏覆亡后，"代人"在北方政治军事史上仍有其重要地位，《北齐书》与《周书》中都有相当的篇幅是属于他们的[1]。细查列名《魏书》的这些代人，除了少数是原居当地的汉人（如燕凤、许谦等）外，其他几乎原先皆为游牧部落，要

---

[1]《北齐书》卷十五、十九、二十、二十五、二十六、二十八、四十一；《周书》卷十四、十五、

等到拓跋珪于公元398年定都平城,解散部落后才定居于此地。这点只要略查本书所附的《代人集团表》即可得知。

列名《魏书》列传中的这些代人,当然只是整个代人集团的一小部分,虽然是比较重要的一部分。其他还有哪些部落,史无明言,照《魏书·官氏志》所言:"太祖(拓跋珪)散诸部落,始同为编民。"(页3014)似乎就是指在此段文句之前所列出的、包括"内入诸姓"与"四方诸部"在内的118个部落[1]。"帝室十姓"与"勋臣八姓"——代人集团的领导核心——都已在这118个部落内,原先拓跋的"国人"想来应该占了相当大的比率。

不过,我们也不能就此认为,《魏书》所列的这些部落就是代人集团的全部,虽然他们的确占了绝大多数,因为还有一些在《魏书》中明言为"代人"者,如赤小豆氏、吐万氏、出身荆州蛮族的樊氏,都不见于《官氏志》之记载,这在本书所附的《代人集团表》内皆已注明。反过来说,《魏书》所列的这118个部落,也不一定就全都是"代人"——或者,至少说,不一定全部部落(氏族)皆为"代人"。例如,盖楼氏为居住在陕西中部的卢水胡,而拓跋政权一直要到太武帝时才控制此地,即使有一些人移居平城,卢水胡基本上仍活跃于原居地。公元445年,利用其氏族力量发动大规模叛乱的盖吴,就是住在此地的卢水胡。有些部落,例如破六韩氏(又称步大汗,《官氏志》误为出大汗),固然有一些族人定居平城,但保持部落组织的似乎更多,魏末起兵的破六韩常、破六韩拔陵就都是领民酋长。再说,虽然他们大多数的确是在建国时期或之前即已归附拓跋政权,却也有一些,如綦连氏,则要到5世纪前半——即太

十六、十七、十九、二十、二十一、二十五、二十六、二十七、二十八、二十九、三十、四十。
[1]《魏书》云"内入诸姓"是在神元(拓跋力微)时归附的,可是史料所能确切证明的大多是在道武帝时归附的。当然,我们也别忘了,在道武建国前,拓跋人并没有保存多少史料,到底有多少部落自然也不是两三百年后的魏收所能弄清的。

武帝时期——方才归附[1]。

原来住在平城及王畿（即所谓"云代"）地区自然是代人的一个共同特征，他们之所以被称为"代人"，主要当然也是由于此一缘故。从这个角度来看，代人集团显然可视为一个地域性的集团。不过，若仅以所居地作为界定的标准，那么，住在此一地区的还有许多征服各地时强迫移徙来的各族人民（包括汉族），以及大大小小的领民酋长，如果这些人都计入的话，范围未免太广，而"代人集团"一词也就不免要失却其政治、军事等各层面的特殊意涵了。因此，除了籍贯之外，这些人的政治军事关系——换言之，他们在拓跋王朝军事政治上所扮演的角色——无疑是更关键的一个属性。

这也就是笔者在前面所说的，代人集团的成员除了出身的籍贯为"代人"外，在军事上，他们构成拓跋王朝的常备武力（驻守中央或分镇各地），在政治上，他们的贵族则担任政府（中央或地方）的文武官员。就此而言，同居于平城王畿的汉人（包括士族与平民）并非"代人集团"的成员，因为：第一，云代地区不是他们唯一的"家乡"（详下文）；第二，中原士族虽亦有在中央或地方为官者，然而不管是比率还是重要性皆无法与代人相提并论，更重要的是，他们——不管是士族还是平民——几乎完全被排除于军事性职务之外。

领民酋长及其部落民虽然也有不少是居住在云代地区的，然而他们与代人仍有极大的差异：第一，领民酋长除了偶尔担任采邑所在地的地方长官外，极少出任中央官职，因此，在政治上的影响力并不大；第二，也是更要紧的，他们的部落组织从未解散，因此，虽然他们的部落军在拓

---

[1] 綦连氏原居祁连山一带，439年太武帝灭北凉，綦连氏才在那时内徙至平城。见姚薇元，《北朝胡姓考》，页209—212。

跋的国家武力中扮演了一定的角色，却从来不是常备武力，就国家形成的角度而言，这一点差异是相当关键性的。此外，领民酋长与代人的差异也可以从一个小现象——虽然不是那么重要——反映出来，此即绝大多数的代人集团成员在孝文帝之后皆已改为汉姓，领民酋长则几乎清一色仍维持胡姓，这点只要细查本书所附的《领民酋长表》即可得知。

从这个角度来看，有些家族，虽然不见于《官氏志》，籍贯亦不见得是"代人"，甚至还有出身俘虏、降将乃至罪犯者，但由于他们与拓跋君主有特殊之关系，例如外戚、宦官、宠幸以及"宾客"，在当时特殊的政治环境下，他们经常能以君主之"私人代表"的身份，在军事与政治上享有相当的权力与地位，因此，在本文中，这些家族即以君主"附庸"的身份列入代人集团。有关这些人物，我们稍后再谈。

综合以上所述，我们似乎可以给"代人集团"一个如下简单的界定：这个集团形成于4世纪末的平城及邻近地区，至5世纪初仍陆续有所扩充；其成员绝大多数为北亚游牧民族，然而也包括少数的汉人及其他少数民族，而且就算在其主体的北亚游牧民族间，成分亦很复杂，根据姚薇元的考订，至少包含鲜卑、匈奴、柔然、乌桓、高车等族；然而不管他们原先来自哪个民族、属于哪个部落，自拓跋珪定都平城后，他们即以"代人"之身份活跃于中国北方的政治军事舞台上。云代地区是他们唯一的"家乡"，这是他们与同居于平城王畿的汉人（包括士族与平民）不同的地方；放弃部落组织而为"编户"，则是他们与领民酋长及其部落民之间的最大差异。

这个团体在北魏政治史上扮演的角色如何？这是本文的主旨。《魏书》列传中代人的事迹，具体说明了他们在北魏重要的政治军事地位。大小战役，不管是北伐柔然、南征南朝，还是东征西讨其他诸国，将帅几乎清一色由拓跋诸王或代人贵族出任。公元425与429年，太武帝两度亲征柔然，前后各军统帅为长孙翰、长孙道生、娥清、奚斤、安原等人，除了安原为

"宾客"（安同）之外，其他皆为代人。明元帝时与刘宋交战于河南一带，统帅奚斤、叔孙建皆为代人。公元439年，太武帝西征北凉，率军留守平城以备柔然的有嵇敬、拓跋崇二人，随他出征的各军统帅分别是拓跋健、刘洁、拓跋素、拓跋丕、杜超、穆罢、源贺等人，其中刘洁、源贺是"宾客"身份，杜超是外戚（太武之舅），其他亦皆为代人[1]。外戚、宾客由于身份特殊，在出征或镇守等军事活动方面，经常还可占有一席之位，领民酋长则只能扮演辅助性角色，而中原士族几乎根本与此绝缘。

在政坛上，他们的地位更是举足轻重，北魏一朝的几次皇位继承问题，乃至宫廷政变，几乎都是由王室与代人贵族主导主演，其他集团成员毫无置喙余地。公元408年，拓跋珪为其子清河王绍所杀，协助明元帝即位的有车路头、王洛儿、安同等人，皆为代人或宾客之后。公元452年，宦官宗爱杀太武帝，控制朝政，稍后，掌握禁兵的源贺、陆丽、长孙渴侯与刘尼发动政变，拥立文成帝（太武之孙）登基，他们也都是代人或宾客的身份。公元465年，文成帝死，车骑大将军乙浑趁献文帝年幼（十二岁），掌握朝政，"为丞相，位居诸王上，事无大小，皆决于浑"（《魏书》，6，页126），他也是代人（乙弗氏）。次年，文明太后诛杀乙浑，夺取政权，协助她的人应当不少，有史料可征的则仅有拓跋丕、陆叡等几个人，皆为宗室子弟或代人（《魏书》，14，页357；40，页917）。公元471年，献文帝想把帝位传给他的叔父拓跋子推，结果元老重臣一致反对，迫使他传位给孝文帝[2]。献文帝为何要舍子传叔，其间另有缘故，本书第三章《文明的崛起》中已稍做解释，此处即不赘述。不过，反对他的元老重臣中，出身渤海士族的高允虽以三朝元老的身份，得以备咨

---

[1] 以上诸人事迹，详见《魏书》本传。
[2] 《魏书》，6，页131；19:2，页461—462；40，页904；41，页921；48，页1086；94，页2016。

询，但真正促使献文帝放弃原意的可能还是当时手握漠南重兵的源贺，以及拥有实力的宗室诸王与代人贵族，如拓跋云、拓跋丕与陆馛等人的力谏吧。文明太后曾一度想废掉孝文帝，让她打消这个念头的三个人里，李冲是她的宠幸，拓跋丕、穆泰则为宗室及代人贵族的代表人物（《魏书》，7:2，页186）。

公元493年，孝文帝以南伐为掩饰而迁都洛阳，翌年，他北返平城，召开御前会议讨论迁都事宜时，群臣纷纷表示反对，发言盈庭，然而皆为代人贵族，如拓跋丕、穆罴、于果等（《魏书》，14，页359）。我们晓得，孝文帝迁都之举当然得到了许多汉人大臣的支持与筹划，例如李冲、崔光、刘芳、郭祚等人，然而这并不表示所有的汉臣皆支持迁都之举，高闾就曾上疏反对过，只是在御前会议上，我们却看不到任何一个公开发言的汉臣。明乎此，我们自然也不难理解为何两年后（496）的穆泰、陆叡之乱，几乎全由拓跋宗室与代人贵族包办。

迁都之后，由于孝文帝锐意汉化，中原士族在政坛的分量有显著提升，尽管如此，宣武帝与孝明帝两朝的宫廷政争，也还是以宗室及代人贵族为主体，例如公元501年宣武帝谋夺诸王（咸阳王禧、彭城王勰、北海王详，皆宣武帝叔父）之权，负责帮他筹划执行的于烈，为勋臣八姓之一（《魏书》，31，页739—740）。孝明帝即位时才六岁，一直到528年死时也不过十九岁，尽管在位十余年，却是个十足的"虚君"，宫廷斗争虽然频仍，却也始终只是他的母亲灵太后与其他权臣之间的问题。涉及这些斗争的几个关键性人物，如元叉、元怿、元雍（宗室）、奚康生（代人）、刘腾（宦官）等人，都还是代人集团的成员。这主要是因为宫廷斗争中，禁军的掌握与否，实为最主要的决胜关键，而中原士族的政治地位尽管已有所提升，却仍没有可能出任此时节制禁军的领军将军一职[1]，在讲究实力的宫廷斗争中当然就只能作壁上观了。

  以上所述当然都只是北魏政治史上较具关键性的一些转捩点，拓跋宗室与代人贵族垄断了这些事件的演出自然也是可以理解的。那么，在承平时期，情况又是如何呢？一般而言，由于治理汉人社会的实际需要，中原士族在拓跋王朝的决策阶层里偶尔也能占有一席之地，然而其比例是远远无法与代人集团的成员相提并论的，例如公元422年，明元帝令太子拓跋焘（太武帝）摄政，指定辅佐他的六个人中，除了崔浩出身中原士族外，其他五个人——长孙嵩、奚斤、安同、穆观、丘堆——皆为代人（《魏书》，35，页813）。太武帝在444年，也曾令太子监国，辅佐大臣除崔浩外，其他三人为穆寿、古弼与张黎，也都是代人（《魏书》，4:2，页97）。然而，中原士族凭其学识与能力，至少偶尔还能跻身于决策阶层（尽管还是备询性质），领民酋长则连这样的机会都没有。在北魏统治华北的一百余年间，根据笔者的统计，代人集团的成员平均占有88%的中央文武要职以及80%的地方首长之职。如果我们以孝文帝迁都洛阳为一前后断限，则在此之前的比率分别是中央93%，地方86%，可说是囊括了当时绝大部分的政治职位。相形之下，中原士族所占的官职比率分别是：总平均，中央10%，地方14%；490年以前则为中央5.4%，地方6.5%。领民酋长在地方性的职位上还偶有所获，中央要职的机会则几乎是零，尔朱荣是第一个列名将相年表的领民酋长，不过那已是在魏末六镇乱起，中央控驭无力，他成为当时最强大的军阀以后的事了。

---

[1]北魏负责宫廷禁卫军的职位前后似乎并不一致，早期殿中尚书似乎握有较大权力，不过到宣武帝以后，逐渐转移到领军将军手中。《于烈传》中就明言"领军但知典掌宿卫"（《魏书》，31，页739）。这也是灵太后要图谋元叉时，必须要先诱他辞去领军一职的缘故（《魏书》，16，页406）。宣武至孝明时，担任领军一职者有：于烈、于劲、元继、元忠、元叉、元渊等人，皆为宗室及代人贵族（万斯同，《魏将相大臣年表》，《二十五史补编》，第四册）。

将相大臣比率表（一）[1]

时间	总数	身份	人数	比率
396—527	262	代人	230	87.8%
		中原士族	27	10.3%
		其他	4	1.5%
		领酋	1	0.4%
396—490	182	代人	169	92.9%
		中原士族	10	5.5%
		其他	3	1.6%
		领酋	0	0%
490—527	80	代人	61	76.3%
		中原士族	17	21.3%
		其他	1	1.3%
		领酋	1	1.3%

---

[1] 此处统计数字所根据的资料主要有：万斯同，《魏将相大臣年表》、严耕望，《北魏尚书制度考》，以及吴廷燮，《元魏方镇年表》。有关万表及吴表的一些问题，详见本书附录《将相大臣年表》与《地方长官表》的注释。此处想说明的一点是，在北魏时期，职位高低与权力大小并不一定成正比，例如太师、太傅、太保品位虽高，权力却不如太尉、司徒与司空。在传统政治时期，权力常取决于个人，而非职位，这个人可以是元老重臣，也可以是君主心腹，这可以说是极为普遍的现象。此外，在任的长短当然也与权力的大小有关。就此而言，本文在统计时，没有将上述两个变数考虑在内，无疑是个缺陷。但是，那样做的话，一则太过烦琐，再者也不易精确，譬如任期的资料就不易掌握，《将相大臣年表》中的任期基本上根据万斯同的资料，可是万表中这部分工作是相当粗疏的（实际上也无法精确）。不过，统计数字的应用基本上也只在显示一个大致的趋势，就此而言，这些图表无疑尚有一些参考价值。特别是两份参考资料来源不同（一为中央，一为地方），虽皆残缺不全，所统计出来的比率却有令人惊异的重叠性，不管是各团体的平均比率，还是不同时期里各团体的比率升降。例如490年前后的官员比率，代人贵族在中央由33.5%降至12.5%，地方则由37.5%降至17.5%，降幅皆在20%左右；而同时期中原士族则在中央由5.4%升至21.2%，以及在地方由6.5%升至21%，升幅皆在15%左右。

将相大臣比率图（一）

总比率（396—527）

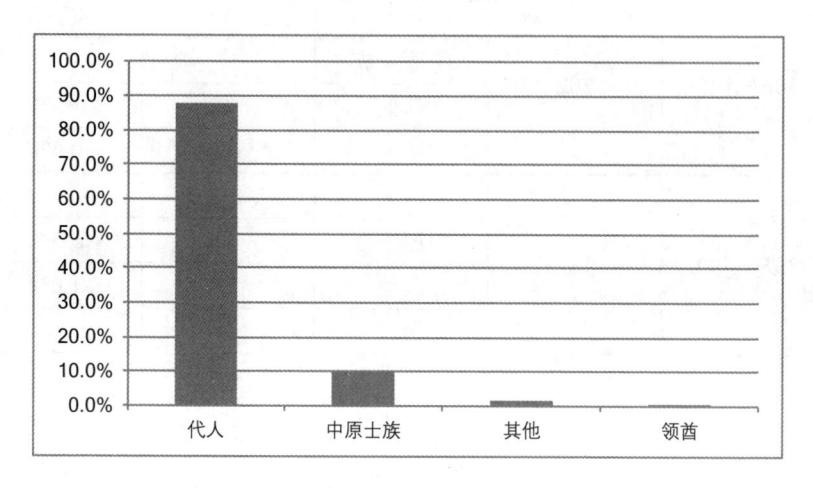

396—490

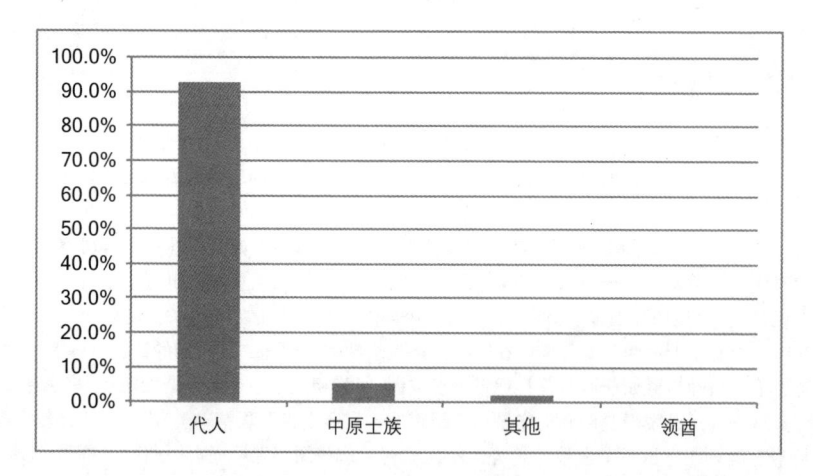

第二章 拓跋魏的国家基础

490—527

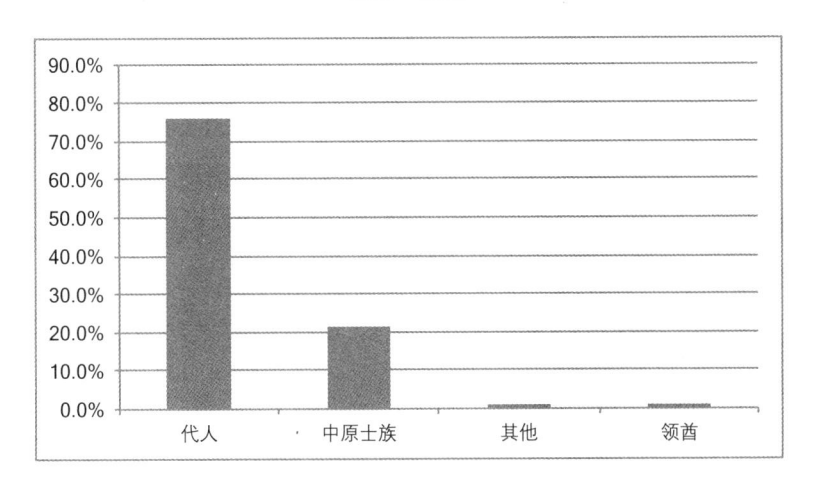

地方长官比率表（一）

时间	总数	身份	人数	比率
至527	396	代人	317	80.1%
		中原士族	54	13.6%
		其他	24	6.1%
		领酋	1	0.3%
490前	200	代人	172	86%
		中原士族	13	6.5%
		其他	15	7.5%
		领酋	0	0%
490—527	196	代人	145	74%
		中原士族	41	20.9%
		其他	9	4.6%
		领酋	1	0.5%

地方长官比率图（一）

总比率

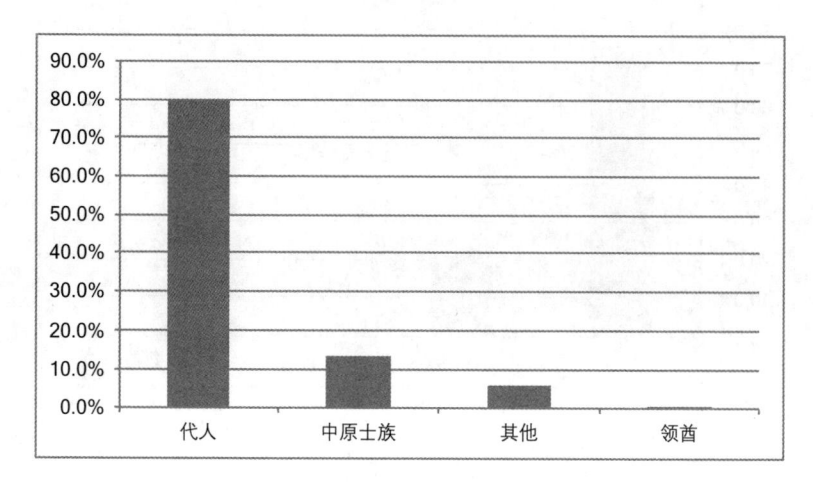

490前

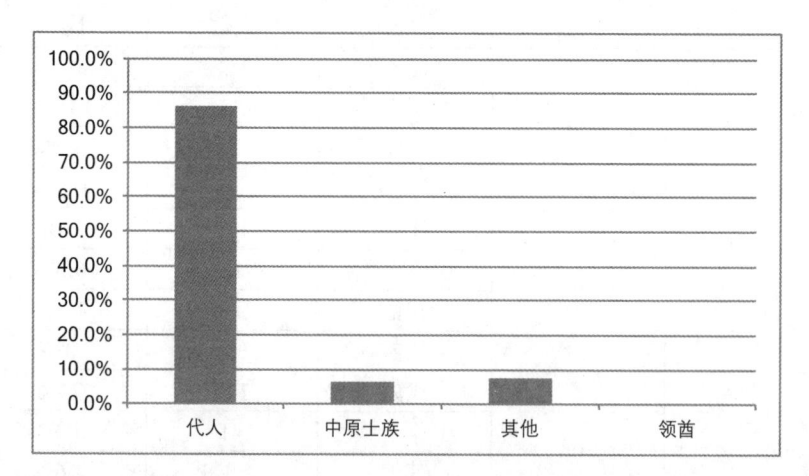

490—527

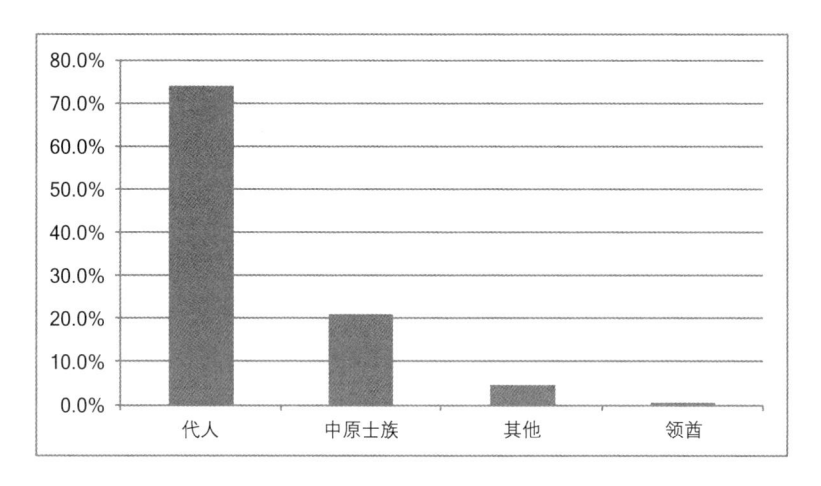

代人集团在拓跋王朝的特殊地位，亦可见之于他们与王室的婚姻关系。北魏一代，史料可查的尚公主人数总计有58人（详见《公主婚姻表》），其中出身代人贵族者有21人，出身外戚、宾客等君主附庸的有26人，外邦和亲者有2人，不详者2人，而出身领民酋长的仅有尔朱荣1人，中原士族尚公主的虽有6人，却都集中在文明太后、孝文帝之世。换言之，出身代人集团的成员占了81%。

再就拓跋历代君主的后妃而言，若以《魏书·皇后列传》为准，自道武帝至孝明帝共有皇后17人，其中出身代人贵族者3人，外邦公主和亲者2人（多半在早期），出身罪孥者（没入宫中）4人，宾客之家者2人，外戚3人，不详者3人。不详之3人固然有可能是汉人，但没有一个是来自中原士族之家[1]。

---

[1] 不详之3人为明元后杜氏（魏郡邺人）、献文后李氏（中山安喜人）以及宣武后胡氏（安定临泾人），这3人是否为汉人，殊难断言，不过其中无一人是出身中原士族的。

孝文帝时锐意汉化，下诏："王国舍人应取八族及清修之门。"（《魏书》，21，页534）并为其六个弟弟聘大族之女为妃，其中除了河南王幹娶代人穆氏之女外，其他5人皆娶于中原士族之家。然而，他自己娶的中原士族之女（共5人）都只不过是"充后宫"而已[1]。他为太子恂聘外戚冯诞之女为后，"以女幼，待年长，先为娉彭城刘长文、荥阳郑懿女为左右孺子"。彭城刘氏、荥阳郑氏都可算是中原士族，其女也不过是"备后宫"，可见拓跋皇后一职还是有其特定的婚姻对象的。后来的北齐文宣帝曾想立赵郡李氏为后，却遭到大臣的极力反对，理由是："汉妇人不可为天下母。"（《北齐书》，9，页125）证诸拓跋一朝的皇后出身，此一观念似乎可说是其来有自了。

不管是发动政变者、掌握朝政者，还是与王室互通婚姻者，列名《魏书》传上的这些人当然只是整个代人集团中属于领导阶层的一小部分，然而他们之所以能拥有如此优势的地位，除了本身（或祖先）曾为拓跋王朝的建立立下汗马功劳外，原先隶属于他们的部落民——代人集团的基层——无疑也发挥了决定性的影响。正如前面所述，这些人在部落解散后，或留守平城，或出镇四方，仍为帝国武力最重要的支柱。这一点一直到孝文帝以后仍有相当的真确性——至少对拓跋王室而言，确是如此。孝文帝在迁都洛阳的同时，曾大量迁徙平城居民南下，以充实他的新都，其中当然也包括大量的代人。公元495年，他下令"迁洛之民，死葬河南，不得还北"，于是"代人南迁者，悉为河南洛阳人"。接着，在次年，"以代迁之士皆为羽林、虎贲"（《魏书》，7:2，页178）。换言之，

---

[1] 孝文帝纳范阳卢氏、清河崔氏、博陵崔氏、荥阳郑氏及太原王氏等五大中原士族之女，不过都只是"为嫔"（逯耀东，《从平城到洛阳》，页198）。按北魏后宫制度一直要到孝文时才渐有定制，皇后之下有"左右昭仪位视大司马，三夫人视三公，三嫔视三卿，六嫔视六卿，世妇视中大夫，御女视元士"（《魏书》，13，页321）。我们不晓得上述中原士族之女"为嫔"，是哪一级的"嫔"，不过品位只能算中等。

就是将迁到洛阳的代人都编入禁卫军。我们晓得，孝文帝迁都、汉化等政策，固然带有削弱代人贵族旧势力的意图，然而他也晓得中下阶层的代人究竟还是政权的基础，因此才有上述措施。魏末天下大乱，尔朱荣乘时而起，拥立孝庄帝，进而掌握朝政。公元529年，孝庄帝再也无法忍受尔朱荣的跋扈，遂密谋招其入宫中诛杀之。然而尔朱荣虽死，他的武力却仍完整无缺，数日后即在其妻北乡郡长公主与其从弟尔朱世隆的统率下进攻洛阳。这时的北魏政府在连年战乱之余，中央军几已损失殆尽，孝庄帝在无可奈何的情况下，只好下诏号召"诸旧代人赴华林园，帝将亲简叙"（《魏书》，10，页266）。换言之，定居洛阳及其近郊的代人，还是拓跋王室在最后关头所能求援的主要对象[1]。

这些代人与当初部落贵族之间的联系，虽然不可能如当年部落时期那么密切，但也不是拓跋珪一纸"离散诸部"的命令，就会消失无踪的。公元408年，拓跋珪为其子清河王绍所杀，京师大乱，肥如侯贺泥即"举烽于安阳城北，贺兰部人皆往赴之"（《魏书》，83:1，页1813），"其余旧部亦率子弟招集族人，往往相聚"（《魏书》，16，页390）。帝国的武力既然以代人为主体，整个国家又是建立在武力征服的基础上，用兵选将时，除了王室外，当年的部落贵族及其后裔自然是得优先考虑的。而在像拓跋魏这样的一个征服王朝里，政权又与军权牢不可分，这就是代人集团能长期据有中央与地方军政要职的主要缘故。

然而拓跋珪"离散诸部，分土定居"的政策，终究还是逐渐地将原先

---

[1]南迁的代人主要居住在洛阳及其近郊所谓"四中郎将府"的辖区内（参见唐长孺，《魏周府兵制度辨疑》，页257—260有关"四中郎将府"的叙述）。他们之中，大部分人大概皆有军事义务，经魏末连年战乱，损失想必也甚为惨重，不过应当还有一些代人存在，否则孝庄帝的求援诏就没有必要了。此外，本书《代人集团表》中有韩雄、陈忻两人，皆居住在洛阳附近，于孝武帝时（532—534）起兵。根据他们传中所述，很有可能是代人破六韩氏与侯莫陈氏的后裔。

各自分离的血缘团体（部落）成功地转化为一个统一的地缘团体（代人）。换言之，原先部落血缘的归属感已渐次为地域的认同感所取代，部落军既已融合成中央军，领军的将领只要的确出自代人集团的贵族即可，至于来自哪个部落倒也不太能计较了，这就给了拓跋统治者一个稍有弹性的空间。因此，就整体言之，代人集团的贵族在北魏的大半时间里，固然始终掌握有优势的政治、军事权力，然而，个别家族的兴衰浮沉还是有的。"帝室十姓"在建国前本是拓跋政权最核心的柱石，建国后，除了长孙氏与叔孙氏仍能长期掌握军政大权外[1]，其他七姓（拓跋氏除外）已不那么显赫，亥氏则根本就默默无闻。"勋臣八姓"多半崛起于建国时期，其中贺氏（贺兰部）为拓跋珪外家，刘氏（独孤部）原为拓跋部落联盟中最强大的部落之一，两氏虽同被尊为"八姓"之一，却远不如同为"八姓"的穆（丘目陵）、陆（步六孤）、于（万忸于）三姓来得显赫[2]。主要原因是穆氏在穆观时极受明元帝赏识，陆氏在陆丽时助文成帝登基，而于氏在于烈时有功于孝文帝，后来又帮助宣武帝削夺诸王权力，侄女又为宣武后，这就使得他们的家族有更好的发展机会。这里就涉及拓跋君主如何巩固并扩张君权的关键问题了。

2. 拓跋君权的扩张——北魏的"客"

我们晓得，由于上述的一些因素，拓跋君主在建立国家后，不得不让代人集团的贵族分享政治、军事的权力；尽管如此，王朝建立后，接续而来的就是君权的扩张。为了强化权力，拓跋统治者采取了两项策略：

---

[1] 例如，长孙氏即拥有3个王爵（北平王、上党王与平阳王），列名将相年表者8人，陪葬金陵（皇陵）者5人。
[2] 例如，穆氏拥有1个王爵，列名将相年表者9人，尚公主者12人，曾任殿中尚书者5人。

第二章　拓跋魏的国家基础

第一，大量拔擢宗室出任要职。这一点倒是跟中国传统的政权大异其趣。一般而言，汉族王朝的君主要扩展君权时，首要目标当然是铲除功臣元老，其次则为同姓宗室。异姓元老功高震主，必须铲除自不待言；同姓宗室万一羽翼丰满，也很可能取君主之位而代之，其危险性亦不可轻忽。汉初百年的政治斗争史大致沿此路线进行，与北魏约略同时的南朝萧齐更是大肆屠戮宗室，置典签以监督出镇的诸王[1]。然而，拓跋君主却不可能如此做，正如上述重用代人集团贵族的缘故，在传统政治习俗及现实国家基础的考虑下，只有出身宗室的人才可能对代人集团产生号召力。

第二，任用外戚、宦官、宠幸、客等君主的"附庸"。外戚、宦官、宠幸出任要职，在中国历史上并非罕见，只不过从正统儒家政治理论看来，这些都属于"乱政"的现象。相形之下，这些人的任用在北魏政坛上可说是个正常的现象，赵翼在《廿二史劄记》中还特列一节讨论北魏宦官出任地方官的情况。这一方面当然是由于北魏初入中原，尚少受到正统儒家思想的束缚，另一方面也由于当时糅合了游牧部落习俗的特殊政治结构，这一点近代学者已有申论[2]，此处即不赘言。客虽然也同为君主附庸，然而他们身份特殊，在北魏政治史上有其独特意义，因此有必要另行申论。

"客"（client）的存在，就人类历史社会而言，实为一普遍现象，而且也不仅限于首领才有，只不过，首领通常可能会有较多的客。他们的身份相当模糊，而且依各个社会性质不同亦各有不同；不过，一般而言，

---

[1] 详见赵翼，《廿二史劄记》，"齐明帝杀高武子孙""齐制典签之权太重"诸条。
[2] 参见郑钦仁，《北魏中侍中稿》，《食货》，2:6（1972）；《北魏中给事（中）稿》，《食货》，3:1（1973）。

他们皆来自此一社会（或部落）以外，然而，在成为"客"以后，他们即被视为其"主人"的"家人"。

拓跋人在建立国家以前，想来已有客的存在。例如，居于代的汉人许谦、莫含、燕凤、张衮等，来自辽东的安同（西域胡），以及刘洁的祖先，都在建国前即已服务于拓跋政权。国家建立后，君主的客也就制度化起来，根据《魏书》各传所载，拓跋王朝当时大致是根据归附者的身份（王室、贵族），归附的方式（自愿或被迫）等标准，分别予以"上客"（有时亦用"第一客"）、"次客"、"下客"等待遇。例如466年，北魏大举攻掠刘宋青齐（今山东、苏北一带），宋将房法寿归降，为"上客"；其从弟房崇吉曾抵抗，等到母妻为北魏所掳之后才归降，为"次客"；崔道固及休宾则抵抗至力竭始降，为"下客"（《魏书》，43，页970）。"上客"赐"田宅、奴婢、马牛羊"（《魏书》，58，页1289），"次客""下客"当然要差一些。不过，待遇也并非一成不变，有时依身份及重要性，可以有很大差异。《房法寿传》中就说："法寿供给，亚于安都等。"那是因为房法寿只不过是地方豪强，而且是在北魏兵锋威胁下归顺的，薛安都出身河东蜀薛，为刘宋重要将领，且主动以当时淮水流域重镇彭城来降（466），使得北魏得以顺利取得青齐等地，故到平城后"大见礼重，子侄群从并处上客，皆封侯，至于门生无不收叙焉"（《魏书》，61，页1354）。"客"也并不只限南人，《宇文福传》中就说他："其先南单于之远属，世为拥部大人。祖活拨，仕慕容垂。……太祖之平慕容宝，活拨入国，为第一客。"（《魏书》，44，页1000）阎大肥则以柔然宗室（郁久闾氏）的身份入魏。

北魏一朝"客"的数量到底有多少，这恐怕是个难以解答的问题。这些人在拓跋政权的角色如何，则是此处想要探索的重点。根据史料分析，我们可以观察到下述几个现象：第一，客或其子孙尚公主的比率相当高。在上述拓跋公主婚姻表中，以客之身份尚公主者总计有17人，占了总人数的29%，领先外戚的9人，而仅次于代人贵族的21人。其次，客经常被赋予军事职务，包括率军出征及镇守。从拓跋珪开始，出身西域胡的安同、出身柔然王室的闾大肥即经常列名出征将帅的名单中。太武时来归的源贺，也成为此后北魏的名将，长期被赋予驻守漠南重兵的统帅权。出身后燕王室的慕容白曜在公元467年率军出征青齐，三年之内连下十余城，取得淮水以北的广大土地（《魏书》，50，页1117—1122），军功之盛，在北魏将领中可说是无出其右者。

南方将领入魏者，如毛修之、刁雍也都受到特殊待遇。毛修之在太武帝时辗转归顺北魏，除了立有军功外，由于擅长烹饪，甚受太武宠信，"进太官尚书，……常在太官，主进御膳"（《魏书》，43，页960），他的儿子在文成帝时还曾一度出任负责禁卫的殿中尚书一职。刁雍出身南方世族，刘裕崛起之后奔北魏，太武帝时出任薄骨律镇将，前后在镇十二年（444—455），算是相当受信任的。身份最特殊的司马楚之，原为东晋王室，公元419年起兵反抗刘裕不成，亡命北魏，封琅邪王，尚河内公主，拜侍中、镇西大将军、云中镇大将，在镇廿余年，公元464年卒时，还得到"陪葬金陵"的殊荣。子司马金龙袭父爵，仍为云中镇大将。云中镇在今内蒙古呼和浩特市和林格尔县北，为拓跋故都、皇陵所在，而司马一家，父死子继，兄死弟继（司马金龙于484年卒，其弟司马跃又为云中镇将），前后长达五十余年，几乎已可说是世袭。这样的待遇，不但一般中原士族难以相望，连拓跋宗室、代人贵族都极少能望其项背（详见附录《司马金龙墓》）。孝文以后锐意南进，出身南朝王室的刘昶、萧宝夤和贵族的王肃，也都被赋予南伐的军事重任。一直到魏末大乱，萧宝夤也还被赋予平定关中乱事的统帅权。

"客"之所以能有较多尚公主的机会，主要还是由于他们有许多出身王室（东晋司马氏、刘宋的刘氏、萧齐萧氏，以及柔然的郁久闾氏等）

或者贵族（王肃为王导之后），算得上门当户对。只是这些在南朝原为死敌的家族，亡命北魏之后却反而成为姻亲，也可说是历史的吊诡性了。"客"之所以能经常担任军事性职务，我们当然不能否认他们之中确有深具军事长才者，如慕容白曜；但更重要的是，由于这些人都是君主的"客"，换言之，也就是君主的"家人"，在拓跋君主扩张君权的需要下，他们经常以君主之"私人代表"的身份出任军职一事似乎是理所当然。也就因为具有此一特殊身份，他们才能得到如此的宠信，并且能为拓跋宗室及代人贵族所接受。

尽管如此，"客"在拓跋王朝的处境也并非都那么一帆风顺。慕容燕宗室在拓跋珪平定河北后，大量移居平城，结果是"天赐（拓跋珪年号）末，颇忌而诛之"，"死者三百余人"（《魏书》，2，页44；50，页1123）。迫使幸免者纷纷改姓为豆卢或慕舆（《胡姓考》，页97，131）。慕容白曜由于在文成帝仍为太子时，曾经服侍过他，故甚得文成帝的宠信，到了献文帝初期还能与乙浑共掌朝政，并率军出征青齐。青齐的顺利平定为他带来巨大的声望，却也同时埋下杀身之祸，次年（470）他即以谋反的罪名被诛杀。遭此命运的其实也不止慕容一氏，举凡为魏所灭的北方诸国王室，例如赫连氏（赫连夏）、沮渠氏（北凉），下场都差不多。南来的"客"处境似乎稍好些，不过也并不尽然，同样出身东晋王室的司马国璠、司马道赐等人，就因企图逃离北魏而被处死。究其实，客、外戚、宦官与宠幸这些被视为君主"附庸"的人物有一个共同的特点，此即他们的权力来源是纯然依附于君主个人，这种关系固然使得他们可以轻易地握有军政大权，却也极易在失宠或君主易位的情况下完全丧失。这是他们与代人贵族、宗室及领民酋长等具有某种程度实质或自主力量的人物大相径庭之处。

利用这两个方式来拓展君权的成效究竟如何？这个问题殊不易作答，

因为碰到雄才大略的君主,如开国君主道武帝,或统一华北的君主太武帝,挟着巨大军事胜利的威望,君权可能会高张到前所未有(甚至是后无来者)的地步。不过,如果宗室及君主附庸所占官职的比例可视为君权消长的一个指标的话,那么,北魏的君权确实是在持续扩大中的。试以中央文武要职为例,道武帝及明元帝两朝(396—423),代人贵族占有37.8%的重要职位,宗室及附庸则占了51.4%,太武帝一朝(423—452),代人贵族37.9%,宗室及附庸则58.6%,超出比率已开始扩大;文成、献文及孝文前期(452—490),宗室及附庸大幅提升到63.2%,代人贵族则降至28.7%;迁都洛阳之后的几朝,代人贵族的势力更是急遽衰退,降至12.5%,连中原士族都不如(21.3%),而宗室及其附庸则仍维持在63.8%的高占有率。地方长官方面,490年以前,代人贵族占有37.5%,王室附庸则为48.5%,490—527年,代人贵族的占有率降了约20个百分点,为17.3%,王室附庸则升至56.6%。

将相大臣比率表(二)

时间	总数	身份	人数	比率
396—527	262	代人贵族	71	27.1%
		王室附庸	159	60.7%
		中原士族	27	10.3%
		其他	4	1.5%
		领酋	1	0.4%
396—423	37	代人贵族	14	37.8%
		王室附庸	19	51.4%
		中原士族	4	10.8%
		其他	0	0%
		领酋	0	0%

时间	总数	身份	人数	比率
423—452	58	代人贵族	22	37.9%
		王室附庸	34	58.6%
		中原士族	0	0%
		其他	2	3.4%
		领酋	0	0%
452—490	87	代人贵族	25	28.7%
		王室附庸	55	63.2%
		中原士族	6	6.9%
		其他	1	1.1%
		领酋	0	0%
490—527	80	代人贵族	10	12.5%
		王室附庸	51	63.8%
		中原士族	17	21.3%
		其他	1	1.3%
		领酋	1	1.3%

将相大臣比率图（二）

总比率（396—527）

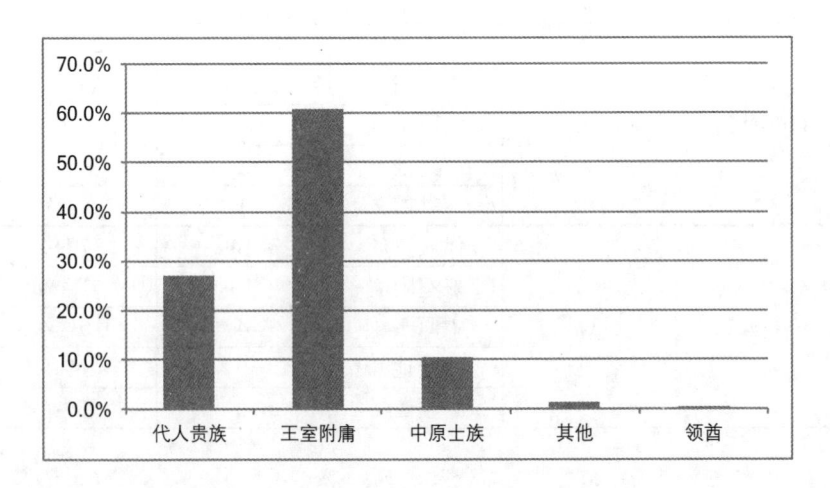

第二章 拓跋魏的国家基础

396—423

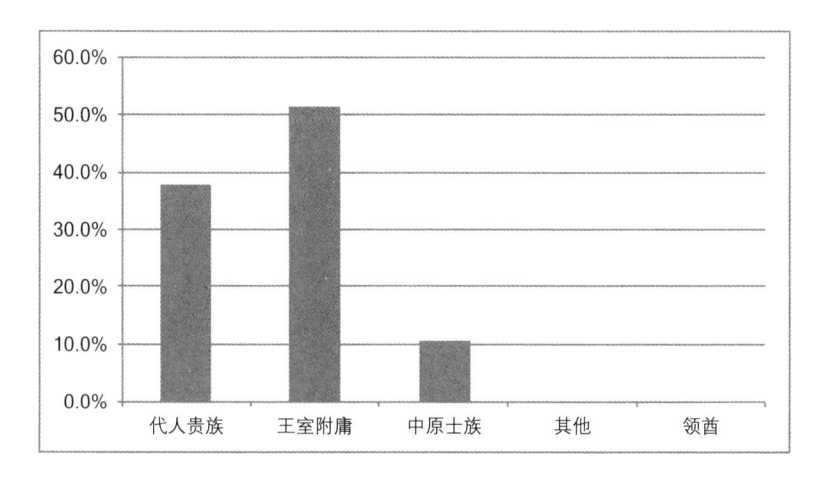

423—452

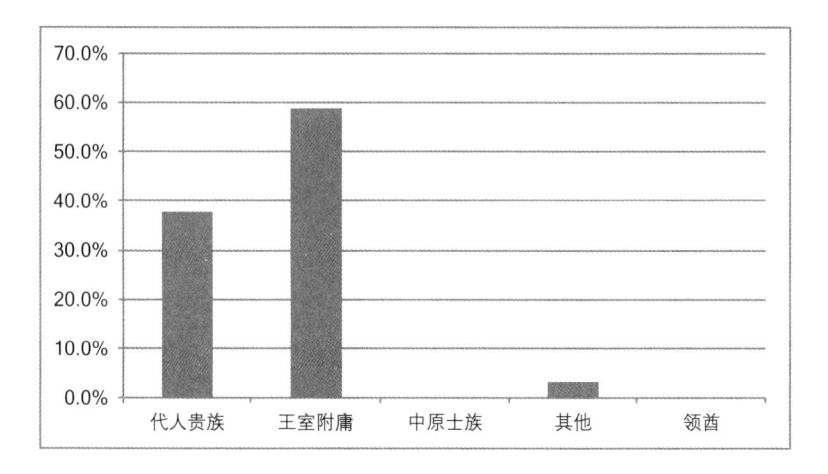

452—490

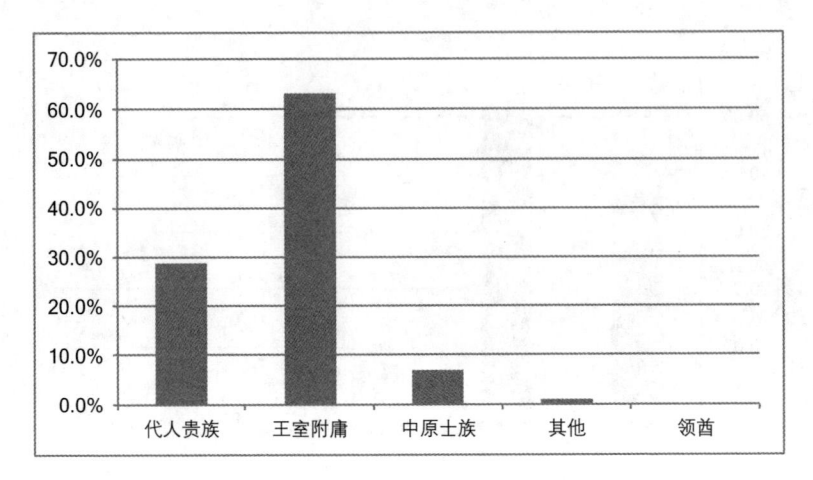

490—527

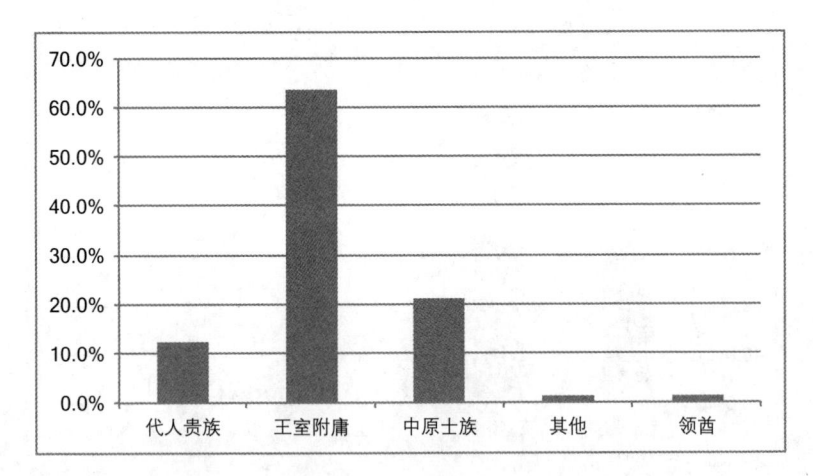

地方长官比率表（二）

时间	总数	身份	人数	比率
至527	396	代人贵族	109	27.5%
		王室附庸	208	52.5%
		中原士族	54	13.6%
		其他	24	6.1%
		领酋	1	0.3%
490前	200	代人贵族	75	37.5%
		王室附庸	97	48.5%
		中原士族	13	6.5%
		其他	15	7.5%
		领酋	0	0%
490—527	196	代人贵族	34	17.3%
		王室附庸	111	56.6%
		中原士族	41	20.9%
		其他	9	4.6%
		领酋	1	0.5%

地方长官比率图（二）

总比率

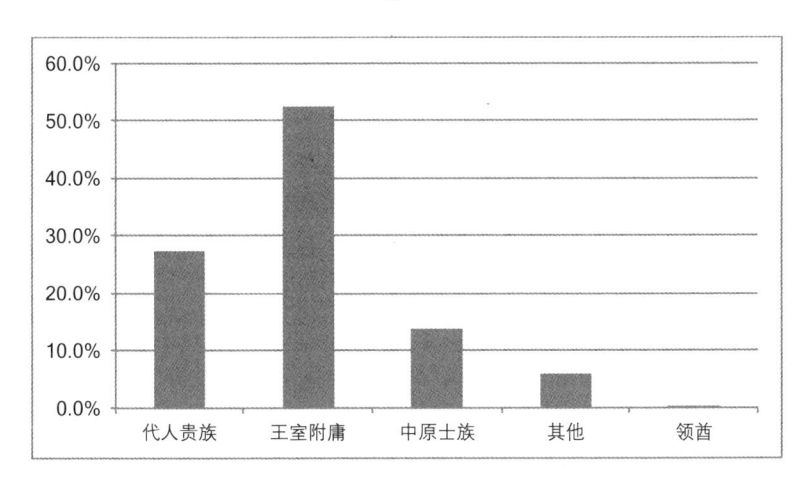

490前

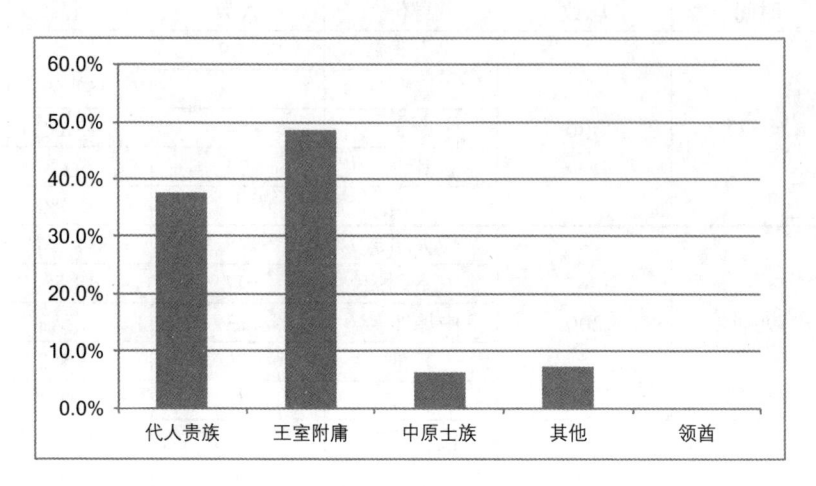

490—527

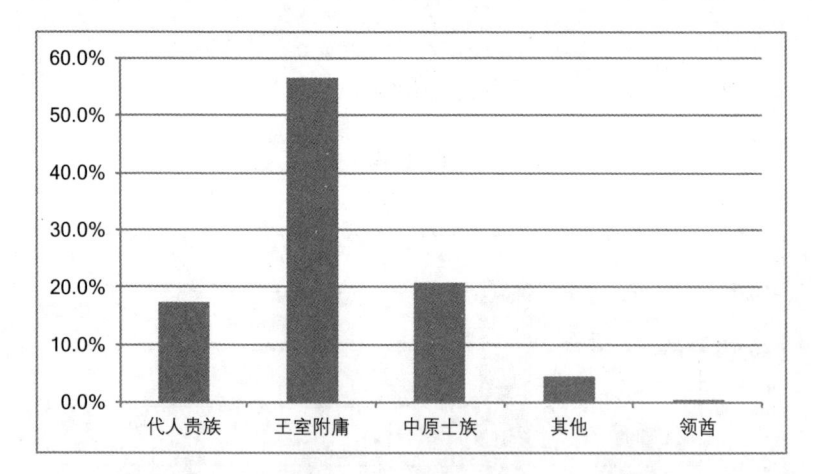

这里实际上也暴露出孝文帝变法改革的一个用心，亦即逐渐以宗室、附庸及中原士族来削弱代人贵族的势力。明乎此，则我们自然不难理解代人贵族对孝文帝迁都及汉化政策的抗拒，因为这不只牵涉到文化和宗教习惯，也关系到实际利益的得失。

> 初，高祖（孝文帝）将议革变旧风，大臣并有难色。又每引刘芳、郭祚（按：皆中原士族）等密与规谟，共论时政，而国戚谓遂疏己，怏怏有不平之色。乃令（陆）凯私喻之曰："至尊但欲广知前事，直当问其古式耳，终无亲彼而相疏也。"国戚旧人意乃稍解。（《魏书》，28，页906）

国戚旧人，显然是以代人贵族为主体，这也是为何孝文帝只有通过陆凯去慰谕才有效——陆凯出身勋臣八姓，算是这些贵族的领导人物。

安抚归安抚，孝文帝的汉化政策如果再继续推动下去，会遭遇到什么激烈的后果，他自然是心里有数的。这点只要看他假南伐之名迁都时的一些措施即可了然：出兵前先派遣元羽（孝文之弟）到六镇征召骑兵，然后留元丕与元羽在平城镇守，自领大军由山西下洛阳，另外派遣元幹（孝文之弟）与卢渊（汉士族）率领一军出关中。换言之，除了将大部分军队带走外，所有重要职位（包括军事指挥官）皆由自己的弟弟担任，他在防备些什么自然是不言而喻了[1]。

---

[1]《魏书·献文六王传》提到孝文帝要出发时，特别"诏羽从至雁门，乃令羽归。望其称效，故赐如意以表心"（21:1，页546）。这是因为元丕为宗室元老，以位望而言，孝文不得不将平城留守一职交给他，然而元丕又是强烈反对孝文汉化政策的人物（他的儿子后来参加穆泰的叛变），因此只好再派元羽同为留守，以节制元丕的权限。他要元羽陪同至雁门，《魏书》所说的理由"高祖友爱诸弟""不忍早分"，显然只是饰词，其目的应当是要告知迁都计划，面授应变机宜。故传中接着说："迁京之后，北蕃人夷多有未悟，羽镇抚代京，内外肃然。"

迁都之举在他的小心防范下，总算安然达成，然而两年后（496），以穆泰、陆叡为首的代人贵族即在北方举兵，根据《魏书》所言，除了于氏一族外，几乎所有重要的代人家族皆有人参加（27，页663；31，页783）。

只是，我们也不要过分夸大拓跋王室及其附庸与代人贵族之间的冲突，究其实，他们到底都是"代人"，基本上的利害关系还是一致的。就算是外来的"客"，在长期通婚及分享政治、经济利益的情况下，也逐渐与代人融合为一体。穆泰与陆叡领导发动的叛乱，参与者除了代人贵族，拓跋宗室也有不少人卷入，连司马楚之的孙子（司马金龙之子）司马徽亮都参加了；相形之下，我们几乎看不到有任何领民酋长及中原士族的介入，尽管他们也并不都赞同孝文帝的迁都[1]。

三、代人与镇人

公元523年，北魏怀荒镇民的暴动掀开了"六镇之乱"的序幕，并间接敲响了北魏帝国的丧钟。北魏的军镇与镇人也因此成为后世史家注意的焦点。由于镇人与代人原本具有相当密切的关系，而且，在北魏末年出现的"镇人集团"（北周、北齐乃至隋唐帝国都可说是在这个基础上建立起来的），从某个角度而言，也可说是"代人集团"的间接继承者，探讨它们彼此间的关系，以及镇人的后续发展，对我们进一步了解"代人集团"的历史发展过程，应该是有相当助益的。

"镇民（人）"与"城民（人）"是北魏时期史料中常见的词语[2]。拓跋

---

[1]例如，汉人士族的高闾即曾提出迁都的十个缺点，惹得孝文帝不太愉快（《魏书》，54，页1206）。

[2]有关北魏军镇的研究甚多，早期研究以周一良的《北魏镇戍制度考及续考》为要，而严耕望的《北魏军镇》则为集大成之作。"镇人"由于关系到北魏的衰亡以及北周、北齐的崛起，

人以征服的方式进入中原，伴随而来的自然就是个"镇戍国家"。道武帝在取得河北后，即在当地留驻了四万人的武力，分属八个军府（《魏书》，58，页1286）。此外，山西境内及沿黄河与姚秦、东晋接壤处，也有一些镇戍。不过，在北方边疆倒没有置军镇，至少我们找不到有关的确切资料。这大概是由于当时北方边疆纵深并不大，驻重兵于平城王畿已足以应付外敌入侵。逮太武之世（424—452），拓跋人四方开疆拓土，领土急速扩张，新征服区自然要设镇戍，统万、长安、凉州、和龙等军镇就是在此情况下一一设立的。然而，就在这个时期，太武帝又在北疆一带同时设置了十个左右的军镇，除了沃野、怀朔、武川、抚冥、柔玄、怀荒等著名的"六镇"外[1]，还有赤城、高平、薄骨律、上邽等几个重要城镇。为何如此？

柔然入侵的威胁当然是设镇的因素之一，然而并不完全如此，甚至我们可以说，这还不是这些镇戍的主要任务。因为北魏此时对柔然的战略基本上仍采取攻势，太武帝在设立北镇后还数度亲征漠北，献文（466—470）时也远征过一次。面对柔然的入侵，北镇基本上只负责警戒、牵制等功能，真正的决战任务还得靠中央每年"秋冬，遣军三道并出，以备北寇，至春中乃班师"（《魏书》，41，页922）[2]。

那么，设置北镇的主要目的究竟是什么呢？我们晓得北镇中除了统万设置较早外（427），其他诸镇根据严耕望的考订，大多设于公元436

历来研究甚多，最重要的有唐长孺，《魏周府兵制度辨疑》；唐长孺、黄惠贤，《试论魏末北镇镇民暴动的性质》（《北镇镇民》）；滨口重国，《正光四、五年の交に於ける後魏の兵制に就いて》；谷川道雄，《北魏末の内乱と城民》；西野正彬，《北魏の军制と南边》；毛汉光的《北魏东魏北齐之核心集团与核心区》则为近期作品。
[1] 此处"六镇"采严耕望说法，见《北魏军镇》及《唐代交通图考·河东河北区》，页1779—1780。
[2] 献文帝时，源贺经常负责都督这三道屯军，"贺以劳役京都，又非御边长计"，乃上言请筑城，另募武健之士屯驻之（《魏书》，41，页922）。如果北镇已足以防备柔然，即无须另行筑城镇。

年左右（《北魏军镇》），而就在几年前（429），太武帝在一次北伐柔然的军事行动中，顺道俘虏了数十万落的高车人并安置在漠南一带。掠夺人口本就是北魏统治者一贯的做法，正如当年道武帝从河北移入数十万人口，为王畿提供了充沛的农业劳动力与百工技巧。高车人的到来，也为北魏补充了急需的畜牧劳动力，《魏书》就明白指出："岁致献贡，由是国家马及牛羊遂至于贱，毡皮委积。"（103，页2309）此外，他们更是北魏骑兵的重要来源之一，这在本书他章已提过，此处即不赘述。然而，从河北移来的人口主要是农民，机动力并不大，又置身于重兵守护的王畿之中，没有太多脱逃的机会，高车人可就不同了：第一，他们是游牧民族，机动性强；其次，他们散布在漠南数千里草原上，看管不易。为了要守住这些"新民"，太武帝在安置他们的第二年（430），即派遣刘洁与古弼率军屯驻五原河北，安原屯悦拔城北（即统万镇，在今陕西省榆林市横山区无定河北），尽管如此，还是有数千高车人企图逃回漠北而遭到屠杀（《魏书》，28，页687）。数年后的北镇大概就是从早期这些屯戍发展而来的，例如沃野镇即在五原一带，因此其设置在开始时是以镇守这些高车"新民"为主要目的之一的[1]。《魏书》提到这些高车部落时，经常跟北镇联系在一起，因此，除了以地理分布称高车人为"西部（河西）敕勒"与"东部敕勒"外，有时也直接系之以镇名，如"统万敕勒""沃野敕勒"（《魏书》，7:1，页135），或"朔州（怀朔）敕勒"（《北齐书》，17，页219）[2]。

---

[1] 有关河西敕勒逃亡、叛变的史料较多，与此处军镇设置的关系也较明显，相形之下，东部几个军镇，如怀荒、柔玄的设置，与东部敕勒的关系就较模糊。不过，它们既然与其他北镇大致同时设立，防止境内敕勒的叛逃自然也可能是其主要任务之一。笔者并不认为北镇设置的目的就只在看管敕勒，它们当然还有监视其他少数民族以及御边的任务。只是，从时间顺序来看，大批高车"新民"的到来，无疑是促使太武帝在此地大量设置军镇的主要动机之一。
[2] "高车，盖古赤狄之余种也，初号为狄历，北方以为敕勒，诸夏以为高车、丁零"（《魏书》，103，页2307）。亦即隋之铁勒（《隋书》，84）。

有军镇自然就有居民，军镇的居民在当时称为"镇民"或"城民"，有些也称为"府户"或"兵户"。镇人未必人人都执干戈，但人人属于兵籍。镇人的问题由于牵涉到日后的"六镇之乱"，历来中日学者都极为注意，相关研究也很多，此处笔者只想提出一些问题以供参考。镇人的来源，一般学者认为有下列几种：一、拓跋部族（即本文所谓"代人集团"）的成员；二、迁徙的汉族及其他各族人，其中有不少是强宗豪族或部落首长；三、流徙的罪犯，这主要是从文成帝时采纳源贺意见开始的（《魏书》，41，页921），魏末崛起的镇人诸传，有时可见其先祖于"和平中（文成年号）以良家子镇某地"的记载，大概即流犯的后裔。这些说法大抵可视为定论，只是，南北诸镇由于地理气候的差异、重要性的不同，镇人的成分可能略有出入。

南方气候炎热潮湿，拓跋人适应一直有问题，道武帝时经略河北经年，"大疫，人马牛多死"（《魏书》，2，页30），太武帝时大举南侵，直抵长江，所过之处虽有少数剧战，然大多望风披靡，可是"士马死伤过半，国人并尤之"（《宋书》，95，页2353）。死伤过半大概是南人的夸大之词，不可尽信，然而魏军颇为疾疫所苦，却也是个事实（《宋书》，24，页1913）。在此情况下，大量派遣代人南戍显然是不可能的，更何况他们还负有守卫王畿的重责。然而，拓跋统治者自然也不敢将南方的主要防务交给汉人，在此情形下，代人以外的一些少数民族正好派上用场。《魏书》类似的记载不少，如公元444年，"北部民杀立义将军、衡阳公莫孤，率五千余落北走。追击于漠南，杀其渠帅，余徙居冀、相、定三州为营户"（4:2，页97）；471年，"沃野、统万二镇敕勒叛。……斩首三万余级，徙其遗并于冀、定、相三州为营户"（7:1，页135）；次年，"连川敕勒谋叛，徙配青、徐、齐、兖四州为营户"（7:1，页136）；492年，尉元在一封奏议中也提到彭城一带"计彼戍兵，多是胡人"（50，页1113）。将怀有敌意的高车、匈奴部落从漠南、陕北、山西等地移到南方[1]，一则可以消弭他们对平城王畿的威胁，再者又可发挥以夷制汉的作用，倒不失为一石二鸟的妙计。当然，我们并非认为黄河中下游及淮河流域的镇民就完全没有代人及汉人的成分，道武帝时在河北屯驻的四万人中，想来应当有不少代人，这支军队以后"渐割南戍"，这批代人自也随之南下，只是由于史料有阙，我们无法更进一步探索[2]。至于汉人派遣到南方充当镇民的例子，可见于《魏书·李崇传》："定州流人解庆宾兄弟，坐事俱徙扬州。"（66，页1468）此外，太武帝平凉州，徙民三万余家入平城，后来又分派至各地为镇民，从镇人的背景看来，这些人有许多是遣往北镇的（如孙腾、段荣、司马子如等），不过，也有一些可能是分派到南方的，如刘昞的子孙，照西野正彬推测，有些似乎是配发到河南南部的郢州的（《北魏の軍制と南邊》，页6）。只是，基于上述缘故，我们认为原先南边的镇戍中，代人与汉人的比率应该不会太大[3]。

---

[1] 当时称为"胡"者多半与匈奴有关，见唐长孺，《魏晋杂胡考》，页397。
[2]《魏书》，58，页1286。同传中提到，"(定)州有宗子稻田，屯兵八百户，年常发夫三千，草三百车，修补畦堰"，陈寅恪认为这些屯兵即上述背叛而配徙定州之敕勒，见氏著，《魏晋南北朝史讲演录》，页269—270；问题是，《魏书》中提到"宗子"时，多半与王族有关，例如卷七十三提到奚康生为"宗子队主"，奚原为达奚氏，拓跋帝室十姓之一，故奚康生才能为宗子队主，宗子队想来即《官氏志》中的"宗子羽林"。我们不晓得"宗子稻田"原意为何，是说这八百户屯兵皆为帝室十姓之后，若然，那他们都是代人了；还是说这些稻田是"宗子"的采田，这些兵是负责耕种的。无论如何，从每年还得征发民夫三千人来为他们服劳役一事看来，这些屯兵的地位还相当高，不应当是因谋叛而配徙的"营户"。
[3] 严耕望将北魏军镇分为三类：一、不设州郡县地区之镇，大抵皆在北边及西北边区。二、与州郡并置且同治所之镇。三、参间于州郡区域内，自统土地与人民，而无州郡与之同治之镇。诸镇所统人民亦有分别，大抵淮北及黄河南北之镇，所统似与一般州郡无异；黄河东西与陇山附近地区所统多杂夷族，北边与西北边区亦同。详见严耕望《魏晋南北朝地方行政制度》，页763—772。此外，根据唐长孺与黄惠贤的研究，二秦城民（即上邽、骆谷两镇）也缺乏鲜卑拓跋部人（即"代人"）的痕迹，这点和北镇很不同。详见《二秦城民暴动的性质和特点》，页62。

北镇的镇人由于掀起了魏末的大动乱，其后又建立了北周、北齐两朝，相形之下，比起南边的镇人要保留下更多的史料可资追寻。由于环抱王畿腹心地区，且又肩负北抗柔然、内控高车等少数民族的重责，北镇镇人的忠诚与否，无疑与北魏王朝的安危息息相关。在此顾虑下，代人集团的成员自然是优先考虑派往镇戍的人选，然而代人尚有卫戍京师的任务，因此，中原（特别是新征服区）的强宗大族，与拓跋人关系良好的领民酋长也被列为镇戍人选。这些人就构成了早期北镇镇民的基本队伍[1]。到了文成帝时，鉴于镇兵人力仍有匮乏，于是接受源贺的建议，将罪犯发往边镇，镇民遂又多了一种成分。尽管镇民的来源就是上述几类，然而彼此所占比率如何，依然是个问题，根据北朝正史所载资料，我们统计出与武川镇有关者21人，其中代人13个，约占62%、汉人5个，约为24%、领酋2个，9%、流徙1个，5%。与怀朔镇有关者28人，代人有16个，57%、汉人9个，32%、领酋1个，4%、流徙1个，4%、不详者1个，4%[2]。除了领民酋长外，其他各类人所占比率相去不远，而皆以代人

---

[1] 为了供应这些战士的粮食，适合农业的地区，拓跋政权也移了一些汉人前往屯垦。根据唐长孺的考证，薄骨律镇即有汉人进行屯田的工作（《北镇镇民》，页100）。至于这些农民是否属于"镇人"，还不很清楚。

[2]武川镇人：1.独孤信（领酋）；2.侯莫陈崇（领酋）；3.贺兰祥（代人）；4.尉迟真檀（代人）；5.若干惠（代人）；6.梁御（拔列兰，代人）；7.王勇（拓王，代人）；8.王盟（拓王，代人）；9.王德（乌丸，代人）；10.贺拔岳拔（代人）；11.韩果（破六韩，代人）；12.舆珍（慕舆，代人）；13.乙弗库根（代人）；14.宇文泰（代人）；15.宇文虬（代人）；16.念贤（汉人）；17.赵贵（汉人）；18.李虎（汉人）；19.杨忠（汉人）；20.耿豪（汉人）；21.寇洛（流徙）。

怀朔镇人：1.斛律金（领酋）；2.刘贵（独孤，代人）；3.尉长命（尉迟，代人）；4.尉景（尉迟，代人）；5.叱罗协（代人）；6.侯渊（胡引，代人）；7.侯景（胡引，代人）；8.娄昭（匹娄，代人）；9.莫多娄贷文（代人）；10.韩轨（破六韩，代人）；11.韩贤（破六韩，代人）；12.窦泰（纥豆陵，代人）；13.库狄昌（代人）；14.库狄盛（代人）；15.潘乐（破多罗，代人）；16.可朱浑元（代人）；17.斛斯椿（代人）；18.鲜于世荣（不详）；19.孙腾（汉人）；20.段荣（汉人）；21.蔡儁（汉人）；22.任延敬（汉人）；23.徐远（汉人）；24.暴显（汉人）；25.司马子如（汉人）；26.傅伏（汉人）；27.杨纂（汉人）；28.高欢（是娄，流徙）。

为最主要构成分子，在两镇皆占了一半以上。这个统计数字仅能作为参考，因为其中尚有甚多疑点。例如，流犯的比率太低，这是因为能够在北朝正史各传中占一席之地的镇人后裔，大抵都是当时的要人，这些人很少愿意承认自己的祖先当年是因为犯罪而充军边镇的，时代久远以致出身不详当然也有可能，像高欢那样从实载明的例子究竟不多。其次，领民酋长及其部落民到底算不算镇人，这也是个不易解决的问题。像高平镇的李贤，原为高车叱列氏（叱李、叱伏列），祖父李斌于太武帝时领"父兵"（应当是部落民）镇于高平，看来似乎是以领民酋长的身份出镇的，然而到了魏末李贤这一代已成为高平镇的豪族，而且从师受业，涉猎书传，已颇有文化气息，他的部落民也已转化为"乡人"（《周书》，25）[1]。然而像武川镇的独孤信、怀朔镇的斛律金，一直到魏末都还维持着领民酋长的头衔，部落组织也依然存在，是否能算镇人，换言之，他们是否都有军籍，可能还有商榷余地[2]。第三，虽然武川及怀朔两镇的统计资料显示出代人要占多数，然而正如笔者上面一再强调的，这似乎只能说是北

说明：

一、上列诸镇人有些未明言其属何镇，然从其他旁证可推知者，即列入该镇。如刘贵，《北齐书》本传（卷十九）云"秀容阳曲人"，然而《神武本纪》中记其与高欢少时为友，故断其为怀朔镇人。类似例子甚多，不一一举证。

二、诸镇人本传（或其他资料）无法推断其为代人或汉人者，概以其姓氏为准，凡姓氏有胡姓之嫌者，皆列入代人。唯鲜于世荣虽为胡人，却非代人，故不列入。

三、高欢为流犯之后，正史已明言。寇洛列为流犯之后，乃因其祖先于文成帝和平年间徙镇，当时有大批罪犯徙镇，故本传虽云"良家子"，仍入流犯。其他诸人（包括汉人与代人）当然都有可能为流犯之后，只是无法究明。

[1]此处虽称"乡人"，根据唐长孺的说法，高平是镇，镇民不分城乡，都是军籍，因此这里的"乡人"应当还是"镇人"（《北镇镇民》，页107）。不知是否这些人与李贤本为"同乡里之人"，故称为"乡人"。

[2]例如斛律金，"领民酋长，……正光末，破六韩拔陵构逆，金拥众属焉，陵假金王号。金度陵终败灭，乃统所部万户诣云州请降"（《北齐书》，17，页219），可见部落组织仍然存在。

镇地区的特色，其他地区的军籍是不能一概而论的。正因为北镇镇人有许多来自代人集团以及领民酋长[1]，我们才可以了解魏末北镇爆发动乱后，拓跋统治阶层所感叹的一些话：

> 昔皇始以移防为重，盛简亲贤，拥麾作镇，配以高门子弟，以死防遏，不但不废仕宦，至乃偏得复除。当时人物，忻慕为之。(《魏书》，18，页429）

> 缘边诸镇，控摄长远。昔时初置，地广人稀，或征发中原强宗子弟，或国之肺腑，寄以爪牙。(《北齐书》，23，页239）

这些话可能有些夸张，引文中提到皇始（道武帝年号），时间上也有出入，不过，基本上都承认北镇镇人原先的地位并不低，而且享有一些特权，如减免赋役。

正如当年道武帝移民至王畿时，规定"死徙无出关"，奉派到各地镇守的镇人及城民也被要求落地生根，除非经过正式免除的手续，否则永世皆为该镇镇人[2]。镇人的主要任务当然是负责该镇防务，不过，必要时也会征调至他处参战，例如公元445年，盖吴于关中起兵，太武帝即发"高平（镇）敕勒骑赴长安"(《魏书》，4:2，页99）；公元450年左右，甘

---

[1] 根据唐长孺推测，奉派出镇的大概是中下阶层，见《北镇镇民》，页103。虽然如此，他们终究还是拓跋王朝的基本支柱。
[2] 例如，河西硕儒刘昞在太武帝平凉州后，其子弟即被迁到平城（他本人因已年过七十，"听留本乡，一子扶养"），然后再分诸州，"为城民"，一直到孝明帝正光四年，才因崔光的奏请，"特可听免"(《魏书》，52，页1161）。当然，如果立有军功，照前面引文所说，也有机会离镇入朝出仕，例如，柔玄镇人奚康生即因立有军功，拔擢至平城任宗子队主，最后还升到抚军大将军（《魏书》，73）。军镇的高级长官，如镇将，当然是调派的。

陕边境的诸氐反,南连刘宋,仇池镇将皮豹子受命征讨,动员的军队除了仇池镇兵外,尚有长安、统万、安定、高平、上邽诸镇镇兵(《魏书》,51,页1130—1131)。除了有任务出征外,照理镇人是不能随意离镇的,不过,蒋少游在北魏取得青齐时(469),被俘到平城王畿充"平齐户",后发配云中镇为兵,然而他却一直留在平城,"以佣写书为业,而名犹在镇"(《魏书》,91,页1970),可见禁令有时也不见得执行得多严格。照元渊所说,大概要到晚期,逃亡的镇人越来越多,"乃峻边兵之格,镇人浮游在外,皆听流兵捉之"(《魏书》,18,页430)[1]。

不管这些镇人原本出身如何,长久(甚至是世代)在边镇共同生活的结果,使得他们逐渐培养出一种共同意识。唐长孺及黄惠贤在分析北镇镇人起兵的因素时,特别强调北镇镇人并非团结一致地共同起来反抗北魏政权,其中仍有阶级冲突的成分,换言之,即北镇内的被统治阶级("义军"?)与豪强的对抗(《北镇镇民》,页104)。镇人之间有矛盾存在,当然是个事实,然而是否可以机械式地套上阶级冲突的解释,恐怕很成问题。所谓的"义军",如果没有"豪强"或"部酋"来领导组织,能否造成那么大的动乱,还值得商榷。六镇之乱是由沃野镇人破落汗(破六韩)拔陵发动的,拔陵的出身在史料中不是很清楚,然而《北齐书·破六韩常传》中说:"常,匈奴单于之裔也,……世领部落,其父孔雀,世袭酋长。孔雀少骁勇,时宗人拔陵为乱,以孔雀为大都督、司徒、平南王。孔雀率部下一万人降于尔朱荣。"(27,页378)破六韩孔雀是个拥有一万部众的领民酋长,都还要接受破六韩拔陵的节制,拔陵的身份也就不问

---

[1]《魏书·任城王澄传》中也提到元澄在孝明帝时奏利国济民所宜振举者十条,其中第七条即为"边兵逃走,或实陷没,皆须精检"(19:2,页475),可见当时边兵逃亡的问题的确有日趋严重的迹象。

可知了[1]。就此而言，或许借用"豪族共同体"一词——不管是"义军"还是豪强集团，包括领民酋长在内，都是由豪族所领导的有组织团体——更能贴切当时的情况[2]。

六镇之乱在北魏政府军与柔然的合作下暂时被压下去，互相对抗的镇人在混乱中纷纷南下，一部分投靠山西中部的尔朱荣，另外一部分则被政府迁徙到河北境内。在山西境内的镇人自然成为尔朱氏的部属，而在河北境内的镇人，也在当地人普遍疑忌的情况下，先后加入鲜于修礼、杜洛周、葛荣领导的叛乱。到了公元528年，尔朱荣大破葛荣军，六镇镇人遂尽入尔朱荣掌握中[3]。此后镇人有一小部分（以武川镇人为主）随着尔朱天光及贺拔岳入关中，指挥权最后落入宇文泰手中，成为他日后立国关中的基础。另外大部分的镇人在尔朱荣死后辗转归入高欢手中，高欢遂凭此击灭尔朱氏，从而奠立北齐。

原先镇人内部的豪族共同体，在多年战乱及流徙中，大半皆告瓦解，六镇镇人基本上已成乌合之众，然而在流徙过程中，他们不断受到河北当地人的猜忌，例如，定州长史甄楷为了防止城内流亡镇人与鲜于修礼合作，"收州人中粗豪者皆杀之，以威外贼"（《魏书》，68，页1517）；继任的刺史杨津虽然没有继续屠杀，但也把他们都监禁起来（《魏书》，58，页1298）；这些镇人为尔朱荣俘虏后，又受到契胡人（尔朱氏）的侵扰，"葛

---

[1] 斛律金领有部落民"万户"，也曾一度听命于破六韩拔陵（见90页注2）。此外，唐长孺认为高欢是怀朔镇的豪强集团，然而根据《神武本纪》的记载："孝昌元年，柔玄镇人杜洛周反于上谷，神武（高欢）乃与同志从之。"（《北齐书》，1，页2）想来杜洛周应当也不是个普通的镇人。唐长孺认为高欢等人可能是被迫的，不过从上述记载中却看不出来。其实，就算是"豪强集团"，底下也得有大批属于被统治阶级的群众的支持，否则是无法与"义军"进行如此持久的抗争的。

[2] "豪族共同体"一词为谷川道雄所用，见《中国中世の探求》，页86—127；《魏晋南北朝及隋唐的社会和国家》，《中国史研究》，1986:3。笔者此处所用的较谷川氏要更广泛些。

[3] 有关此段历史，可参见唐长孺，《北镇镇民》、毛汉光，《核心集团与核心区》。

荣众流入并、肆者二十余万，为契胡陵暴，皆不聊生，大小二十六反，诛夷者半"（《北齐书》，1，页4—5）。这些经历却反而使得他们逐渐产生出一种集体意识，高欢即利用此一集体意识，鼓动他们团结起来，合力对抗尔朱氏。

> （高欢）乃诈为书，言尔朱兆将以六镇人配契胡为部曲，众皆愁怨。又为并州符，征兵讨步落稽。……神武（高欢）亲送之郊，雪涕执别，人皆号恸，哭声动地。神武乃喻之曰："与尔俱失乡客，义同一家，不意在上乃尔征召。直向西已当死，后军期又当死，配国人又当死，奈何！"众曰："唯有反耳！"神武曰："反是急计，须推一人为主。"众愿奉神武。神武曰："尔乡里难制，不见葛荣乎？虽百万众，无刑法，终自灰灭。今以吾为主，当与前异，不得欺汉儿，不得犯军令，生死任吾则可，不尔不能为取笑天下。"众皆顿颡，死生唯命。（《北齐书》，1，页6—7）

通过这么曲折的方式，高欢才成功地将这些成分复杂的镇人融合成一个"镇人集团"[1]。

---

[1]这里我们大略谈谈中古的胡汉问题，诚如陈寅恪所言，中古民族的区分在于文化，而不在种族。上述引文中，高欢以及这些镇人都没有认为自己是汉人（尽管他们之中确实有不少汉人后裔），因此才有"不得欺汉儿"的约束，那么，他们到底认为自己是什么人呢？从当时材料看来，他们自己或其他人皆视他们为"鲜卑"。例如，高欢告诉汉人说："鲜卑是汝作客，得汝一斛粟、一匹绢，为汝击贼，令汝安宁。"（《资治通鉴》，157，页4882）这里的"鲜卑"当然是指他所统率的六镇镇人。《北史·薛孝通传》中则记载薛孝通对贺拔岳说："高王（欢）以数千鲜卑，破尔朱百万之众。"（36，页1336）再证诸当时鲜卑语的流行，可见唐长孺所说北镇镇人"鲜卑化"（陈寅恪用"胡化"一词）的现象确实是不错的（唐长孺，《魏晋杂胡考》，页447—449；陈寅恪，《隋唐制度》，页40）。同样地，当时被认为"汉人"或"汉儿"的，也不见得在种族上就是汉人。陈寅恪已指出源师本为北魏名臣源贺（秃发氏）之后，到北齐时已被视为"汉儿"（同前书，页35）。此外，例如高昂为高欢手下名将，出身渤海世家，率乡人部曲从征，在对抗尔朱兆时，高欢曾说："高都督（昂）纯将汉儿，恐不济事，今当割鲜卑兵千

四、其他政治团体

1. 领民酋长

领民酋长在北魏史上是个相当独特的存在。他们极少出任中央官职，偶尔出任地方官，大致上也只限于自己采邑所在地，不过他们的子弟则多半有到中央充当君主宿卫的义务，这个策略除了可以增强禁军的实力外，多少也带点"质子"的意味[1]。这些部落除了象征性地对君主的"贡纳"外，似乎并没有其他的财税负担，主要是因为他们负有战时提供武力的基本义务[2]。

余人共相参杂……"昂对曰："敖曹所将部曲，练习已久，前后战斗，不减鲜卑……愿自领汉军，不烦更配。"(《北齐书》，21，页294）这里所说的"鲜卑"自然是指六镇镇人，然而《高昂传》中提到他"自领乡人部曲王桃汤、东方老、呼延族等三千人"，其他人姑且不论，呼延一姓明明是匈奴人，却一概被视为"汉儿""汉军"，这可能是呼延一氏入中原已久，早已汉化，也有可能由于统帅是汉人，故其部曲一律被视为汉人。

[1] 例如尔朱代勤（荣之祖）在文成帝时曾出任肆州刺史，秀容即在肆州境内。如果他们封地在军镇附近，也可能出任镇将，例如斛律羌举，"太安人也。世为部落酋长，父谨，魏龙骧将军、武川镇将"(《北齐书》，20，页266）。这些领民酋长固然有时带有官爵，如尔朱新兴（荣父）在孝文帝时，"除右将军、光禄大夫"，大抵也只是赠官，并不真正掌理政事（任禁军长官者例外）。至于子弟充当禁军之事，可见《尔朱荣传》，"荣袭爵，后除直寝"，"直寝"为禁军官衔。他们是否真正要到京师服役，还是只是个虚衔而已？从一些资料判断，的确是要入京的。例如尔朱世隆（荣从弟）在孝明帝晚年担任过禁军的"直斋""直寝""直阁"等官职，"尔朱荣表请入朝，灵太后恶之，令世隆诣晋阳慰喻荣"(《魏书》，75，页1668）。可见当时是在京城洛阳服役的。《北史·库狄干传》则明言："授将军，宿卫于内。以家在寒乡，不宜毒暑，冬得入京师，夏归乡里。"(页1956）"质子"的作用亦可见之于《尔朱世隆传》，世隆既诣晋阳，"荣因欲留之。世隆曰：'朝廷疑兄，故令世隆来，今若遂住，便有内备，非计之善者。'荣乃遣之。荣举兵南出，世隆遂遁走，会荣于上党"(页1668）。尔朱世隆之所以坚持回到洛阳，正是为了要继续发挥他作为"质子"的功效。

[2] 有关这些部落的"贡纳"，我们所知不多。《尔朱荣传》说他的父亲："朝廷每有征讨，辄献私马，兼备资粮，助裨军用。"(页1644）这当然是一种贡纳，不过却又不像是个制度化的义务，因为接下来又说"高祖（孝文帝）嘉之，除右将军、光禄大夫"，如果是种固定的义务，皇帝似乎也没有必要特别奖赏此一举动。率军从征之事亦可见于《尔朱荣传》，公元523年，柔然入侵，中央派遣李崇北伐，"诏假荣节，冠军将军、别将，隶都督李崇北征。荣率其所部四千人追击"(页1645）。

易言之，他们与拓跋政权的关系其实是建立在一种（与君主）私人性的封建隶属关系基础上，因此，严格说来，并不受一般官僚机构的节制。

北魏一朝究竟有多少领民酋长，史无明言，其中有许多大概是建国时期分封的，然而随着北魏的开疆拓土（特别是太武帝时期），被征服或归附的部落越来越多，例如公元429年，太武帝征柔然，回程时即俘虏了高车"数十万落"。这些游牧民族大抵皆仍维持部落聚居与游牧生活，他们的部落长虽不见得一定带有"领民酋长"的头衔，但他们与拓跋政权的关系大体上则仍沿袭"领民酋长制"的模式，例如居住在陕北及内蒙古南境一带的"西部敕勒"（高车）即长期负有提供禁军（殿中武士）兵源的义务（或"权利"？）[1]。

唐长孺在《北魏末期的山胡敕勒起义》一文中，曾将北魏的领民酋长分成两种类型，一种是老的世袭酋长（例如尔朱氏、厍狄氏），也是比较典型的；"另一种是新选拔出来的酋长，他们是在部落进一步瓦解，阶级急遽分化或发生变化的形势下产生的，也是通过北魏政权的委任而确立他们在所谓'部落'内的统治地位"，这里的"部落"已经是重新编整

---

[1] 例如《魏书·景穆十二王传》中即提到孝文帝时，"殿中尚书胡莫寒简西部敕勒豪富兼丁者为殿中武士，而大纳财货，简选不平。众怒，杀莫寒及高平假镇将奚陵，于是诸部敕勒悉叛"（19:1，页450）。我们不晓得这些敕勒人是因为被选中，还是没选上而"怒"。不过看起来，从西部敕勒选殿中武士似乎已相当制度化。《孝文吊比干碑》碑阴有"直阁武卫中臣高车部人斛律虎"，斛律为西部敕勒贵族。《宇文福传》也提到"高车羽林五百骑"（44，页1001）。可见敕勒人在北魏禁军中的角色相当重要。其实，以异族人充当禁军并非拓跋君主独特的"创举"。罗马自恺撒开始即有任用异族人为侍卫的传统，恺撒用西班牙人，奥古斯都开始帝制后，日耳曼人在禁军中的比重也逐渐增加（详见Suetonius, *The Lives of the Caesars,* Book I, LXXXVI; Book II, XLIX; Book VI, XXXIV; Book VII, XII. 相关史料为邢义田兄所提供，谨此致谢）。拜占庭皇帝则有俄罗斯人及盎格鲁-撒克逊人所组成的卫队（A.A. Vasiliev, *History of the Byzantine Empire,* p.484）。利用异族人充任部分禁军，除了他们善战外，主要因素之一是他们是外地人，较不可能与本族的权臣或贵族结合，而对君主产生直接威胁。这一点倒是与拓跋君主之喜欢任用"客"担任要职颇有异曲同工之妙。

过的，有时只剩下个名称，"实际相当于一种军事行政基层组合"，它们的"酋长"因此也不一定世袭，有时甚至不限本族人，例如皇甫骥虽为关中一带的汉人旧族，却也曾出任此职[1]：

> 安定朝那人也。……延兴中（孝文帝年号，471—475），泾土夷民一万余家，诣京申诉，请君为统酋。然戎华理隔，本不相豫。朝议不可。圣上以此诸民丹情难夺，中旨特许。（《八琼室金石补正》，14，《皇甫骥墓志》）

实际上，如果我们不斤斤计较"部落"的首长是否一定得带有"领民酋长"此一头衔的话，那么，河东、关中等较多少数民族聚居的地区，显然也有不少类似领民酋长制，且自主性甚强的部落或团体存在[2]。例如，文明太后时权倾一时的宦官王遇，本姓钳耳，照《魏书》所云："冯翊李润镇羌也，与雷、党、不蒙俱为羌中强族。……自晋世已来恒为渠长。"（94，页2023）《北史·毛遐传》云："毛遐，北地三原人也，世为酋帅。"（49，页1808）而立于魏末关中的《焦延昌造象碑》中也提到焦延昌的祖父曾担任"第一领民酋长"[3]。有的少数民族虽立州县，列为编户，然而基本上仍在其原有首长的统辖下，例如居住在陕、豫边界的巴人泉企：

> 世雄商洛，曾祖景言，魏建节将军，假宜阳郡守，世袭本县令，封丹水侯。父安志，……领本县令。……企九岁丧父，……年十二，

---

[1]唐长孺，《北魏末期的山胡敕勒起义》，《山居存稿》，页67—71。
[2]详见马长寿，《碑铭所见前秦至隋初的关中部族》。
[3]见王昶编，《金石萃编》卷三十二。

乡人皇平、陈合等三百余人诣州请企为县令。州为申上，时吏部尚书郭祚以企年少，未堪宰民，请别选遣，终此一限，令企代之。魏宣武帝诏曰："企向成立，且为本乡所乐，何为舍此世袭，更求一限。"遂依所请。……寻以母忧去职，县中父老复表请殷勤，诏许之，起复本任。（《周书》，44，页785）

形式上虽然还要报请中央核可，实际上却已俨然是个小自治领。类似的例子想必还甚多，只是史料有阙，无法一一列举[1]。

这些团体在拓跋政权的地位，当然是无法与建国时期所分封的、正式带有领民酋长头衔的游牧部落，如尔朱氏、厍狄氏等相比拟的，权利与义务关系想来也不一样（例如泉氏虽可世袭县令，然而既已划为郡县，他们原有的"部民"可能就得负担正常的赋役），不过基本上有一点却是共通的，那就是他们都拥有某种程度的自治权。其实这也不是北魏独创的新制度，早在十六国时期，立国关中的苻秦、姚秦也是采取"编户"与"部落"并行的方式来统治的[2]。对于多种民族杂居的地区，这倒不失为一个简易可行的办法，何况苻秦、姚秦、拓跋魏这些政权原本就是以部

---

[1] 巴人的来源，陈寅恪已有考证。河东的蜀薛，据陈寅恪考证，亦为少数民族，俱见于《魏书司马叡传江东民族条释证及推论》。河东薛氏在北魏政坛上的角色相当特殊，从出身来看，根据陈寅恪的考证，他们应当是原居四川的少数民族，魏晋时移徙河东汾阴，逐渐成为当地豪强。明元帝时薛辩附魏，在北魏与赫连夏的战争中立有军功，故其子孙常出任当地长官（《魏书》，42，页941—942）。就此而言，河东蜀薛在北魏的地位似乎有点类似领民酋长。不过，他们与中央关系之密切似乎又要超过一般的领民酋长，例如薛谨（薛辩子）在太武帝时征入京师，任内都坐大官，其子薛初古拔在献文帝时尚公主。除了中央与原居地的官吏外，他们也常奉派出任其他地方长官，例如薛初古拔即担任过南豫州刺史，其子薛胤也出任过县瓠镇将、河北太守等职（俱见《魏书》列传），到了孝文帝时，此族还列入郡姓（算是"中原士族"，虽然不是没有争议。参见陈寅恪前引文），可以说是北魏较特殊的一个个案。

[2] 马长寿，《碑铭所见前秦至隋初的关中部族》，页17—18、36—38。

落立国的，"编户齐民"对他们而言，还是个陌生而新鲜的观念。

领民酋长在北魏政治、军事史上固然有其重要性，特别是像尔朱氏、库狄氏这些早年协助拓跋珪开国的部落，应该一直是北魏武力中的重要支柱之一，聚居河套、陕北的高车部落也始终是禁军的主要来源。然而，要将领民酋长视为一个"团体"似乎不太容易，因为：第一，他们的种类极复杂，就算同属游牧民族，也有高车、匈奴、羯胡等族别，如果再加上关中、陕晋豫边界一带的巴、氐、羌等，那就更庞杂了；其次，他们世代皆居于分封的"采邑"，极少出任中央官职（顶多短期到中央充当禁军），偶尔出任地方官，也只限于采邑附近，换言之，领民酋长彼此之间是相当疏离的[1]。将他们视为一个具有同质性的"团体"似乎有点牵强。领民酋长在北魏军事史上固然有其重要性，北魏统治者对开国时期有功的一些酋长亦相当尊重与礼遇，然而，领民酋长的影响力，长期而言，还是局限在军事以及地方上，他们真正在北魏政坛上扮演重要角色，则要等到六镇之乱以后了。

2. 中原士族

移居平城的中原士族则形成北魏政坛上的另一股势力。原初拓跋珪定都平城时，他理想中的"代人"范围显然要比后来出现的代人集团大得多，因为除了离散诸部，使其定居王畿外，他从河北一带迁来的数十万中原士族、工匠、农人及其他民族也都被迫世代永久定居于王畿，《魏书》之《王慧龙传》（卷三十八）、《张谠传》（卷六十一）与《赵琰传》（卷八十六）都提到："时禁制甚严，不听越关葬于旧兆。"这个政策一直

---

[1] 有些领民酋长当然是有来往的，例如尔朱氏与高车叱列氏即有密切的婚姻关系（唐长孺、黄惠贤，《北镇镇民》，页112）。不过，类似的例子并不多。

持续到孝文帝迁都前不久才稍微松弛下来[1]。换言之，原先拓跋统治者是希望他们从四方迁来的移民能生长于斯、老于斯、葬于斯，也就是说——成为"代人"。政策的理想虽然如此，也有些中原士族由于实际政策的需要（建立典章制度、治理农业社会），或因个人才能（"智如崔浩"[2]），而得君主赏识，对朝政也有相当的影响力，然而他们的身份，说得好听点算是客卿，坦率说来，则终究还是被征服者。帮拓跋珪制定典章制度的崔宏（崔浩之父）是在拓跋珪征服河北时"执送于军门"的（《魏书》，24，页620）；公元413年，明元帝下诏"分遣使者巡求俊逸，其豪门强族为州间所推者，及有文武才干、临疑能决，或有先贤世胄、德行清美、学优义博、可为人师者，各令诣京师"（《魏书》，3，页52），换言之，即征调地方士族。结果是"民多恋本，而长吏逼遣。于是轻薄少年，因相扇动，所在聚结。……守宰讨之不能禁"（《魏书》，24，页622），只好不了了之。公元431年，太武帝颁布著名的征士诏，诏中虽说"尽敕州郡以礼发遣"，结果是"州郡多逼遣之"，社会不安，逼得太武帝在次年下诏："诸召人皆当以礼申谕，任其进退，何逼遣之有也？"（《魏书》，4:1，页79—81）

《魏书·宋隐传》的一段记载，生动地刻画出当时拓跋统治者急如星火逼遣这些士族的情状，以及这些士族无可奈何的心态：宋隐原为河北一带士族，初仕于慕容燕，拓跋珪平定河北，征他入京师，尽管他"固辞以病"，州郡仍"切以期会"，无奈之下，他只好"弃妻子，间行避焉，后匿于长乐之经县，数年而卒"，临死前特别告诫他的子弟：

---

[1]《魏书·张彝传》提到彝母丧，"送葬自平城达家（清河郡），千里徒步，不乘车马"（64，页1428）。可见已准许归葬。不过当时已在孝文迁都前不久。同样地，孝文帝迁都洛阳后，诏"迁洛之民，死葬河南，不得还北"。《魏书》接着说："于是代人南迁者，悉为河南洛阳人。"（7:2，页178）

[2]太武时称颂崔浩语（《魏书》，25，页646）。

第二章　拓跋魏的国家基础

> 苟能入顺父兄，出悌乡党，仕郡幸而至功曹史，以忠清奉之，则足矣，不劳远诣台阁。恐汝不能富贵，而徒延门户之累耳。若忘吾言，是为无若父也，使鬼而有知，吾不归食矣。（《魏书》，33，页773—774）

沉痛的遗言道尽了被征服者的辛酸与无依，也预告了数十年后（450）崔浩的灭门之祸。尽管如此，宋隐的第三个儿子终究还是在431年被征调到平城。

对于被逼遣到平城来的这些中原士族而言，平城是不可能成为他们的"家乡"的，张谠、张彝、赵琰等传中皆提到禁令稍弛后，这些士人费尽心血设法将父母遗骸归葬乡里的故事。这种心理，拓跋统治者自然是清楚的，而这些中原士族在北魏政坛上所能扮演的角色——至少在孝文帝迁都以前——也就相当有限了。根据统计，这一段时期中原士族只占了5.5%的中央要职，以及6.5%的地方长官之职。而且，虽然崔宏、崔浩父子，以及高允等人曾经出任过诸如尚书令、司徒、中书令等高位，究其实亦不过为君主之顾问参谋，拥有实权或较具关键性的职位，例如各镇都大将、太尉、大司马、南部尚书（掌管南方州郡）、殿中尚书（掌禁军）等，是极少会交给他们的[1]。

---

[1] 汉人士族当然也出任过镇都大将或殿中尚书之类的职位，例如李顺（赵郡）在太武帝时曾出任过长安镇都大将，许宗之（彦之子）亦曾出任殿中尚书，只是例子甚少。另外参见严耕望有关北魏镇将用人的分析。《中国地方行政制度史——魏晋南北朝地方行政制度》，页787—788。不过，南部尚书一职在文成帝之后，有逐渐由汉人士族出任的趋势，这或许是为了增加税收的缘故，详见本书第四章《文明的改革》。

五、代人集团的历史意义

　　团体的存在可说是人类社会一个极普遍的现象，实际上，如果没有"团体"，人类也许根本就无文明、历史可言，甚至可能连生存都要成问题。团体形成的因素及其凝聚所依循的法则当然是很复杂的，不过，在传统历史时期，血缘与地缘无疑是最根本，也是最常见的两种凝聚方式。

　　公元5、6世纪时，中国北方出现了一个新的人群组合，在超过两个世纪以上的时间里，这个团体纵横于黄河流域，支配了整个北方的政治、军事力量，一直到唐代中叶柳芳论氏族时，还将出身自这个团体的贵族与关中、关东、江南等地的贵族列为中古时期五大并驾齐驱的门阀团体[1]，这就是"代人"。

　　正如他早年的祖先拓跋邻于呼伦池畔以拟血缘的方式塑造出我们所知拓跋人最早的国人集团——"帝室十姓"，北魏的开国君主拓跋珪也在立都平城的同时，将许多血缘、民族各自有异的部落、人群转化成一个单一的地缘性团体——"代人集团"。以此团体为基础，拓跋的统治者继续鲸吞蚕食，终于在太武帝手中（439年）结束了自"五胡乱华"以来扰攘的局面，成为黄河流域唯一的支配力量，而代人集团自也顺理成章地成为此后数百年间中国北方最重要的一个团体，尽管他们的人数始终并不多。

　　在整个历史发展过程中，代人集团并不是一成不变的。太武帝大肆开疆拓土的同时（420—440），为了巩固核心的安全及镇抚新领地，开始在北疆大量设置军镇，著名的"六镇"即出现于此时，镇守的士兵除

---

[1] 柳芳论曰："过江则为侨姓，王、谢、袁、萧为大；东南则为吴姓，朱、张、顾、陆为大；山东则为郡姓，王、崔、卢、李、郑为大；关中亦号郡姓，韦、裴、柳、薛、杨、杜首之；代北则为虏姓，元、长孙、宇文、于、陆、源、窦首之。"（《新唐书》，199，页5677—5678）

了征发新征服地区的强宗豪族子弟外,也有相当的比率来自代人集团,这些人此后即成为定居于各军镇的"镇人",这是代人集团最早的一个大变动。到了公元494年,孝文帝迁都洛阳,随之而去的还有大量留居于平城王畿的人民,大部分的"代人"就此转变为"洛阳人",这是代人集团的第二次大变化。此后北魏政局日下,六镇乱起,然后是尔朱荣的崛起,以及他在528年的"河阴大屠杀"。河阴大屠杀中死亡的百官人数历来众说纷纭,从一千余名到三千名的记载都有。不管怎么说,迁居到洛阳的代人贵族大概泰半死于此难,这是代人贵族遭受的最惨重的一次打击。然而,代人集团并未就此销声匿迹,残余的贵族、南迁的代人[1],与已经转变成镇人的代人又集结成武川与怀朔两大集团,而形成后来北周、北齐对峙的局面。以后的隋唐帝国,如众所知,也是在这个基础上发展起来的。

除了代人集团之外,帝国的内部还散布着许多大小不等的"半自治领",这就是领民酋长制(或其变形)。领民酋长制可说是帝国政府一种相当独特,也具有浓厚妥协意味的统治方式。这些领民酋长(或各半自治领的领主)虽各具相当实力,然而他们到底是分散而互不统属的,因此除了尔朱荣因缘际会,曾经短时间取得支配全局的力量外,基本上,他们只能依附于某个较强大的集团(早期为代人集团,以后则为武川或怀朔集团),影响力是无法与代人集团相提并论的。

---

[1] 南迁的代人(一般称为"代迁户")贵族知名于北周、隋、唐者有长孙氏等。至于一般的代人,由于姓氏已改,往往不容易与汉人区分,"河南洛阳人"的籍贯有时可当作一个线索,洛阳周围置有四中郎将府,是首都卫戍部队驻防地,而卫戍部队又大半为代人充任(《魏书》,7:2,页180:"太和二十年,以代迁之士皆为羽林、虎贲。")因此,洛阳附近想来也有不少"代迁户"。北周史上有韩雄、陈忻二人,一为河南东垣(今河南省洛阳市新安县东)人,一为河南宜阳人,皆在四中郎将府范围内,而且传中说两人"骁勇、工骑射"(《周书》,43),有可能是破六韩氏及侯莫陈氏的后裔。

黄河流域的汉人是被征服者，作为他们领导阶层的士族自也摆脱不了这样的身份。尽管为了治理汉地，拓跋帝国需要这些士族的服务，他们的地位基本上仍是附属性的。就算从孝文帝开始，在拓跋统治阶层锐意汉化，大量拔擢中原士族、奖励通婚的情况下，中原士族所扮演的角色仍偏重在文书咨询等方面，实际的军政大权，就如吕思勉所言，依然掌握在代人、宗室或代表君主的私人附庸手上[1]。魏末大乱给予这些士族自组武力的一个良机，渤海高氏、赵郡李氏、关中韦氏、关中苏氏等，都在这种情况下成为武装领主[2]，然而他们的实力究竟还是过于单薄，因此，也只能像领民酋长一样，依附于较强大的集团。

"代人集团"的出现无疑是中国中古史上极具关键性的一件大事，它代表了一个"有组织团体"在历史上形成及发展的过程。从上述的分析中，我们看到拓跋珪如何以人为塑成的方式，巧妙地将众多血缘各异的团体凝聚为一个单一的地域性团体，从而开创了北魏的盛世。就此而言，日后宇文泰塑造"关陇集团"——重要将领及其所属军队普遍赐予胡姓（建立拟血缘关系），籍贯皆改为关陇地区（建立地缘关系）——究其实，也不过是师法当年拓跋珪的故智罢了。

---

[1] 吕思勉，《两晋南北朝史》，页520—522。
[2] 高氏、李氏可见《北齐书》卷二十一、二十二；韦氏、苏氏可见《周书》卷二十三、三十九。

第二篇 ◎ 文明太后

在拓跋魏（398—534）的历史上，文明太后的时代无疑是一个颇具关键性的时期。在她御宇期间（466—467，476—490），拓跋魏从刘宋手中夺得淮水以北的领土，奠定了以后孝文帝迁都洛阳的基础。更重要的是，在她第二次临朝期间，拓跋魏开始了一连串重大的政治、社会、经济以及文化改革，例如俸禄制、三长制与均田制。这个改革运动在孝文帝亲政后不但持续未停，而且还有进一步的扩大，此即史上著名的"太和改革"。就此而言，了解文明太后的改革无疑为了解孝文帝改革的先决条件。

其次，在中国历史上，妇女与政固不罕见，然而文明太后的临朝仍有其特殊处，此即其大权独揽、果决独断的性格，殆为以前史上所少见，而开启了此下中世纪女主——包括武则天在内——的先声。此一特色固与文明太后本人的性格阅历有关，而当时中国境内北亚文化的影响，以及社会思想的背景无疑也扮演了重要的角色。故不论就了解中国中世纪的政治、社会与文化，还是就了解国史上女主执政的性格与背景而言，文明太后的个案应该还是有相当启发性的。

第三章

文明的崛起

一、到权力之路

文明太后冯氏，五胡十六国中北燕（407—436）皇室后裔，长乐信都人（今河北省衡水市冀州区）。曾祖冯安在公元4世纪末徙家昌黎（今河北省秦皇岛市昌黎县），407年，安子冯跋自立为北燕王，据有辽东一带。429年，跋死，弟冯弘即位。432年，冯弘子崇、朗及邈因内部权力斗争，相率降于拓跋魏。四年后（436），北燕为魏所兼并。

文明即冯朗之女，441年生于长安。不久，冯朗因事诛，文明也被没入宫中[1]。幸好当时她的姑姑已是太武帝的贵妃（左昭仪），在贵妃的照顾下，文明总算免于沦为奴婢的命运。454年，文明被选为文成帝（452—465）贵人，接着，在456年被立为皇后（《魏书》，13，页328）。

---

[1]《魏书》，13，页328。冯朗为何被杀，《魏书》并没有交代。不过，在冯朗子冯熙的传中，《魏书》提到在冯熙年幼时，他的叔父冯邈投降了柔然（拓跋魏主要的北方大敌），因此不得不随母亲逃至氐羌之地（83:1，页1818）。不知冯朗是否即因受冯邈一案的牵连而死。

如何从一个没入宫中的罪孥摇身而为母仪天下的皇后，其间的过程，当然已非千余年后的我们所能完全明了[1]。然而，当时拓跋王朝不注重皇后出身，无疑是个决定性因素，换成汉族王朝，这几乎是不可想象的事[2]。

465年，文成帝卒，十二岁的献文帝即位，文明被尊为太后。不过当时的政权主要控制在丞相乙浑手中。466年，文明太后发动政变，乙浑被杀，文明临朝听政，这是她第一次的执政。有关此次政变的内容，我们除了知道拓跋丕曾经参与外，其他所知不多[3]。

文明太后的第一次临朝并没有持续太久。467年，孝文帝生，文明以抚养孝文为理由，退隐宫中，政权遂交还给——至少在表面上——年方十四岁的献文帝。

从日后的表现看来，文明确实是个权力欲极强的人，她会为了照顾孙辈的孝文而退居后宫，实在有点不可思议。吕思勉就曾经怀疑孝文根本是文明的私生子[4]。然而此等事，诚如吕思勉自己所言："固永无证据可得也。"此处姑且置而不论。

从467年到476年献文帝死，不管是在《魏书》，还是在皇后列传里，我们都很难找到有关文明活动的记载。不过这并不表示她真的袖手不问世

---

[1] 文明的姑姑在此事中可能出了力。另外，文成帝的乳母常氏（文成即位后尊为保太后，后为皇太后）可能也有影响，因为后来常氏一族犯法，文明太后还特别"以昭太后（即常氏）故"赦免（《魏书》，83:1，页1818）。

[2] 譬如道武帝皇后慕容氏即为慕容燕灭亡后入宫的。另外，太武帝保母窦氏，文成帝保母常氏，都是因事没入宫中，后来尊为皇太后的。文成帝皇后李氏（献文帝生母）也是因事没入宫中的（《魏书》，13，页324—331）。大致说来，要到孝文帝迁都洛阳，大力推行汉化后，拓跋魏对选后妃一事才比较讲究些。

[3] 《魏书》，6，页125—126；13，页328；14，页357。

[4] 吕思勉，《两晋南北朝史》（上），页510。郑钦仁在《北魏中给事（中）稿》一文中，举《杨椿传》的资料来支持此一说法。见《食货》3:1（1973），页27。

事，当时朝中军政要员还有不少是她的支持者，例如太尉源贺、都督中外诸军事任城王拓跋云、尚书令拓跋丕、中书令高允、中书监李敷等人，在日后（471年）献文帝的退位事件里，这些人扮演了相当重要的角色。

献文帝初亲政时与文明太后的关系如何？史无明言。不过献文当时才十四岁，不见得有多少自主行事的能力，彼此间的关系大概还不致太恶劣。他跟太后关系破裂的直接导火线，显然是470年他下令诛杀李敷、李弈兄弟一事。李弈是文明太后的情人，李敷是两朝（文成、献文）重臣，他们的被诛，《魏书》的说法是因为献文不满文明与李弈的关系，遂借故除之[1]。事件的背后是否隐藏有献文与文明之间的权力斗争，我们还不能确定。

不管事实真相如何，李弈事件的发生，大概是献文帝与文明之间关系的一个转捩点，接着，他就在次年（471）八月决定退位。献文帝退位时不过才十八岁，为何这么年轻即感倦勤？官方对此事的解释，《魏书》本纪的说法是："帝雅薄时务，常有遗世之心。"（6，页131）《释老志》也说献文帝笃信佛教（114，页3037—3038）。是否果真因厌世而萌退隐之意？且让我们看看472—476年，也就是从退位到死亡这五年间献文帝的一些活动[2]：

延兴二年（472）

　　正月，蠕蠕犯塞，太上皇帝次于北郊，诏诸将讨之。东部敕勒叛奔蠕蠕，太上皇帝追之，至石碛，不及而还。

　　七月，诏州郡县各遣二人才堪专对者，赴九月讲武，当亲问风俗。

　　十月，蠕蠕犯塞，及于五原。

　　十一月，太上皇帝亲讨之。

---

[1]《魏书》，6，页130:13，页328；36，页834。
[2] 详见《魏书》，7:1。

延兴三年（473）

　　二月，太上皇帝至自北讨。

　　八月，帝从太上皇帝幸河西。

　　十月，太上皇帝亲将南讨。诏州郡之民，十丁取一以充行。

　　十一月，太上皇帝南巡，至于怀州。所过问民疾苦，赐高年、孝悌、力田布帛。

延兴四年（474）

　　二月，太上皇帝至自南巡。

　　八月，大阅于北郊。

延兴五年（475）

　　十月，太上皇帝大阅于北郊。

这几年里，他不时阅兵，亲征蠕蠕（柔然），巡行天下。《魏书·刑罚志》也说他：

> 勤于治功，百僚内外，莫不震肃。及传位高祖（孝文），犹躬览万机，刑政严明，显拔清节，沙汰贪鄙。牧守之廉洁者，往往有闻焉。……先是，诸曹奏事，多有疑请，又口传诏敕，或致矫擅；于是事无大小，皆令据律正名，不得疑奏，合则制可，失衷则弹诘之，尽从中墨诏。自是事咸精详，下莫敢相罔。（111，页2876）

似乎并不真的那么"雅薄时务"。

王夫之在《读通鉴论》里，认为献文帝的退位，主要是想让孝文帝提早即位，以巩固孝文帝的权位（15，页309）。王夫之的推测并非全无可能，在中国历史上，战国时赵武灵王的禅位，就是一个著名的例子，这一点他也已经指出。其实，早在422年，明元帝就曾经令拓跋焘（太武帝）监国；444年，太武帝也曾经令太子晃监国，目的皆在于巩固太子的继承[1]。可见，在拓跋王朝的历史上，提早让嗣君掌政并不是什么太特殊的事。然而，明元帝让拓跋焘监国，是因为他自己身体不好（明元卒于423年），而且当时拓跋焘已十五岁，大致尚可视事；太武帝让拓跋晃理事时，身体虽然还不错，但是当时他在位已二十一年，拓跋晃也已十六岁。在这种情况下，皇太子的提早执政多少还有点意义可言。献文帝退位时，亲政才不过四年，太子才不过五岁，巩固孝文帝权位之说，到底有几分可能，恐怕还值得商榷。

那么，献文帝为何要退位？他退位时提出的继任人选为何不是太子孝文，而是他的叔父京兆王子推？把这些问题放在献文与文明之间权力斗争的脉络中来看，我们或许可以得到一些较合理的解释。

李弈事件发生后，献文与文明之间的关系大概已恶化到不可收拾的地步，或许就是在这种压力下，献文帝决定退出第一线战场，而让拓跋子推来接替他的任务。京兆王拓跋子推是献文的叔父，与文明太后同辈分，又历任拓跋王朝军政要职（侍中、征南大将军、长安镇都大将、中都大官），威望卓著。论声望与经验，的确都有可与文明相抗衡的实力。可见献文帝挑选拓跋子推还是颇费一番斟酌的。

文明当然不会坐视此事发生，在拓跋丕、拓跋云、源贺、陆馛、高允甚至宦官赵黑的激烈反对下，献文帝被迫把帝位传给孝文。值得注意的是，他们之中绝大多数人反对的主要并非献文帝的退位，而是拓跋子推的继位[2]。文明太后在此事背后所扮演的角色，可说是相当明显的了。无怪乎《魏书·天象志》的作者要说："上（献文）迫于太后，传位太子，

---

[1]《魏书》，35，页812—813；4:2，页96—97。
[2]《魏书》，6，页131；19:2，页461—462；40，页904；41，页921；48，页1086；94，页2016。

是为孝文帝。"（105:3，页2412）

帝位传给孝文，只是献文与文明权力斗争第一回合的结果。此后数年，献文帝频频出巡、校阅军队与亲征柔然，恐怕就是为了要加强对地方及军权的控制。接着，在476年就爆发了第二回合的斗争，献文帝还是失败者，只是这一次他所付出的代价是自己的生命。关于这次宫廷斗争的经过，《魏书》讳莫如深，我们只知道在承明元年六月甲子（476年7月13日），献文帝曾下令"中外戒严"，"分京师见兵为三等，第一军出，遣第一兵，二等兵亦如之"（《魏书》，7:1，页142），似乎是准备进行某种军事行动，接着他就在七天后的辛未日（7月20日）暴崩。两者之间是否有关联，我们就不得而知了。

除了本纪里一些较主要活动（如出征、巡狩）的记载外，我们不易得到直接材料以资了解献文帝在死前几年的其他布置。不过，根据一些蛛丝马迹，特别是476年文明太后临朝前后拓跋王朝的一些人事异动，我们或许可以有限度地重现当时献文帝与文明太后权力斗争的内容。

人名	476年以前	476年以后	备注
万安国	延兴二年（472），以散骑常侍、驸马都尉万安国为大司马、大将军，封安城王。(7:1，页136)	承明元年六月壬申（476年7月21日），大司马、大将军、安城王万安国坐矫诏杀神部长奚买奴于苑中，赐死。	代人也。……尚河南公主，拜驸马都尉。……显祖（献文）特亲宠之。……超拜大司马、大将军，封安城王。……死，年二十三。(34，页804)

第三章 文明的崛起

人名	476年以前	476年以后	备注
拓跋长乐（献文之弟）	皇兴四年（470）五月，封皇弟长乐为建昌王。（6，页130）延兴五年（475）十二月，建昌王长乐改封安乐王。（7:1，页142）	承明元年六月戊寅（476年7月27日），征西大将军、安乐王长乐为太尉。（7:1，页142）承明元年十一月戊子，以太尉、安乐王长乐为定州刺史。（7:1，页143）太和三年（479）九月，定州刺史、安乐王长乐有罪，征诣京师，赐死。（7:1，页147）	长乐性凝重，显祖器爱之。承明元年拜太尉，出为定州刺史。……贪暴弥甚，以罪征诣京师。后与内行长乙肆虎谋为不轨，事发，赐死于家。（20，页525）
拓跋目辰（宗室）		承明元年六月戊寅，尚书左仆射、南平公目辰为司徒，进封宜都王。（7:1，页142）太和三年四月，雍州刺史、宜都王目辰有罪赐死。（7:1，页147）按：本纪及传中皆未明言何时出任雍州刺史，推测当为太和元年（477）三月，与拓跋丕对调。	目辰，桓帝之后也。……性亢直耿介，不为朋党，朝臣咸惮之。然好财利，在州，政以贿成。有罪伏法，爵除。

人名	476年以前	476年以后	备注
李䜣		承明元年六月戊寅；南部尚书李䜣为司空。（7:1，页142） 承明元年十一月戊子，司空李䜣为徐州刺史。（7:1，页143）	（李）敷既见待二世，兄弟亲戚在朝者十有余人。弟弈又有宠于文明太后。李䜣列其隐罪二十余条，显祖大怒，皇兴四年冬，诛敷兄弟。（36，页834） 䜣既宠于显祖，参决军国大议，兼典选举，权倾内外，百僚莫不曲节以事之。（46，页1041） 䜣竟列（赵）黑为监藏时多所截没。……（黑）遂黜为门士。黑自以为䜣所陷，……规报前怨。逾年，还入为侍御、散骑常侍、侍中、尚书左仆射，复兼选部如昔。黑告䜣专恣，䜣遂出为徐州。及其将获罪也，黑构成以诛之。（94，页2016—2017）

第三章　文明的崛起

人名	476年以前	476年以后	备注
拓跋子推（献文叔父）	皇兴五年（471）八月，帝雅薄时务，常有遗世之心，欲禅位于叔父京兆王子推。（6，页131）	承明元年（476）十一月戊子，以京兆王子推为青州刺史。（7:1，页143）太和元年七月，侍中、开府仪同三司、青州刺史京兆王子推薨。（7:1，页144）	京兆王子推，……位侍中、征南大将军、长安镇都大将。子推性沉雅，善于绥接，秦雍之人，服其威惠。入为中都大官，察狱有称。……高祖（孝文）即位，拜侍中、本将军、开府仪同三司、青州刺史，未至，道薨。（19:1，页443）
李惠（献文岳父）	皇兴二年（468）四月，以南郡公李惠为征南大将军、仪同三司、都督关右诸军事、雍州刺史，进爵为王。（6，页128）	太和二年（478）十二月，诛南郡王李惠。（7:1，页146）	（李惠）后为开府仪同三司、青州刺史，王如故。历政有美绩。惠素为文明太后所忌，诬惠将南叛，诛之。（83:1，页1825）惠从弟凤，为定州刺史、安乐王长乐主簿。后长乐以罪赐死，时卜筮者河间邢攒辞引凤，云"长乐不轨，凤为谋主"，伏诛。（83:1，页1825）
韩颓（李惠岳父）	皇兴三年（469）十一月，襄城公韩颓进爵为王。（6，页129）	太和四年（480）正月，襄城王韩颓有罪，削爵徙边。（7:1，页148）	

人名	476年以前	476年以后	备注
拓跋孔雀（宗室）	天安元年（466）二月，（乙浑伏诛），以侍中孔雀为濮阳王。（6，页126）皇兴元年（467）十月，濮阳王孔雀坐怠慢，降爵为公。（6，页128）延兴元年（471）十二月，复前濮阳王孔雀本封。（7:1，页136）	承明元年七月，濮阳王孔雀有罪赐死。（7:1，页142）	
源贺	天安元年三月，以陇西王源贺为太尉。（6，页126）延兴四年（474）正月，侍中、太尉、陇西王源贺以病辞位。（7:1，页140）	太和三年（479）九月，陇西王源贺薨。（7:1，页147）	显祖将传位于京兆王子推，时贺都督诸军屯漠南，乃驰传征贺。贺既至，……正色固执不可。即诏贺持节奉皇帝玺绶以授高祖。（41，页921）
拓跋丕（宗室）	延兴四年九月，以（南朝）刘昱内相攻战，诏将军元兰等五将三万骑及假东阳王丕为后继，伐蜀汉。（7:1，页140—141）按：疑于此时出任雍州刺史。	承明元年十月，进征西大将军假东阳王丕爵为正王。（7:1，页143）太和元年三月，征西大将军、雍州刺史、东阳王丕为司徒。（7:1，页144）太和三年九月，以侍中、司徒、东阳王丕为太尉。（7:1，页147）	丕，……显祖即位，累迁侍中。丞相乙浑谋反，丕以奏闻。诏丕帅元贺、牛益得收浑，诛之。迁尚书令，改封东阳公。（14，页357）

人名	476 年以前	476 年以后	备注
拓跋云（宗室）			云，……显祖时，拜都督中外诸军事、中都坐大官。……后蠕蠕犯塞，云为中军大都督，从显祖讨之。……除都督徐兖二州缘淮诸军事、征东大将军、开府、徐州刺史。云以太妃盖氏薨，表求解任，显祖不许，云悲号动疾，乃许之。……复拜侍中、中都大官，赐帛千匹、羊千口。出为冀州刺史，仍本将军。（19:2，页462）按：为徐州刺史疑在延兴三年（473），冀州刺史在延兴五年（475），见万斯同，《二十五史补编·魏将相大臣年表》四，页14—15。

人名	476年以前	476年以后	备注
陆定国	天安元年二月，（乙浑伏诛），以侍中陆定国为东郡王。（6，页126）皇兴四年二月，以东郡王陆定国为司空。（6，页130）承明元年二月，司空、东郡王陆定国坐事免官爵为兵。（7:1，页143）	太和元年四月，诏复前东郡王陆定国官爵。（7:1，页144）	（陆丽）长子定国在襁抱，高宗幸其第，诏养宫内，至于游止常与显祖同处。……迁侍中，……转殿中尚书。前后大驾征巡，每擢为行台录都曹事。超迁司空。定国恃恩，不修法度，延兴五年，坐事免官爵为兵。太和初，复除侍中、镇南将军、秦益二州刺史，复王爵。（40，页908—909）

从这个表上看来，万安国、李䜣、李惠、拓跋子推大概可确定为献文帝的羽翼。因此万安国在政变次日即被诛杀，李䜣、李惠则分别在一两年内被诛。拓跋子推或许是威望较著，因此在外放青州刺史后死于途中。襄城王韩颓为李惠的岳父，关系较疏，只遭到"削爵徙边"的下场。情况较不清楚的有拓跋长乐、拓跋目辰与拓跋孔雀。孔雀在政变次月被杀，罪名不清。长乐与目辰的遭遇值得稍做分析，他们与李䜣在政变发生七天后，分别被任命为太尉、司徒与司空，亦即所谓"三公"之职，在拓跋王朝算是相当尊贵的职位。《魏书》在他们的任命之下接着："尊皇太后为太皇太后，临朝称制。"（7:1，页142）问题是，他们三人与文明太后的关系并不佳。长乐、子推与李䜣不到半年（十一月戊子）即同时被外放，

李䜣与子推死于次年，长乐则于三年后（479）被诛。拓跋目辰担任司徒多几个月，次年（477）三月即外放雍州，同样也在479年被杀。

文明太后为何要在谋杀献文之后，急急忙忙地给这几个人高官厚爵？是否文明当时在朝中的实力尚不够（详见后），而这几个人皆为献文帝阵营中的重要人物（或至少是当时朝中掌权的人），高官厚爵只不过是为了安抚他们——同时也安抚献文帝阵营中的残余分子——以便她自己顺利"临朝称制"？当然，另一个可能则是：这三人在政变时，临阵倒戈支持文明太后，那么，自然是要"论功行赏"的。不过，文明与这些人基本的立场究竟还是矛盾的，因此，等到文明的权力稳固后，这些人自然难以逃脱被杀或被放逐的命运。

其次，让我们看看另外几个拓跋王朝重要政治人物在这几年的动向。太尉源贺在474年即称病解职；拓跋丕在475年外放雍州；拓跋云大约在473年出任徐州刺史，中间虽一度因母丧还京，但不久又外放冀州。这三人中，拓跋丕与文明的关系应当是最密切的，他曾协助文明发动政变推翻乙浑，也曾反对献文的退位。因此，在文明第二次临朝仅几个月，他就进爵为东阳王，接着在次年三月即奉命出任司徒，再过两年即转任太尉，在文明太后的统治时期一直有极大的影响力。源贺与拓跋云曾经支持孝文帝取得帝位，大体上应当是较倾向文明太后的。简而言之，从上述一些人物的调迁看来，献文帝在世的最后一两年内，朝中一些文明太后的支持者——或至少是较倾向她的实力人物——皆纷纷被外放或告老离开京师。换言之，文明太后的实力在这几年里无疑受到相当的抑制。

陆定国的角色比较暧昧，他出身名门（所谓"八姓"之一），照本传所载，与献文帝的关系似乎也还亲近。471年超迁为司空，然后在承明元年二月被"免官爵为兵"，罪名也不清楚。接着不到几个月就发生政变。陆定国被免官大概是出于献文帝的旨意，因为献文帝死后不到一年，文明太后即恢复了他的官爵。是否因为陆定国有倾向文明的迹象,才导致他被免官?由于史料不足,这点我们只能阙疑。

宫闱事秘,权力斗争的详情自然难以完全见诸史料。不过,从上述所引一些材料及分析,我们也可约略窥见献文帝与文明太后间长达数年的宫廷斗争于一斑。

二、统治风格

从476年开始,一直到她490年死去为止,文明太后实际上可说是拓跋帝国唯一的权力核心。《魏书·皇后列传》:

> 自太后临朝专政,高祖(孝文)雅性孝谨,不欲参决,事无巨细,一禀于太后。太后多智略,猜忍,能行大事,生杀赏罚,决之俄顷,多有不关高祖者。是以威福兼作,震动内外。(《魏书》,13,页329)

她的哥哥冯熙是孝文的"太傅",两个侄女是孝文的后妃,两个侄儿自小即在宫中与孝文一起生活(《魏书》,83:1,页1818—1821)。宦官、内戚及近臣则是她用来监视孝文帝的工具,"于时口敕,责诸内官,十日仰密得一事,不列便大瞋嫌"(《魏书》,58,页1290)。文明太后的这些措施,部分原因或许是想巩固冯氏与拓跋皇室的关系,然而监视孝文帝无疑也是重要的目的。更值得注意的是,孝文帝的长子一出世,"文明太后抚视之,常置左右。年四岁,太皇太后亲为立名恂"(《魏书》,22,页587),这不禁让我们回想起孝文的例子,文明亲自抚育太子,是否就像当年她抚育孝文一样——作为控制政权的最后一个手段。

权力斗争自然免不了偶尔要诉诸暴力,文明的第一次临朝是以乙浑的生命为代价的，第二次则是献文帝，这还只是主要的。孝文虽然自小由她抚养，甚至还可能是她的亲生儿子，然而"文明太后以帝聪圣，后或不利于冯氏，将谋废帝。乃于寒月，单衣闭室，绝食三朝，召咸阳王禧，将立之"（《魏书》，7:2，页186），差不多也到了朝不保夕的地步。其他宗室大臣的处境也相当危险，"（文明）自以过失，惧人议己，小有疑忌，便见诛戮。……至如李䜣、李惠之徒，猜嫌覆灭者十余家，死者数百人，率多枉滥，天下冤之"（《魏书》，13，页330）。

除了专权、猜忍好杀外，文明太后的私生活也是多彩多姿的。早在她第一次临朝执政时，李弈就是她的公开情人。到476年她复出执政后，由于再也没有可以制衡的力量，她这方面的嗜好更是得以尽情发挥。例如：

> 王叡出入卧内，数年便为宰辅，赏赉财帛以千万亿计，金书铁券，许以不死之诏。李冲虽以器能受任，亦由见宠帷幄，密加锡赉，不可胜数。（《魏书》，13，页329）

虽然《魏书》说她"性俭素，不好华饰，躬御缦缯而已。宰人上膳，案裁径尺，羞膳滋味减于故事十分之八"（13，页329），但从前面所引材料看来，对于她的情人或宠幸，倒不至如此"小气"。除此之外，她对土木兴建也颇有兴趣，在她第二次掌权的十四年间，据《魏书·高祖本纪》所载，共计兴建殿堂十余个，规模较小的还不包括在内。殿堂的建筑曲尽华丽之能事，譬如太和五年（481）她在平城近郊的方山预筑自己的陵寝，郦道元在《水经注》里还留下一段关于陵园中永固石室的记载[1]：

---

[1] 有关永固陵的考古发掘报告，见山西文物工作委员会，《大同方山北魏永固陵》，《文物》，1978:7。

> 永固堂，堂之四周隅，雉列榭阶，栏槛及扉户梁壁椽瓦，悉文石也。檐前四柱，采洛阳之八风谷黑石为之，雕镂隐起，以金银间云矩，有若锦焉。……庙前镌石为碑兽，碑石至佳。（13，页4—5）

她又是个佛教信徒，对于修寺院造佛像等"功德"极为慷慨。皇兴元年（467），也就是她第一次临朝的次年：

> 于时起永宁寺，构七级佛图，高三百余尺，基架博敞，为天下第一。又于天宫寺，造释迦立像。高四十三尺，用赤金十万斤，黄金六百斤。（《魏书》，114，页3037—3038）

这样大规模的营建，在中国历史上能比得上的皇帝倒也不太多。

然而，文明太后绝非只是一个好大喜功、残暴而又好享乐的统治者。她的政治才华，从前后两次所经营的权力斗争即已显露无遗。特别是在这两次政争中，她并非居于绝对的优势，然而她仍能在不引起太大骚动的情况下，一举摧毁强敌。这么干净利落的表现，在中国历代的宫廷斗争史上，还不多见。

虽然身为女性，但文明太后权力巩固的程度，较之拓跋先前雄才大略的君主——例如道武帝及太武帝——亦不遑多让。这点尤其不容易。我们知道，自从398年拓跋珪（道武帝）建立帝国后，虽然仿照汉式王朝的前例，输入了整套的官僚制度，然而拓跋帝国前期的政治形态，究其实，仍未完全脱离游牧社会的习俗，政权与军权基本上仍然是控制在宗室诸王及贵族（即"代人集团"）的手中；换言之，它的政治军事结构可说是封建或半封建式的。治理这样的一个国家，统治者的能力是极具关键性的，因为他没有一套严密的、分层负责的官僚组织以为工具，所能凭恃的只有个人的号召力。这就是为什么拓跋帝国前期的皇位继承并不十分稳定[1]。这也是为什么拓跋的君主经常要亲自领军出征。建立帝国的道武帝、开疆拓土统一北中国的太武帝固然如此,其他较文弱的一些君主如明元帝、文成帝亦不例外。因为亲自出征不但是最有效控制军权的办法,同时也是展现自己天赋卡理斯玛——军事英雄——最直接有效的方式[2]。文明太后再有能力,这个方式她终究还做不到。然而,她权力的巩固——特别是在她第二次御宇期间——却也是个事实。公元484年,她下令行俸禄制,这一制度由于直接妨害到拓跋贵族的利益,自然遭到诸王的反对。然而在她的坚持下,政策还是贯彻了。此外两项重要的社会经济改革,三长制与均田制,也是分别在公元485与486年由她下令推行的。有关俸禄制、三长制与均田制这几项拓跋帝国历史上最重要的——也是极根本的——改革,留待下一章讨论。不管如何,这几项大幅度的改革运动能够推行,而且能有某种程度的成效,除了说明文明太后并不是一个只懂追求权力与享用权力的统治者外,同时也证明了她权力基础的稳固。特别是,虽然她的兄弟、情人与宠信的宦官在朝廷上都扮演着大小不等的角色,对她也有轻重不同的影响,然而,这些人都只能算是她的工具。就权力的行使而言,文明太后与中国史上其他雄才大略的君主并无二致——都是当时一切政令最根本的推动者[3]。为何能够如此?

---

[1]前面曾提到明元帝、太武帝皆令太子监国,其目的即为巩固继承人之权位,可见当时皇位继承确有不稳之迹象。
[2]有关卡理斯玛的性质及其作用,参见韦伯,《支配的类型》,页69—88。
[3]郑钦仁在《北魏中给事(中)稿》中,以"侧近政治"来形容文明太后的统治,并认为其统治主要以宦官、外戚与近臣为工具(页30—31)。郑钦仁文中指出,北魏一朝宦官系统的发展,对了解北魏政治史的演进极为重要,他所说的一些现象,大抵也无疑问。不过,在文明太后统治时期,并无权臣,宦官及外戚也没有掌握实际权力,这跟东汉太后临朝时则外戚掌权(详见后),皇帝临朝时则宦官掌权的情况,仍有一些差异。本文强调的重点是:在文明临朝期间,她是一切号令之所由,这跟秦皇汉武时的统治并无太大差异。任何统治都得依赖"工具","工具"可以是宦官、外戚、特务、正常官僚系统,乃至军队中的任何几种或全部,这是毋庸置疑的。

三、中古时期的女主

从魏晋南北朝到隋唐，众所周知，是中国史上女主出现相当频繁的一个时代，其中还包括中国唯一的女皇帝——武则天，此一现象的发生绝非偶然：从2世纪末叶开始，传统中国社会价值体系的解体，大量北亚民族的移入中原，以及他们在黄河流域建立的大大小小的政权，对此一时期女主的出现——以及她们政权的根本性格——都有或多或少的影响。

魏晋时传统社会伦理的解体——即所谓的"名教危机"——当然不始自东汉之亡，只不过帝国的崩溃对此一危机的表面化，无疑起了相当程度的刺激作用。名教危机的内容在余英时的《名教危机与魏晋士风的演变》一文中已有详尽分析[1]。简言之，从西汉时所编织的、维系中国社会达数百年的"三纲"（君臣、父子、夫妇）至此已大为松弛。其中夫妇一伦，关系到此一时期（至少是上层社会）妇女地位的转变，值得我们稍做讨论。余英时在《魏晋中国的个人主义与新道家运动》(Individualism and the Neo-Taoist Movement in Wei-Chin China) 一文中，即曾简短总结道："这一个时代上层社会的妇女，一般而言，不大理会儒家礼法，她们极为活跃地介入社会，而不再全心全意的主持中馈。"[2] 这一点从当时文献记录亦可约略得之。例如，葛洪（283—343）在他的《抱朴子》中即曾说：

> 今俗妇女，休其蚕织之业，废其玄纮之务。不绩其麻，市也婆娑。舍中馈之事，修周旋之好。……或宿于他门，或冒夜而反，游戏佛寺，

---

[1] 见《中国知识阶层史论·古代篇》，页330—372。
[2] Donald Munro ed., *Individualism and Holism: Studies in Confucian and Taoist Values*, pp.124—125.

观视渔畋；登高临水，出境庆吊；开车褰帏，周章城邑；杯觞路酌，弦歌行奏。转相高尚，习非成俗。(《疾谬篇》，页 598—599)

干宝在论永嘉之祸时也说：

其妇女，庄栉织纴皆取成于婢仆，未尝知女工丝枲之业、中馈酒食之事也。先时而婚，任情而动，故皆不耻淫泆之过，不拘妒忌之恶，父兄不之罪也，天下莫之非也。(《晋书》，5，页 136)

魏晋南北朝虽然是礼学研究极其精微的一个时期，却也是男女关系甚为开放的一个时期。明乎此，我们自然不会太过讶异，为何文明太后对她的爱情行为会如此公开，而当时人也恬然不以为意——即使是汉化极深的孝文帝，对文明的情人李冲也宠信有加。

除了传统社会价值体系的解体外，大量的北亚民族也在此一时期移入中原。因此，就了解当时北方中国的政治、社会与文化变迁而言，北亚文化因素的影响无疑是极具关键性的，妇女社会地位的转变，自不例外。在北亚社会中，由于环境的需要，妇女原本就较为活跃。这种传统到她们进入中原后仍然维持，而且也逐渐影响到当地的汉人社会。《颜氏家训·治家》即说："邺下风俗，专以妇持门户，争讼曲直，造请逢迎，车乘填街衢，绮罗盈府寺，代子求官，为夫诉屈。此乃恒、代之遗风乎？"（1:5，页 60）"好妒"为当时妇女的"美德"之一，孝文帝的弟弟北海王详原娶宋王刘昶女，后又在外拈花惹草，以致得罪受谴，其母高太妃杖刘氏云："新妇大家女，门户匹敌，何所畏也？而不检校夫婿。妇人皆妒，独不妒也！"（《魏书》，21:1，页 563）孝静帝时（534—550），淮阳王孝友上书：

> 古诸侯娶九女，士有一妻二妾。晋令：诸王置妾八人……而圣朝忽弃此数，由来渐久。将相多尚公主，王侯亦娶后族，故无妾媵，习以为常。妇人多幸，生逢今世，举朝略是无妾，天下殆皆一妻。……父母嫁女，则教之以妒，姑姊逢迎，必相劝以忌，持制夫为妇德，以能妒为女工。(《魏书》，18，页423）

"举朝略是无妾"不免有点夸张，不过想到日后隋文帝以开国君主之尊，竟无法应付独孤皇后的好妒（《隋书》，36，页1109），孝友所言，殆亦去事实不远[1]。

北亚妇女在家庭里及社会生活上的活跃，无可避免地会延伸到政治领域。早在匈奴时期，即经常可以发现阏氏（单于之妻）参与国事的记载[2]。而拓跋妇女在政治上的活动，更可上溯到入据中原之前。公元321年，拓跋君主郁律（317—321）为其伯母祁氏所杀，祁氏立己子贺傉为长，然而政权仍在她控制之下，"时人谓之女国"，一直到325年才归政（《魏书》，1，页10；13，页322—323）。拓跋什翼犍统治时期（338—376），曾一度想定都灅源川，结果因太后反对作罢（《魏书》，13，页323）。国家建立后，此一传统沿袭未改，即使是在雄才大略如太武帝的统治时期（424—452），他的保母窦氏对国事也有重大影响力。例如429年，太武帝想北伐柔然，太后即执意反对，最后还得劳动崔浩等人辩论利弊得失于太后之前，才算勉强获准出行（《魏书》，35，页815—817）。有此传统，也就难怪当时拓跋帝国的军政权力，基本上虽仍控制在诸王及贵族

---

[1]即使是北魏孝文帝，也不免为皇后的好妒而苦恼，"初，高祖（孝文）幽后之宠也，欲专其爱，后宫接御，多见阻遏。高祖时言于近臣，称妇人妒防，虽王者亦不能免，况士庶乎"（《魏书》，13，页337）。

[2]《史记》，110，页2894；《汉书》，94:1，页3781—3789。

手中[1]，然而他们对文明太后的执政倒没有太大意见[2]。北朝皇室，包括杨隋及李唐，皆出自北亚胡人或胡化甚深的家庭，在此情况下，中古时期女主的频频出现，应当不是个太特殊的现象[3]。

除了上述这些"客观的"历史环境的因素外，我们也不能忽略个人在历史上发挥的"主观"作用。文明太后的能力与个性，归根究底，还是造成她能够以强人姿态掌握拓跋帝国政权十余年之久的主因。除了两次政变所展现出的政治斗争能力外，她也有和缓的一面。例如，她对拓跋诸王及贵族——帝国的实力人物——的拉拢就不遗余力：

> 时（东阳王丕、）淮南王他、淮阳王尉元、河东王苟颓并以旧老见礼，每有大事，引入禁中，乘步挽，杖于朝，进退相随。……高祖、文明太后垂年敬旧，存问周渥，赐以珍宝。丕声气高朗，博记国事，

---

[1] 参见本书《代人集团》。
[2]《魏书·皇后列传》云："魏故事，后宫产子将为储贰，其母皆赐死。"（13，页325）根据《皇后列传》所记，这个制度从道武帝开始一直都严格执行，到宣武帝时才废止。为何会有此一制度？赵翼的解释是"防母后预政"（《廿二史劄记》，14，页299）。然而，如我们前文所述，拓跋历史上一直有女主干政的传统，拓跋人似乎也不见得真正忌讳此一现象。因此，有关太子生母赐死一事，恐怕还得从其他方面寻找答案。笔者初步的看法是：生母赐死可能是为了防止太子登基后，母以子贵，会对原有的太后产生威胁，而致引起宫廷纷争。是否如此，还有待更进一步的研究来证实。
[3] 陈寅恪在《武曌与佛教》（《金明馆丛稿二编》）一文中详细阐明武则天称帝与佛教的关系。北朝女主如文明太后、灵太后皆为虔诚佛教徒，她们的性格是否也可能受到佛教信仰的影响？格于资料不足，这点只能存疑。此外，笔者在前面曾提到在拓跋魏前期，国家形态基本上仍未完全脱离草原游牧部落联盟时期的传统，因此，倾向中央集权的官僚制度并没有太大发展余地。然而，随着皇权日益扩张的趋势，以及解决包括国家财政在内的日渐复杂的社会经济问题的要求，从5世纪中叶开始，官僚制度渐趋发展，在政治体制里的角色也越来越重要。这一点对文明太后的掌权应当是有若干助益的。不过，文明太后权力的稳固与拓跋魏官僚制的发展，其间的因果关系绝非是片面的。实际上，就在她的统治期间，官僚组织才有更全面性的发展，俸禄制的施行就是一个最有力的证据。有关拓跋魏官僚制的发展过程，将在下一章讨论。

飨燕之际，恒居坐端，必抗音大言，叙列既往成败，帝、后敬纳焉。……时文明太后为王叡造宅，故亦为丕造甲第。第成，帝、后亲幸之，率百官文武飨落焉，使尚书令王叡宣诏，赐丕金印一纽。……又特赐丕金券。(《魏书》，14，页358)

除了拉拢这些"权贵"外，她对驱使属下亦颇有手腕：

后性严明，假有宠待，亦无所纵。左右纤介之愆，动加捶楚，多至百余，少亦数十，然性不宿憾，寻亦待之如初，或因此更加富贵。是以人人怀于利欲，至死而不思退。(《魏书》，13，页329)

恩威兼施，韩非子所谓的"赏罚二柄"操控自如，无怪乎她能"威福兼作，震动内外"十余年而始终大权独揽。

四、影响

文明太后的临朝及其"成就"，对此后拓跋魏的中央政局，无疑有相当强烈的冲击。孝文帝的皇后冯氏（文明侄女）就曾想仿效她的例子（《魏书》，13，页333）。而宣武帝的妃子胡氏，在公元515年终于如愿以太后的名义临朝——此即北魏史上著名的灵太后。灵太后执政后的作为，有许多地方明显可看出文明的影子。

逼幸清河王怿，淫乱肆情。(《魏书》，13，页339)

郑俨污乱宫掖，势倾海内。……昼夜禁中，宠爱尤甚，俨每休沐，

第三章 文明的崛起

太后常遣阉童随侍,俨见其妻,唯得言家事而已。(《魏书》,93,页2007)

其私生活之多彩多姿,倒也不下于文明太后。她又是个虔诚的佛教徒,"略得佛经大义",对于佛寺兴建不遗余力,《洛阳伽蓝记》卷一所记载的著名的永宁寺,即建于她的手中:

肃宗熙平中(516—517),于城内太社西起永宁寺。灵太后亲率百僚,表基立刹。佛图九层,高四十余丈,其诸费用,不可胜计。景明寺佛图,亦其亚也。至于官私寺塔,其数甚众。(《魏书》,114,页3043—3044)

这些记录也是可与文明太后媲美的。耐人寻味的是,她倾举国之力兴建的寺塔也叫"永宁",恰与公元467年文明太后建于平城的主要寺院同名。至于她是否有意仿效文明,就不得而知了。

她的权力欲——至少在形式上——甚至还超过文明太后:

及肃宗践阼,尊后为皇太妃,后尊为皇太后。临朝听政,犹称殿下,下令行事,后改令称诏,群臣上书曰陛下,自称曰朕。太后以肃宗冲幼,未堪亲祭,欲傍《周礼》夫人与君交献之义,代行祭礼,访寻故式。门下召礼官、博士议,以为不可。而太后欲以帏幔自鄣,观三公行事,重问侍中崔光。光便据汉和熹邓后荐祭故事,太后大悦,遂摄行初祀。太后性聪悟,多才艺,……亲览万机,手笔断决。幸西林园法流堂,命侍臣射,不能者罚之。又自射针孔,中之。……敕造申讼车,时御焉,出自云龙大司马门,从宫西北,入自千秋门,以纳冤讼。又亲策孝秀、州郡计吏于朝堂。……及改葬文昭高后，太后不欲令肃宗主事，乃自为丧主，出至终宁陵，亲奠遗事，还哭于太极殿，至于讫事，皆自主焉。(《魏书》，13，页337—338)

除了没有正式称帝外，她无疑享有传统中国帝王所该有的一切权力与仪式。明乎此，我们对中国史上唯一的女皇帝——武则天——会出现在一个半世纪后的盛唐，或许就不会感到太过突兀。

在传统中国政治体制下，皇帝是一切政治权力的最后根源，也是整个制度运作的核心，其重要性自不待言。一旦皇帝因故不能视事（疾病或卒崩），继承人又年幼，就势必要有暂时代理政务的人，这就是摄政。摄政的人可以是皇室元老，如周公辅成王，清初多尔衮辅顺治；也可以是朝中重臣，如汉武帝卒时，继位的昭帝年幼，遗命金日磾、上官桀及霍光三人辅政；而皇后或太后，由于在法理上是皇帝最亲近的人，也时常被视为摄政的当然人选，这是中国史上女主执政的由来。不管中国传统政治观念对女主执政一事的看法如何[1]，从西汉初年的吕后，到晚清的慈禧，女主的存在可说首尾贯穿着整个帝制时期的中国历史，事例既如此之多，我们自也不应轻易"以偶然之事目之"[2]。实际上，早在东汉时期，由于太后临朝颇为频繁，已经不得不予以制度化了[3]。

代理的既然是皇帝，理论上，摄政的太后——除了某些具有特定意义的祭典不能参加外[4]——也就享有皇帝的一切权力。实际上，有些太后

---

[1] 传统中国对女主干政一事的看法，可参见杨联陞，《国史上的女主》，《国史探微》，页94—104。
[2] 参见赵凤喈，《中国妇女在法律上之地位》，页111—114。
[3] 杨联陞，前引文，页101。
[4] 在传统汉族王朝的国家祭典中，皇帝是当然的主祭人，皇帝如果不能亲祭，一般而言，或

也确实直接执掌政权，发号施令。例如汉初的吕后，司马迁及班固在他们的史书里都给予"本纪"的地位，东汉时的邓后也"称制终身，号令自出"(《后汉书》，10:1，页430)；此外，如本文所论述的中古时期的女主，以及稍后契丹的萧后、晚清的慈禧等，她们可说都没有放弃赋予的职权。有时候，甚至当代理的因素已消失的情况下（例如皇帝已成年），她们都还恋栈不去，武则天索性就取而代之了。然而，也并非所有摄政的女主都会这么做，西汉末年的王太后，东汉中期以后的窦太后、阎太后、梁太后等，都曾经临朝称制，然而她们实际上并不直接执政，权力主要是由她们的亲属——例如王太后时的王凤、王音、王谭及王莽，窦太后时的窦宪，阎太后时的阎显，梁太后时的梁冀——来操控的。诚如费子智（C.P. Fitzgerald）所说的，她们扮演的只不过是"特洛伊木马的角色，引进一批充满野心的亲戚争权夺利，但她们自己只提供饵，并成为其家族的工具而已"[1]。之所以会有这些差异，除了个人的能力、对权力的欲望等因素外，当时的社会规范乃至外来的文化因素，无疑也有或多或少的影响，这是我们研究中国的女主政治所不能不特别注意的。本文对文明太后的研究，即尝试从其个性及当时的社会文化背景来阐明其掌权的因素，至于其他各代女主执政的方式及其政权的性格，就有待更多细密的个案研究才能解答了。

者是祭典暂停，或者是遣宗室诸王代理，太后即使摄政，照理也是不能代为主祭的。不过，有些太后则坚持要代为主祭。例如拓跋魏时期的灵太后（详见本文），北宋时的刘太后也亲行籍田礼，并谒太庙(《宋会要稿》，6，《后妃》，1，页11)。
[1]Fitzgerald, C.P., *The Empress Wu*, P.113。中译详见杨联陞，前引文，页103。

第四章

文明的改革

公元466年，就在她刚推翻乙浑，执掌北魏朝政的当年，文明太后下诏在全国各地普立学校，"初立乡学，郡置博士二人，助教二人，学生六十人"（《魏书》，6，页127）。这一措施具体表现出文明对文化教育的兴趣。而且，更值得注意的是，照《高允传》所言，学生的社会身份被列为考虑重点，"学生取郡中清望，……先尽高门，次及中第"（48，页1077—1078）。这是迈向正式承认汉人门第社会的第一步。不过，正如本文上篇所述，文明在次年（467）即以抚养孝文帝为借口退出政坛，虽然她在朝廷上仍拥有相当影响力，然而要断定哪些措施出自她的意旨，究非易事。因此，在她退隐期间（467—476）北魏的一些改革，我们暂且置而不论。

文明太后的改革运动，严格说来，还是得等到公元476年——也就是她第二度临朝——后才展开。476年，她以孝文帝的名义下诏：

> 自今已后，群官卿士下及吏民，各听上书，直言极谏，勿有所隐。诸有便宜，益治利民，可以正风俗者，有司以闻，朕将亲览，与三事大夫论其可否，裁而用之。（《魏书》，7:1，页143）

第四章　文明的改革

这道诏书展开了拓跋帝国史上规模最大的一次改革运动。

史学界一般习惯用孝文帝的最后一个年号"太和"来称呼拓跋魏的这次改革运动。基本上，不管是文明太后的改革还是孝文帝的改革，都集中在太和年间（477—499），一些改革项目也具有前后的一贯性，这样称呼自无大碍。虽然如此，由于主其事者不同，改革运动的性质及其方向也多少会有些许差异，这是我们在讨论"太和改革"时必须注意的地方。

从这个角度而言，文明的改革里最显著的特色无疑是极浓厚的实用色彩，北魏一代最重要的政治、社会、经济变革——俸禄制、三长制与均田制——即在她手中推动。她的改革当然不只限于这个层面，不过，相对于孝文帝的改革而言，社会、经济无疑是文明改革中较突出的部分，以此为本文的讨论起点，应当是适合的。

从表面上看来，俸禄制基本上是针对政府财税收入与地方吏治的，三长制在重新整顿基层社会组织，而均田制的提出则显然是为了配合三长制的推行。尽管这三个制度各有其特定目的，实施的时间也有先后之别，但究其实，它们的目的都是想将拓跋帝国重新安顿在一个更坚实的基础上，而且彼此之间也有互补为用的效果。实际上，只有通过此一角度，才能更进一步了解在拓跋帝国发展史上这三个制度出现的意义。这是此处想探讨的重点，至于细部研究，古今学者论述已多，这里就不再赘言。

一、背景

文明太后第二次执政时，拓跋人立国已有近80年之久（398—476），建国规模即使再宏大，此时恐怕也已有些不合时宜之处，更何况当初拓跋珪建国时，是以异族身份入主中原的，治下的人民包括胡汉两大民族，控制的领土不过今日之山西、河北及漠南一部分，四面又强敌环伺，立国政策只能依据此一形势来制订，自然无法期望能完全符合后来的发展。就拿定都一事来说吧，拓跋珪在平定河北后，虽曾一度考虑定都于邺，然而在权衡轻重后，他还是决定建都在原有根据地平城（山西大同）。因为，不论就当时拓跋人的实力，还是外在形势而言，他委实还没有远离根本的把握。都城既然定在平城，一切的人力物力自然向此地集中，于是而有徙民政策，而桑干盆地也顺理成章地成为拓跋帝国根本的政治军事基地。相形之下，新征服的河北、山西地区，充其量只不过是个经济资源供应地罢了。这是当初立国时的基本方针。

方针既然如此确立，社会经济与政治军事的措施自然也无法与之背离。特别是拓跋人原本为草原游牧民族，长期立国北疆的结果，使得他们原有的草原文化仍强固地保留下来。此一特质对他们建国时各种政策的制定无疑也有重大影响。

因此，在政治上，我们看到拓跋贵族掌握了几乎所有的政权与军权，构成一个紧密的统治集团（代人集团），汉人世族出任官职者固然有之，但就整个统治集团而言，充其量只是从属的地位，因为他们扮演的主要是高级顾问的角色，难得有掌握实权者。在军事上，骑兵构成帝国武力的主体，因此兵源主要来自散居在长城边疆一带的游牧民族。就社会组织而言，除了少数城市地区外，部落及宗族仍为凝聚人群的主要单位。因此，在黄河流域有宗主督护制，而领民酋长制则几乎到处可见。有关领民酋长与宗主督护两个制度，论者已多，此处即不再重复[1]。

---

[1] 关于宗主督护制，参见余逊，《读魏书李冲传论宗主制》，《史语所集刊》，20:2，页67—83；领民酋长制，参见严耕望，《中国地方行政制度史》，（台北，1963），页837—848；以及本书有关"领民酋长制"的讨论。唐长孺对"宗族"与"宗主"两词有一简明扼要的说明，见唐长孺，《西晋户调式的意义》，《魏晋南北朝史论丛续编》，页7。

简言之，原先秦汉时期所采取的"编户齐民"——也就是政府直接控制每一独立家户——的统治方式[1]，至此时已转变为政府通过部落的"酋长"及宗族的"宗主"来控制治下的人民。这种统治方式势必影响到政府征集人力物资的手段。换言之，原先在中原地区以户为单位，按其人丁及财产缴纳定额物资及提供劳役的办法，现在已不可行，代之而起的是由宗主为代表，按其"族"内户数（只能大致估定，出入可以很大）缴纳物资及劳动力。因此，尽管形式上国家仍有一套以户为单位的赋税制度，实际上采取的却是近乎"包税制"或"贡纳式"的办法。就长城边疆区还维持部落组织的游牧民而言，这本就是他们一向缴纳"赋税"的方式。再说，他们对拓跋政权的主要义务，如前所述，在于提供兵源，物资贡纳的有无多寡，拓跋政府基本上并不那么在乎。然而，对于黄河流域的农业汉族而言，这的确是个重大的改变。

拓跋政权取得经济资源的手段当然不止于此，掠夺式的战争，乃至国营农牧场的存在，构成了政府财政收入的主要支柱。而这些手段的使用，实在也是与拓跋政权的草原游牧性格及其立国形势息息相关的，这里就不再多说。

就政治组织而言，虽然拓跋人早自国家建立开始，即已仿效汉族王朝输入一套官僚制度，然而在当时的国家形态下，代表中央集权的官僚制实无太大用武之地。所以尽管尚书制度是当时中央政府的枢纽机构，明元帝仍然可以在神瑞元年（414）废除尚书，代之以拓跋旧制的八部大人及六部大人，因为反正重要事务都得由拓跋元老重臣决定，通过尚书或大人，从拓跋统治者看来，委实无甚差异[2]。另外，从398年立国后，

---

[1] 杜正胜，《编户齐民——传统政治社会结构之形成》，（台北，1990）。
[2] 有关明元帝废除尚书制度一事的讨论，详见严耕望，《北魏尚书制度考》，《史语所集刊》18（1948），页253。

将近百年间，拓跋帝国的大小官员实际上是不支薪的，尽管俸禄制在汉族中国行之已有数百年，理论上更为任何正常的官僚组织所必备[1]。因为，对于居住在长城边疆，仍保留浓厚草原游牧心态的拓跋君主而言，俸禄显然还是件难以理解的新生事物。在担任官职的拓跋人看来，他们也不觉得政府有发给俸禄，维持他们生计的义务：第一，他们之中许多人有自己的牧场或庄园，可以维持生计。其次，也是更重要的，他们可以利用出任官职的机会取得适当的报酬。就此而言，地方官显然要比中央官来得更有利可图——可以直接剥削治下百姓。此一时期吏治的腐化自然不难想象。然而，从拓跋贵族的观点来看，被征服区（包括其人民）本来就是他们的战利品，而分享战利品，照游牧习俗本来就是一种自然权利。明乎此，我们对于日后一些拓跋贵族坚决反对发放俸禄的心态，自然不难体会[2]。

上面我们大致检讨了拓跋政权在建国时期所采取的一些政策。从上述分析中，我们可以看出，这些政策除了与拓跋人原有的草原游牧传统息息相关外，另一方面，也是格于立国时内外客观形势的限制。譬如宗主督护制的采行，在某种程度上也算是对当时地方汉人豪族的一种妥协——承认他们有荫庇户口的权利，以换取合作。而且，不管在汉族王朝的眼光看来，这些政策有多么不合理，我们还是得承认，它们对拓跋帝国以后的生存与发展确实起到过积极的作用。

---

[1] 韦伯，《支配社会学》，页27。俸禄当然可以有各种形式，以货币支付是较成熟的官僚制的特征之一。不过，完全没有俸禄，就一个官僚体系而言，则几乎是难以想象的事。
[2] 文明太后颁布俸禄制之后，立即把贪污的处罚大大加重。原先法律规定"枉法十匹，义赃二百匹大辟"，颁俸禄后，"更定义赃一匹，枉法无多少皆死"（《魏书》，111，页2877）。刑罚如此之重，一些拓跋贵族自然觉得不太方便，于是而有淮南王他要求依旧"断禄"，不过，此一要求为文明太后所驳回（《魏书》，54，页1198）。

第四章　文明的改革

就在这样的政策下，拓跋帝国的国力持续扩张，终于在太武帝统治时期（424—452）完成了统一北中国的大业。在这么顺利发展的情况下，拓跋的统治集团自然不会觉得建国时期的政策有什么问题，更何况他们是这种统治形态下最直接的受益者。只是，统一北方后，内外客观形势终究已有巨大的变化：外患的威胁基本上已经解决；而被征服区，例如黄河流域，经过数十年的统治，征服的本质固然还存在，继续维持一种征服与掠夺的统治方式，是否还有必要？或甚至是否能行？这也都成为问题。而且，征服行动既已随着北中国的统一告一段落，掠夺战争的收益已不可恃，政权的经济基础势必得有另一番调整。

拓跋政府首先注意到的是国营农场的经营。公元439年，太武帝子拓跋晃监国时就曾下令"修农职之教"，劝课畿内垦田，大致是针对平城一带的国营农场。然而王畿一带的国营农场在拓跋帝国统一华北的过程中，固然起过积极的作用，但其范围究竟有限，就整个帝国的财政基础而言，只能算是辅助性的。既然军事掠夺的收入锐减，国营农场的收入又不足赖，唯一尚可设法的来源仅余税收，黄河中下游农业社会在帝国经济结构中的比重顿形重要起来。

拓跋帝国税收来源当然不只限于黄河中下游地区，一般而言，长城边疆的游牧民也得缴税，《魏书·太宗纪》记载："泰常六年（421），制六部民，羊满百口，输戎马一匹。"（页61）然而，正如我们前面提过的，长城边疆游牧民族对拓跋王朝的主要义务在于提供兵源，更何况有许多游牧民基本上还维持着部落组织，这些部落与拓跋王朝的关系还是一种"封建式"的，换言之，部落民负担的义务仅针对部落酋长。部落长对拓跋统治者当然也有义务，但主要是在战时提供军队，经济性的贡纳固然有，例如《魏书·尔朱荣传》中说他父亲："朝廷每有征讨，辄献私马，兼备资粮，助裨军用。"（74，页1644）似乎也还是以军事性物资为主，而且并非经常性的。因此，经常性的税收还是只能依赖黄河流域农业人口的租调。

如前所述，基于分享"战利品"的心态，拓跋地方官剥夺百姓乃至侵夺政府租调的现象，早自开国时期即已存在，然而拓跋帝国早期的统治者似乎并不那么在意。公元427年，太武帝行巡河北，发现十余名守宰贪污，也不过免职了事（《魏书》，4:1，页73）；437年，诏天下吏民，"得举告守令不如法者"（4:1，页88），令中也没有特别指责贪赃的行为。到了文成帝时（452—465），情况就不一样了。文成一朝屡屡下诏斥责地方官的贪污，恫吓他们"犯者十疋以上皆死"（《魏书》，5，页119），甚至"诸司官赃二丈皆斩"（110，页2875）。其实地方吏治的好坏，文成倒不见得有兴趣过问，他所关心的是地方官"求欲无厌，断截官物以入于己，使课调悬少"（《魏书》，5，页116）。献文帝时（466—470），为了减少人民逃税，规定"因民贫富，为租输三等九品之制，千里内纳粟，千里外纳米；上三品户入京师，中三品入他州要仓，下三品入本州"（《魏书》，110，页2852），希望能通过减轻人民长途转输的负担，达到此一目的。

严刑峻法也罢，分户分等输粮也罢，终究只是些治标的办法，而拓跋帝国此时面临的问题已非这种"头痛医头，脚痛医脚"的方式所能奏效的了，一个更根本而较切合实际——因此也是较合理——的改革遂势在必行，这是文明太后改革的要旨，也是俸禄、三长与均田等制度出现的原因。

二、目的

百官无俸禄，何以养廉？何以要求他们不贪污？这是实行俸禄制的根本原因，这一点在高闾的疏中言之甚详：

第四章　文明的改革

> 饥寒切身，慈母不保其子；家给人足，礼让可得而生。但廉清之人，不必皆富；丰财之士，未必悉贤。今给其俸，则清者足以息其滥窃，贪者足以感而劝善；若不班禄，则贪者肆其奸情，清者不能自保。（《魏书》，54，页1199）

然而实施俸禄制的目的绝不仅止于防止官吏"断截官物以入于己"而已，它实际上也意味着官僚制度的抬头。

前面曾提到，在拓跋王朝早期封建式的政治形态下，代表中央集权的官僚制实无太大用武之地。只是，随着拓跋帝国的发展，官僚组织终究还是日渐茁长。其间原因有二：第一，在传统中国的政治体制下，政府——换言之，即皇帝——控制力量的强弱，在某种程度上，视乎官僚组织发展的情况而定[1]。特别是拓跋人源自大漠草原，政治形态本就有强烈分权传统，官僚制无疑是克服此一传统的有力工具。拓跋魏早年尚书制度存废的问题，依严耕望的意见，实即具体呈现了当时拓跋君主与贵族之间权力的斗争。其次，黄河中下游农业地区在帝国经济结构里的比重既然日趋重要，如何有效征集此一地区的人力与物力，就成为帝国当前财政的首要问题，然而要应付如黄河中下游这样一个人口众多而又复杂的社会，先决条件是统治者必须拥有一批具备必要知识、资料与训练，而又直接听命于中央的官员，这又只有倚赖官僚制度了。

这就是尚书制度虽一度在明元帝时废止，到了他的儿子太武帝即位后又行恢复，也是为何南部尚书一职——负责黄河流域汉族社会的主要官吏——在早期多由拓跋人担任，而自5世纪中叶（文成帝）后主要为汉

---

[1] 由于官僚制有其一套行事规范，因此，发展到成熟阶段的官僚制对君主"不合规范"的要求，多少也会形成一种制衡力量。不过，这并非本文讨论的重点，此处不拟多谈。

人的原因[1]。同样地，我们也可以发现自文成帝后期开始，汉人出任中书令、中书监及侍中等重要文职者逐渐增加[2]。实在是因为"马上得天下"的时代过去之后，君权的稳定与扩张乃至牧民与治民已成为政治上的新课题，当初因陋就简的政治体制又无法应付刻下要求，建立一个有效率的官僚组织遂成当务之急，这是实施俸禄制背后所隐含的意义。

就其直接目的而言，俸禄制是希望防止官吏贪污，着眼在增加国家租调收入；而三长制与均田制则希望增加政府直接控制的人口与垦田，着眼于扶植帝国内部——特别是黄河中下游地区——的小自耕农。论者多以为实施三长制的目的在增加租调的收入[3]，从长远来看，这确实也该是文明太后及其谋臣的期望。一般说来，户口的增加即意味着财税的增加，然而实行三长制所带来的立即效果却是税收的短缺，这主要是因为三长制实行的同时，政府也采取了新的租调制度。

实施三长制是要与地方豪强争夺荫庇的人口，直接影响到豪强的利益，自难期望得到他们的合作，为了鼓励被荫庇的户口自占籍，就得另

---

[1] 严耕望，《北魏尚书制度考》，页281—284。照严耕望所云："南部尚书即南部大人之化身。"（页281）原为拓跋旧制。《南齐书·魏虏传》云："南部尚书知南边州郡。"（57，页985）负责黄河中下游地区。在文成帝以前，汉人出任南部尚书者仅见崔逞一人，文成帝后出任者有李敷、李䜣、李冲、王嶷等人。此一职位在太和十七年（493）废止。

[2] 万斯同，《魏将相大臣年表》，《二十五史补编》（开明版），页4499—4509。在本书《文明的崛起》一章里，笔者曾提到文明之所以能够掌权，与当时官僚组织的逐渐茁长有关。此处稍加申论，文明太后之能掌权，主要当然是因为她得到许多拓跋贵族的支持，不过，一方面也是由于当时官僚系统已逐渐形成一个重要的制定与执行政令的渠道，否则，她的权力——即使还能掌握——也不见会如此巩固。当然，我们也不能过分片面地强调官僚制的发展对文明掌权的助益。实际上，也就是在她的统治期间，北魏的官僚制才有更全面的发展，这包括引进更多的汉人担任重要官职，以及——最重要的——俸禄制的实施。

[3] 唐长孺，《北魏均田制中的几个问题》，《魏晋南北朝史论丛续编》，页21；周一良，《从北魏几郡的户口变化看三长制的作用》，《社会科学战线》，1980:4，页146。唐文与周文皆强调，个别租调额虽减轻，然而由于户口增加，所以"实际租调收入却大大的增加了"。

第四章　文明的改革　　　　　　　　　　　　　　　　　　　　　141

以重利诱之。我们晓得，早先拓跋魏的租调负担是极重的，每一户人家每年要"调帛二匹，絮二斤，丝一斤，粟二十石"，俸禄制实施后，"户增帛三匹，粟二石九斗，以为官司之禄"，另外还有"调外帛二匹"（《魏书》，110，页2852），合计每户每年平均要缴纳"帛五匹，絮二斤，丝一斤，粟二十二石九斗"。有时为了军事行动，临时性的征发更为惊人，例如公元418年，明元帝下诏"诸州调民租户五十石"（《魏书》，3，页59）；473年，献文帝为了南征，诏"州郡之民十丁取一以充行，户收租五十石以备军粮"（《魏书》，7:1，页139）。这样的税率对于那些拥有"五十、三十家"（甚至更多）依附人口的豪强而言，当然可以负担，因为他们还可以利用剥削依附民——所谓"豪强征敛，倍于公赋"（《魏书》，110，页2855）——的方式，把负担转嫁出去。然而，一般农民面临这样的税率，就只能走上破产或投靠豪强一途了[1]。这就是为何尽管早在三长制实行之前，拓跋政权就已不断进行"括户"的政策，其成效——就算有——也只能是一时的[2]。因此，李冲在建议三长制的同时，提出了新租调制以为号召：

---

[1]西晋时正常租调大抵是每户每年"粟四至六石，绢三匹，绵三斤"；北齐、隋与唐则大致维持在"粟二石，绢一匹或二丈，绵八两或三两"；北周重一些，也不过是"粟五斛（石），绢一匹，绵八两"（以上资料详见，唐长孺，《西晋田制试释》，页55—58；《北魏均田制中的几个问题》，页20—23）。我们当然得考虑到历代度量衡大小的变化，不过，即使有些许不同，拓跋魏早期的租调税率还是远超过上述各朝的水准。相形之下，李冲所提出的新租调税额就要接近多了，因此，应该可视为当时稍微合理的一个税率。新租调制实施前，税额过重的问题亦可见之于当时的另外一些记载，例如代人薛虎子，太和年间出任徐州刺史，徐州紧邻南朝边境，常为战乱所扰，民生疾苦，俸禄制一行，每户增加"帛三匹，粟二石九斗"，更是无法忍受，薛虎子在疏中即说："臣窃寻居边之民，蒙化日浅，戎马之所，资计素微。小户者一丁而已，计其征调之费，终岁乃有七缣。去年征责不备，或有货易田宅，质妻卖子，呻吟道路，不可忍闻。"（《魏书》，44，页997）
[2]例如公元473年，献文帝下诏："遣使者十人，循行州郡，检括户口，其有仍隐不出者，州、郡、县、户主，并论如律。"（《魏书》，7:1，页139）利用政治力量强行括户，当然亦可收一时之效，《魏书·韩均传》里说："五州民户殷多，编籍不实，以（韩）均忠直不阿，诏均检括，出十余万户。"（51，页1129）崛敏一认为这大概就是指473年的检籍（《均田制研究》，中译本，页126，注1）。

> 一夫一妇，帛一匹，粟二石；民年十五以上未娶者，四人出一夫一妇之调；奴任耕，婢任绩者，八口当未娶者四；耕牛二十头当奴婢八。(《魏书》, 110, 页2855)

调只有原先的七分之一不到，租则还不到十分之一，税率降低的幅度可说相当大。事实上，也只有通过这样大幅度的减税，才有可能与地方豪强争夺劳动人口。《魏书》卷五十三记载李冲坚持要趁秋天征租调时推行三长制，理由即在于：

> 民者，冥也，可使由之，不可使知之。若不因调时，百姓徒知立长校户之勤，未见均徭省赋之益，心必生怨。宜及课调之月，令知赋税之均。既识其事，又得其利，因民之欲，为之易行。（页1180）

在新租调制的配合下，三长制果然成效卓著，周一良曾经统计过公元464—545年左右淮水流域一带州郡户口数的变动，从户数的高度增加率（颍川郡高达12.9倍），以及每户平均口数的显著下降，有力地证实了这点[1]。然而由于平均户数的增加远赶不上税率的遽降[2]，政府财政的收入确有减少的趋势，《魏书·韩麒麟传》提到他在太和十一年（487）的疏中即说：

---

[1] 周一良，前引文，页142—146。
[2] 在周一良的统计中，颍川郡一带户数固然增加了12.9倍，其他地区则平均只增加2倍左右（周一良，前引文，页142—143）。而且这还得包括80年间的人口自然成长。因此，户数的增加远远赶不上税率的遽减，就算把未娶丁男、奴婢、耕牛一起计入，可能还是无法弥补减税的损失。当然，在新税制下，逃税的比率可能有所降低。只是，由于资料不足，我们还无法提供一个较精确的统计。

第四章 文明的改革

> 往年校比户贯（按：指三长制），租赋轻少，臣所统齐州，租粟才可给俸，略无入仓，虽于民为利而不可长久。（60，页1333）

既然如此，为何文明太后和李冲等人还要坚持推动此一政策？这是因为他们制定三长制的用意本就不在直接增加国家的财税收入。他们着眼的，是更为根本的问题——争取更多的人口到国家的支配下。有民斯有财，国家掌握的户口越多，就意味着兵源、财源及力役来源越稳定，长远来看，整个政权的基础也就更稳固。实行三长制的诏令中说：

> 自昔以来，诸州户口，籍贯不实，包藏隐漏，废公罔私。富强者并兼有余，贫弱者糊口不足。赋税齐等，无轻重之殊；力役同科，无众寡之别。虽建九品之格，而丰埆之土未融；虽立均输之楷，而蚕绩之乡无异，……今革旧从新，为里党之法。（《魏书》，110，页2856）

文明太后支持三长制的理由则是："立三长，则课有常准，赋有恒分，苞荫之户可出，侥幸之人可止。"（《魏书》，53，页1180）。可见，他们强调的重点还是在出"苞荫之户"，以及解决"贫弱者糊口不足"的问题，至于一时的财税损失，显然是无法顾及了[1]。

---

[1] 新租调制的实施，固然保证了三长制的成功，然而对于拓跋政府的财政而言，不但不能解决原有问题，反而在短时间内造成更严重不足的现象，因此，公元488年李彪即建议：
  请析州郡常调九分之二，京都度支岁用之余，各立官司，丰年籴贮于仓，时俭则加私一，粜之于民。如此，民必力田以买绢，积财以取粟。官，年登则常积，岁凶则直给。又别立农官，取州郡户十分之一，以为屯民。相水陆之宜，断顷亩之数，以赃赎杂物市牛科给，令其肆力。一夫之田，岁责六十斛，甄其正课并征戍杂役。行此二事，数年之中则谷积而民足矣。（《魏书》，110，页2856—2857；62，页1385—1386）
其实就是实行和籴之法及曹魏的屯田制，以解决财政问题。照《魏书》所说，李彪的建议"寻施行焉。自此公私丰赡，虽时有水旱，不为灾也"（110，页2857）。

了解三长制的用意，对于均田令颁布的目的也就不难了解了。通过三长制的实施，国家掌握的户口数确实增加了，然而，这些从豪强宗主那儿争取过来的人民，许多原本只是地方豪强的佃户，脱离了豪强的控制也就意味着谋生工具（田地）的丧失，政府势必要为他们解决此一问题，于是而有均田令的颁布。有关均田制的研究文献称得上汗牛充栋，争论也相当多，笔者此处不拟重复。简单说来，均田制实际即上承拓跋魏初年徙民王畿时"计口授田"的精神而来。其目的则在"令分艺有准，力业相称，细民获资生之利，豪右靡余地之盈"（《魏书》，53，页1176）。换言之，通过均田令下土地"授"与"还"的过程，使劳动力与土地更密切地结合起来。这样不但保障了自耕小农的土地所有，也保证了国家拥有这些人口，以及这些人所能提供的租调与力役，这是实施均田制的基本要旨。至于是否能防止"土地兼并"或"均"天下之田，并非拓跋政府当时的主要考虑。

不管俸禄制、三长制与均田制在最初是否作为一个整体政策下三个不同的步骤而提出，还是分别有其各自的考虑，这三个制度的出现，在拓跋帝国发展史上实有其特殊的意义。尽管俸禄制与其他两个制度在直接目的上颇有距离，但这并不表示它们的基本理想毫不相干。三长制与均田制（包括新租调制）是想将更多的人民纳入国家的支配，为他们置产，并且给予较合理的待遇，背后的理想是扶植大量的小自耕农，以为国家新的经济与社会基础。俸禄制的实施，直接的着眼点当然是希望官吏可以减少对政府租调及治下一般人民财产的侵夺。换言之，代表了拓跋统

有些学者因为李彪建议行屯田制，而怀疑当时曾否实施均田制（谭惠中，《关于北魏均田制的实质》，《历史研究》，1963:5，页142），唐长孺为了调和此一疑问，将均田制实施的日期延后（唐长孺，《北魏均田制的几个问题》，页19）。其实，均田归均田，屯田归屯田，彼此着眼点不同，解决的问题也不同，没有道理说一定不能并行。

第四章　文明的改革

治者对吏治开始重视，其背后则隐含着官僚制度的抬头。官僚制度的抬头，如前所言，固然有统治者私心的考虑——稳定及扩张皇权。然而不可否认，它也说明了拓跋统治者希望能通过一个较完善的官僚组织，来有效而合理地统治黄河中下游这个广大的农业社会。

从原先的征服与掠夺转向牧民与治民，这三个制度所代表的精神显然是相通的。特别是这三个制度的实施，表面上虽然是全国性的，实际上针对的是中原的农业社会，它们的出现，等于正式宣告拓跋王朝开始结束其征服的阶段。文明太后的改革，就此而言，无疑具有里程碑式的意义。

三、文明与孝文

除了调整原有政治、社会与经济基础以适应新形势外，文明太后的改革还扩及其他层面。例如公元466年，她就曾下令在全国各地普设学校，这在本文前言中已经提到。基本上，文明太后其他一些改革的主要目的是想逐步转化拓跋人原有的文化习俗。在此过程中，汉族社会的一些观念与习俗就自然成为她所模仿的对象，换言之，也就是"汉化"[1]。

原先在拓跋民族内部，固然也有贵族、平民及贱民阶级的分别，然而阶级的划分并没有那么森严——至少相对于当时汉族门阀社会的观念而言是如此。公元477年，文明太后下令：

---

[1] 文明太后的汉化运动跟她的出身是否有关，一直是史学界感兴趣的问题。然而，正如本书第三章所述，文明先世虽为汉人，却早在其曾祖父时即已迁居辽东，"遂同夷俗"（《魏书》，97，页2126）。而且她在幼年即没入北魏宫中，所受家庭影响——不管汉俗或夷俗——都不可能太大。因此，想从"出身"来追究"汉化"的动机，似乎不太可能，至少，我们不容易建立起这两者的关系。再说，文明太后的许多措施主要都是基于客观形势的考虑，汉化也可能只是本于此一立场，倒不见得一定要与她的"出身"背景有关。

> 工商皂隶，各有厥分，而有司纵滥，或染清流。自今户内有工役者，唯止本部丞，已下准次而授。若阶藉元勋，以劳定国者不从此制。（《魏书》，7:1，页144）

这是有关官吏出身的规定。次年，鉴于文成帝当年（463）禁止贵贱通婚的律令不见遵从[1]，文明乃再度下诏：

> 皇族贵戚及士民之家，不惟氏族，下与非类婚偶，……朕今宪章旧典，祗案先制，著之律令，永为定准，犯者以违制论。（《魏书》，7:1，页145）

拓跋人的一些旧俗，特别是与汉人习俗相抵触者，例如同姓为婚，也在禁绝之列：

> 夏殷不嫌一族之婚，周世始绝同姓之娶，斯皆教随时设，治因事改者也。皇运初基，中原未混，……古风遗朴，未遑厘改，后遂因循，迄兹莫变，……自今悉禁绝之，有犯者以不道论。（《魏书》，7:1，页153）

处罚可算是相当严重了[2]。公元482年，她下令孝文帝亲自主持太庙的祭典，这在拓跋王朝的历史上可是相当罕见的事，害得负责祭典的礼官临

---

[1] 文成帝在公元463年即曾下诏："制皇族、师傅、王公侯伯及士民之家，不得与百工、伎巧、卑姓为婚，犯者加罪。"（《魏书》，5，页122）根据《高允传》所载，这应该是出自他的建议（《魏书》，48，页1074）。
[2] 有关此一问题的讨论，详见本书第七章《孝道与北魏政治》。

第四章　文明的改革

时手忙脚乱地安排典礼仪式的章程（《魏书》，108:1，页2740；108:3，页2785）。

为了教育年轻一代的拓跋皇室与贵族，公元485年，文明特别在平城设立了"皇宗学"[1]。这一学校的设置，关系日后孝文帝改革运动的成败甚巨，下面还要再提到，此处即不赘言。

较之于俸禄、三长与均田等制度的施行，文明太后在其他方面的变革幅度显然要小得多，态度也显然要保守得多，其影响自也不若上述几个制度的改革来得重大，因此，有关这方面的改革，我们将留待下一篇讨论孝文帝的改革时再行详述。

最后，我们稍微检讨一下文明的改革与日后孝文改革之间的关系。文明太后与孝文帝个人之间的关系如何，由于资料不足，实在不易得到一个确切的答案，此处暂且略过不提[2]。然而，不管孝文帝心理上对他的

---

[1] 皇宗学的设立，见《魏书》，21:1，页533。
[2] 大泽阳典认为文明太后可能有篡夺北魏政权的野心，幸好孝文帝及早发现，虚与委蛇，故一等文明太后死，即匆匆南迁，并大事改革，以摆脱文明太后的旧势力（《馮后とその時代》，《立命馆文学》，192，1961，页54）。大泽氏怀疑的理由实在太薄弱。不错，孝文帝改革时，反对的拓跋贵族有许多是文明当年培养出来的；然而，支持孝文帝改革的重臣，又何尝不是文明当年的心腹，李冲根本就是文明的情人。郑钦仁认为孝文帝的迁都主要是想摆脱文明太后的阴影，以便大刀阔斧地从事改革运动。换言之，文明太后的改革与孝文帝的改革，在他看来，并非一个连续性的过程[《北魏中给事（中）稿——兼论北魏中叶文明太后的时代》，《食货》，3:1，1973，页30—31]。

　　文明与孝文私人关系如何，实在不易推断。虽说孝文自小即为文明抚养长大，然而文明也曾有废立的打算："文明太后以帝聪圣，后或不利于冯氏，将谋废帝。乃于寒月，单衣闭室，绝食三朝，召咸阳王禧，将立之。元丕、穆泰、李冲固谏，乃止。"（《魏书》，7:2，页186）私下又派有宦官、亲信监视他，似乎并不真正喜欢或信任他。另一方面，我们在《魏书》中也可看到孝文帝处处想表现出对文明太后的孝心。例如，当他为文明预营陵寝时，也在附近为自己预留墓园（《魏书》，13，页330）；而文明过世后，他又坚持要服三年丧，甚至为此与胡汉大臣激辩一场（《魏书》，108:3，页2777—2788）。然而这些表现，究竟是出自他的本心，还是另有其他用意，我们也很难确切回答。基本上，我们可以承认他们之间的确有相当矛盾的关系存在。不过，就他们都是政治人物这一点而论，有这样的关系存在似乎也不足为奇。

祖母（或母亲）抱着什么样的感情，他的改革与文明的改革之间具有一贯的连续性，则为无可置疑之事。实际上，在他的改革运动中，还曾不止一次借用文明太后的名义来为自己的行为辩护，例如，公元491年他准备修筑明堂时，就曾下诏：

> 仰惟圣母，睿识自天，业高旷古，将稽详典范，日新皇度。……思遵先旨，敕造明堂之祥。……远成先志，近副朕怀。（《南齐书》，57，页991）

公元492年，他正全力推动礼制改革时，也曾对群臣说："皇太后平日以朝仪阙然，遂命百官更欲撰缉，今将毕修遗志，卿等谓可行不？"（《魏书》，21:1，页534）。

　　就算我们不能拿他的话当真，也不考虑他对汉文化的爱好其实是在文明太后的教养下熏陶出来的，我们还是无法否认，文明执政时的改革已为他的改革运动奠下坚实的基础。且别说俸禄、三长与均田等制度的实施，奠定下孝文帝日后得以迁都洛阳，改以黄河中下游地区为其政治经济中心的基础，即以他的社会文化改革而言，例如公元495年划分汉人与拓跋人的社会阶层，分官吏为"清"与"浊"两大类别，以及大刀阔斧地废除拓跋人的"旧俗"，实际上都可以从文明的改革中寻其端倪。我们顶多只能说他的文化改革幅度可能远超过当初文明太后所设想的罢了。

　　其次，孝文帝改革运动中几个主要的支持者，例如元澄、于烈、李冲与高闾等人，都是在文明太后当政时拔擢出任朝中要职的。文明太后设置"皇宗学"，对孝文帝改革的成败，具有举足轻重的影响。由于这个学校的设立，许多拓跋的宗室贵族——特别是与孝文同一辈的——逐渐培养出对汉文化的兴趣，这对日后孝文帝的汉化运动无疑有莫大的助

第四章 文明的改革

益[1]。特别是直到此时为止，拓跋政权的军事力量还是掌握在这些宗室贵族的手中，他们支持与否，直接决定了孝文帝改革运动——甚至政权——的命运。关键性的时刻确曾来临，公元495年，当时孝文帝已经迁都洛阳，留居平城一带的保守派代人贵族发动军事叛变，幸好由于元澄与其他拓跋宗室的支持，叛乱才得以迅速弭平，孝文帝也才能安心地在洛阳继续他的改革大业（《魏书》，19:2，页468；27，页663）。

没有文明太后当政十余年间不断地导引与更张，长久以来弥漫于北魏朝廷的征服与草原游牧的心态，是不可能在一朝一夕之间转变过来的，孝文帝的改革——即使还能推动——所要面临的阻碍无疑就要大得多了。这一点即使我们后世人不易明了，至少孝文帝本人总是清楚的，他会选择"文明"一词作为这位拓跋帝国历史上重要改革者的谥号，显然不是偶然的。

---

[1] 任城王元澄对孝文帝改革事业的贡献，可详见《魏书》本传。元澄对当年在皇宗学所受的教育，无疑留有相当深刻的印象。因为后来在宣武帝时，他还上书希望恢复皇宗学：

> 臣参训先朝，藉规有日，前言旧轨，颇亦闻之。又昔在恒、代，亲习皇宗，熟秘序庭无阙焉，臣每于侍坐，先帝未常不以书典在怀，《礼经》为事，……何为……圣明之日，而使宗人之训阙焉。愚谓可敕有司，修复皇宗之学。（《魏书》，19:2，页471）

此外，从《魏书》宗室列传，我们也可发现，跟孝文帝年龄相去不远的宗室诸王——换言之，即文明太后熏陶下成长的一代——颇多能吟诗为文者。而且，原先拓跋诸王大抵只有名而无字，也是从孝文一代开始，泰半皆有字别行，这似乎也可视为汉化的一个象征。

第三篇 ◎ 从西郊到南郊

在《拓跋国家的建立及其封建化》一文中，唐长孺曾详尽探讨了早期拓跋帝国的生产形态与生产力关系。根据唐氏的分析，至少到太武帝拓跋焘的统治时期（424—452）为止，集中在帝国北疆（长城边疆区）的国营农、牧场，以及散布此区绵延数千里的自营牧业，仍为帝国经济主要支柱之一（页208—227），虽然当时拓跋人已控制了广大富庶的黄河中下游农业地区。以唐长孺此文为基础，笔者在《拓跋魏的国家基础》与《文明的改革》两文中，进一步探讨这个新兴国家的社会经济结构及其统治基础。根据这些分析，笔者初步的结论是：从公元398年拓跋珪建立国家，一直到5世纪末叶文明太后开始推动大规模的改革运动为止，将近百年间，拓跋帝国大体上仍维持着相当强烈的"征服王朝"的性格。在汉族王朝统治时期一向是边缘地带的长城边疆区（沿长城线两侧，包括内蒙古高原南部、桑干盆地、河套、陇右及河西走廊），在拓跋帝国统治前期，除了是拓跋人最根本的军事、政治基地外，在帝国的经济基础上，亦扮演了举足轻重的角色；至于原为汉族中国发源地的黄河中下游河谷，在拓跋人统治下，政治上沦为被征服区，经济上则沦为被剥削区。因此，长城边疆区与黄河中下游区的划分在拓跋统治的前期，不仅仅是个自然环境的问题，它实际上还意味着征服与被征服的分野。

这样的划分当然不可能是截然的。居住在长城边疆区的，有不少是强迫移民此地从事农业的汉人，也有不少是被掳来在国营牧场充当"牧子"的游牧民，他们的地位有时甚至还比不上一般平民，更谈不上征服者或统治者了；另一方面，在黄河中下游被征服地也驻扎有不少的军镇，以及派驻当地执行统治任务的拓跋官员，这些官吏及士兵虽然居住在黄河中下游区，却不折不扣是以征服者的姿态出现的。尽管如此，基本上我们还是可以承认，帝国的统治集团是由以长城边疆区为根据地的宗室贵族、核心部落贵族，以及散居各处仍领有部落的酋长所组成的，换言之，即本书所谓的"代人集团"与"领民酋长"两个团体，而他们治下的游牧民（包括部落已解散及未解散者）则构成帝国武装力量的骨干。如何凝聚这个统治集团以及他们治下的游牧民，与长城边疆基地的安危及至拓跋政权的存亡，无疑是息息相关的。就此而言，政治、社会乃至物质利益的分享自然不在话下，然而，情感、精神上要如何来维系呢？这是本篇所要探讨的第一个问题。

其次，北魏孝文帝的汉化运动，历来一直是史学家极感兴趣的题目，特别是他的迁都洛阳，以及在此之后的一连串文化、社会改革运动，包括易胡服、禁胡语、定姓族等"以夏变夷"的措施，更是众所瞩目的焦点。这些诚然都是孝文帝改革运动的高潮，不过，细察他整个改革运动的过程，针对"礼制"——特别是国家祭典——的变革，实为改革运动的起点，时间也远在迁都洛阳之前。由此出发，最后乃扩大成为一个全面性的文化革新运动。就此而言，"礼制改革"在孝文帝的汉化运动里，无疑扮演着一个具有关键性的角色。为何孝文帝对礼制——国家祭典——的改革如此重视？他改革的内容、步骤如何？他的最后目的是什么？拓跋的统治集团对他这些改革的反应又如何？这是本篇所要探讨的第二个问题。

《国家祭典的改革》一文即企图针对这两个问题提出初步的解答。通过对这两个部分的联系性探讨，希望能有助于我们了解早期拓跋王朝的国家性格、孝文帝改革的意义及其影响。

接下来的两章，《民爵与民望》探讨孝文帝改革时北魏社会阶层的状况；《孝道与北魏政治》则分析孝文帝在改革礼制时，针对庙制与服制所做的一些变革，并将这些变革与孝文帝致力提倡《孝经》一事联系起来，进一步说明孝文帝的这些改革除了想稳固拓跋人的社会组织外，更为重要的一个企图，其实也是他整个改革运动的核心目的，乃在扫除长久以来弥漫在拓跋政权里的强烈的"征服意识"及草原游牧封建制的性格，而使之转化成一个典型的、以传统汉族王朝为典范的家产制政权。

第五章

国家祭典的改革

一、早期的国家祭典

1. 国家祭典的形成及其内容

《魏书·礼志》：

> （天兴）二年正月，帝亲祀上帝于南郊，以始祖神元皇帝配。为坛通四陛，为壝埒三重。天位在其上，南面；神元西面。五精帝在坛内，壝内四帝，各于其方，一帝在未。日月五星、二十八宿、天一、太一、北斗、司中、司命、司禄、司民在中壝内，各因其方。其余从食者合一千余神，餟在外壝内。藉用藁秸、玉用四珪、币用束帛、牲用黝犊、器用陶匏。上帝、神元用犊各一，五方帝共用犊一，日月等共用牛一。祭毕，燎牲体左于坛南巳地，从阳之义。其瘗地坛兆，制同南郊。
> （108:1，页2734—2735）

上面所引记述的是公元399年北魏开国君主拓跋珪初行南郊祭典的情形。

第五章　国家祭典的改革

除了异族王朝，南郊祭天历两千年，一直是汉族王朝国家祭典中最核心的一环[1]。以南郊为中心，配合上北郊祭地、太庙祭、籍田、朝日夕月、四时迎气、古圣先贤的崇拜等，构成本文所说的"中原系统"国家祭典，基本上是由汉族王朝传袭下来的[2]。这也就是公元398年在拓跋珪命令下，由仪曹郎中董谧所撰，吏部尚书崔宏总其成的"郊庙、社稷、朝觐、飨宴之仪"（《魏书》，2，页33）。由于此套祭典在中原行之已有数百年历史，对于崔宏、董谧这样出身汉族世家、熟悉掌故文献的人而言，这份工作并不怎么困难。因此拓跋王朝从建立国家开始，伴随着皇帝制度的建立，即已输入一套相当完整的中原系统国家祭典，其形式与过去或当时南方汉族王朝所行者，基本上没有太大差异。

然而崔宏与董谧所负责制定的国家祭典，只不过是拓跋王朝整个国家祭典的一部分，甚至不是最重要的一环。相对于以南郊为核心的中原

---

[1] 古代中国人居家祭神所在似乎是房屋的西南角落，称为"奥"。《论语·八佾》："与其媚于奥，宁媚于灶。""奥"为室西南隅，古时尊长居之，亦为祭神之方位。为何在国家祭典中，都城的南郊会成为祭天场所，学界尚无定论。不过，根据目前考古发掘，我们知道至迟在西周初年，鲁国的"舞雩台"就是在都城南、东门正南1735米处，与宫殿、城门、"两观"呈直线，构成了鲁城的一条中轴线（《曲阜鲁国故城》，页15，213）。而在汉代长安城的南郊，也发现过十几个规模巨大的礼制建筑遗址，似乎就是当年祭天的场所（考古研究所汉城发掘队，《汉长安城南郊礼制建筑遗址发掘简报》，《考古》，1960:7；黄展岳，《汉长安城南郊礼制建筑的位置及其有关问题》，《考古》，1960:9）。可见，在都城南郊祭天已有相当长远的历史。此外，南北郊与圆丘方泽的关系，可说是中国礼学史上缠讼多时的问题。一般说来，圆丘祭天即是南郊，而北郊则是方泽祭地，分别在冬至、夏至日举行。然而也有人认为两郊归两郊，与圆丘、方泽的祭典并不相干，汉郑玄即持此说法，晋王肃则主张前者（《隋书》，6，页107—108；秦蕙田，《五礼通考》，2Ia）。由于此一问题与本文主旨无关，此处不拟详论，读者可参看《五礼通考》的讨论。此外，魏侯玮（Howard J. Wechsler）在 Offering of Jade and Silk: Ritual and Symbol in the Legitimation of the T'ang Dynasty, pp.107—116有一简短讨论。拓跋魏早期——至少就《魏书·礼志》所记拓跋珪第一次南郊祭天时的叙述看来——似乎是将"郊"与"丘"分开的。"其后，冬至祭上帝于圆丘，夏至祭地于方泽，用牲币之属，与二郊同"（《魏书》，108:1，页2735）。不过，孝文帝似乎采用王肃的说法，将"郊"与"丘"合一，因为此后《礼志》述及南郊祭天时，都会提到圆丘。

[2] 根据《新唐书·礼乐志》所云，天子必须亲自主持的国家祭典每年有24项（11，页310）。

祭典，拓跋王朝当时另有一套源出于北亚草原游牧部落习俗，而以西郊祭天为其核心的国家祭典。

天赐二年（405）夏四月，复祀天于西郊，为方坛一，置木主七于上。东为二陛，无等；周垣四门，门各依其方色为名。牲用白犊、黄驹、白羊各一。祭之日，帝御大驾，百官及宾国诸部大人毕从至郊所。帝立青门内近南坛西，内朝臣皆位于帝北，外朝臣及大人咸位于青门之外，后率六宫从黑门入，列于青门内近北，并西面。廪牺令掌牲，陈于坛前。女巫执鼓，立于陛之东，西面。选帝之十族子弟七人执酒，在巫南，西面北上。女巫升坛，摇鼓。帝拜，后肃拜，百官内外尽拜。祀讫，复拜。拜讫，乃杀牲。执酒七人西向，以酒洒天神主，复拜，如此者七。礼毕而返。自是之后，岁一祭。(《魏书》，108:1，页2736)

这是有关拓跋人西郊仪式最详尽的记载，与汉族王朝的南郊相比较，此一祭典的特色有几点：

一、郊祭场所在都城之西[1]。

---

[1] 凌纯声于《松花江下游的赫哲族》一书中记载："炕的部位有尊卑的分别，西炕为客，南炕为主，北炕为奴，西炕为最尊敬之地。招待宾客、祭神供祖先都在西炕上。如富户有正屋三间，则西面的一间作为上屋，为家主所居。……西炕上只安放尊敬与贵重之物。"（页78—79）同样的传统亦见于蒙古人，札奇斯钦在 Mongolia's Culture and Society 一书中亦言："游牧蒙古家庭通常只有两个或三个蒙古包；最大的——也是家主所居——坐落于最西（右），其他蒙古包则往东延伸（左）。最后一个则是厨房、仓库及其他。"（页66，中文本《蒙古文化与社会》，页55）。满洲八旗也有此传统，即使入关后，亦相承不坠。《听雨丛谈·以西为上》："八旗祭祀，位设于西。盖古人神道向右之义。胜国洪武初，司业宋濂上孔子庙堂议曰：'古者主人西向，几筵在西也。汉章帝幸鲁祠孔子，帝西向再拜。'……按此说，八旗以西为上之礼，实合于古矣。"（6，页124；另见余英时，《说鸿门宴的坐次》，《史学与传统》，页242—243）。拓跋人郊祭位置在西，殆亦"祭神供祖先都在西炕"之意乎。《南齐书·魏房传》也提到太武帝拓跋焘平定凉州及北燕后，"徙其居民，大筑郭邑。截平城西为宫城"（57，页984）；"自佛狸（太武帝）至万民（献文帝），世增雕饰。……正殿西又有祠屋，琉璃为瓦"（57，页986）。

第五章　国家祭典的改革

二、立方坛、置木主七[1]。

三、六宫后妃与祭。

四、女巫执鼓与祭。

五、宗室子弟主祭。

实际上，魏收在记述此一祭典时，已做了相当程度的修饰，因此虽然有如上一些特色，整个仪式的叙述所呈现出来的北亚色彩并不那么突出。所幸，在《南齐书》中尚保留有一条关于此一祭典的记载，可供我们比较。公元492年，亦即北魏孝文帝元宏迁都的前两年，南朝的萧齐派遣范云、萧琛出使北魏，他们在平城时，恰值拓跋人一年一度的西郊盛典，因此得以亲见此一祭典的举行，并留下一段生动的描述：

> 城西有祠天坛，立四十九木人，长丈许，白帻、练裙、马尾被，立坛上，常以四月四日杀牛马祭祀，盛陈卤簿，边坛奔驰奏伎为乐。……（元）宏西郊，即前祠天坛处也。宏与伪公卿从二十余骑戎服绕坛，宏一周，公卿七匝，谓之"蹋坛"。明日，复戎服登坛祠天，宏又绕三匝，公卿七匝，谓之"绕天"。（《南齐书》，57，页985，991）

参之以颜师古注《汉书·匈奴传》"蹛林"一词所引鲜卑习俗：

> 蹛者，绕林木而祭也。鲜卑之俗，自古相传，秋天之祭，无林木者尚竖柳枝，众骑驰绕三周乃止。此其遗法。（《汉书》，94:1，页3752）

---

[1]《南齐书·魏虏传》："城西有祠天坛，立四十九木人，长丈许，白帻、练裙、马尾被，立坛上。"（57，页985）殆即《魏书》所云木主，不过数目上有出入。《魏书·礼志》："延兴四年（474）六月，显祖（献文帝）以西郊旧事，岁增木主七，易世则更兆，其事无益于神明。初革前仪，定置主七，立碑于郊所。"（108:1，页2740）则中间尚经过变革，《南齐书》所记或为早期制度。

则《南齐书》所记似乎更接近当时的实况。正因为有驰马绕林（或绕柱）此一仪式，江上波夫才能据以推断此一祭典乃源自北亚草原：因为设石木为祭坛（oboo），绕之而祭，截至现今仍为遍行于此一地区祭典的主要形式[1]。

拓跋人行此祭典最早见之于史料是在公元258年，拓跋力微首次组织部落联盟的场合。参照江上波夫的研究，这个祭典应当就是遍行于北亚文化圈的春、秋二祭中的春祭[2]。然而除了春祭外，对北亚民族而言，秋祭的重要性相去实亦不远。因此，《史记》与《汉书》提到匈奴人的祭典——龙城之祭——时，都是五月、九月两次祭典并举的，拓跋人的春祭既然是四月的西郊祭天，那么他们的秋祭呢？笔者初步推断，常见于《魏书》的"东庙之祭"应当就是拓跋人的秋祭，也就是《魏书·礼志》中所记，设于白登山西面，每年九、十月之交奉行的祭典[3]：

> 后二年（414），于白登西，太祖旧游之处，立昭成、献明、太祖庙，常以九月、十月之交，帝亲祭，牲用马、牛、羊，及亲行貙刘之礼。别

---

[1] S. Jagchid and P. Hyer, *Mongolia's Culture and Society*, pp.121—123；江上波夫，《匈奴の祭祀》，《ユウラシア古代北方文化：匈奴文化論考》，页230—232。
[2] 江上波夫，《匈奴の祭祀》，页225—227。
[3] 参见江上波夫，《匈奴の祭祀》，页239；《魏书·乐志》："旧礼：孟秋祀天西郊，兆内坛西，备列金石，乐具，皇帝入兆内行礼，咸奏舞八佾之舞；孟夏有事于东庙，用乐略与西郊同。"（页2827）按此处虽误将西郊与东庙的日期颠倒过来，不过东庙与西郊并列，可见其在国家祭典中的比重是差不多的。此外，《太宗本纪》也记有："泰常四年（419），车驾有事于东庙，远藩助祭者数百国。"（页59）其场面也只有西郊祭天可以比拟。然而，《魏书》中并没有明言"东庙之祀"即"白登之祀"。不过，白登山在平城东方，拓跋人习惯称之为"东山"，例如492年，孝文帝不想亲自主持"白登之祀"时，诏书内即说："白登之高，未若九室之美；帏次之华，未如清庙之盛，将欲废彼东山之祀，成此二享之敬。"（《魏书》，108:1，页2751）可见，称"白登之祀"为"东庙之祀"是极有可能的。又孝文帝在491及492年，下诏废除了不少"淫祠"，然而关于"白登之祀"，他只敢拒绝亲自主持，"但令内典神者，摄行祭事"，还不敢公然取消。这当然也因为那时他还在平城，在保守势力强大的情况下，不敢放手施为（详见本章第二节），不过，一方面也是因为此一祭典在北亚祭典中的特殊地位，才使他不敢轻举妄动。

第五章　国家祭典的改革　　　　　　　　　　　　　　　　　　　　　　159

置天神等二十三于庙左右，其神大者以马，小者以羊。(《魏书》，108:1，
页 2736—2737)

环绕着春秋两祭，源自北亚传统的还有其他如小岁贺、五月五日飨、七月七日飨等祭典[1]，稍后在孝文帝礼制改革运动时，都同样遭到被废除的命运。可惜的是，《魏书》关于这些祭典的记载都甚简略，其详细内容我们就不得而知了。

基本上，北亚系统及中原系统的祭典差不多构成了拓跋国家祭典的全部，一直要到太武帝拓跋焘时，道教成为拓跋魏的国教，原有的国家祭典才又有些许变化。公元423年，太武帝登基，不久之后，隐居嵩山潜修的道士寇谦之即满怀雄心地来到平城，经过崔浩的推荐与游说，太武帝逐渐接受自己为"泰平真君"的说法。公元439年，太武帝灭北凉，扫平华北，翌年即下令改年号为"太平真君"。442年，寇谦之建议"真君"应登坛受符书，于是太武帝备法驾，亲至平城东南的道坛受符箓，照《魏书·释老志》记载，典礼是依道教仪式举行的。虽然太武帝卒（452）后，道教即已失势，然而拓跋魏的国家祭典却从此增加一项：每一新君即位，

---

[1]《魏书》："太和十五年（491），十一月，丙戌，初罢小岁贺。"（7:2，页168）不过，据崔寔《四民月令》所记，"小岁贺"倒是汉族传统的节庆（《四民月令》，十二月，页74—75）。孝文帝废除此一习俗时，曾有过一道诏令，保存在《南齐书》内："季冬朝贺，典无成文，以袴褶事非礼敬之谓，若置寒朝服，徒成烦浊，自今罢小岁贺，岁初一贺。"（57，页991）就其形式看来，确实还是个北亚草原节庆祭典。司马光在记载此事时，也认为小岁贺是魏"旧制"(《资治通鉴》，137，页4315)。《魏书》中有关"七月七日飨"的记载较多，早在公元342年，还是什翼犍统治下拓跋部落联盟时期，即已有此祭典："秋七月七日，诸部毕集，设坛墠，讲武驰射，因以为常。"(《魏书》，1，页12) 此祭典一直延续下去，成为拓跋人军事训练的一个场合（《魏书》，2，页24、25；3，页50；4:1，页71、73、89；5，页112）。甚至一直到6世纪初，那已是孝文正式下令废除此祭典之后，许多地区仍然照常举行（《魏书》，78，页1727—1728）。有关"五月五日飨"的记录，几乎完全付之阙如，我们所知只是此祭典跟七月七日飨一起在公元494年为孝文所废止（《魏书》，7:2，页174）。

必亲至道坛受符箓,以示得天命之始。大概一直要到孝文帝下令道坛南移,远离都城,此一典礼才告停止[1]。

早期拓跋国家祭典的内容已如上述,尽管表面上看来五花八门,国风胡俗杂糅一团,但对当时的拓跋人而言,却并不如此:因为他们确切知道,尽管祭典的内容如此繁复,真正重要的只有属于他们自己的北亚系统的祭典。至于所谓中原系统的祭典,充其量只不过是点缀装饰,作为统治中原汉民族的一个象征而已。例如郊祭天地,这是汉族最重要的国家祭典,可是根据《魏书》:"二至郊天地,四节祠五帝(案:皆中原系统祭典),或公卿行事,唯四月郊天,帝常亲行……"(108:4,页2813)又如宗庙之

---

[1]《魏书》,114,页3055:太和十五年(491)秋,诏曰:"夫至道无形,虚寂为主。自有汉以后,置立坛祠,先朝以其至顺可归,用立寺宇。昔京城之内,居舍尚希。今者里宅栉比,人神猥凑,非所以祇崇至法,清敬神道。可移于都南桑干之阴,岳山之阳,永置其所。给户五十,以供斋祀之用,仍名为崇虚寺,可召诸州隐士,员满九十人。"另参见《魏书》,7:2,页168。自移道坛至都南后,史料上即不再有新君登坛受符命的记录。

拓跋魏时期,佛道与政治关系无疑是个极复杂的问题,特别是牵涉到太武帝灭佛崇道,以及后来崔浩被杀,株连甚广,历来一直是历史学者注意的焦点[参见陈寅恪,《崔浩与寇谦之》,《金明馆丛稿初编》;汤一介,《魏晋南北朝时期的道教》,页219—261;马瑞志(Richard B. Mather),K'ou Ch'ien-chih and the Taoist Theocracy at the Northern Wei Court, 425—451, in H. Welch & A. Seidel ed., Facets of Taoism: Essay in Chinese Religion;康乐,《转轮王观念与中国中古的佛教政治》],由于与本文主旨关系不大,笔者亦不拟就此一问题多做牵扯。基本上,北魏帝室的宗教信仰,除了其原有的萨满信仰外,实以佛教信仰为主,然而道教以其炼丹饵药求长生之方,一直也还有点影响力(道教与传统方术实不可分,此所以《魏书·释老志》把所有方术皆归为道教)。寇谦之清整过后的道教,虽然已去除了所谓男女合气之术这一类的把戏,但他之所以能说动太武帝,多少也还是靠受符命、与天神交通,修身炼药求长生之术(《魏书》,114,页3051—3053)。太武帝以后,继起诸帝大体又回到佛教信仰,虽然他们——如孝文帝——也还要靠道士炼寒食散(《魏书》,65,页1438),但道教的影响力究竟已成过去,太武以后的拓跋君主基本上对国家祭典并无太大关心,道教祭典对他们而言,不过与中原系统祭典一般,是作为受天命的一个象征而已。因此他们也并不想费心去改变。孝文帝则不然,他锐意恢复中原祭典,连原本居国家祭典核心的北亚祭典都还要全盘废除,道教祭典非驴非马,又无经典根据,自然不是他所能容忍的。不过,崇虚寺(即原有的天师道场)倒是在迁都洛阳后仍然存在,"迁洛移邺,踵如故事,其道坛在南郊,方二百步"(《魏书》,114,页3055)。

祭，本为中原系统祭典中极重要的一项，然而《魏书》曰："大魏七庙之祭，依先朝旧事，多不亲谒。"（108:1，页2740）公元490年，孝文帝决定为文明太后服三年丧，招致胡汉群臣的一致反对，反对理由之一即祭祀之典恐阙，孝文反驳道："又表称春秋烝尝，事难废阙，朕闻诸夫子，'吾不与祭，如不祭'。自先朝以来，有司行事，不必躬亲，比之圣言，于事殆阙。"（《魏书》，108:3，页2785）因此，司马光在记述拓跋珪初建国家，输入中原礼乐制度时，说道："魏之旧俗，孟夏祀天及东庙，季夏帅众却霜于阴山，孟秋祀天于西郊。至是，始依仿古制，定郊庙朝飨礼乐，然惟孟夏祀天亲行，其余多有司摄事。"[1]（《资治通鉴》，110，页3484）前段所述几种祭典皆相传自北亚文化，拓跋君主多半是亲行的，只有后面属于中原系统的郊庙朝飨，才以有司摄事。《魏书》孝文以前诸帝本纪还保留不少拓跋君主主持西郊祭天、东庙之祭及七月七日飨的记载，至于皇帝亲自主持中原系统重要祭典的记载则极罕见。登道坛受符命的道教祭典，拓跋君主倒是亲行的，然而此一祭典仅行之于新君初登基之时，并非每年奉行。而且自太武帝卒后，道教作为国教的好景不但是昙花一现，而且一去不返。拓跋国家祭典的道教色彩也就始终只局限在此一简单的仪式，其意义与所扮演的社会功能，与北亚祭典是无法相提并论的。

2.北亚祭典与拓跋政权的关系

当拓跋部落已成功地转化为国家，并大量输入汉族礼乐文物制度后，为何源自其部落习俗的北亚祭典在国家祭典中仍然占有如此重要的地位？首先，我们得了解宗教祀典在一个社会中所扮演的角色。

《国语》卷十八《楚语下》记楚昭王与观射父有关宗教祀典的一段问答：

---

[1]《资治通鉴》此段记载有不确之处，如西郊日期当在四月，而非秋季。

> 王曰："祀不可以已乎？"对曰："祀所以昭孝息民、抚国家、定百姓也，不可以已。……于是乎合其州乡朋友婚姻，比尔兄弟亲戚。于是乎弭其百苛，殄其谗慝，合其嘉好，结其亲昵，亿其上下，以申固其姓。上所以教民虔也，下所以昭事上也。……民所以摄固者也。"
>
> （页567）

套个现代人类学的概念来说：宗教仪式（rite）是社会一体的呈现；一个共同体的凝固及其内在秩序，有赖于其成员对共同体的情感来维系。通过宗教仪式，此一情感得到再度的肯定、强化，并传递到下一代，共同体因此得以再生，其秩序也得以延续[1]。

拓跋国家祭典中，北亚系统的祭典本即为草原游牧民族的部落祭典，其整合社会的功能至为明显，特别是其中最重要的季节性祭典，如春祭与秋祭，莫不与游牧民族季节性迁徙的生活方式息息相关：北亚草原的河流湖泊属夏季的内陆水系，初夏融雪时，河中有水，湖中也有水，牧民即驱其牛马驼羊等牲畜，从山麓至湖畔、河边的水草地放牧。斯时水草丰富的湖畔河边，牲畜群聚，游牧民也聚居其间，成为临时性聚落。一到初冬，水草枯竭，牧民又得各自驱其牲畜，散居山麓的避风处或向阳处度冬，畜群则彷徨雪原，觅食雪下枯草，其中百分之二三十无法挨过冬天。因此，对北亚草原民族而言，春祭除了作为季节转换的一个指示外，也象征着生命的复苏与社交活动的开始：牧民与牲畜从蛰居的状态中复活，重新恢复与族人间的联系。秋祭亦具有同样的社会功能，只不过

---

[1] A.R. Radcliffe-Brown, *Structure and Function in Primitive Society*, p.124, pp.157—165；魏侯玮（Howard J. Wechsler）综合了中国古代及近代西方人类学者对祭典（礼，ritual）的意见，有一简要叙述，详见 Wechsler, *Offerings of Jade and Silk: Ritual & Symbol in the Legitimation of the T'ang Dynasty*, pp.20—30。

其象征意义正好相反而已[1]。北亚游牧民族的重要祭典——例如拓跋的五月五日礿、七月七日礿——皆集中在夏秋之间,实因北亚草原上每年只有这一段时间是较易聚居部落族人的时刻。

曾在北亚草原游牧数个世纪之久的拓跋人自然也有类似的部落祭典,在他们部落扩大为联盟乃至最后转化为国家的过程中,这些祭典不但没有被丢弃,反而随着拓跋部族政治的发展逐步成为部落联盟的祭典,乃至最后成为国家的祭典。公元258年,在拓跋酋长力微的召集下,除了鲜卑白部大人外,邻近部落首长群集拓跋居地,参加了四月的祭天大典,间接表示承认拓跋人的领导权,这也是拓跋部落联盟在历史上的首次出现(《魏书》,1,页3)。而拒绝前来的白部大人稍后即为力微所杀。此后,各部落酋长与祭的情况,在某种程度上可视为拓跋人在联盟内统治权威的一个指标。这也是为何公元386年,当拓跋珪决意要重建拓跋部族联盟时,所举行的第一个祭典就是西郊祭天[2]。

其次,当拓跋人从部落阶段跨入部落联盟阶段,部落共同体已扩大为联盟共同体,为了维系联盟的一体性,除了实际在对外交涉、战争时采取一致立场外,还得有一情感的联系,由部落祭典转化而成的联盟祭典即可符合此需要。对于联盟内其他非拓跋人的部落而言,由于同属北

---

[1] 江上波夫,《内蒙古高原的生活·蒙古高原横断记》,页276—281。按匈奴有正月龙祠。《汉书·匈奴传》:"岁正月,诸长小会单于庭,祠。"(94:1,页3752)。江上波夫认为冬天非北亚游牧民社交的季节,因此怀疑此一典礼来自汉族中国的"正月朝会"制度。详见江上波夫,《匈奴の祭祀》,页250。

[2]《魏书》:"登国元年(386),春正月戊申,帝即代王位,郊天、建元,大会于牛川。"(2,页20)按《魏书》此处并没指明拓跋珪所行的是西郊祭天。正月通常为汉族中国郊祭日期,因此,是否有可能拓跋珪此时所行的为南郊祭天——即中原祭典?以常理度之,拓跋珪此时正汲汲于重新整建部落联盟,所要号召的是原属联盟的游牧民族,采取中原祭典并无意义。所幸《魏书·礼志》中另有一段记录,或可解决此一问题:"太祖登国元年,即代王位于牛川,西向设祭,告天成礼。"(108:1,页2734)既然西向设祭,显然是西郊无疑,至于日期不符,可能是当时情况所迫,不能再等到传统四月祭天之期。

亚草原文化圈，其部落习俗、宗教仪式出入不大，因此接受拓跋的西郊祭典，基本上的考虑还只是政治，而非宗教皈依的问题。

拓跋人建立国家及其逐步地控制长城边疆区，对居住此地的游牧民族而言，当然是个巨大的冲击，不管是原先属于拓跋联盟还是在此之外的游牧部落，现在完全纳入一个强有力的政治体下。不管这些部落是被强迫掳掠至此（如高车），还是自愿归附的，他们都成为拓跋帝国赖以征伐四方、控制黄河流域的基本武力。如何维持他们某种程度的向心力，自然是拓跋统治集团关心的首要问题。除了军事政治上的控制以及物质利益的分享外，北亚系统的国家祭典想必也或多或少地发挥了此功能。

居住在长城边疆区的游牧民在民族构成上固然相当复杂，却同样都孕育自北亚文化的大传统，在此背景下，其部落祭典的时间及仪式固然不尽相同，大致也有可相通之处。特别是每个部落皆仍保持各自奉行祭典——包括祭天大典——的权利[1]。例如公元429年，太武帝远征漠北，掳掠了大批的高车部落，安置在漠南一带，数十年后，部众蕃息，文成帝时（452—465），"五部高车合聚祭天，众至数万，大会，走马杀牲，游绕歌吟忻忻，其俗称自前世以来无盛于此。会车驾临幸，莫不忻悦"（《魏书》，103，页2309）。这一点如果拿来与汉族王朝只有天子能行祭天大典的规定相比，就更可以看出当时拓跋帝国统治下，长城边疆一带游牧部落祭天仪式所具有的特殊社会功能。除了各部落自己的祭典外，部落首长及贵族依惯例也都要到平城参加每年的国家祭典，拓跋政府对此事也相当在意，《魏书》提到西郊祭天或东庙之祭时，常附带记有"远藩助祭者数百国"（3，页

---

[1] 北亚游牧部落各有其部落的鄂博（oboo），各自行其祭典（S. Jagchicl & P. Hyer, *Mongolia's Culture and Society*, p.121）。拓跋力微要求邻近部落长参加拓跋的祭天大典，实即意味着拓跋的鄂博成为联盟共同承认的鄂博。换言之，即等于承认拓跋人的领导地位。不过，此一行动并不意味着其他部落的鄂博自此取消。

59）或"百官及宾国诸部大人毕从至郊所"（108:1，页2736）。可见这些祭典所代表的意义绝非只是普通的、形式化的国家祭典而已。

对于那些被解散部落的拓跋核心部族成员——即本书所称的"代人集团"——而言，北亚祭典更有其特殊意义。部落解体，这些人大多数编入中央军，卫戍平城；其他或者分镇各地，或者留在长城边疆经营畜牧甚至农业。不管如何，他们原先所属的部落小共同体是不再存在了。他们的酋长及部落贵族现在已转化为"国家"的"皇帝"与"官僚"，原有的在部落内借血缘等联系而产生的向心力与情感已逐步消散[1]。然而，这些"代人"实际上是拓跋政权最根本的支柱，缺少了部落来发挥居间枢纽的功能，如何维系这些"代人"对新帝国政权的认同就更成问题。因此，北亚祭典的持续对这些"代人"而言，更具重要性。借着传统宗教仪式的奉行，部落共同体的情感通过这些仪式而得以再生与再肯定，"代人"对拓跋政权的忠诚也就得以持续，尽管这个政权所代表的意义已远非当年单纯的部落或部落联盟所能比拟。

二、孝文帝的礼制改革

1. 经过

拓跋王朝的国家祭典就这样子维持下来，一直到孝文帝亲政后才开始有所变化。太和十年（486），孝文年满二十，"春正月，帝始服衮冕，朝飨万国"，开始临朝亲政（《魏书》，7:2，页161）。虽然当时政权实际上仍控制在文明太后手中，孝文帝却已默默着手进行重整礼乐典章制度

---

[1] 其实原先内入诸姓的血缘关系都已相当混杂。马长寿即以姚薇元《北朝胡姓考》为证据，说明75个内入诸姓有6个是匈奴人，6个丁零，3个柔然，9个乌桓及东部鲜卑，7个不明（姚薇元，1962，页85—166；马长寿，《乌桓与鲜卑》，页249—254）。甚至连所谓的"十姓"——即帝室集团——都不是血缘氏族，详见本书第一章《"帝室十姓"与"国人"》。

的工作。488年，他亲至南郊视察修筑圆丘的工程；次年正月，"备大驾"，亲至南郊祭天；五月，复至北郊祭地。这几个行动，强烈地表达了他对"中原系统"国家祭典的重视。490年，文明太后死，孝文成为帝国唯一的统治者，改革的步骤更是大幅加速，而在493年随着迁都的行动达到最高潮，并扩展为一全面性的文化改革运动。下面我们先列出《魏书·高祖本纪（下）》所载孝文帝的改革措施及与祭典有关的一些行动。

时间	事项	备注
太和十年（486）		
四月	始制五等公服。	礼制
八月	给尚书五等品爵已上朱衣、玉佩、大小组绶。	礼制
九月	诏起明堂、辟雍。	礼制（祭典）
太和十一年（487）		
正月	诏定乐章，非雅者除之。（参见《乐志》）	礼制
太和十二年（488）		
正月	初建五牛旌旗。	礼制
五月	增置彝器于太庙。	礼制（祭典）
闰九月	帝观筑圆丘于南郊。	礼制（祭典）
太和十三年（489）		
正月	车驾有事于圆丘。于是初备大驾。	礼制（祭典）
五月	车驾有事于方泽。	礼制（祭典）
七月	立孔子庙于京师。	礼制（祭典）
太和十四年（490）		
二月	初诏定起居注制。	
七月	诏罢都牧杂制。	
八月	诏议国之行次。	
十二月	诏依准丘井之式，遣使与州郡宣行条制，隐口漏丁，即听附实。	

第五章　国家祭典的改革

时间	事项	备注
太和十五年（491） 正月	初分置左右史官。	
四月	经始明堂，改营太庙。	礼制（祭典）
五月	议改律令。	
	诏造五辂。	礼制（祭典）
七月	诏议祖宗，以道武为太祖。（参见《礼志一》）	礼制（祭典）
八月	议养老。	礼制
	议肆类上帝、禋于六宗之礼，帝亲临决。（《礼志一》系此事于十三至十四年间）	礼制（祭典）
	诏郡国有时物可以荐宗庙者，贡之。	礼制（祭典）
	移道坛于桑干之阴，改曰崇虚寺。（参见《释老志》）	礼制（祭典）
	亲定禘祫之礼。（《礼志一》系此事于十三年）	礼制（祭典）
	议律令事。	
	省杂祀。（参见《礼志一》，孝文帝于此月连下四诏整顿祭典）	礼制（祭典）
十一月	迁七庙神主于新庙。（参见《礼志一》）	礼制（祭典）
	大定官品。	
	罢小岁贺。（《南齐书》, 57, 页991, 又诏：季冬朝贺，典无成文，以袴褶事非礼敬之谓，……自今罢小岁贺，岁初一贺）	礼制（祭典）
十二月	迁社于内城之西。	礼制（祭典）
	颁赐刺史已下衣冠。	礼制
	车驾迎春于东郊。	礼制（祭典）
	诏简选乐官。（参见《乐志》）	礼制

时间	事项	备注
太和十六年（492）正月	宗祀显祖献文皇帝于明堂，以配上帝。	礼制（祭典）
	升灵台，以观云物；降居青阳左个，布政事。每朔，依以为常。	礼制
	始以太祖配南郊。	
	诏定行次，以水承金。（《礼志一》系此事于十五年正月）	礼制（祭典）
	诏罢祖裸。	
	制诸远属非太祖子孙及异姓为王，皆降为公，公为侯，侯为伯，子男仍旧，皆除将军之号。	礼制（祭典）
	始以孟月祭庙。（参见《礼志一》）	
	罢寒食飨。	礼制（祭典）
二月	初朝日于东郊，遂以为常。	礼制（祭典）
	诏祀唐尧于平阳，虞舜于广宁，夏禹于安邑，周文于洛阳。改谥宣尼曰文圣尼父，（帝亲）告谥孔庙。（参见《礼志》，周文当为周公）	礼制（祭典）
	备小驾，躬临千亩。（《礼志一》，页2750）	礼制（祭典）
三月	省西郊郊天杂事。	礼制（祭典）
	车驾初迎气南郊，自此为常。	礼制（祭典）
四月	班新律令。	
五月	诏群臣于皇信堂更定律条。	
八月	车驾初夕月于西郊，遂以为常。	礼制（祭典）
	以尉元为三老，游明根为五更。又养国老、庶老。	礼制
	将行大射之礼，雨，不克成。	礼制（祭典）
九月	大序昭穆于明堂。	礼制（祭典）
十月	诏以功臣配飨太庙。	礼制（祭典）
	诏白登之祀（东庙之祭）令内典神者摄之。（《礼志一》，页2750—2751）	礼制（祭典）
十一月	依古六寝，权制三室。	礼制
十二月	赐京邑老人鸠杖。	礼制

第五章　国家祭典的改革

时间	事项	备注
太和十七年（493） 二月 六月 九月	车驾始籍田于都南。(《礼志一》系此事于十六年） 颁职员令。 诏厮养之户不得与士民婚；有文武之才、积劳应进者同庶族例，听之。 定迁都之计。	礼制（祭典）
太和十八年（494） 二月 三月 五月 十二月	行幸河阴，规建方泽之所。 诏罢西郊祭天。 诏罢五月五日、七月七日飨。 革衣服之制。	礼制（祭典） 礼制（祭典） 礼制（祭典）
太和十九年（495） 四月 六月 七月 十一月 十二月	幸鲁城，亲祠孔子庙；诏拜孔氏四人、颜氏二人为官；又诏选诸孔宗子一人，封崇圣侯，邑一百户，以奉孔子之祀。 诏不得以北俗之语言于朝廷，若有违者，免所居官。 诏求天下遗书，秘阁所无、有裨益时用者加以优赏。 诏改长尺大斗，依《周礼》制度，颁之天下。 行幸委粟山，议定圆丘。 有事于圆丘(《礼志一》，页2753，甲申长至，祀昊天于委粟山）。 引见群臣于光极堂，宣示品令，为大选之始。 引见群臣于光极堂，班赐冠服。 诏天下用钱，文曰"太和五铢"，诏京师及诸州镇皆通行之。(《食货志》，页2863） 诏定代人姓族。(《官氏志》，页3014）	礼制（祭典） 礼制（祭典） 礼制（祭典） 礼制（祭典）

时间	事项	备注
太和二十年（496） 正月	诏改姓为元氏。	
二月	诏自非金革，听终三年丧。	礼制
	诏畿内七十以上暮春赴京师，将行养老之礼。	礼制
	诏介山之邑，听为寒食，自余禁断。	
五月	初营方泽于河阴。	礼制（祭典）
	车驾有事于方泽。	礼制（祭典）

从上表我们可以明显看出，在孝文帝改革运动进行得如火如荼的十年间，有关礼制方面的改革，如单就细目划分，几乎要占到百分之七十以上。当然，礼制改革牵涉到许多繁文缛节，细碎之处在所难免，单就改革项目计算，占有较多分量自也不足为怪。不过，比例悬殊到如此程度，亦足以证明当时的礼制改革确为孝文帝改革运动中极关键的一个部分。而在礼制改革中，有关祭典的变革与措施则又占了大半，可见祭典的兴革一直是孝文帝礼制改革的核心，这一点跟他自己所说的"详定朝令，祀为事首"倒是颇相符合的（《魏书》，108:1，页2743）。

从改革的步骤来看，这十年的改革过程也可以划分成几个阶段。486—490年，改革的项目既少，内容也不那么重要，这跟当时文明太后仍在世显然有相当的关系。相形之下，491—493年的改革项目就要多出好几倍，幅度也大得多了。尽管如此，稍加分析我们即可发现，当时他对礼制的改革，基本上仍局限在强化中原系统祭典的层面上，北亚祭典固然也触动一些，但还谈不上大事更张。这一点说明当时他虽然已成为帝国唯一的统治者，然而在平城地区保守气氛的笼罩下，显然还不敢放手施为。相形之下，493年底迁都洛阳以后，他的行动就明快多了，我们

第五章　国家祭典的改革

看到494年他一口气废除了西郊祭天、五月五日飨及七月七日飨等最重要的一些北亚祭典。礼制—祭典的改革至此大体告一段落。接下来几年（494—496），他改革的矛头直接指向拓跋人以及其他北亚民族的一些日常生活，因此也就显得更激烈，这包括禁胡服（494）、禁北语（495）、定姓族（495）以及改姓氏（496）。汉化运动——至少在他看来——至此告一段落，此后几年，他锐意南征，终岁转战淮水流域一带，本纪里就再也没有关于改革的记载了。

从上面简单的分析，我们可以看出，孝文帝改革的步骤与对象是跟他个人在每一阶段的处境息息相关的，下面我们就以他改革运动的几个阶段为经、改革的方向为纬略做讨论。

490年以前，文明太后还在世，国家权力仍牢牢掌握在她手中，文明太后当然不见得会反对礼制改革，实际上，"诏定乐章，非雅者除之"，这道命令根本就是出自她的意旨。然而，正如本书前几章所讨论过的，文明太后是个权力欲极强的女主，个性又猜忍好杀，对孝文帝常怀疑忌之心，为了自保，孝文帝只好"事无巨细，一禀于太后"（《魏书》，13，页329）。因此，就算文明很支持礼制改革，孝文帝也不见得就真的敢放胆行事。我们看他在这个时期的一些举动，例如亲自视察圆丘的工程，亲自主持南、北郊祭典，虽然都极具历史性意义，却不见得会引起当时太多的注意。

490年文明太后死，孝文帝的羁绊消失，改革的步骤顿时加速起来，总计这个时期（491—493）的改革项目有四十五项，有关礼制的改革就占了百分之八十左右（三十五项），其中与祭典相关的更多达二十七项，可见当时孝文帝的注意力是集中在祭典改革上的。另一方面，从这个时期孝文帝进行祭典改革的步骤，也可以反映出当时保守的拓跋贵族对此一改革的态度，以及孝文帝所面临的压力。因此，这个时期的祭典改革对了解孝文帝整个礼制改革而言，无疑是极具关键性的。

尽管此一时期有关国家祭典的改革多达数十项，而且也相当琐碎，但孝文帝的目的大致说来还是相当清楚的：尽可能以中原系统的祭典为范本来重新整顿拓跋的国家祭典。为了达成此一目的，孝文帝基本上遵循着两个原则：

第一，强化中原系统的祭典。在此原则下，中原祭典中最重要的南、北郊自然首先引起孝文的注意，我们已提到在第一阶段改革时，他就亲自视察了南郊祭坛的修筑，并亲自主持了南、北郊祭典。到了这个阶段，他开始将注意力转移到中原祭典里其他相关的构成部分，于是修筑太庙与明堂，以功臣配飨太庙，序昭穆于明堂，并亲行朝日夕月之礼。公元492年，他还依《礼记·月令》所载，亲至明堂，升灵台观云物，再下至明堂布政事[1]。中原祭典中有关古圣先贤的崇拜也经过一番整理，显得更为有系统：祀唐尧于平阳，虞舜于广宁，夏禹于安邑，周公于洛阳，并亲至孔庙祭祀孔子[2]。

然而就强化中原祭典这件事，祭典本身的整理却带给孝文不少麻烦。我们晓得，自从西汉末年匡衡等人的礼制改革后，《周礼》《礼记》《尚书》等经典基本上已成为汉族王朝国家祭典的主要依据[3]。然而这些经典本身所

---

[1] 明堂制度历代聚讼纷纭，此处不拟详论。参见《礼记》卷三十一，《明堂位第十四》。孝文帝正月至明堂，所行仪式大致依照《礼记》卷十四，《月令第六》所载。
[2] 其实在孝文之前的拓跋诸帝亦都有诏令祭拜这些先圣，如道武帝天兴三年（400）幸涿鹿，遣使者以太牢祠帝尧帝舜庙。四年（401）则命乐师入学习舞，释菜于先圣先师。明元帝神瑞二年（415），幸涿鹿，使使者以太牢祠黄帝唐尧庙；至广宁，祭舜庙。太武时亦曾起太学于城东，祀孔子。然而大概并没有形成一套固定的制度，要到孝文帝时才正式下诏予以制度化。更值得注意的是，拓跋诸帝皆还祭祀黄帝，大概是因为至少传说中拓跋人是假托为黄帝后裔。然而黄帝在孝文帝圣人崇拜的系统中却无丝毫地位；其次，孔子的地位较大大突出，早在公元489年，孝文帝即下令立孔子庙于京师，这是中国历史上首次立孔庙于都城（《五礼通考》，121，页12）。492年，在重建圣人崇拜系统时，他还亲至孔庙改谥孔子为文圣尼父，仪式极为隆重。
[3] 匡衡的改革，见鲁惟一（M.Loewe），*Crisis and Conflict in Han China*, pp.154—192。

记的祭典仪式就有许多矛盾散乱之处，这自然引起后世的许多争论。例如《尚书·尧典》中有句话："肆类于上帝，禋于六宗。""上帝"当然好解，问题是"六宗"何指？公元492年，孝文帝在与大臣讨论此一问题时，高闾就说：

> 六宗之祀，《礼》无明文，名位坛兆，历代所疑。汉魏及晋诸儒异说，或称天地四时，或称六者之间，或称《易》之六子，或称风雷之类，或称星辰之属，或曰世代所宗，或云宗庙所尚，或曰社稷五祀，凡有十一家。（《魏书》，108:1，页2743）

因此，孝文帝所面临的问题不仅是接受这些中原祭典而已，还有如何去接受。换言之，如何把它们重新整合为一个较具一致性的系统。

在重新整理这些祭典时，汉郑玄及晋王肃的注解——也是当时最具权威性的注解——就成为孝文的主要依据。问题是，郑玄及王肃的注解有许多内容是互相冲突的，碰到这种情况，孝文帝就得设法做个折中。例如，有关"禘"及"祫"的祭典，基本上是各取郑、王的部分解释凑成的（《魏书》，108:1，页2741—2743）。然而，有时候，争论分歧过大无从调解，则孝文也曾提出自己的解释，例如上述有关"六宗"的争论，孝文最后就决定合"上帝"与"五方帝"为"六宗"（《魏书》，108:1，页2743—2744）。此一"六宗"的解释，虽然为他独创，却深受后代礼学家称赞，例如唐代的杜佑，在《通典》里基本上就接受他的意见，并加以发挥；清代学者秦蕙田在《五礼通考》中也称道孝文帝此解颇有新意[1]。因此，孝文的礼制改革绝非只是恢复汉族王朝固有祭典而已，还是有其创新与整合的努力在内的。

---

[1]《通典》，44，页255；《五礼通考》，8，页22。

第二，废除杂祀以净化国家祭典。在讨论早期拓跋国家祭典的形成时，笔者曾提到此套国家祭典是五花八门混杂而成的，因此国家所祭祀的神祇及祭坛繁复不堪，公元473年的一份报告中即指出全国各处共有1075个祭祀场所，到了孝文时更增加到1200所以上（《魏书》，108:1，页2740、2748）。公元491年，孝文帝连下四道诏令废除这些祭坛：

> 国家自先朝以来，飨祀诸神，凡有一千二百余处，今欲减省群祀，务从简约。……凡祭不欲数，数则黩，黩则不敬。神聪明正直，不待烦祀也。（《魏书》，108:1，页2748）

当时拓跋魏在平城附近的许多山上皆立有宗庙（大概是北亚传统的祭坛Oboo），照例皇帝是亲祀的，孝文认为太庙明堂——中原祭典里祭祀祖宗的正当场所——皆已有祭祀，因此下令此后凡不是礼制上有明文规定的庙祀，他即不再亲祀，概由其他官吏负责（《魏书》，108:1，页2748）。

在净化国家祭典的过程中，免不了有涉及北亚祭典的一些措施。例如公元491年，孝文帝下令停止元旦在朝廷的祭祀；492年，他下诏减免西郊祭天的一些仪式，以及——可能是最严重的——停止亲自主持在白登山的"东庙之祀"（《魏书》，108:1，页2748—2751）。不过，孝文对北亚祭典采取相当谨慎而有节制的态度。例如上述的几个诏令中，除了一两项外，并没有废除这些祭典（包括白登宗庙祭祀），他只是拒绝亲自主祭而已。实际上，他在486年亲政后所主持的第一个祭典就是北亚祭典中最重要的西郊祭天，而且一直亲自主持到公元493年——也就是他迁都的那一年。孝文之所以如此谨慎，当然不是有爱于这些祭典，事实上，这些北亚祭典从一开始就是他礼制改革首要清除的目标，这一点只要参照他在迁都后的措施即可明了。问题是，置身于当时的平城，现实环境并

第五章　国家祭典的改革

不容许他大刀阔斧地进行改革——以拓跋丕为首的保守派贵族在此一时期的祭典改革过程中，无时无刻不在密切注视着孝文帝的一举一动。

拓跋丕及其他保守的贵族对于孝文帝加强中原系统祭典的工作，虽然不感兴趣，却也没有太多异议，因为输入外来文化从立国起就是拓跋政权的一贯政策。然而，这还是有个限度的。至少，北亚祭典原先在国家祭典中所占的核心位置，在他们看来，是不容许被取代的。在此一时期，孝文的确废除了部分北亚祭典，但他的态度是小心翼翼的，所采取的手段亦相当委婉，甚至可说是相当迂回的。例如公元490年，文明太后卒，孝文决意行三年丧。我们晓得，拓跋人原先的丧期甚短，大致是葬礼完毕即告结束。这点与汉魏以来，中国君主服丧的情况亦大致吻合。故孝文此诏一出，朝议哗然，不管是拓跋贵族还是汉人大臣皆期期以为不可。汉臣反对的原因与本文主题牵涉不大，此处即不赘述。至于拓跋贵族反对的原因，第一是与先朝成事不合；其次则是某些北亚传统祭典必须在国丧后三个月内奉行，若服三年丧，这些祭典就无法举行。为了应付这些问题，孝文在葬礼后即召集了一次廷议。针对拓跋元老所提出的第一个问题，孝文的答复是：

> 祖宗情专武略，未修文教。朕今仰禀圣训，庶习古道，论时比事，又与先世不同。(《魏书》，108:3，页2780)

明白划清他的朝代与先朝的不同——即"武略"与"文教"的区分。不过，保守派的拓跋贵族仍不死心，于是，以拓跋丕为首，提出一个极具体的问题：

> 臣与尉元，历事五帝，虽衰老无识，敢奏所闻。自圣世以来，大讳

之后三月，必须迎神于西，攘恶于北，具行吉礼。自皇始以来，未之或易。(《魏书》，108:3，页2787）

孝文帝再也无可回避，只好答道：

太尉国老，言先朝旧事，诚如所陈。但聪明正直，唯德是依。若能以道，不召自至。苟失仁义，虽请弗来。大祸三月，而备行吉礼，深在难忍。纵即吉之后，犹所不行，况数旬之中，而有此理，恐是先朝万得之一失，未可以为常式。(《魏书》，108:3，页2787—2788）

这已经是直接正面向祖宗成法以及北亚传统习俗挑战。为了避免争执进一步恶化，孝文接着说："朕在不言之地，不应如此。但公卿执夺，朕情未忍从，遂成往复，追用悲绝。"然后便号啕大哭，在此情况下，群臣只好退出，争执乃自然告一段落。

公元491年，太庙明堂落成，拓跋丕奏曰：

窃闻太庙已就，明堂功毕，然享祀之礼，不可久旷。至于移庙之日，须得国之大姓，迁主安庙。神部尚书王谌既是庶姓，不宜参豫。臣昔以皇室宗属，迁世祖之主。先朝旧式，不敢不闻。(《魏书》，108:3，页2789）

拓跋丕此处所言"国之大姓"，其实即《魏书·官氏志》中所言"太和以前，国之丧葬祠礼，非十族不得与也"(《魏书》，113，页3006)，显然是拓跋人的传统习俗。孝文当然有意要革除此一习俗，故决定以职司其事者负责。但当面临拓跋丕的质问时，他也只能委婉答道：

第五章 国家祭典的改革

> 先王制礼，职司有分。移庙之日，迁奉神主，皆太尉之事，朕亦亲自行事，不得越局，专委大姓。王谌所司，惟赞板而已。(《魏书》，108:3，页2789)

拓跋丕所提出的，当然不仅仅是他个人的意见而已，他所代表的保守派代人贵族可说是北亚系统祭典的守护者。从上引两事即可知道，即使是再轻微的变动，只要涉及北亚祭典，就会招致他们的阻止或至少是抗议。他们也许并不真正了解祭典所能发挥的凝聚共同体的力量，然而历史悠远、根深蒂固的传统，以及在平城近百年的熏陶，却也足以使他们并不需要任何理论基础，就自然会去维护这个传统。要他们完全放弃固有的礼俗而接受另一个异文化，等于要他们完全斩断自己传统的根源，立即产生的问题就是"认同危机"，这绝不是单凭几纸诏令在朝夕间即可转化成功的。孝文帝的理想，对他们而言，究竟太过遥远，他们既不能了解，也无法同情。这就迫使孝文帝在进行改革时不能不小心翼翼、谨慎从事，而此一时期的祭典改革会集中在强化中原系统祭典这个层面，似乎也就不足为奇了。

如前所述，礼制改革是孝文帝在平城整个文化改革的重心，而废除北亚祭典又为礼制改革的必经途径，在这方面所遭遇的压力与困难，必定给予他不少挫折感。他之所以会毅然决然地舍弃平城而定都洛阳，其间因素固然甚为复杂，礼制改革的不顺遂想来应当也是重要缘由之一。

公元493年年底，孝文帝终于下定决心迁都洛阳。摆脱了平城保守势力的束缚，孝文的行动显然要明快多了，就在次年，国家祭典中所有的北亚文化传统——包括最重要的四月西郊祭天——全部一扫而空。根据《魏书·礼志》所载，孝文帝在这一年花了不少力气整顿南郊祭典，甚至连用牲的颜色以及鸣鼓等细节问题都不厌其烦地详加讨论，《礼志》在最后记道：

甲申长至，祀昊天于委粟山。(《魏书》，108:1，页2753)

南郊祭典的仪式至此即告确定，此后唯一的变更大概就是公元501年，宣武帝下令迁移南郊的祭坛圆丘至伊水之阳。而此后北魏朝廷有关国家祭典的讨论，就《魏书·礼志》看来，清一色皆在中原祭典的范畴内进行。

2. 动机

为何孝文帝会如此热切地推动礼制改革，甚至不惜出之以迁都的激烈手段来遂行他的理想？他对礼乐文物典章制度的重视，已在一连串的改革行动中表露无遗。然而当时的拓跋王朝汉化虽不彻底，却也没有什么迫在眉睫的危机，更何况，经过文明太后一朝在政治、经济与社会组织方面的改革，统治的基础已愈形稳固，为何孝文还会对礼乐教化的推动执着到如此程度，甚至坚持"营国之本，礼教为先"（《魏书》，19:2，页469）？他对汉文化的热爱当然是一个重要原因，问题是，除了"热爱汉文化"这么一个空泛的解释外，是否有什么较具体的政治、文化理想，在孝文帝看来，只有通过这么大规模的礼制改革才能实现？

公元398年，拓跋珪在建立国家时，即接受崔宏的建议，决定以土为这个新兴朝代的"德"。其理论基础是，西晋为金德，石赵承晋，为水德，慕容燕承赵，为木德，苻秦承燕，为火德，拓跋魏继秦而起，故为土德。这个决定历时百年并没有引起任何异议，一方面是因为，认为每一个王朝皆有所承之"运"，并以金、水、木、火、土循环相生（或相克）的顺序来安排，本来就只是汉民族的传统，对于出身游牧民族的拓跋人而言，委实没有太多实际意义。其次是，石赵、慕容燕与苻秦虽享祚不长，但他们跟拓跋魏一样，都是以少数民族入据中原建立王朝，因此，在早期拓跋统治者看来，没有什么道理要特别把他们排除不计。

然而在公元490年时，孝文帝却郑重下诏重议行次，这件事立即在汉人大臣间引发一番争论。秘书监李彪及崔光支持孝文帝的意见，主张拓跋魏应直接承晋，为水德。中书监高闾则坚决反对，他的理由主要有二：第一，中原为正统，神州为帝宅，故当以据有中原地区的朝代为正朔，不坚持这点，则无以与南朝相抗衡；第二，不以善恶及年代短长为标准，故赵、燕、秦三朝虽皆为胡族所建，享国亦短，仍必须承认为正统，不坚持这点，则北魏政权本身的正当性即出问题（《魏书》，108:1，页2744—2745）。由于拓跋贵族对此一论题基本上缺乏兴趣，也不觉得有介入争论的必要，对孝文帝来说，事情当然要简单多了。因此，次年正月，孝文帝即下诏决定北魏的行次为水德。

严格说来，越过赵、秦、燕三朝直接承晋，在理论及事实上皆不易自圆其说。这一点孝文帝也有自知之明，他在诏书中即说："越近承远，情所未安。"（《魏书》，108:1，页2747）问题是，既然如此，他又为何要大费力气在行次上做文章呢？

要解答这些问题，就必须了解孝文帝的"正统观"（legitimacy）。孝文以前的拓跋统治者当然不是从未面临过"正统"的问题，从力微组织部落联盟开始，拓跋氏族的领导权即经常受到其他部落——特别是匈奴铁弗族——的挑战。然而，当拓跋珪征服了河北、山西地区，成功地建立起国家后，拓跋人在原先部落联盟中的领导权即大致稳固下来。到了拓跋焘时期，数十年间吞灭了北燕、夏、北凉等国家，统一北方中国后，尽管柔然仍倔强于塞北，汉族王朝也仍屹立于江南，但对于拓跋统治者而言，"正统"的问题已不复存在[1]。然而，对于像孝文帝汉化如此深的统

---

[1]前面曾提到，平城统治时期（398—493）的拓跋政权基本上一直维持着强烈的"征服"性格。既然是一个征服政权，拓跋统治者所关心的，就只是统治集团及其武装力量承不承认其政权为

治者而言，这仍然是个严重的问题。因为他知道，就传统汉文化的观点，拓跋政权距离"正统"的标准还远。

汉族中国传统的"正统"观念可以远溯到三代的周王朝，即所谓"受命"的观念。稍后到东汉初，"受命"的观念与其他观念结合而形成"正统"一词，并应用来评断统治权的正当与否[1]。此一名词之所以会在秦汉时期出现，是相当可以理解的。公元前221年，秦始皇横扫宇内，兼并六国，所有已知的中国世界至此统一在单一的政治力量下，《春秋公羊传》中所谓"大一统"的理想首度得以实现。经过数百年统一局面的维持，汉族帝国的规模已大致确立，这不只包括疆域的划定（秦始皇"四极"的观念），政治体制——皇帝制度与郡县制度——的定型，还包括礼乐文物（以国家祭典为核心）的制定。所有这些当然都不是一朝一夕间便可形成的，但一旦形成，即成为此后汉族中国判定"正统"的准则[2]。

孝文帝之所以会决定承晋，似乎也可从另一角度来理解。西晋，一直到孝文帝时为止，还是最后一个一统的王朝，孝文也许希望，借着继承晋的"行次"，连带也可以宣称他的朝代是西晋——包括其领域及文

"正统"，而这一点在太武帝统一北方后，基本上已不成问题。严格说来，以人类社会如此复杂的一个组织，想纯粹依靠武力来维持政权是相当困难的，即使办得到，这也是一个非常原始而昂贵的方法[H.D. Lasswell & A. Kaplan, *Power & Society: A Framework for Political Inquiry*, p.121; T. Parsons, "On the Concepts of Political Power", *Proceedings of the American Philosophical Society*, 107(1963), p.240; M.J. Swartz, V.W. Turner & A. Tuden ed., *Political Anthropology*, pp.9—10]。因此，拓跋政权虽然是以征服方式建立国家，对被征服者基本上也还是采用武力统治的方式，然而，对于那些政权的"积极支持者"——换言之，即执行其武力统治政策的干部及军队——就必须诉诸较和缓巧妙的方式来取得他们对此一政权的认同，采用北亚祭典及让这些人分享政治、社会特权和经济利益，就是为了达成此一目的。

[1] 见饶宗颐，《中国史学上之正统论》，页1—12；陈学霖（Chan Hok-lam），"Chinese Official Historgraphy at the Yuan Court", in Langlois, J.D.Jr. ed., *China under Mongol Rule*, pp.68—72。

[2] 以国家祭典为核心的礼乐文物制度与汉族王朝"正统"的关系，可参见魏侯玮（Wechsler），*Offerings of Jade and Silk: Ritual & Symbol in the Legitimation of the T'ang Dynasty*, pp.9—36。

第五章　国家祭典的改革

化——的正当继承者。其实，除了取水德此一象征性的行动外，孝文帝在许多地方也喜欢以晋为模仿对象。例如，当冯熙（文明太后之弟）及冯诞（冯熙之子）死于公元495年时，孝文帝即下令依西晋王公之仪安葬（《魏书》，83:1，页1820—1822）。严耕望也指出，孝文的官制改革有不少是仿晋的[1]。陈寅恪尝云，西晋是最儒家化的朝代[2]，孝文帝的礼制改革又是以儒家经典为范本，则其处处模仿西晋故事自不足为奇。

孝文帝的正统观念还可见之于他的另一个野心——吞并南方。从公元494年开始，他几乎每年都亲自督军南征，其目的也不外乎想完成大一统的伟业，以符合"正统"的另一个准绳。他的遗嘱中希望能"南荡瓯吴，复礼万国"，其实已简单说出他一生的理想（《魏书》，7:2，页185）。

在这么热切追求汉族中国"正统"标准的驱使下，孝文帝自然不会愿意承认赵、燕及秦这三个胡人政权为正统，越过这三个政权直接承晋固然有些牵强，但对孝文帝而言，却是必需的。为了替他的王朝取得"正统"的地位，孝文帝不惜牵强附会地改水德以便承继西晋，那么，改革国家祭典，重建一套汉式礼乐文物典章制度对他而言，就更势在必行了[3]。

---

[1] 严耕望，《北魏尚书制度考》，《"中央研究院"历史语言研究所集刊》18（1948），页254—255。
[2] 陈寅恪，《崔浩与寇谦之》，《金明馆丛稿初编》，页126—129。
[3] 孝文帝本身的汉化实在是相当彻底，甚至有时都忘掉自己并非汉人，公元496年，他在废太子元恂时还说："此小儿今日不灭，乃是国家之大祸，脱待我后，恐有永嘉之乱。"（《魏书》，22，页588）他大概已忘掉，魏晋南北朝时期大部分的胡人政权——包括拓跋魏在内——都直接或间接是永嘉之乱的产物。在这种心态下，他不愿意承认自己政权是接续胡人政权而来，自然是可以理解的。他对原先拓跋人的传统祭典可说到了深恶痛绝的地步，有时连中原祭典的一些仪式，由于与北亚祭典有雷同之处，都差点遭到废除的命运。例如，在讨论南郊祭典中的"鸣鼓"仪式时，他就大大地提出一番意见：
　　（孝文帝）又曰："我国家常声鼓以集众。《易》称二至之日，商旅不行，后不省方，以助微阳、微阴。今若依旧鸣鼓，得无阙寝鼓之义？"员外郎崔逸曰："臣案《周礼》，当祭之日，雷鼓雷鼗，八面而作，犹不妨阳。臣窃谓以鼓集众，无妨古义。"（《魏书》，108:1，页2753）

当然，孝文帝的"礼制改革"也并不是这么纯粹"形而上"的，在争取"正统王朝"标准的背后，他的礼教文治乃至迁都也含有扭转早期拓跋国家性格的用心。孝明帝（516—528）末年，天下乱事渐起，孙绍上疏即说："往在代都，武质而治安；中京以来，文华而政乱。故臣昔于太和，极陈得失，具论四方华夷心态，高祖（孝文帝）垂纳，文应可寻。"（《魏书》，18，页1725）可见孝文帝对迁都及重文治可能引发的问题，并非毫无所觉。问题是，平城统治时期的"治安"，就他了解，乃是建立在"武质"的片面基础上；而为了巩固这个基础，构成这个基础的成员（包括代人集团、领民酋长及其他为帝国效命的北亚战士）的利益就必须特别照顾，以北亚习俗为主体的国家祭典就是这个情境下的表征。通过祭典，这个集团的成员凝聚起来，构成帝国武力统治的支柱，而北亚祭典的持续存在，也意味着他们可享有帝国大部分的政治、社会特权与经济资源。拓跋政权也就因此长期维持着强烈的"征服"——或者说，"游牧封建制"的——性格。孝文帝的改革其实就是针对此一性格而来。换言之，他希望将帝国重新安顿在一个——至少在他看来——更为广阔的基础上。他的礼制改革，特别是彻底清除国家祭典中北亚习俗的工作，从某个角度来看，基本上也就是在传达此一讯息。问题是，对于构成拓跋政权原先基础的成员而论，这却不是个容易接受的改变。

要不是崔逸引经据典的反驳，南郊祭典就要少掉鸣鼓这个项目了。只因为拓跋人有鸣鼓集众这个习俗，他都怀疑起南郊祭典中"鸣鼓"这个仪式的"合礼性"，其他纯粹是北亚传统的祭典就更不在话下了。譬如说，孝文帝"禁胡语、从正音"的政策，实亦含有争取文化正统的用意。所谓"正音"，其实即指洛阳语音，为魏晋南北朝时期的"雅言"，"东晋南朝的士大夫和寒人，无论是北人或南人，都用洛阳语音来保存并传播他们的典雅文化"[余英时，《汉代循吏与文化传播（上：文化篇）》，页11；陈寅恪，《东晋南朝之吴语》，《金明馆丛稿二编》，页271]。因此，孝文帝的"从正音"并不仅仅是个统一语言的政策，这也是为什么他会对李冲所说的"四方之语，竟知谁是？帝者言之，即为正矣，何必改旧从新"大为不满，竟威胁要判他死罪（《魏书》，21:1，页536）。

三、礼制改革的回响

太和十八年（494）五月，孝文帝下诏废除了北亚祭典中残存的五月五日飨与七月七日飨，对他而言，整顿国家祭典的工作算是告一段落。拓跋贵族中的保守分子虽不满意，然而在太子元恂被废及穆泰起兵被敉平后，以拓跋核心统治集团为基础的反对势力宣告瓦解[1]。随着孝文帝重定姓族及鼓励胡汉通婚的政策的施行，一个新的，包括拓跋贵族与汉人世族在内的统治阶级在洛阳出现，构成洛阳政权的基本骨干；同时，一支新的中央军也在洛阳成立，而为孝文帝新帝国的武力基础。表面上看来，孝文帝的改革工作已告一段落，虽然他还曾为洛阳拓跋妇女仍着胡服一事怒责过留守大臣元澄，然而自迁都后，他的主要精力集中在征服南方的战事上。此战事一直进行到公元499年他死于南征途中为止。

洛阳在孝文及后继皇帝的苦心经营下，短短二十年间，从一个残破的边境城堡一跃成为北方中国政治、经济与文化中心。其人文之荟萃，都城之繁荣，从杨衒之《洛阳伽蓝记》的描述中可略窥一二。

> 宝光寺，……当时园地平衍，果菜葱青，莫不叹息焉。园中有一海，号"咸池"。葭菼被岸，菱荷覆水，青松翠竹，罗生其旁。京邑士子，至于良辰美日，休沐告归，征友命朋，来游此寺。雷车接轸，羽盖成阴。或置酒林泉，题诗花囿，折藕浮瓜，以为兴适。（4，页199—200）

---

[1] 拓跋恂被废及穆泰起兵一事，牵涉甚广，参加的有陆叡、拓跋隆、拓跋超兄弟（拓跋丕之子），都是拓跋王室及核心的代人贵族，根据《魏书》所言，除了于烈一族外，其他的重要家族都有人参加（《魏书》，31，页738）。有关此次叛乱经过可参见《魏书》，14，页361；19:2，页468—469；27，页663。

法云寺，……寺北有侍中尚书令临淮王彧宅。彧博通典籍，辨慧清恬，风仪详审，容止可观。……性爱林泉，又重宾客。至于春风扇扬，花树如锦，晨食南馆，夜游后园。僚寀成群，俊民满席，丝桐发响，羽觞流行，诗赋并陈，清言乍起。莫不饮其玄奥，忘其褊郄焉。是以入彧室者，谓登仙也。（4，页201—202）

　　孝文帝"礼教国家"的理想似乎实现了，然而实情是否的确如此？

　　禁胡服胡语是孝文迁都后推动的，然而禁胡语的政令从一开始就有相当程度的妥协色彩：只禁于朝廷之上，而且三十岁以上的人不受此限。禁胡服一事，孝文似乎更在意，然而在禁令颁布后数年，孝文发现洛阳城内还有不少拓跋妇女仍着传统服装，天子脚下尚且如此，北方边疆当然就更不用闻问了。改姓氏一点，大概也只限于南迁的代人，因为我们发现，留在长城边疆区的北方民族，例如尔朱、侯莫、万俟等，用的仍然是原来的姓氏，甚至连居住在那儿的汉人也有改用胡人姓名的[1]。

　　国家祭典的改革，大概是孝文帝改革运动中较成功的一环，因为许多北亚祭典都需要君主亲自主持，君主如果拒绝，其意义自然大打折扣，但是这也只限于国家层次的祭典。孝文帝的礼制改革，其目的绝不仅止于消极地将北亚祭典从国家祭典中排除就算了事，他其实希望的是整个帝国境内都能回复到"正统"的礼制祭典。因此，他所颁布废除北亚祭典的诏令，应该是具有普遍性的。然而，他的理想似乎大半落空了。孝明帝时，灵太后当政，"幸嵩高山，夫人、九嫔、公主已下从者数百人，升于顶中，废诸淫祀，而胡天神不在其列"（《魏书》，13，页338）。嵩

---

[1] 例如高欢的字"贺六浑"就是胡名（《北齐书》，1，页1）。有关中古时期北方边疆"胡化"或"鲜卑化"的情况，参见唐长孺，《魏晋杂胡考》，《魏晋南北朝史论丛》，页448—449。

第五章 国家祭典的改革

山邻近洛阳帝都，都还保留有胡天神的祭祀，其他更边远、更北境的地区如何，也就可想而知了。其间的主要原因是，迁到洛阳的拓跋贵族虽然已不复他们当年在平城的祖先那样，对北亚祭典有一份特殊的感情，然而他们对孝文帝当年推动礼制改革时背后所蕴含的政治文化理想，也同样不甚了然，就算了解，也不见得有当年孝文帝那么执着。洛阳近郊还容许胡天神祭祀的存在，只不过是这种心态的一个反映。就连支持孝文帝改革迁都最为坚定——也是最具关键性——的任城王元澄，对于这类北亚习俗的存在也不以为意[1]。前面曾提到，公元498年，他担任洛阳留守时，就曾为了没有严格取缔洛阳城内拓跋妇女着胡服一事，挨了孝文帝一顿骂（《魏书》，19:2，页469—470）。宣武帝时（500—515），他出任雍州刺史，还曾想在七月七日大会文武官员，北园马射。这其实也就是当年拓跋人的七月七日飨。它早在公元342年，还是什翼犍统治下的部落联盟时期即已存在："秋七月七日，诸部毕集，设坛埒，讲武驰射，因以为常。"（《魏书》，1，页12）然而公元494年，孝文帝已正式下令废除此一习俗，元澄的属下张普惠即据此反对。元澄最后虽勉强同意停止，但还是悻悻然说道："今虽非公制，而此州承前，已有斯式，既不劳民损公，任其私射，复何失也？且纂文习武，人之常艺，岂可于常艺之间，要须令制乎？"（《魏书》，78，页1729）

在此情况下，北亚祭典与传统习俗的继续存在，自然不足为奇。雍州还算是内地呢，至于长城边疆区一带，情况就更为严重了。随着首都的迁离及大量汉人的离去，连原有一层薄薄汉文化的色彩都不再存在，北亚文

---

[1] 任城王元澄对孝文帝改革、迁都支持最力，贡献也最大，穆泰之乱就是他平定的。参见《魏书》本传。此外，不要说这些拓跋贵族对于孝文帝的"礼制改革"不太热心，连继位的皇帝也没太多兴趣，例如孝明帝时，"不亲视朝，过崇佛法，郊庙之事，多委有司"（《魏书》，78，页1737）。

化再度支配了这个地区。特别是此一地区原先即有许多仍保留部落组织的北亚民族，部落既然存在，部落的祭典——包括春秋二祭——当然也就持续下去。这也是为什么原为领民酋长的尔朱荣于公元528年率兵南下后，在河阴行宫所采取的祭天典礼是原先北亚系统的西郊祭天[1]。留在长城边疆区的当然不只剩领民酋长及其治下的部落民，还有不少解散部落的游牧民（代人）以及汉人，他们或者担任边镇戍卒，或者自营生计，然而这些人在孝文帝迁都后也几乎完全纳入北亚文化的传统中，他们对北亚祭典的传统感情还是维续了下来。北齐创始人高欢在公元532年立魏孝武帝时，就决定采"代都旧制，以黑毡蒙七人，欢居其一，帝于毡上西向拜天讫，自东阳、云龙门入"（《北史》，5，页176）[2]。史书说他"既累世北边，故习其俗，遂同鲜卑"，显然是有根据的（《北齐书》，1，页1）。

尔朱荣及高欢之所以会回复采用北亚传统的祭典，除了他们自身文化的背景外，实际上也有客观形势的压力——支持他们的主要力量是游牧部落军队及六镇镇兵，同样都孕育自北亚传统文化。这就像高欢在号令军队时，多半得用鲜卑语一样[3]。因此，正如当年拓跋统治者会决定以北亚系统的祭典为其国家祭典的核心，尔朱荣与高欢也自然而然地采用了北亚祭典。另一方面，孝文帝耗尽心血所推动的礼乐教化及整顿完成的国家祭典，却没有能够完全取代北亚祭典与习俗，而成为凝聚他的新帝国的力量。

---

[1] 公元528年，尔朱荣先以铸像方式（此为北亚习俗，见《资治通鉴》，152，页4740，胡三省注）决定立元子攸为帝，然后起兵南下，四月至洛阳东北的河阴（今河南省洛阳市孟津县）。十二月，百官朝帝于行宫，十三日，荣引迎驾百官于行宫西北，云欲祭天。朝士既集，列骑纵杀之。此即史上著名的"河阴屠杀"（《魏书》，74，页1647—1648）。
[2] 详见本书第一章《"帝室十姓"与"国人"》。
[3] "于时，鲜卑共轻中华朝士，唯惮服于（高）昂。高祖（高欢）每申令三军，常鲜卑语，昂若在列，则为华言"（《北齐书》，21，页295）。

第五章　国家祭典的改革

在洛阳城繁荣与优雅文化背后的，是王侯公卿的豪奢，这些在《洛阳伽蓝记》里也有描述：

> 寿丘里，皇宗所居也，民间号为王子坊。……于是帝族王侯、外戚公主，擅山海之富，居川林之饶，争修园宅，互相夸竞。……而河间王琛最为豪首，常与高阳（王）争衡，造文柏堂，形如徽音殿。置玉井金罐，以金五色缋为绳。妓女三百人，尽皆国色。……遣使向西域求名马，远至波斯国，得千里马，号曰"追风赤骥"。次有七百里者十余匹，皆有名字。以银为槽，金为锁环，诸王服其豪富。琛常语人云："晋室石崇乃是庶姓，犹能雉头狐腋，画卵雕薪，况我大魏天王，不为华侈？"……琛常会宗室，陈诸宝器，金瓶银瓮百余口，瓯檠盘盒称是。自余酒器，有水晶钵、玛瑙杯、琉璃碗、赤玉卮数十枚，作工奇妙，中土所无，皆从西域而来。又陈女乐及诸名马，复引诸王按行府库，锦罽珠玑，冰罗雾縠，充积其内，绣缬、紬绫、丝彩、越葛、钱绢等不可数计。琛忽谓章武王融曰："不恨我不见石崇，恨石崇不见我。"（4，页206—208）

前面曾提到，孝文帝的改革运动中，有许多制度是直接仿自西晋，他也的确矢志要成为西晋唯一正统的继承者。然而他大概做梦也不会想到，就在他死后不久，在他大力推动"文治礼教"之后，拓跋的宗室贵族在斗富逞强之余，居然会拿西晋著名豪富石崇的奢华作为模仿对象[1]。"汉化"到此地步，殆非孝文始料所能及。

然而，豪奢这一风气究竟并不始自孝文帝，我们顶多也只能说是变

---

[1]石崇的事迹可参见《晋书》卷三十三本传。

本加厉罢了。但更严重的是，统治阶级及其政权的支柱——武装力量——间日益扩大的疏离感与矛盾。孝文帝迁都洛阳后，为了巩固他的政权，立即着手组织一支新军：

> 太和十九年（495），八月，诏选天下武勇之士十五万人为羽林、虎贲，以充宿卫。(《魏书》, 7:2, 页 178)

> 太和二十年（496），十月戊戌，以代迁之士皆为羽林、虎贲。(《魏书》, 7:2, 页 180)

基本上，这支军队还是以南迁的代人为骨干的。然而，当年曾用来维系他们与统治贵族之间感情，以及致使他们认同拓跋政权的渠道——北亚祭典——已不复存在。新的国家祭典连支持洛阳政权的代人贵族都无法完全认同，遑论他们的士兵了。于是，拓跋政权及其所赖以支撑的武力间的疏离感急遽加深。更严重的当然是孝文帝以后的皇帝力行他的遗训，强调"重文轻武"及"清""浊"之分[1]，武人仕途无望，更激起他们的愤慨，最后终于导致中央军的暴动。

> （张彝）第二子仲瑀上封事，求铨别选格，排抑武人，不使预在清品。由是众口喧喧，谤讟盈路，立榜大巷，克期会集，屠害其家。……神龟二年（519）二月，羽林虎贲几将千人，相率至尚书省诟骂，求其

---

[1] 孝文帝定姓氏、划分士族，并且规定适合士族担任的官为"清官"，适合庶族担任的叫"浊官"，军职自然被列为"浊官"，而且"清"与"浊"之间截然两分。按官有"清""浊"之分是南朝的习惯语，但南朝似乎也没有以法令形式硬性规定某一官职的清浊（唐长孺，《拓跋族的汉化过程》，《魏晋南北朝史论丛续编》，页 144 注 2）。

第五章　国家祭典的改革

长子尚书郎始均，不获，以瓦石击打公门。上下畏惧，莫敢讨抑。遂便持火，房掠道中薪蒿，以杖石为兵器，直造其第，曳彝堂下，捶辱极意，唱呼嗷嗷，焚其屋宇。……始均回救其父，拜伏群小，以请父命。羽林等就加殴击，生投之于烟火之中。(《魏书》，64，页1432)

对他们而言，随着北亚祭典自国家祭典中消失，当年拓跋统治者所曾允诺的各种特权与利益似乎也都与之俱去了[1]。

公元前202年，刘邦击败项羽取得天下，建立了汉朝。然而当时朝廷法度未立，高祖的将相大臣又多半出身布衣，不知礼仪为何物，于是在朝廷上"群臣饮酒争功，醉或妄呼，拔剑击柱"。高祖甚为头痛，乃召叔孙通来商量定朝仪。叔孙通回到鲁国找帮手，有两个儒生不肯去，理由是："礼乐所由起，积德百年而后可兴也。"高祖当然不能再等百年，"知当世之要务"的叔孙通还是设法与其他儒者合作完成了这项任务(《史记》，99，页2722—2723)。既然是急就章的作品，也只能从一些最要紧的朝会法制着手，其他礼乐文物制度只好暂时付之阙如。不过，汉帝国在高祖后享祚甚久，其间亦屡有盛世，"积德百年"后，到汉武帝时，终于开始较积极地整顿礼乐，经数代努力，典章制度灿然大备，遂成为此后中国王朝的典范。然而孝文帝却没有这个运气让他的理想慢慢生根苗长。

在他的改革中，损失最大的无疑是仍留居在长城边疆区的代人与其他的游牧民族。除了文化的疏离感外，更严重的是经济政治利益及社会地位的丧失。在拓跋魏早期，长城边疆的游牧骑兵是帝国武力的基础，

---

[1]我们这里没有提到汉人贵族，那是因为尽管经过了孝文帝的改革，拓跋帝国的军权此时还是掌握在拓跋宗室、贵族手中。汉人既然还无法掌握武力，在国家重大事务上能扮演的角色实亦相当有限，详见本书第二章《拓跋魏的国家基础》。

他们以征服者的姿态君临中原，享受从黄河流域掠夺来的物资。然而自从首都南迁，政治中心移往中原，留在北方的居民首先失去其原有的政治与社会地位。特别是自孝文帝开始，洛阳政权力行文治，重文轻武的结果，便是留守边疆的军人地位一落千丈。这点在北魏末年已屡有人指出：

> 昔皇始以移防为重，盛简亲贤，拥麾作镇，配以高门子弟，以死防遏，不但不废仕宦，至乃偏得复除。当时人物，忻慕为之。及太和在历，仆射李冲当官任事，凉州土人，悉免厮役，丰沛旧门，仍防边戍。自非得罪当世，莫肯与之为伍。征镇驱使，但为虞候白直，一生推迁，不过军主。然其往世房分留居京者得上品通官，在镇者便为清途所隔。或投彼有北，以御魑魅，多复逃胡乡。乃峻边兵之格，镇人浮游在外，皆听流兵捉之。于是少年不得从师，长者不得游宦，独为匪人，言者流涕，自定鼎伊洛，边任益轻，唯底滞凡才，出为镇将，转相模习，专事聚敛。（《魏书》，18，页429—430）

> 缘边诸镇，控摄长远。昔时初置，地广人稀，或征发中原强宗子弟，或国之肺腑，寄以爪牙。中年以来，有司乖实，号曰"府户"，役同厮养，官婚班齿，致失清流。而本宗旧类，各各荣显，顾瞻彼此，理当愤怨。（《北齐书》，23，页329—330）

其次是黄河流域的物资现在不再输往长城边疆，而就近集中到洛阳。我们晓得，长城边疆区的生产以畜牧为主，粮食则还相当依赖河北一带的供应，输入物资减少，自然导致此地经济的匮乏。于是长城边疆区又恢复到在汉族王朝统治下边疆区的地位。

对于仍留居在此地区的人们——特别是六镇镇民，也就是当年的"代

第五章　国家祭典的改革

人"——而言，随着国家祭典中北亚祭典的消失以及都城的南移，他们原先所得到的"承诺"——政治、社会及物质利益——似乎也跟着消失了，正如他们在洛阳的伙伴一样，心中的愤懑是可想而知的。

更严重的问题是，孝文帝的迁都也导致帝国基础的分裂。早期拓跋帝国是以征服王朝的方式统御中原，其立国主要是基于武力控制，而武力又有赖长城边疆区游牧民族的支持。当都城在平城时，帝国的军事政治力量是合一而集中在长城边疆的。都城南迁，政治重心移到黄河流域，军事力量——北亚游牧民族——则大半仍留在长城边疆，控御遂出现问题。这点早在公元415年，明元帝考虑迁都邺时，崔浩即已明白指出（《魏书》，35，页808）。而公元494年拓跋贵族之所以要反对孝文帝的迁都，基本着眼点也在拓跋政权与长城边疆军事基地间的这种唇齿相依的关系。穆罴当时即简洁指出："征伐之举，要须戎马，如其无马，事不可克。"（《魏书》，14，页359）孝文帝并非不了解此一问题，他到洛阳后立刻重组中央军，应当就是针对这个问题而做的。然而自孝文死后，南方战事日稀，于是，当洛阳的这支中央军由于长期缺乏作战经验，而致战力、士气两皆消沉时，留守长城边疆的战士则因须不断与塞外游牧民族对抗，战力反而大致维持下来[1]。政治与军事力量一分为二，而拥有军事力量的却又

---

[1] 早期的拓跋帝国由于建都平城，北方的防务特别重要，因此拓跋统治者常亲自领军越过大漠追击柔然。自从孝文帝迁都洛阳，重组的中央军虽然还以代人为主体，但其主要任务已转变为征伐南方。公元523年，柔然入侵，北魏朝廷仓促决定派遣中央军远征。当远征军抵达边塞时，柔然早已退回漠北，于是远征军又渡漠追击。这是自孝文帝迁都后，中央军首次回到长城边疆，他们在越漠追击时也就地征召了一些部落军及镇兵（尔朱荣即曾率所部参加），这自然给了边人一个良好的观察机会。然而此时的中央军战力——特别是机动力——已大不如前，因此，入大漠未久即行撤退，毫无所获。六镇兵起后，广阳王元深在检讨原因时曾说：

及（柔然）阿那瓌背恩，纵掠窃奔，命师追之，十五万众度沙漠，不日而还。边人见此援师，便自意轻中国。（《魏书》，18，页430）

至于北方军队的战力，从下列几件事便可知晓：一、由于这些军队的发难，才导致北魏帝国的

是在政治、社会及经济利益上遭到歧视的一群人,危机的爆发遂无可避免。孝文帝也许希望有一天,当他成功地征服南方,统一天下,并且将洛阳建设成一个繁荣的文化中心后,那些"北人"自然会心悦诚服地来到这个世界首都,投入他所建设的新帝国与文化圈。公元528年,就在他死后不到三十年,长城边疆的游牧战士的确来到了洛阳,只不过并不是如他原先所期望的那么和平[1]。

崩溃;二、北魏末年时,南朝的萧梁曾想趁机征服北方,萧梁的军队确实也曾一度占有洛阳,不过,不久即为尔朱荣的军队逐走(《魏书》,74,页1651—1652);三、北周与北齐政权的建立,实质上是依靠这些军队的支持,这已是治史者熟知的事实(陈寅恪,《唐代政治史述论稿》,《陈寅恪先生全集》,页165—166)。
[1] 六镇之乱及尔朱荣起兵一事,详见唐长孺、黄惠贤,《试论魏末北镇镇民暴动的性质》,《历史研究》,1964:1。

第六章

民爵与民望

太和十七年（493）七月，就在准备迁都洛阳的前夕，北魏孝文帝以立皇太子的名义下诏："赐民为人后者爵一级，为公士；曾为吏属者爵二级，为上造。"（《魏书》，7:2，页172）这是北魏一代首次比较明确普赐天下民爵的记录[1]。此后数年，孝文帝频频下诏赐民爵，根据《魏书》本纪所载，从493年到497年，短短几年内就有13次普遍赐爵的记录。

从这些记录看来，孝文帝有意恢复曾行之于秦汉时期的民爵制度，应当是可以确定的。不过，就我们所知，在中国历史上，魏晋南北朝是个世家大族掌握社会主导力量的时代，个人能力的高低，就决定其身份地位而言，往往比不上出身的门第来得重要。而这一点与民爵制度初行时所强调的注重个人业绩的基本精神，严格说来，根本是互相抵触的。那么，孝文帝为何要复行民爵制度？

本文第一步拟先检讨孝文帝以前民爵制度实行的情况，特别集中在

---

[1] 明元帝泰常七年（422），"因东幸幽州，见耆年，问其所苦，赐爵号"（《魏书》，3，页62），此处"爵号"所指为哪一种爵制，不得而知。

魏晋以后。其次则分析孝文帝复行民爵的用意，特别是他个人所理解的民爵制度的作用究竟如何。最后，我们将检讨孝文复行民爵制度的成效，并就当时的历史背景探讨其失败的缘故。希望这些问题的提出，多少能有助于揭示北魏孝文帝改革——所谓"太和改革"——的本质。

一、爵制的演变

爵制在中国出现得相当早，就典籍所载，至迟在周代已有所谓的五等爵制，即公、侯、伯、子、男的制度。周代爵制实施的情况是否真如《礼记·王制》所说的那么整齐划一，这点姑且不论[1]，至少这些爵位的颁赐，原则上只限于贵族阶层，一般平民是无缘参与的。一直要到公元前4世纪中叶，商鞅入秦，立军功爵制，规定以军功为授爵的标准，情况才有所转变。当时秦已逐渐实施全民皆兵的制度，故自军功爵立，平民乃可较大规模地通过军功来获取爵位。

商鞅的军功爵制虽然鼓励平民以军功取爵，但并非直接授予平民，因此，基本上还不能认定即民爵制。为了达成设置军功爵的理想，商鞅严格规定：社会身份及特权的享有一以爵位为准。

> 有军功者，各以率受上爵；……宗室非有军功论，不得为属籍。明尊卑爵秩等级，各以差次名田宅，臣妾衣服以家次。有功者显荣，无功者虽富无所芬华。(《史记》，68，页2230)

---

[1] 傅斯年，《论所谓五等爵制》，《"中央研究院"历史语言研究所集刊》，2:1（1930）。傅斯年基本上不承认周代有一套划分整齐的五等爵制（页128）。唯关于此一问题，杜正胜另有意见，他认为就春秋时代各诸侯所须负担的封建义务而言，五等爵制的存在应当还是可以采信的，虽然不一定那么严整。杜正胜，《平民爵制与秦国的新社会》，《编户齐民》，页318—323。

第六章　民爵与民望

《孟子·公孙丑下》言："天下有达尊三：爵一，齿一，德一。朝廷莫如爵，乡党莫如齿，辅世长民莫如德。"然而在商鞅的军功爵制下，只有爵位一项。而且颁授爵位概以军功为准，并非如传统以血缘亲疏为主要考虑。就此而言，商鞅的军功爵无疑是颇具革命性的。

商鞅的爵制理想究竟实现到什么程度，这当然还有争论余地[1]。不过，终秦一代，爵位始终受到相当的珍视。秦王政四年（243B.C.），"天下疫，百姓内粟千石，拜爵一级"。泷川龟太郎在考证中引徐孚远的话："秦人重爵，除吏复家，故不轻赐爵……入粟千石，比一首级，其重爵可见。"（《史记会注考证》，6，页4）陈直在《汉书新证》中也指出："秦代重爵，往往有爵位，无官位，无爵位者始称官位，与汉代无官位则称爵位之风气不同。"（页125）重爵的结果，爵位遂逐渐成为决定社会身份与特权的重要标准。西晋时人庾峻在论风俗的一篇奏疏中即说："秦……时不知德，惟爵是闻，

---

[1] 商鞅军功爵制最主要的材料当为《商君书·境内篇》。关于此篇材料的研究及其与汉爵的关系，可参见守屋美都雄，《漢代爵の源流として見たる商鞅爵制の研究》，《東方学報》，27（1955）。商鞅所定的军功爵位到底能享有什么特权？由于材料有限，一时尚无法系统理出。《韩非子·定法篇》引《商君之法》曰："斩一首者爵一级，欲为官者，为五十石之官。"（页907）是有爵者可出任官职。《商君书·境内篇》所载，爵为大夫（第五级），可出任县尉，并赏赐六个俘房；五大夫（第九级）以上则可食邑（页72—73）。大致说来，持爵者依爵位高低可占有数量不同的田宅（或食邑），并拥有隶属农民。在法律上也可享有特权，例如，在一定范围内可以赎免自己或家人免为奴隶；有罪时亦可按照爵位高低得到免刑或减刑。这在秦律上有明确规定，例如《军爵律》："欲归爵二级，以免亲父母为隶臣妾者一人；及隶臣斩首为公士，谒归公士而免故妻妾一人者，许之，免以为庶人。"（《睡虎地秦墓竹简》，页33）《游士律》："有为故秦人出，削籍，上造以上为鬼薪（按：三年劳役），公士以下刑为城旦（四年劳役）。"（同前书，页130）爵位每高一级，坟墓上即可多种一棵树。因此，秦人视夺爵为一种重大处罚，例如武安君白起得罪秦昭王，即免爵为士伍、流放（《史记》，73，页2337）。秦王政十二年（235B.C.），吕不韦死，宾客临丧者，秦人六百石以上即夺爵流放，五百石以下不临丧者，虽也流放但不夺爵（《史记》，6，页231）。有关商鞅军功爵所享特权，可参看杨宽，《战国史》，页237—238。其实除了商鞅的军功爵外，战国时赵、楚、魏等国皆有类似的爵制，用来鼓励军功或其他功劳。参见杨宽，前引书，页234—236。另见杜正胜，《编户齐民》，页328—371，383—390。

故间阎以公乘侮其乡人，郎中以上爵傲其父兄。"(《晋书》，50，页1393)
庾峻的话难免有夸张之处，晋去秦的时代已有相当距离，我们当然不能轻易就此论断秦的乡里秩序与家族中传统的权威格局，在商鞅爵制实行后已有革命性的转变。不过，基于秦人重爵的事实，商鞅爵制对秦传统的社会层级结构有相当程度的冲击，应当还是可以确定的。

"惟爵是闻"的结果，爵位成为人人渴望之物，君主自然可以之为一种有力的赏罚工具，其运用范围也就逐渐扩大至军功以外，而包括一般平民在内，这就是民爵制度[1]。秦汉帝国的二十等爵制就是沿此脉络发展出来的。

秦汉帝国的二十等爵制，前辈学者论之甚多，甚至有专书问世，此处即不赘言。不过，不管二十等爵制在秦汉帝国的形成与结构上扮演了多重要的角色[2]，此一爵制到东汉末已渐趋没落。到三国时期，除了曹魏，

---

[1] 例如公元前286年，秦攻魏，魏献安邑求和，秦把安邑魏人逐出，从本国募民迁入，奖励办法即有"赐爵"(《史记》，5，页212)。公元前260年，秦赵长平之战，秦昭王"自之河内，赐民爵各一级，发年十五以上悉诣长平"(《史记》，73，页2334)。公元前243年，秦国灾荒，"百姓内粟千石，拜爵一级"(《史记》，6，页224)。

[2] 西嶋定生，《中国古代帝国の形成と構造——二十等爵制の研究》，1961。西嶋定生的另一篇论文，《中国古代统一国家的特质——皇帝统治之出现》[杜正胜编，《中国上古史论文选集》(下)，台北，1979]，则更简要地摘述其专书的论点。西嶋氏的论点可简单归纳如下：民爵制的施行，构成秦汉帝国乡里新秩序；由于爵位是由皇帝颁赐的，秦汉君主即通过此一方式达成他所说的"皇帝统治下的个别人身支配"。西嶋氏的理论至少有两点值得检讨。第一，爵位在秦代主要仍是一种赏罚工具，赐爵的情况极少见。西嶋氏特别强调"初县"时的赐爵，并举公元前286年募民徙安邑赐爵一事为例。笔者以为此处的"赐爵"作用在鼓励人民前往，而且类似的例子也不多见。秦代政府的确是有意利用爵位划分社会层级结构，但他们是否有意识地想借"赐爵"全面性地重组乡里秩序，颇值得怀疑。严格说来，秦统治期间，非奖励性的"赐爵"并不多见。照西嶋氏的说法，移民到新设郡县，与原先乡里氏族联系脱离，正是通过"赐民爵"来重建乡里秩序以及与皇帝直接隶属关系的最佳场合。然而，秦始皇统一天下后，虽曾多次徙民，但真正赐爵的只有一次("始皇三十六年，迁北河、榆中三万家，拜爵一级"。《史记》，6，页259)，其他都以"复除"的方式来奖励。第二，汉代赐爵的情况确较普遍，汉代君主似乎也有意让治下百姓分别持有高低不等的爵位。汉代君主是否主观认定这样做的结果，即可达成

第六章　民爵与民望　　　　　　　　　　　　　　　　　　　　197

我们在孙吴及蜀汉几乎已找不到一丁点二十等爵制的痕迹。曹魏虽偶尔还有赐民爵之举，但政府所重视的实际上是建安二十年（215）曹操所制定的军功爵，与二十等爵基本无关[1]。三国以后的晋及南朝也偶有赐民爵之举，然而除了简单的赐爵记录外，极少其他有关的资料。公元280年，晋武帝平吴，结束分裂局面，如照秦汉往例，如此重要大事一定得普赐天下民爵，以示与民更始之意[2]，然而武帝的诏书只有"大酺，……将吏渡江复十年，百姓及百工复二十年"（《晋书》，3，页71—72）。永嘉乱后，司马睿在建业登基（318），赐"吏投刺劝进者加位一等，百姓投刺者赐司徒吏，凡二十余万"，熊远建议依汉制普赐天下爵，未被采纳（《晋书》，71，页1887）。晋元帝为何不从熊远的建议，史无明言。不过，从他赏赐劝进者的事物看来，我们至少可以知道，民爵在当时似乎已不被视为具有酬庸的价值。

北方在"五胡乱华"时期亦有数次赐爵记录，其中保有较多资料的是石赵，"（石勒）以右常侍霍皓为劝课大夫，……循行州郡，核定户籍，劝课农桑，农桑最修者赐爵五大夫"（《晋书》，105，页2741），爵位又

"个别的人身支配"，这点姑且不论。至少，在客观条件下，这样赐爵的结果恐怕只不过造成如杜正胜所说的："年老者历世久，获赏机会多，同在里间可能比年轻者多几个爵等。"（《古代聚落的传统与变迁》，《第二届中国社会经济史研讨会论文集》，台北，1983，页253）或者，由于爵位可以买卖，使得有财势者亦可有机会得到更高的爵位。问题是，有财势或年老者在乡里社会本就有较高的社会地位，因此，原有的社会层级结构并不会因为爵位而有多大变化，更谈不上"重组"了。
[1]曹操所置军功爵见《三国志》，1，页46。
[2]公元前220年，亦即秦一统天下次年，"赐爵一级"（《史记》，6，页41）。这是秦帝国首次——也是唯一一次——普赐天下民爵。其目的应当是庆祝统一大业的完成。公元前205年，刘邦由蜀进入关中，"令民除秦社稷，立汉社稷。施恩德，赐民爵"（《汉书》，1:1，页33）。公元前202年，刘邦击败项羽取得天下，亦赐军吏卒爵为大夫（《汉书》，1:2，页54）。公元27年，东汉光武帝大破赤眉，得传国玺，"赐天下长子当为父后者爵，人一级"（《后汉书》，1:1，页32—33）另参见西嶋定生，前引书，页148—150。

成为奖赏工具。不过，此处的"五大夫"爵位是否即二十等爵制下的五大夫，还有疑问[1]。至于附随赐爵是否还享有某些特权，就不得而知了。苻坚统治时期（357—384）的两次赐爵，倒是可以确定为民爵（《晋书》，113，页2885、2889）。只是对当时民爵制度的内容，我们还是一无所知。

不管怎么说，虽然此一时期史书还偶有赐爵记录，但民爵制度基本上已普遍不受时人重视。其实，此一现象早在曹魏时王粲的《爵论》一文中即已指出：

> 依律有夺爵之法。此谓古者爵行之时，民赐爵则喜，夺爵则惧，故可以夺赐而法也。今爵事废矣，民不知爵者何也，夺之民亦不惧，赐之民亦不喜，是空设文书而无用也。(《艺文类聚》, 51,《封爵部》)

在此情况下，北魏开国百年而无明确赐民爵记录，似乎是极可理解的。反过来说，孝文帝恢复赐民爵的措施也就更值得我们注意。

二、孝文帝的赐民爵

在孝文帝以前，北魏王朝当然已有爵制，不过，所实行的是自魏晋时代逐渐恢复的五等爵制[2]。公元398年，拓跋珪取得河北、山西，建国号魏，"诏尚书吏部郎中邓渊典官制，立爵品"（《魏书》, 2, 页33）。虽史无明言，但据推测，此处所立的"爵品"应该是属于五等爵制的，因为六年后（404），

---

[1] 曹操在建安二十年所立军功爵亦有"五大夫"爵号。
[2] 这时的五等爵与周封建制下的五等爵已大有不同。简单地说，这些有爵位者最多只能衣食租税，不能享土治民。曹魏司马朗、北魏崔浩都曾主张"复五等"，指的是复行封建，使有爵者得裂土治民。

第六章　民爵与民望

拓跋珪修改此一爵制，"制爵四等，曰'王、公、侯、子'，除伯、男之号"（《魏书》，2，页42；113，页2973）。不管爵号怎么更改，这些爵位基本上是属于贵族及统治阶层的，一般平民并无缘分享。这一爵制在孝文时曾经过部分改革，例如异姓及帝室疏属为王者皆降为公，以此递降，子、男则仍旧，除将军之号（《魏书》，7:2，页169），封邑亦改为"食实封"。有关孝文改革爵制的问题，非本文主旨，此处即不赘言[1]。不管怎么说，我们可以确知的是：从开国起，北魏就有一套爵制，而这套爵制与秦汉帝国所行的二十等爵，基本上是不同的。

除了493年以立太子名义赐爵外，此后数年，孝文帝频频赐爵，从493年到497年，总计有13次较大规模的赐爵记录。其中有两次是遍及全国的（493及497），那是因为前后两次立太子，赐"为人后者"；其他则有对象（从征者，耆老）及地域（行幸地区）的限制。个别性赐爵的例子也有，例如"石祖兴，常山九门人也。太守田文彪、县令和真等丧亡，祖兴自出家绢二百余匹营护丧事，州郡表列，高祖（孝文）嘉之，赐爵二级，为上造"（《魏书》，87，页1894）。只是类似的例子并不多见。

那么，孝文帝在493年及以后所赐的民爵与二十等爵制究竟有何关联？除了《魏书》中的一些记载外，严格说来，我们并没有其他资料可供考证。不过，基于下述理由，我们大致可以确定：孝文帝的赐民爵，基本上是仿自秦汉的二十等爵制。因为：第一，只有二十等爵制中，才有民爵的设置；第二，493年所赐爵位，"一级为公士，二级为上造"，与二十等爵制第一、二级名号相符；第三，493年赐爵以立皇太子为名，"赐为人后者"，整个形式基本上符合汉帝国立太子时的赐爵方式[2]。

---

[1] 川本芳昭，《北魏の封爵制》，《东方学》，57（1979），页16—31。
[2] 例如汉元帝初元二年（47B.C.），立皇太子，赐御史大夫爵关内侯，中二千石右庶长，天下当为父后者爵一级（《汉书》，9，页282）。

然而，孝文帝所行的民爵制跟二十等爵制也有大相径庭之处：秦汉的二十等爵制共分二十级，从第一级的公士一直到第二十级——也就是最高级——的列侯，都属于同一爵制系统，尽管法令规定一般平民爵不得过公乘（第八级），但基本上还是相通的，这点只要看西汉及东汉时，平民常有买爵至五大夫（第九级）以上，甚至可达大庶长（第十八级）的情况即可了解[1]。而孝文帝的赐爵记录极少有超过三级的，再上去就改授"假太守"或"假县令"（详见附表），可见，孝文帝实际上只取二十等爵制中最低的几级来颁赐平民；既无意照抄二十等爵制，使一般庶民可循序直上高爵，亦无意让他所行的民爵制与原有的五等爵制相贯通。换言之，孝文帝的民爵纯粹是为一般平民而行的，其间别无孔道可往上爬升。这一点对了解孝文帝复行民爵制的用意是相当重要的。

三、民爵与民望

撇开个别性的例子不谈，孝文帝普赐民爵的政策，从史料上看来，是相当有系统的。赐"为人后者"，使全国境内每一家户的继承人皆纳入爵制。巡行各地时的赐爵，则使全国大多数地区的老人也都拥有一、二、三级不等的爵位[2]。严格说来，只有493年赐"从征者"及497年赐"营船

---

[1]汉文帝时，为了解决边区粮食问题，"令民入粟边，六百石爵上造，稍增至四千石为五大夫，万二千石为大庶长"（《汉书》，24:1，页11—35）。汉武帝时，连岁伐匈奴，人民为了免役，"多买复及五大夫"，结果是"征发之士益鲜"（《史记》，30，页1428）。东汉安帝永初三年（109），"三公以国用不足，奏令吏人入钱谷，得为关内侯、虎贲羽林郎、五大夫、官府吏、缇骑、营士，各有差"（《后汉书》，5，页213）。
[2]从494年到497年，孝文帝频频出巡，巡幸所经之地照例皆"赐爵"给当地耆老，由于孝文巡视之地集中在黄河中下游（陕西南部、山西、河南、河北、山东），赐民爵自然也集中在这些地区。值得注意的是，原先拓跋人的根据地——平城王畿、六镇防地——以及河陇一带皆无赐民爵例子（除了两次立太子普赐天下民爵外）。河陇一带孝文帝未曾巡视过，这可以解释为

第六章　民爵与民望

之夫",才是论功行赏,虽然"论功行赏"实际上应该是二十等爵制初起时的主要功能。

为何孝文帝要复行民爵制度?从上述讨论我们可以知道,他并无意以赐夺爵位为主要赏罚工具,这在当时大概也行不通。赏赐爵位当然也可视为君主的一种恩泽,这在汉代倒是很普通的,特别是立太子时的赐民爵,照西嶋定生的解释:通过爵位的赐予,使皇太子(帝国未来的继承人)与"为人后者"(家户未来的继承人)产生某种联系,这倒是很独特的一种安排[1]。孝文帝的赐民爵当然也可从此角度来理解。然而,除此之外,孝文帝赐民爵的措施是否还有其他用意?

我们知道二十等爵制初起时,其功用主要是奖善惩恶。而人民之所以会重视爵位,是因为爵位高低意味着享有特权的多寡;在一个层级结构还发挥作用的社会中,爵位自然而然成为社会身份的一种表征。两汉时期,由于赐爵频繁以及爵位开放买卖(特别是政府的大量卖爵),爵位的赏罚功效自然大打折扣。然而,作为社会身份的表征以及享受某些特权的标准,爵位的功能还是部分存在的。大约成书于东汉时的《九章算术》有一道习题:"今有大夫、不更、簪褱、上造、公士凡五人,共猎得五鹿,欲以爵次分之,问各得几何?"答曰:"大夫得一鹿三分鹿之二。不更得一鹿三分鹿之一。簪褱得一鹿。上造得三分鹿之二。公士得三分鹿之一。"

何无赐爵记录。然而平城王畿及六镇一带,孝文帝在太和十八年(494)——即决定迁都后——还特别巡视一番,"所过皆亲见高年,问民疾苦,贫窭孤老赐以粟帛。丙寅,诏六镇及御夷城人,年八十以上而无子孙兄弟,终身给其廪粟;七十以上家贫者,各赐粟十斛"(《魏书》,7:2,页174)。为何不同时赐民爵,反正实际上也只是个口惠?笔者初步的推测是,此地居民多非汉人,对民爵为何物,可能连基本认识都没有;其次,他们的社会组织及结构与汉人社会不同,譬如说,老人在他们社会中就不见得受尊重。孝文帝可能即因此认为没有必要在此处行民爵制。此一问题牵涉较广,不能单就民爵制度来看。

[1]西嶋定生,前引书,页268—270。

（3，页37—38）另外两道类似的习题，也是以爵位高低来决定获粟或出钱的多寡（3，页40—41）。我们并无意据此断言当时的社交场合，一概都以爵位高低来决定彼此身份等第。不过，爵位代表社会身份且有其实质作用，在某个程度内，应当还是为当时社会所接受的。否则我们即无法解释为何还有人愿意买爵，为何官方文书中对爵位的登记还相当重视，以及为何当时社会持爵者普遍有在自己姓氏前冠上爵号——不管是碑刻还是"爵里刺"——的习惯[1]。

孝文帝的时代，民爵制度当然早已失去其作为赏罚工具的效用，甚至连区别社会身份的功能也已不再存在。孝文帝的复行民爵，或许并无意想将它作为一种赏罚工具[2]。他是否可能有意恢复其区别——至少是部分地——社会身份的功能？

我们晓得孝文帝在493年迁都洛阳后，曾大力推动划分社会阶级——即士庶之分——的政策，也就是史上习称为"定姓族"的政策。

"郡姓"者，以中国士人差第阀阅为之制，凡三世有三公者曰"膏粱"，有令、仆者曰"华腴"，尚书、领、护而上者为"甲姓"，九卿

---

[1] 碑刻例子可见《隶释》卷十《陈球碑阴》、卷十六《舜子巷义井碑》，《隶续》卷十六《繁长张禅等题名》。官方文书（或碑刻）记有爵位者不胜枚举，最出名的当然是秦始皇的琅邪台刻石（《史记》，6，页246）。《居延汉简》登记名籍时有爵者照例都须注明，例如"戍卒张掖郡昭武便处里大夫薛襃"（图198页，137.14，释文462考3844）。近年发掘到的《汉景帝二年南郡江陵县郑里廪簿》亦有类似记录（池田温，《中国古代籍帐研究》，页293）。还有人在墓室留下的简文中郑重记上自己爵号，例如湖北江陵凤凰山10号汉墓出土的一枚景帝时简文："四年后九月辛亥，平里五（大）夫伥（按：张）偃，敢告地下主。"（池田温，前引书，页292）有关"爵里刺"的分析参见西嶋定生，同前书，页362—367。

[2] 孝文帝偶尔亦有以民爵为奖励之用。不过，如果他真想恢复民爵制度的赏罚功能，就得像秦一样，尽量避免非奖赏性的赐爵。因为只有这样做，爵位才会显得珍贵，其赏罚效果才明显。

若方伯者为"乙姓"，散骑常侍、太中大夫者为"丙姓"，吏部正员郎为"丁姓"。凡得入者，谓之"四姓"。(《新唐书》，199，页5678)

《新唐书·儒学传》中柳芳的这段记载，根据唐长孺的意见，可能是本之于太和十八年（494）孝文帝定四海士族的规定，虽然免不了有些删节[1]。至于原为征服者的代人集团也援例划分阶级。

太和十九年（495），诏曰："代人诸胄，先无姓族，虽功贤之胤，混然未分，故官达者位极公卿，其功衰之亲，仍居猥任。比欲制定姓族……其穆、陆、贺、刘、楼、于、嵇、尉八姓，皆太祖已降，勋著当世，位尽王公，灼然可知者，且下司州、吏部勿充猥官，一同四姓。自此以外，应班士流者，寻续别敕。原出朔土，旧为部落大人，而自皇始已来，有三世官在给事已上，及州刺史、镇大将，及品登王公者为姓。若本非大人，而皇始已来，职官三世尚书已上，及品登王公而中间不降官绪，亦为姓。诸部落大人之后，而皇始已来官不及前列，而有三世为中散、监已上，外为太守、子都，品登子男者为族。若本非大人，而皇始已来，三世有令已上，外为副将、子都、太守，品登侯已上者，亦为族。凡此姓族之支亲，与其身有缌麻服已内，微有一二世官者，虽不全充美例，亦入姓族；五世已外，则各自计之，不蒙宗人之荫也。虽缌麻而三世官不至姓班，有族官则入族官，无族官则不入姓族之例也。"(《魏书》，113，页3014—3015)

上面所引是孝文帝在"定姓族"过程中，最主要的两条资料，前一条是

---

[1] 唐长孺，《论北魏孝文帝定姓族》，《魏晋南北朝史论拾遗》，页82。

针对汉人，后者则针对拓跋人。值得注意的是：孝文帝的这两道诏令，并不仅仅在于区别胡汉士庶阶级，即使同属士族，其中也还有高低等第。因此，汉人士族有"膏粱""华腴"，及甲、乙、丙、丁"四姓"；而拓跋士族则有"姓""族"的分别。

我们知道，早在孝文帝区别士族等第以前，汉人士族社会之中自然也已有高下之分，例如，崔浩"恃其家世魏、晋公卿，常侮（崔）模、（崔）颐"（《魏书》，35，页827），虽然崔模、崔颐也还同属清河崔氏。连同宗都还要划分，异姓就更不必提了。不过，这种等第高低的观念虽存在于士族社会之中，究竟还没有具体化为一种制度。就此而言，孝文帝详列各种标准，将士族等第清楚固定下来的措施，无疑是颇为特殊的[1]。问题是：孝文帝将士族等第法制化的政策，是否为当时社会——特别是士族——所接受？这一点从当时留存下来的石刻史料看来，答案似乎是肯定的。立于北魏孝明帝正光三年（522）的《鲁郡太守张猛龙清德颂碑》，碑阴刻有鲁郡"士望"孔文憘等30人，另有鲁、汶阳、阳平、弇、新阳等县的"族望"颜驎等数十人（《金石萃编》卷二十九）。立于东魏武定七年（549）的《义桥石像碑》，碑阴也刻有"民望"荀买脾、史文祖等数人姓名（《金石萃编》，卷三十一），《金石萃编》卷

---

[1]越智重明在《魏晋南朝の貴族制》第五章提出所谓的"身份—族门制"，认为从西晋末，社会上已形成士人上层、士人下层、庶人上层（乡品第六至九品，担任下级官吏者）、庶人下层四个等级，与之相对应的族门即为甲族、次门、后门、三五门。周一良在书评中指出，虽然魏晋南朝史书中常可发现这些用来划分门第的名词，但只能算是不成文法或约定俗成的习惯，而很难说是一套整齐划一的制度，因为很可能会把不同时期的现象混为一谈（《评介三部魏晋南北朝史著作》，《北京大学学报·哲学社会科学》，1985:2，页31—32）。东晋南朝是否真的有过一套整齐的"身份—族门制"，诚如周一良所言，还不易确定。不过，当时时确有甲族、次门的名称存在，其目的也的确是用来划分政治社会身份的。笔者倒有点怀疑孝文帝之所以要在士族内划分等第，似乎有可能是由于南朝此一现象的启发。

三十的《颍州刺史敬使君碑》亦有类似记载，不再赘引。唐长孺根据《隋书·经籍志》史部谱系类后序所说"后魏迁洛，……其中国士人则第其门阀，有四海大姓、郡姓、州姓、县姓"（33，页990），认为石刻上的"士望"即为"郡姓"，而县的"族望"应当便是《隋志》所说的"县姓"，通称则为"民望"[1]。

孝文帝定姓族的目的，主要当然是在厘清士庶在政治、经济、社会及文化上的不同地位。士庶之别厘清，才能确定谁可以享受免役、荫庇家族、优先入仕等特权。就此而言，孝文帝的此一政策倒是继承了魏晋以来的传统。因为在当时——特别是孝文帝——的观念本来就是"君子之门，假使无当世之用者，要自德行纯笃，朕是以用之"（《魏书》，60，页1343），"或言唯能是寄，不必拘门，朕以为不尔。何者？当今之世，仰祖质朴，清浊同流，混齐一等，君子小人，名品无别，此殊为不可"（《魏书》，59，页1310）。

然而除了划分士庶之别外，孝文帝的定姓族还有另外的用意，那就是借着划分士族等第为"膏粱""华腴"、甲乙丙丁"四姓"（或"四海大姓""郡姓""州姓""县姓"）的机会，提出以当朝（北魏）官爵为主的准则，从而使得皇权可以介入干涉——尽管只是部分地——一向"非天子所能命"的士大夫阶层。换言之，由于强调以当代官爵为主，许多在魏晋时代还寂寂无闻的家族——如陇西李氏、河东薛氏、东平毕氏——在"定姓族"以后都一跃而成第一流的门阀[2]。同样情况想必也出现在拓

---

[1] 唐长孺，《论北魏孝文帝定姓族》，《魏晋南北朝史论拾遗》，页88—90。另外《金石萃编》卷三十东魏兴和二年（540）的《颍州刺史敬使君碑》碑阴题名也有"民望"沈清等41人。"民望"一词在当时可说是相当通行，例如《魏书》卷十三说文明太后"外礼民望元丕、游明根等"（页330）、卷五十六称郑羲为"河南名望"（页1238）。

[2] 唐长孺，前引文，页83—87。

跋人的"姓族",我们只要注意到,"原为部落大人"与否,只是标准之一;虽为"部落大人"之后,而祖先没有能在朝廷据有重要官职,仍然会被黜为"族",或甚至连"族"都列不上。

关于孝文帝"定姓族"的目的,当然是个复杂的问题,也不是在此三言两语即可交代清楚的。我们之所以简单分析其用意,并特别提出划分士族等第一事来检讨,是因为孝文帝复行民爵一事或许可以与"定姓族"的政策联系起来理解。换言之,既然士庶——即君子小人——已有区别,而士族间还有高下等第的划分,那么,孝文帝复行民爵的用意是否也想在庶人间划分出"持爵者"与"无爵者"的身份区别?这当然还只是个推测,不过,孝文帝在太和十九年(495)定好官品后,曾得意地说:"我今八族以上,士人品第有九,九品之外,小人之官复有七等。"(《魏书》,59,页1311)既然除了划分士庶各自不同的官职外,庶人(小人)之官还要分七等,那么,如果说他有意利用爵位在一般平民间区分出三四种社会身份,应该也是不足为奇的事吧。如果以上的推论无误,那么我们对孝文帝在复行民爵时只取二十等爵制中最低几级一事,即可有较佳的理解:既然民爵制度主要是用来划分一般庶人阶级的身份,自然没有必要如秦汉时期的二十等爵一样,使第一级的公士到第二十级的列侯循序而上,首尾贯通。因为,"君子小人,名品无别",对孝文帝而言,究竟是"殊为不可"的。

四、时空错置的民爵制

不管孝文帝原先的想法如何,赐民爵而没有赋予明确相对应的特权,这样的爵位就只能是虚爵,也无怪乎不受时人的重视。魏晋南北朝时期,民爵制度终究已成过去,孝文以后的北魏皇帝仅有过一次普赐民爵的记

第六章　民爵与民望

录，北齐有过两次，北周则全无[1]。遇到喜庆或必须表示君主恩泽的场合，大抵还是以赐衣食、大酺等方式行之[2]。北魏末年，六镇兵起，为解决战区及京师粮食供应，北魏政府曾先后两次下诏：

> 孝明帝孝昌三年（527）二月诏：……自非开输赏之格，何以息漕运之烦，凡有能输粟入瀛、定、岐、雍四州者，官斗二百斛赏一阶；入二华州者，五百石赏一阶，不限多少，粟毕授官。（《魏书》，9，页246）

> 庄帝初，承丧乱之后，仓廪虚罄，遂班入粟之制。输粟八千石，赏散侯；六千石，散伯；四千石，散子；三千石，散男。职人输七百石，赏一大阶，授以实官。白民输五百石，听依第出身，一千石，加一大阶；无第者输五百石，听正九品出身，一千石，加一大阶。诸沙门有输粟四千石入京仓者，授本州统，若无本州者，授大州都（统）。（《魏书》，110，页2861）

当时国库空虚，故只能以种种方式来鼓励人民输粟，但提出的赏格都是赐阶授官（特别强调实授），或封五等爵，再也没有用赐民爵的办法。其实早在孝文帝赐民爵时，有一些场合也已夹杂了县令或太守的虚职[3]。所有这些都说明了"民爵"在当时已无多大实质的作用。在此情势下，孝

---

[1]北魏宣武帝延昌元年（512），曾以立太子名义，"赐天下为父后者爵一级"（《魏书》，8，页212）。
[2]例如，孝明帝神龟元年（518），诏曰："京畿百年以上给大郡板，九十以上给小郡板，八十以上给大县板，七十以上给小县板。……鳏寡孤独不能自存者，赐粟五斛，帛二匹。"（《魏书》，9，页227）所谓给"郡板""县板"，即板授太守（假太守）、板授县令（假县令）之意。
[3]参前注。当时人对假太守、假县令等封号——虽然仅仅是虚职——似乎更有兴趣。《金石萃编》卷三十二《太公吕望表》（东魏孝静帝武定八年），碑阳题名有板授河北太守尚郸等数十人，可见民间是较为重视此一赏赐的，虽然我们并不知道是否附带有什么实质利益。

文帝的努力自然是没有什么结果的。

为了划分社会阶级，孝文帝除了严士庶之别外，还更进一步，针对士族阶级制定了以四姓为等第的门阀制度，以及针对庶人阶级部分地恢复了民爵制。然而他的门阀制度大致还为时人所接受，而民爵制则几乎连一点痕迹都没有，其间原因何在？

门阀制度之所以能推行成功，是因为孝文帝所坚持的、以家世门第来决定每个人的身份与特权，基本上正符合门阀社会的精神。因此，尽管孝文帝巧妙地使当代官职成为决定门第高低的主要标准，士族阶级大体上还是拥护此一政策的。然而，强调血缘因素的精神根本上却是与民爵制的原则南辕北辙的。按照商鞅军功爵制以及秦汉帝国二十等爵制的原始理想，社会身份及特权的享有，理论上概以爵位为准，而爵位的颁赐又必须以个人能力及功绩，而非出身家世为考虑。这一点之得以贯彻与否，除了政府主观意志的坚持外，在某个程度上，实亦取决于当时社会力量与政治权力之间的关系。秦帝国统治时期，社会上虽有强宗大族，统治者也忌惮这些宗族的力量，但是，基本上统治基础并不依赖这些强宗大族，政治权力也不在这些家族手中[1]。因此，秦政府在任官授爵时，大致上可以只考虑个人的能力功绩。此一现象，到汉初依然，因此，汉高祖才可以如柳芳所说："有天下，命官以贤，诏爵以功。……先王公卿之胄，才则用，不才弃之，不辨士与庶族，然则始尚官矣。"（《新唐书》，199，页5677）而特权的享有——例如免役，理论上完全取决于个人是否拥有爵位（或官职）。无爵位，虽"丞相子亦在戍边之调"[2]，故王良曾贵为大司徒司直，且为经师，

---

[1] 秦自商鞅变法后，强迫分家，因此，基本上大族并不多。关中以外旧六国境内，大族当然很多，这只要看秦二世时东方豪杰起兵的情况即可了解，项、田都是大宗族。不过，在秦统治时期，他们的政治立场恰与秦政府是相对立的。
[2]《汉书》，7，页230，元凤四年正月注引如淳说。汉代理论上是不能荫族的。《东汉会要》，29，徐天麟按语。

他的儿子还得由光武帝恩赐，才准免役[1]。有爵位，虽平民亦可免役，故民买爵至五大夫者即可复除[2]。单凭祖先的余荫即可享有社会身份及特权，这在秦汉帝国统治时期是不太可能的。

在这种只问爵位有无，不论出身高低的原则下，爵位才可能为人所重，持爵者才有可能在乡里"以公乘侮其乡人"，在家庭"以上爵傲其父兄"，二十等爵制也才真能扮演其厘定社会层级结构的角色。

从西汉中期开始，通过强宗大族"士族化"的过程（以及士人"宗族化"的过程），士族在政治上的影响力逐渐显著，最明显的例子就是王莽与刘秀的取得政权，两者背后的士族皆扮演极重要的角色[3]。下至魏晋，通过曹魏九品中正制与西晋户调式的施行，门阀社会终告形成。九品中正制与户调式的重要意义在于：通过前者，士族在政治上的世袭特权得到保证，而后者则保障了士族的经济及社会利益。我们当然不能简单认为，门阀社会的形成是由于这两个制度。实情毋宁是，正因为当时士族在政治社会已取得主导地位，才有这两种制度的出现。不过，不管怎么说，九品中正制的实施（220）与户调式的公布（约280年平吴后），代表了士族享有特权的法制化，对魏晋门阀社会的发展史而言，的确还是个重要的指标[4]。因此，柳芳在论氏族时即说：

---

[1]《后汉书》，27，页933。另见唐长孺，《西晋户调式的意义》，《魏晋南北朝史论丛续编》，页9。
[2]《史记》，30，页1428；汉武帝时，伐匈奴大宛等，"兵革数动，民多买复及五大夫，征发之士益鲜"，可见有五大夫爵位是可复除的。
[3]有关两汉士族形成的问题，参见余英时，《东汉政权之建立与士族大姓之关系》，《中国知识阶层史论·古代篇》（台北，1980）。
[4]魏晋南北朝门阀（士族）社会形成的问题，可参见唐长孺，《门阀的形成及其衰落》，《武汉大学人文科学学报》，8（1959）；《九品中正制度试释》，《魏晋南北朝史论丛》；《西晋户调式的意义》，《魏晋南北朝史论丛续篇》；《士族的形成与升降》与《士人荫族特权和士族队伍的扩大》，《魏晋南北朝史论拾遗》。

> 魏氏立九品，置中正，尊世胄，卑寒士，权归右姓已。其州大中正、主簿、郡中正、功曹，皆取著姓士族为之，以定门胄，品藻人物。晋宋因之，始尚姓已。然其别贵贱，分士庶，不可易也。于时有司选举，必稽谱籍，而考其真伪。故官有世胄，谱有世官。(《新唐书》，199，页5677)

士庶之别至此已判若天壤，舍此而欲厘定社会秩序，分配政治经济利益，几乎是不可想象的事。这是以出身血缘为主要考虑的"民望"会取代"民爵"而成为此一时代社会尊荣主要表征的原因。

划分社会阶层，是北魏孝文帝"太和改革"中极重要的一环。他在此一政策中所怀抱的理想及面临的困境，在某种程度上，部分地反映出"太和改革"的特色。为了建立严格的社会层级结构，孝文帝一方面推行"定姓族"——即门阀制度——的政策，一方面又截取了秦汉的二十等爵制以应用于庶人阶级。他的"民爵制度"，简言之，只取二十等爵制划分社会身份的功能，至于原有的"论功行赏"及"特权享有"的精神与特色，则基本上被放弃。也因此，他的民爵制度不免要面临下列一些问题：第一，孝文帝几次赐民爵的对象，绝大多数为"耆老"或"为人后者"，这些人在社会上本就享有较一般平民为高的身份，授爵与否在实质上并不能改变什么。第二，更重要的，爵位没有附带任何实质的利益，自然无法引起人们的重视，这个时期有办法的人企求的还是"望"，因为只有成为"民望"——换言之，即挤入"士籍"——才可能享受诸如免征调、入仕等利益。这就难怪在6世纪初，距离孝文帝划分社会阶层不过二十年，孙绍在一封奏议中即指出：

> 且法开清浊而清浊不平，申滞理望而卑寒亦免。士庶同悲，兵徒

怀怨，中正卖望于下里，主按舞笔于上台，……使门齐身等而泾渭奄殊，类应同役而苦乐悬异。(《魏书》, 78, 页 1724)

可见当时中正"卖望"——即非法使庶人列入士籍——的情况已相当严重。这正如汉代的情形，"爵"既可买，"望"当然也就可卖。尽管统治者费尽心思，不断以各种标准来划定社会身份，新兴的阶级，不管在汉代，还是在北魏，都可以突破功绩、家世等限制而取得"爵"或"望"，从而设法挤入特权阶级。这似乎又是许多制度所无法避免的内在限制了。

北魏孝文帝赐民爵表

年代	经过
太和十七年（493）	立皇太子，诏赐民为人后者爵一级，为公士，曾为吏属者爵二级，为上造。 诏洛、怀、并、肆所过四州之民，百年以上假县令，九十以上赐爵三级，八十以上赐爵二级，七十以上赐爵一级。 诏京师及诸州从戎者赐爵一级，应募者加二级，主将加三级。
太和十八年（494）	诏相、兖、豫三州，百年以上假县令，九十以上赐爵二级，七十以上赐爵一级。 诏冀、定二州民，百年以上假县令，九十以上赐爵三级，八十以上赐爵二级，七十以上赐爵一级。 诏鄴、豫二州之民，百龄以上假县令，九十以上赐爵三级，八十以上赐爵二级，七十以上赐爵一级。

年代	经过
太和十九年（495）	诏赐百岁以上假县令，九十以上赐爵三级，八十以上赐爵二级，七十以上赐爵一级。按，此一诏令之上有"曲赦徐豫二州，其运漕之士，复租赋三年"，故赐爵恐以徐州为限（豫州前一年已赐）。 诏赐兖州民爵及粟帛如徐州。 诏济州、东郡、荥阳及河南诸县车驾所经者，百年以上赐假县令，九十以上赐爵三级，八十以上赐爵二级，七十以上赐爵一级。 曲赦相州，民百年以上假郡守，九十以上假县令，八十以上赐爵三级，七十以上赐爵二级。
太和廿一年（497）	立皇子恪为皇太子，赐天下为父后者爵一级。 诏汾州民百年以上假县令，九十以上赐爵三级，八十以上赐爵二级，七十以上赐爵一级。 诏雍州士人百年以上假华郡太守，九十以上假荒郡，八十以上假华县令，七十以上假荒县，庶老以年各减一等，七十以上赐爵三级；其营船之夫，赐爵一级。

第七章

孝道与北魏政治

《隋书·经籍志》:"魏氏迁洛,未达华语,孝文帝命侯伏侯可悉陵,以夷言译《孝经》之旨,教于国人,谓之《国语孝经》。"(32,页935)[1]鲜卑语的书籍当然不只这本,单只侯伏侯可悉陵所撰的,据《隋书·经籍志》所云,就有《国语物名》《国语杂物名》两本,此外还有一些鲜卑歌曲、军令,例如《国语真歌》《国语御歌》《国语号令》《鲜卑号令》[2]。然而,汉人经典真正译成鲜卑语的,见之于史籍的就只有《孝经》。

除了孝文帝时将《孝经》译成鲜卑语外,我们在《魏书》里还看到宣武帝景明三年(502),"十有一月甲子,帝为京兆王愉、清河王怿、广平王怀、汝南王悦讲《孝经》于式乾殿"(8,页203)。孝明帝正光二年(521),"二月,车驾幸国子学,讲《孝经》"[3](9,页232)。一直到

---

[1]据姚薇元考证,侯伏侯氏不见于《魏书·官氏志》,应即《魏书》中的护佛侯氏与胡引氏,《北朝胡姓考》,页82—83。
[2]《鲜卑号令》为周武帝所撰,《经籍志》云:"后魏初定中原,军容号令,皆以夷语。后染华俗,多不能通,故录其本言,相传教习,谓之'国语'。"(页955)
[3]据《儒林传》,讲《孝经》者为崔光。

出帝时，北魏已落入权臣高欢的掌握，出帝仍在显阳殿讲《孝经》（《魏书》，55，页1227）[1]。早些时，河间王元琛为了巴结中央，打听得孝明帝要启蒙读书，"献金字《孝经》"（《魏书》，20，页529）。《孝经》字少（1800余字），工本较省，当然是元琛送此书的主要缘故之一，然而这也说明了《孝经》是当时君主的启蒙读物之一。

我们知道孝文帝是北魏一朝推动汉化最力的君主，《孝经》之所以成为当时拓跋支配阶层的主要读物，当然是出之于他的提倡，孝文之前的北魏诸帝，对汉族的典籍自然也不是全无兴趣，例如开国皇帝道武帝就很喜欢黄老与《韩非子》等有关长生或传统君人南面之术（《魏书》，33，页782；114，页3030）。明元帝（409—423）兴趣更广，一登基即令崔浩解读《急就篇》《孝经》《论语》《诗》《尚书》《春秋》《礼记》与《周易》等书（《魏书》，35，页825），然而他真正有兴趣的大概还是《韩非子》与《太公兵法》这类直接与"军国大事"有关的书[2]。那么，为何孝文帝会转向儒家的典籍，特别是《孝经》一书？在回答这个问题之前，我们有必要先简单叙述一下"孝道"与《孝经》在中国历史上的发展，特别是它们与政治——"忠"的观念——结合的过程。

---

[1]《儒林传》则云："永熙中，又于显阳殿诏祭酒刘廞讲《孝经》。"（84，页1842）
[2] 崔浩传中自言受诏解读上述一些儒家经典，兼及天文历术九宫之学，然而我们看不出明元帝对这些经典的兴趣如何，倒是在李先解读《韩子连珠》《太公兵法》等书后，明元帝即下诏："先所知者，皆军国大事，自今常宿于内。"又赐"绢五十匹、丝五十斤、杂彩五十匹、御马一匹"，可见深得明元之欢心（《魏书》，33，页791）。除了法家、兵家等直接关系军国大事的典籍，北魏诸帝普遍喜好黄老（《魏书》，114，页3030），同时崇佛法，这大概跟他们想求长生的思想有关，虽然黄老在汉族经典中亦算是君人南面之术的一种。至于对阴阳图谶的注意，几乎是历代统治者皆然的。

一、孝道与《孝经》

跟其他文化比起来，"孝道"在中国——严格说来，应该是汉族社会与邻近深受汉族文化影响的地区，例如日本、韩国——有其特殊地位，这是任何对中国文化稍有了解的人皆能熟知的事实[1]。然而，如果说"孝"指的是"家庭中子女对父母的孺慕之情"，那么这是天性之常、举世皆然的。在这点上，中国人与周遭的民族，乃至今日欧美社会，其实也谈不上有多大差异。"孝道"在中国之所以突出，是因为它结合了中国的家族制度（包括汉族式的姓氏、宗族）、祖先崇拜（包括宗庙祠堂、服制等在内的礼制），而成为维系这些制度、信仰的精神纽带。中国人之所以有"百行孝为先"这样的观念，"孝"在中国社会之所以能成为一切德行的基础，乃至超越其他德行而为"元德"，必须要通过这个角度才能理解。然而，单就一种德行而言，"孝"在中国并不是一开始就据有如此优越的地位，这中间还是有个发展过程的，而其推动力则无疑来自政治。

如果我们承认"孝"原先仅是普遍存在于父母子女之间的一种天性，那么，它的源起显然是无从（也无须）追溯了。不过，作为一种德行的项目，明白标举出来且加以发扬，则可能始自周人。《尚书·康诰》有"元恶大憝，矧惟不孝不友"一语（页101）；《诗经》也有不少地方提到"孝"字，例如"假哉皇考，绥予孝子"（《周颂·雝》）、"率见昭考，以孝以享，以介眉寿"（《周颂·载见》）、"于乎皇考，永世克孝"（《周颂·闵予小子》）、"永言孝思，孝思维则，……永言孝思，昭哉嗣服"（《大雅·下武》）、"匪

---

[1] 徐复观，《中国孝道思想的形成、演变，及其在历史中的诸问题》，《中国思想史论集》，页155；牟复礼，《中国历史的特质》，《历史月刊》，3（1988）。冯友兰（Fung yu-lan），"The Philosophy at the Basis of Traditional Chinese Society," F.S.C.Northrop ed., *Ideological Difference and World Order* (New Haven, 1949).

棘其欲,遹追来孝"(《大雅·文王有声》)。《康诰》与《诗经》上述篇章皆为西周初年作品,正是周人大事东进的时代,"孝"的提倡,也就是为了适应这个新时代的要求。

我们知道周人在东进过程中,所采取的是征服、殖民与封建三位一体的方式,固然有许多东方氏族,由于协助或归顺周人,而得以在封建体系中占有一席之地,但重要的战略据点基本上还是掌握在周室的宗亲或姻亲手中,这就是富辰所说的"封建亲戚,以藩屏周室"的真正内涵(《左传·僖公二十四年》)。形式上的封建同姓还容易,实质上要如何将这些诸侯——乃至他们的族人——凝聚起来,以达到"文王孙子,本支百世"的目的,则显然还需要另外一些措施,其中最重要的无疑就是宗法制度。有关宗法制度的成立及其作用,前辈学者论之甚详,此处即不赘述。简单说来,周人之所以重姓分氏,立宗庙制度等,莫不皆本于此。其目的则在"收族""敬祖"及"尊王"。然而,制度终究是死的,如何通过这些制度,在周王与诸侯、诸侯与诸侯、诸侯与卿大夫等贵族与其族人间,培养出"尊尊"与"亲亲"的精神,以维系统治阶层的内在凝聚,这就有赖"孝道"的提倡了。

在此要求下,普遍存在于父母子女之间的亲情,自然被刻意强调,并配合宗族的界限(服制)、宗庙制度赋予清楚的规范,"孝"就这样成为一个基本的德行。其实除了孝之外,兄弟之间的亲情也被赋予同样的作用,周人在孝之外,同时也强调"友",这是因为"宗之道,兄道也"[1]。在周人看来,都是"民彝"的基础,故《尚书·康诰》有"元恶大憝,矧惟不孝不友……天惟与我民彝大泯乱……刑兹无赦"这样的训诫[2]。

---

[1] 程瑶田,《宗法小记》。
[2] 有关"民彝",详见王国维,《观堂集林·殷周制度论》;侯外庐主编,《中国思想通史》,卷一,页78—79。

第七章　孝道与北魏政治

究其实，以当时周人在政治发展中所处的阶段看来，舍弃氏族成员（宗亲）与姻亲，实亦别无其他"干部"可用。国家机构既然是由氏族机构转来，则形势上就如杜正胜所言，凡是宗亲——只要是"善"者——在新时代都能分得一杯羹[1]。只是，周人在此基础上，将人性天生具有的"亲亲"之情予以道德化与礼制化，并因此而塑成了此后3000年中国社会的独特性格，却不能不说是个重大的创新。跟"殷人尚鬼"的特色比起来，周人的精神的确可说是较趋近于"人文的"[2]。

不过，尽管从周初开始，孝道业已成为重要德目之一，其施行范围基本上仍只限于统治阶层，这是因为孝道所依存的一些制度，例如姓氏、家族、服制等，仍然未能普及于平民，当然也就谈不上"孝道"的提倡或遵行了。从春秋中期开始，封建统治阶层逐渐瓦解，社会流动加剧，平民也逐渐有姓，有姓遂能收族，而原先仅行之于贵族的礼法，包括孝道在内，也逐渐普及到平民。孔子以平民设教，并将包括孝道在内的伦理道德由贵族延伸至一般社会，正好反映出此一姓氏与宗族普及化的过程[3]。然而春秋到底还处于封建制时期，而在封建秩序里，"亲亲"固然是个基础，实际运作时却还是以"身份"为其准则。换言之，即"通过礼的各种重要规定，以培养其观念、习染其行为，有如冠昏丧祭，及车服器用等，皆按照政治地位所定下的各种等差，亦即按照礼以'明分'的'分'，以维护封建中尊卑上下的秩序于无形"[4]。明乎此，我们即可了解为何孔子会

---

[1] 杜正胜，《封建与宗法（下篇）：周代封建制度的社会结构》，《古代社会与国家》，页401；李亚农，《李亚农史论集》，页258。
[2] 《礼记·表记》："殷人尊神，率民以事神，……周人尊礼尚施，事鬼敬神而远之，近人而忠焉。"详见徐复观，《中国人性论史》，页42—43。
[3] 徐复观，《两汉思想史》，卷一，页329—330。
[4] 徐复观，前引书，页32，68。

对卫人允许仲叔于奚曲县以朝一事大表不满,因为,"惟器与名,不可以假人"(《左传·成公二年》)。"身份"与"名器"其实是一体的两面,名器一旦滥予,必然导致"贵贱无序",人民即无法"尊其贵",封建秩序即有崩溃之虞(《左传·昭公二十九年》)[1]。在此情况下,尽管"孝"在当时普遍被认为是"礼之始也"(《左传·文公二年》)、"文之本也"(《国语·周语》),却还没有被视为一种可资积极运作的"政治工具"。《论语》中提到"孝"的地方共有14处,几乎都只就日常生活立论,例如,子游问孝,子曰:"今之孝者,是谓能养。至于犬马,皆能有养;不敬,何以别乎?"(《论语·为政》)孟武伯问孝,孔子答得更简单:"父母唯其疾之忧。"(《论语·为政》)。而且在他看来,"孝"也只不过是"士"的起码德行:

  子贡问曰:"何如斯可谓之士矣?"子曰:"行己有耻,使于四方,不辱君命,可谓士矣。"曰:"敢问其次。"曰:"宗族称孝焉,乡党称弟焉。"曰:"敢问其次。"曰:"言必信,行必果,硁硁然小人哉!抑亦可以为次矣。"(《论语·子路》)

《中庸》里,孔子对"孝"的解释也只是"孝者,善继人之志,善述人之事者也"。《论语·学而》篇的一段话"其为人也孝弟,而好犯上者,鲜矣;不好犯上,而好作乱者,未之有也。君子务本,本立而道生。孝弟也者,其为仁之本与",算是把孝弟与政治秩序联系起来,然而这是有若说的,而且他也只是强调能行孝弟者,应该也会遵守社会与政治规范。更重要的是,孔子将孝的实践划定于家族之内,上引子贡问士,孔子答"宗族称孝焉,乡党称弟焉",范围是很清楚的。而且对孔子来说,私人道德

---

[1]孔子之所以强调"必也正名乎"(《论语·子路》),亦可由此角度来理解。

第七章 孝道与北魏政治

与政治生活虽先后一贯,然而内外可分,达则兼善,穷则修身,故政治生活之外,个人仍可有独立的道德生活。《论语·为政》:

> 或谓孔子曰:"子奚不为政?"子曰:"书云:'孝乎惟孝、友于兄弟,施于有政。'是亦为政,奚其为为政?"

算是说得最透彻的了。我们知道,先秦儒家对"事亲"与"事君"之间的界限划分得相当清楚,"事亲有隐无犯,事君有犯无隐"(《礼记·檀弓上》)。这是因为先秦儒家强调父子"以天合",虽然他们也有"父慈子孝"等相对性的要求,基本上,天性的亲亲之恩还是超乎一切之上,因此而有"父为子隐,子为父隐,直在其中"(《论语·子路》)、"事父母几谏,见志不从,又敬不违,劳而不怨"这样的说法(《论语·里仁》)。另一方面,在封建制度的背景下,君臣的关系则是"以义合",因此而有"君使臣以礼,臣事君以忠"等接近契约性的观念(《论语·八佾》)。实际上,即使是"忠"这个观念,在当时也并不像"孝"一样,有其特定的对象——父母及祖先。《论语》里提到"忠"的地方有18处,其意为"尽己之心",对象则包括君主、朋友、一般人、职务等,并不仅针对"事君"而言。

下及战国之世,随着列国竞争局面的展开,君主专制之势渐成,"忠"逐渐被化约成"事君"的代名词,而"孝"也随着宗族的日益普及,成为当时国君与政治思想家亟思加以利用的一种伦理道德,孝的"政治工具化"应该即始于此时,将忠与孝结合并予以体系化的作品——《孝经》——会出现在此时,可说是相当自然的[1]。孟子答梁惠王问王霸之术时,

---

[1] 徐复观,《两汉思想史》,卷一,页330。

对曰："地方百里而可以王。王如施仁政于民，省刑罚，薄税敛，深耕易耨。壮者以暇日修其孝悌忠信，入以事其父兄，出以事其长上，可使制梃以挞秦楚之坚甲利兵矣。"（《孟子·梁惠王上》）"孝悌"与"忠信"已结合起来成为"事父兄"与"事长上"的基本德行，实亦透露出此中信息。不过，君臣"以义合"的观念，孟子则还是非常坚持的，并且有极为淋漓尽致的议论："君之视臣如手足，则臣视君如腹心；君之视臣如犬马，则臣视君如国人；君之视臣如土芥，则臣视君如寇雠。"（《孟子·离娄下》）而且，当忠与孝相冲突时，他也会毫不犹豫地舍忠取孝。因为对他而言，"孝子之至，莫大乎尊亲；尊亲之至，莫大乎以天下养"（《孟子·万章上》）。因此当学生问到如果舜的父亲杀人，舜该怎么办时，他会如此作答也就毫不为奇了："舜视弃天下犹弃敝蹝也，窃负而逃，遵海滨而处，终身欣然，乐而忘天下。"（《孟子·尽心上》）对照"父为子隐，子为父隐，直在其中"这句话来看，孟子的确不愧是孔门传人。

然而，整个时代的趋势终究还是走向"君尊臣卑"的格局，在此格局下，儒家所强调的"为人君，止于仁；为人臣，止于敬；为人子，止于孝；为人父，止于慈；与国人交，止于信"这一套观念（《大学》），就算不完全消失，至少也是隐而不显了[1]。在此过程中，法家扮演了相当关键性的角色。在"尊君"的要求下，法家首先否定契约性的君臣观，所谓"君义臣行""君君、臣臣""君臣有义"等观念，在法家看来，皆有害君主威势之树立，连带的"父慈子孝""父子有亲""父父、子子"等观念也必须加以调整，于是而有三纲之说的萌芽，亦即韩非子在《忠孝篇》中所说的："臣事君，子事父，妻事夫，三者顺则天下治，三者逆则天下乱，此天下之

---

[1]《韩非子·忠孝篇》："父之所以欲有贤子者，家贫则富之，父苦则乐之。"（页1108）已完全从父亲的角度着眼。

常道也，……（能如此）则人主虽不肖，臣不敢侵也。"[1]（《韩非子·忠孝篇》，页1107—1108）换言之，原有相互性的义务至此完全片面化与绝对化。

尽管韩非子（或法家）普遍被认为是扭曲忠孝之古义的始作俑者，这倒也不是他的本意。因为，第一，法家认定人性本恶，故孝慈不足以劝善：

> 母之爱子也倍父，父令之行于子者十母；吏之于民无爱，令之行于民也万父母。父母积爱而令穷，吏用威严而民听从，严爱之策亦可决矣。（《六反》，页950）

第二，在法家的思想体系里，只有"法"（更明白地说，应该是"刑"[2]）——而非"忠孝"——才是支配（Herrschaft）的基础：

> 夫以君臣为如父子则必治，推是言之，是无乱父子也。人之情性，莫先于父母，父母皆见爱而未必治也，君虽厚爱，奚遽不乱？今先王之爱民，不过父母之爱子，子未必不乱也，则民奚遽治哉。……且民者固服于势，寡能怀于义。……故明王峭其法，而严其刑也。（《五蠹》，页1051—1052）

第三，他早已看出忠孝之间有矛盾的可能（亦即忠孝不能两全的情境）：

> 楚之有直躬，其父窃羊而谒之吏，令尹曰："杀之。"以为直于君而曲于父，报而罪之。以是观之，夫君之直臣，父之暴子也。鲁人从

---

[1]括号中为笔者所加。
[2]有关"法"与"刑"的转变及其历史意义，详见杜正胜，《传统法典之始原》，《刑法的转变：从肉刑到徒刑》，《编户齐民——传统政治社会结构之形成》，页229—315。

君战，三战三北，仲尼问其故，对曰："吾有老父，身死莫之养也。"仲尼以为孝，举而上之。以是观之，夫父之孝子，君之背臣也。故令尹诛而楚奸不上闻，仲尼赏而鲁民易降北。(《五蠹》，页1057)

因此，基本上他并不太关心忠孝的问题[1]。就此而言，秦帝国之没有刻意提倡忠孝，倒也算是贯彻了法家的理念[2]。

汉代可说是真正进入"以孝治天下"的时代。汉初铲除异姓诸侯，大封同姓为王，孝道自然成为团结宗室的有力工具，这点倒颇类似周初的情况。而且当时家族已成为社会的主要基础单位，孝的提倡自也有其稳定社会的作用[3]。汉初，"孝悌"与"力田"几乎是并举的，一重社会秩序，

---

[1] 司马迁在《太史公自序》中引其父司马谈对法家的批评："法家不别亲疏，不殊贵贱，一断于法，则亲亲尊尊之恩绝矣。"(《史记》，130，页3291)。
[2] 钱穆在《国史大纲》中曾提到："琅邪刻石尚孝重农，为此后汉治之本。"(页91)《史记·秦始皇本纪》确有数份始皇刻石，只是在提到臣民该遵守的伦理道德中，无一及于"孝"字。提及"忠"字倒有一处，"端直敦忠，事业有常"(页245，《琅邪刻石》)，却是"尽己之心，尽己之力"的古义，而与"事君"无关。当然，这不是说秦代人都已绝口不提"忠""孝"两字，云梦秦简中的《为吏之道》即有一段话，内容颇类似上述《大学》的引文："术（怵）愁（惕）之心，不可不长。以此为人君则鬼（怀），为人臣则忠；为人父则兹（慈），为人子则孝；能审行此，无官不治，无志不彻，为人上则明，为人下则圣（听），君鬼臣忠，父兹（慈）子孝，政之本（也）；志彻官治，上明下圣，治之纪（也）。"(《睡虎地秦墓竹简》，页285)不过，《为吏之道》似乎出于私人之手，与同墓出土代表官方意旨的《语书》(或称《南郡守腾文书》)，恰好形成强烈对比(关于这点，余英时在《汉代循吏与文化传播》一文中已有详细分析，见《中国思想传统的现代诠释》，页212—215)。不过，从《为吏之道》我们似乎可以推断，不管秦中央政府重不重视忠孝之道的提倡，对地方或民间社会而言，至少孝道总是得提倡的，否则家族秩序即无法维持。
[3] 宇都宫清吉在讨论汉帝国的社会基础时，特别强调当时乡村共同体——"民"的世界，主要是依赖"孝"的家庭伦理来维系，因而呈现相当自律性的秩序，外界(皇帝)的强权并不易介入，后来政府乃逐渐将"孝"的伦理塑造成帝国支配秩序的基本原理，礼教的世界遂告实现，不过他并没有分析"孝"与"忠"是如何结合起来的。宇都宫清吉，《中国中世史把握のための一视角》，《中国中世史研究》，页22—27。

第七章　孝道与北魏政治

一重经济生产，用意是很清楚的。这些史实，前辈学者论之甚详，此处即不赘言。不过，除了这些实际的考量外，从支配的类型而言，汉代算是中国史上第一个家产制政权（Patrimonalismus）[1]，而"恭顺"（Pietät）又是这种支配类型下人际关系（尤其是支配者与被支配者）的主要基础，《孝经·广扬名章》"君子之事亲孝，故忠可移于君；事兄悌，故顺可移于长；居家理，故治可移于官"，讲的正是这个道理。就此而言，汉代大力提倡孝道或许也不是件偶然的事。

孝道既然肩负了如此重大的政治使命，其政治工具化自也无可避免，而《孝经》也就得道当行，成为当时最主要的基本教材之一。"宦学讽诗、孝经、论"，《急就篇》里的这句话，具体说明了《孝经》在当时教育体系中的地位[2]。汉代史传提及《孝经》的资料不胜枚举，仅举几条较具代表性的例子。公元前74年，霍光废昌邑王贺之后，乃奏曰："礼，人道亲亲故尊祖，尊祖故敬宗。大宗毋嗣，择支子孙贤者为嗣。孝武皇帝曾孙病已，有诏掖庭养视，至今年十八，师受《诗》《论语》《孝经》，操行节俭，慈仁爱人，可以嗣孝昭皇帝后，奉承祖宗，子万姓。"（《汉书》，8，页238）宣帝地节三年（前67），立皇太子，疏广徙为太傅，"在位五岁，皇太子年十二，通《论语》《孝经》"（《汉书》，71，页3039）。此皇子贵族之接受《孝经》的教育。东汉明帝时，"复为功臣子孙、四姓末属别立校舍，

---

[1] 有关"家产制支配"的特征，详见韦伯，《支配社会学》第三章。汉代奠基者刘邦如何看待他的帝国，《史记·高祖本纪》倒是有段生动的描述："未央宫成，高祖大朝诸侯群臣，置酒未央前殿。高祖奉玉卮，起为太上皇寿，曰：'始大人常以臣无赖，不能治产业，不如仲力。今某之业所就孰与仲多？'殿上群臣皆呼万岁，大笑为乐。"公元前74年，田延年在力劝群臣废昌邑王贺时，也特别强调"孝"与"长有天下，令宗庙血食"的关系："先帝属将军以幼孤，寄将军以天下，以将军忠贤能安刘氏也。今群下鼎沸，社稷将倾，且汉之传谥常为孝者，以长有天下，令宗庙血食也。如令汉家绝祀，将军虽死，何面目见先帝于地下乎？"（《汉书》，68，页2937—2938）。

[2] 余英时，前引文，页222。

搜选高能以受其业，自期门羽林之士，悉令通《孝经》章句"(《后汉书》，79:1，页2546）。此禁卫武士习《孝经》也。东汉末崔寔的《四民月令》"十一月"条也提到："研水冻，命幼童读《孝经》《论语》篇章。"《邴原别传》提到他在幼时读书的经过（东汉末），"原十一而丧父，家贫，早孤。邻有书舍，原过其旁而泣。师问曰：'童子何悲？'原曰：……师曰：'童子苟有志，我徒相教，不求资也。'于是遂就书。一冬之间，诵《孝经》《论语》。"（《三国志·魏书》，11，页351）此平民之学《孝经》也。平帝时，王莽更以政府之力普遍于乡间设"《孝经》师"[1]：

> 夏，安汉公奏车服制度，吏民养生、送终、嫁娶、奴婢、田宅、器械之品。立官稷及学官。郡国曰学，县、道、邑、侯国曰校。校、学置经师一人。乡曰庠，聚曰序。序、庠置《孝经》师一人。（《汉书》，12，页355）

关于《孝经》《论语》在汉代教育中的地位，王国维有段简明的结论：

> 《论语》、《孝经》、小学……六艺与此三者，皆汉时学校诵习之书。以后世之制明之，小学诸书者，汉小学之科目；《论语》《孝经》者，汉中学之科目；而六艺则大学之科目也。武帝罢传记博士，专立五经，乃除中学科目于大学之中，非遂废中小学也。……汉人就学，首学书法，……其进则授《尔雅》《孝经》《论语》。……且汉时但有受《论语》、《孝经》、小学，而不受一经者；无受一经而不先受《论语》《孝经》

---

[1] 东汉末每州亦设有《孝经》师一人，"主试经"（《宋书》，40，页1257）。另参见司马彪，《续汉书志》，页3614。

第七章 孝道与北魏政治

者。……然则汉时《论语》《孝经》之传，实广于五经，不以博士之废置为盛衰也。(《观堂集林·汉魏博士考》)

从两汉到清末，整个帝制中国时期，《孝经》一直是中国人最重要的基本读物之一，历代帝王注《孝经》者，即有晋元帝、晋孝武帝、梁武帝、梁简文帝、唐玄宗、清世祖与清世宗等人。帝王或皇太子临殿讲解《孝经》者，更是不计其数。唐玄宗在二度注《孝经》后，"天宝三载（744），诏天下民间家藏《孝经》一本"(《旧唐书》，9，页218)。《孝经》在中国的地位已有点类似西方基督教世界的《圣经》[1]。科举取士之后，更经常成为乡试等初级考试的"题库"。

译《孝经》为本族语言者，除了前述北魏孝文帝的《国语孝经》外，历来征服王朝几乎无代无之。北宋时，西夏国君赵元昊造西夏文后，即下令译《孝经》等汉族经典(《宋史》，485，页13995)。金人于公元1127年左右取得华北，袭宋制，仍以《孝经》为基本教材之一，逮金世宗大定四年（1164），"诏以女直字译书籍"(《金史》，99，页2185)；接

---

[1]《孝经》在当时政府的提倡与民间普遍的重视下，实已多少带有一种"神圣"（sacred）的色彩。例如南朝时梁人皇侃，"性至孝，常日限诵《孝经》二十遍，以拟《观世音经》"(《梁书》，48，页680)；甚至有《孝经》可以驱邪、治病的传说，"顾欢，字景怡。有病邪者问欢，（欢）曰：'家有何书？'答曰：'唯有《孝经》。'欢曰：'可取仲尼居置病人枕边，恭敬之，自差也。'病人果愈。后人问其故，答曰：'善禳恶，正胜邪，病者所以差也。'"(《太平御览》卷六一〇引《斋书》，另参见《三洞群仙录》卷二十)"徐陵子份，性至孝。（陵）尝病笃，医祷百方不能愈。份烧香泣涕跪诵《孝经》，日夜不息。如是者三日，陵疾豁然而愈"(《太平御览》卷六一〇引《三国典略》)。逮清末，或许是受到西方传教士的影响，当时士大夫颇有倡导以儒家为宗教、并定为国教者（如康有为），《孝经》自然被列为儒教的"圣经"之一，吕鸣谦撰《孝经养正》（光绪十五年），立条议十则，主张以传教的方式来推广"孝道"："推广孝道，须立孔圣教堂，旁设曾子坐位。每逢房虚昴星之日，礼拜先师。由教谕、训导两宫主讲（《孝经》），绅耆士庶临期来听。讲毕，就在堂内演礼习乐。"(《续修四库提要》经部引《孝经养正》)

着在1183年,"以女直字《孝经》千部付点检司分赐护卫亲军"(《金史》,8,页184)。元世祖忽必烈至元元年(1264)"敕选儒士编修国史,译写经书"(《元史》,5,页96);逮武宗大德十一年(1307),(左)丞孛罗铁木儿以国字译《孝经》进,诏曰:"此乃孔子之微言,自王公达于庶民,皆当由是而行。其命中书省刻版模印,诸王而下皆赐之。"(《元史》,22,页487)清康熙四十七年(1708),"完颜和素翻译《孝经》为满文"(《续修四库全书提要》,页896);雍正五年(1727),则完成《孝经集注》的满文翻译,由武英殿刊行(《续修四库全书提要》,页899)。

  在历代统治者不遗余力的倡导下,《孝经》的传播自然无远弗届,敦煌出土的文物中即有三十卷《孝经》抄本,年代最早可上溯至北魏和平二年(461),最晚则为后晋天福七年(942)[1]。近年发掘的吐鲁番文书中也有《孝经》残卷的发现[2],倒是可为《周书》叙述高昌教育的这句话做个注脚:"文字亦同华夏,兼用胡书,有《毛诗》《论语》《孝经》,置学官弟子,以相教授。"(《周书》,50,页915)除了边隅之地外,唐代国威远播,典章文物为四邻诸国(特别是日本与朝鲜半岛)争相效法,举国上下提倡孝道,《孝经》自也成为当令之书。日本文武天皇大宝二年(702),"十月,诏上自曾祖、下至玄孙,奕世孝顺者,举户给复,表旌门闾,以为义家"(《续日本纪》,2);孝谦天皇天平宝字元年(757),四月诏:"古者治民安国,必以孝理,百行之本莫先于兹。宜令天下家藏《孝经》一本,精勤诵习,倍加教授。百姓间有孝行通人,乡间钦仰者,宜令所由长官,具以名荐。其有不孝不恭不友不顺者,宜配……(边地),以清国俗。"(《续日本纪》,20)显然是直接从唐玄宗公元744年的政策得到灵

---

[1] 陈铁凡,《孝经学源流》,页263—264。
[2] 唐长孺,《新出吐鲁番文书简介》,《山居存稿》,页331—332。

感的[1]。迟至光格天皇宽政七年（1795），政府还规定圣堂所举行十五岁以下的童科试验：十五岁以下至十一岁，《四书》《孝经》；十岁以下至八岁，《四书》；七岁，《孝经》（《宪法类聚集》）。朝鲜半岛的情况也差不多。新罗元圣王四年（788）春，"始定读书三品以出身。读《春秋左氏传》，若《礼记》、若《文选》，而能通其义，兼明《论语》《孝经》者为上。读《曲礼》《论语》《孝经》者为中。读《曲礼》《孝经》者为下。……前只以弓箭选人，至是改之"（《三国史记·新罗本纪第十》），虽分上中下三品，《孝经》却皆为必修科目；王氏王朝仁宗十二年（1134），也曾下令以《孝经》《论语》分赐闾巷童稚（《高丽史·世家》，16）。

在统治者的大力提倡下，孝道的规范自也日趋完善。春秋战国时期儒家的一些理想，诸如三年丧，以及丧服的规定，大概都要等到两汉时才得以部分落实[2]。中国人（以及儒家文化影响特别深的地区）所特有的一些家族伦理——例如"不孝有三，无后为大"的观念——也是如此而深入一般平民社会。徐复观在《中国姓氏的演变与社会形式的形成》一文的结论中认为："像中国经过三大演变所形成的姓氏，由姓氏而宗族，在姓氏、宗族基础之上，塑造我国三千年的生活形态与意识形态，以构成中国特殊的社会结构，及在民族生存、发展上所发生的功用，此为论定中国文化、社会特色者所必须承认的基本事实。"[3]而孝道无疑是其中最重要的精神纽带。

---

[1] 日本政府当时一意模仿唐帝国，几乎达到亦步亦趋的程度，例如唐代宗在大历十一年（776）下诏令天下僧尼每天诵念《佛顶尊胜陀罗尼》二十一遍，为众生祈福；结果在公元860年，日本清和天皇也下了一道几乎完全相同的诏令，详见田中海应，《尊胜陀罗尼信仰史观》，《大正大学学报》，15，页14。
[2]《国史大纲》，页140；李亚农，前引书，页266。
[3] 徐复观，《两汉思想史》，卷一，页346。陈垣，《元西域人华化考》卷六《礼俗篇》也从西域人"丧葬效华俗""祠祭效华俗"等方面来说明西域人的汉化。

历代统治者提倡孝道,特别是以《孝经》为基准的孝道,其目的之一固然如前所述,是在稳定社会基础(间接也就是稳定政权基础),然而他们所着意的或许更在于经中所说的"夫孝始于事亲,中于事君,终于立身"(《开宗明义章第一》),"资于事父以事君而敬同。……故以孝事君则忠,以敬事长则顺,忠顺不失,以事其上,然后能保其禄位而守其祭祀"(《士章第五》)。这点唐玄宗在御注《孝经》序中说得很明白:"圣人知孝之可以教人也,故因严以教敬,因亲以教爱,于是以顺移忠之道昭矣,立身扬名之义彰矣。"贞观十四年(640),唐太宗在驳斥孔颖达有关"孝道"的解说时,也认为:"诸儒各生异意,皆非圣人论孝之本旨也。孝者,善事父母,自家刑国,忠于其君,战陈勇,朋友信,扬名显亲,此之谓孝。"(《旧唐书·礼仪志》,24,页917)[1]换言之,在统治者看来,提倡孝道无非是希望能达到事父与事君之道一以贯之的目的,而《孝经》的内容无疑最符合此一要求。无怪乎明末吕维祺在《孝经本义序》开宗明义地指出:"《孝经》继春秋作,盖尧舜以来帝王相传之心法,而治天下之大经、大本也。"

只是这样的目的在帝国统一、政权稳定的时代还不难达到,甚至在某些特殊情况下还可要求臣下"移孝作忠";然而一旦遭逢乱世,忠孝经常出现矛盾,或是政权频频易手,效忠的对象不断更迭,甚至君主本身的权位就是靠篡弑夺取而来时(例如魏晋南北朝时期),"孝"往往就超越甚至取代"忠"而成为当时主要被强调的德行,"君臣以义合"的古训也再度被提起。这点唐长孺在《魏晋南朝的君父先后论》一文中已有

---

[1] 唐长孺认为唐太宗的这个说法虽合乎《孝经》的意旨,与魏晋以来的传统意见却有出入,主要是为了替他自己的"玄武门事变"做辩护,见唐长孺,《魏晋南朝的君父先后论》,《魏晋南北朝史论拾遗》,页247—248。

第七章　孝道与北魏政治

详尽分析，此处即不赘言[1]。不过，这个现象似乎也可说明为何在中国，"孝悌"往往就如牟复礼所说的，"是第一义，远胜于忠——忠于国"[2]。

二、庙制与服制

从上述的分析看来，即使是在魏晋南北朝时期，《孝经》依然还是汉族社会的重要读本；就此而言，北魏孝文帝提倡《孝经》，除了延续汉族社会的传统外，显然还有其他用意，换言之，除了汉人之外，拓跋人更是他宣扬《孝经》的主要对象，这点从他下令翻译《孝经》为鲜卑语一事即可证明。问题是：如果"孝"指的是"子女对父母的孺慕之情"，那么，本文在一开始就说过，这并非汉人社会才有，孝文帝要强调的显然不是在这方面。从他大力宣扬《孝经》一事看来，他要输入的当然是汉族的"孝道"。换言之，他要输入的是一套结合了中国的家族（包括汉族式的姓氏、宗族）、祖先崇拜（包括宗庙祠堂、服制等礼制）在内的制度。因为，正如徐复观所言，汉族的"孝道"是以宗族制度为其基础的，"无中国式的宗族，即无中国式的伦理道德，亦即无中国式的生活意识与形态"[3]。然而，身为北亚民族的拓跋人原本即无中国式的宗族制度与观念，自然也谈不上中国式的伦理道德，孝文帝要提倡这些，势必要走一条极其迂回的道路。下面我们即就孝文帝有关这一方面的，特别是礼制的改革稍作叙述，再尝试分析其动机。

太和十一年（487），也就是孝文帝临朝亲政的第二年[4]，"五月，诏复

---

[1] 唐长孺，前引文。
[2] 牟复礼，《中国历史的特质》。
[3] 徐复观，《两汉思想史》，卷一，页342。
[4] 太和十年（486），孝文帝年满二十岁，"春正月癸亥朔，帝始服衮冕，朝飨万国"，开始亲临朝政（《魏书》，7:2，页161）。尽管政权实际上仍控制在文明太后的手中，但以这一年作为孝文帝礼制改革的起点似乎还算妥当。

七庙子孙及外戚缌服已上，赋役无所与"（《魏书》，7:2，页162）。这个诏令透露出孝文帝整顿拓跋王室的意图。换言之，就算是拓跋王室的成员与外戚的族人，只要不是七庙——究竟是哪七个祖先，下文再论——的子孙或不在外戚五服的范围之内，即无法享有免除赋役的权利。这是在王室的成员之间与外戚的族人之间划分界限的开始。或许是顾虑到当时王室成员的反弹，孝文帝在划定王族的范围时，采取了相当宽松的标准（以始祖神元为准），在此标准下，凡是拓跋氏的氏族成员大概都能列入；相形之下，判定外戚一族的标准就要严格多了（以汉人的五服为准），尽管外戚之中也有许多是来自游牧部落的。

1. 议庙号

或许是对"七庙"这个标准不太满意吧（因为等于是无标准可言），接下来孝文帝着手进行的是整理拓跋氏的历代祖先，也就是北魏的宗庙制度。宗庙制度对汉族中国而言，可说是一件头等大事，所谓"国之大事，在祀与戎"，宗庙即构成了"祀"的主要成分（其他还有郊祀、圣贤崇拜等）。可惜的是，由于原始经典（《周礼》《礼记》）有关宗庙制度的记载过于简略，后代帝王有时又不完全遵照经典而行（例如汉代），再加上历代礼学家众说纷纭，到了南北朝时，整个制度不但已变得繁复无比，而且时有自相矛盾之处，委实很难整理出一套标准来，其实也不仅宗庙制度如此，整个礼制都有类似的问题，这点孝文帝在推动礼制改革的过程中即时常碰到，我们在《国家祭典的改革》一章里也已提到过。因此，这里我们只就最基本的制度来谈。根据《礼记·王制》所云"天子七庙，三昭三穆，与太祖之庙而七"，北魏初期的宗庙制度由于夹杂了太多拓跋人的旧俗（严格说来，拓跋人的旧俗才是根本，汉人的宗庙制度则是缘

第七章 孝道与北魏政治

饰的），显得相当芜杂[1]。不过从下面几条资料看来，神元帝——即拓跋力微——倒一直都是被拓跋王室承认为始祖的：

一、道武帝天兴二年（399），"正月，帝亲祀上帝于南郊，以始祖神元皇帝配"（《魏书》，108:1，页2734）。

二、天兴二年，"冬十月，太庙成，迁神元、平文、昭成、献明皇帝神主于太庙"（《魏书》，2，页36）。

三、"又立神元、思帝、平文、昭成、献明五帝庙于宫中，岁四祭，……太祖亲祀宫中"（《魏书》，108:1，页2735）。

四、"又于云中及盛乐神元旧都祀神元以下七帝，岁三祭，正、冬、腊，用马牛各一，祀官侍祀"（同上）。

一直到孝文帝亲政的第一年（太和十年），在讨论南郊祭典时，官员仍然主张"依故事，配始祖于南郊"（《魏书》，7:2，页161）。因此，孝文帝首先要做的就是更改拓跋氏（王室）的始祖，太和十五年（491），他下诏"议祖宗，以道武为太祖"（页168）。《礼志》里比较详尽地保留了这道诏令：

> 四月，经始明堂，改营太庙。诏曰："祖有功，宗有德，自非功德厚者，不得擅祖宗之名，居二祧之庙。仰惟先朝旧事，舛驳不同，难以取准。今将述遵先志，具详礼典，宜制祖宗之号，定将来之法。烈祖有创基之功，世祖有开拓之德，宜为祖宗，百世不迁。而远祖平文功未多于昭成，然庙号为太祖；道武建业之勋，高于平文，庙号为烈祖。比功校德，以为未允。朕今奉尊道武为太祖，与显祖为二祧，余者以次而迁。平文既迁，庙唯有六，始今七庙，一则无主。唯当朕躬

---

[1]详见《魏书》，108:1，《礼志》。

此事，亦臣子所难言。夫生必有终，人之常理。朕以不德，忝承洪绪，若宗庙之灵，获全首领以没于地，为昭穆之次，心愿毕矣。必不可豫，设可垂之文，示后必令迁之。"（108:1，页2747—2748）

孝文帝这篇诏书里的问题当然很多，例如所谓"百世不迁"的"祖宗"，亦即所谓的"二祧"，到底是哪两个？照前半段看来，应该是烈祖（道武帝）与世祖（太武帝），可是后面接着说"朕今奉尊道武为太祖，与显祖为二祧，余者以次而迁"，似乎又变成道武与献文两人。不过，不管怎么说，从这篇诏书中我们可以推断，在孝文帝做此变革之前，所谓的"七庙"应当是指神元（始祖）、平文（太祖）、道武（烈祖）、明元（太宗）、太武（世祖）、文成（高宗）与献文（显祖）七个祖先，与拓跋珪初立太庙时的神主、宫中所立的五帝庙、旧都所祀的"神元以下七帝"（详见上引资料），已有显著差异。然而，根据"亲尽庙毁"的原则，这样的差异或许是正常的。只是平文在拓跋民族史上的重要性，诚如孝文所言，不见得超越昭成（什翼犍），为何会取代昭成而留在"七庙"之列，甚至还带上开国之君的庙号——"太祖"？由于史料有阙，这些问题我们只好暂时存疑。从这个角度来说，不管孝文帝的实际意图为何，在他看来，这样的变革应该算是蛮合理的。尽管如此，有些拓跋贵族还是提出了反对意见：

司空公、长乐王穆亮等奏言："升平之会，事在于今。推功考德，实如明旨。但七庙之祀，备行日久，无宜阙一，虚有所待。臣等愚谓，依先尊祀，可垂文示后。理衷如此，不敢不言。"（《魏书》，108:1，页2748）

穆亮的意思是说，"七庙"暂且照旧，等孝文驾崩后再迁掉平文（或其他人）的庙。对此建议，孝文帝仅表示稍后再论，实际上则置之不理。

拓跋珪的太祖庙号确定后，次年（太和十六年）正月，孝文帝下令"以太祖配南郊"，神元的地位遂为拓跋珪所取代[1]，接下来就是"制诸远属非太祖子孙及异姓为王，皆降为公，公为侯，侯为伯，子男仍旧，皆除将军之号"（《魏书》，7:2，页169）。换言之，在此诏令下，只要不是开国君主拓跋珪的子孙，即使原为拓跋氏族的成员，其权利与地位已被降低到视同"异姓"。在此标准下，拓跋王室核心成员的范围显然就大大缩小了。核心成员的范围确定后，同年九月，孝文帝即下令，"大序昭穆于明堂"，象征着初步目标的达成[2]。再进一步的工作便是将汉人的五服制行之于此一团体。

2. 行五服

五服制度前辈学者论之已多，简而言之，正如杜正胜所说的，它是以服丧时，"丧服轻重和丧期久暂来显示生人与死者的亲疏关系。……服与期表示的亲族关系虽然复杂，大别只有五类，故称曰'五服'，即斩衰三年、齐衰期、大功九月、小功五月和缌麻三月。……族属之亲疏远近，个人在家族结构中的地位都可以从服制显露无遗。《礼记·丧服小记》曰：'亲亲以三为五，以五为九，上杀、下杀、旁杀，而亲毕矣。'关系最密切者是父己子直系三代，属于第一圈，从此往上辈、下辈和平辈推衍，递疏递减。第二圈从祖至孙，合为五代，含堂昆弟；第三圈从高祖至玄孙，

---

[1] 问题是在孝明帝时，廷议又决定以"太武帝配南郊、孝文帝配明堂"（《魏书》，108:2，页2763）。太武帝并非开国君主，配南郊不知依何典故，《魏书》亦未明言。
[2] 照杜正胜的说法，"昭穆制是早期氏族社会的制度，特点是每人只问他与族长的辈分关系，不问与族长的亲疏关系。而且由于昭穆能分明世系，即可维系日益增多的氏族成员，又使成员的辈分丝毫不紊乱"（《封建与宗法》，《古代社会与国家》，页398），只是我们还不清楚孝文帝的"序昭穆"是为了上述目的，还是只是依样画葫芦。

合为九代,含族昆弟。这圈之外,亲尽无服,虽共远祖,临丧袒免(袒衣免冠)而已。《礼记·大传》故曰:'四世而缌,服之穷也,五世袒免,杀同姓也,六世而亲属竭矣。'……六世共继高祖之祖,更为疏远,可以不通吊问,不算是亲族了"。其概略可参见"本宗五服图"。此一制度的重要性何在,杜正胜也有一简要说明:"这种族群结构系以严格的父系为主干,……一代仅有一位具嫡长身份的人任族长,他即是这族的继承人。代代族长连成贯穿的直线,譬如大树的主干,主干只有一根,古人叫做'一本'。族长这个圆心作为全族的同心圆,代代附着在主干上借着大树的'本','一'以贯之,于是将无数散漫的圆收纳在一起。族长构成的根源是祖先,先决条件必须族群成员知道'尊祖',能尊己身所出的祖先,才可能敬重当代祖先的代理人——族长,此之谓'敬宗';宗族之长普遍受到尊敬,以他作圆心的同心圆内所有成员才不会离散,此之谓'收族'。《礼记·大传》论'人道亲亲'曰:'亲亲故尊祖,尊祖故敬宗,敬宗故收族。'"[1]

中国人所谓的家族伦理或礼法,其实就是行之于这样的一个团体里。孝文帝之所以要在王族内推行五服制,除了其他原因外,最基本的一个动机显然是为了配合他推动汉式礼法的决心——因为,没有一个以五服制为间架的家族做基础,汉式的家族伦理与礼法是无从确切遵行的。这点孝文帝自己倒是有过亲身体验的,因为才不过数年前(490),他就曾为了替文明太后服丧的问题,跟拓跋贵族弄得不太愉快,有关此事始末,《魏书·礼志》记载甚详,本书《国家祭典的改革》一章也曾经讨论。只是,

---

[1] 两段引文分别见杜正胜,《传统家族结构的典型》,《古代社会与国家》,页781;以及《五服制的族群结构与伦理》,《古代社会与国家》,页858。此外,另见李亚农,《李亚农史论集》,页261—266;陶希圣,《服制之构成》,《食货》,1:9(1971)。

第七章　孝道与北魏政治

本宗五服图

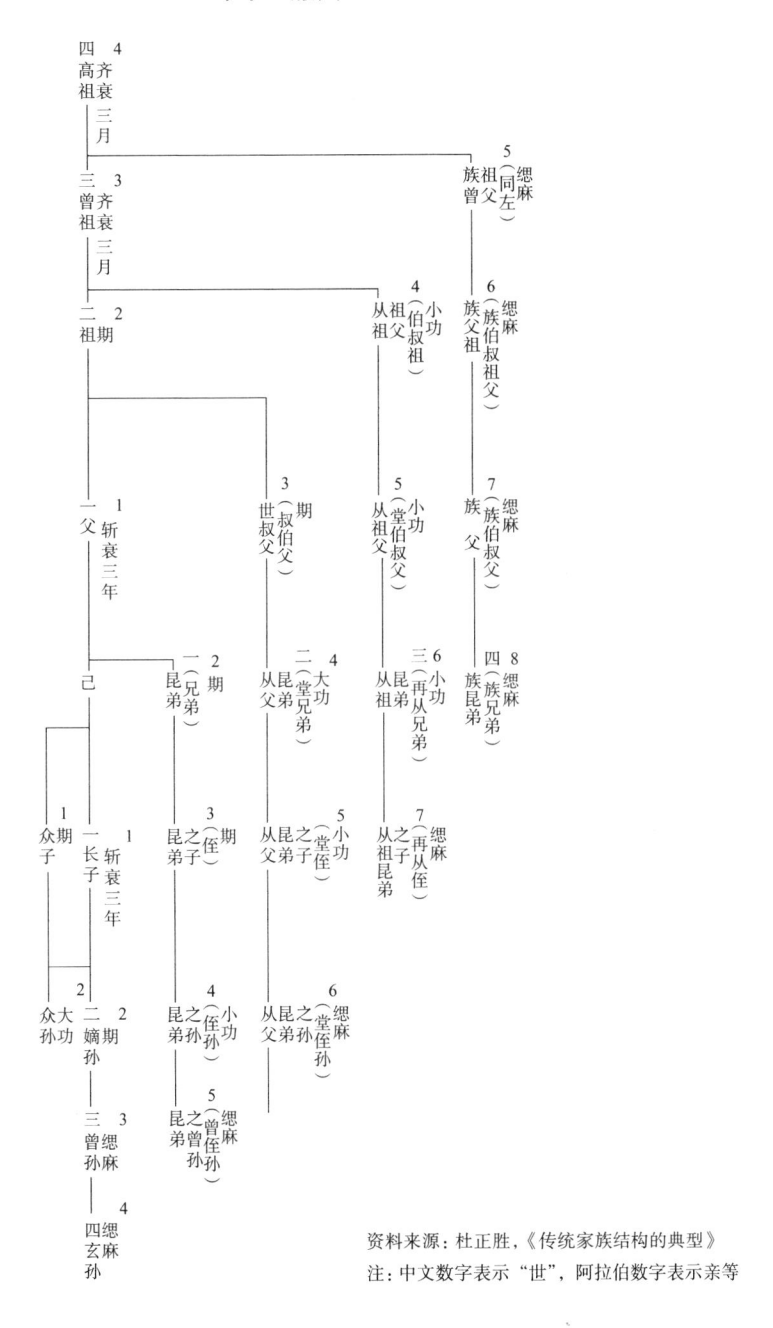

四高祖　4 齐衰三月
三曾祖　3 齐衰三月
二祖　2 期
一父　1 斩衰三年
己
一长子　1 斩衰三年
二嫡孙　2 期
三曾孙　3 缌麻
四玄孙　4 缌麻

众子　1 期
众孙　2 大功

族曾祖父　5 缌麻（同左）
族祖父　6 缌麻（族伯叔祖父）
族父　7 缌麻（族伯叔父）
族昆弟　8 缌麻（族兄弟）

从祖祖父　4 小功（伯叔祖）
从祖父　5 小功（从祖伯叔父）
从祖昆弟　6 小功（再从兄弟）
从祖昆弟　7 缌麻（再从侄）

世叔父　3 期（叔伯父）
从父昆弟　4 大功（堂兄弟）
从父昆弟子　5 小功（堂侄）
从父昆弟孙　6 缌麻（堂侄孙）

昆弟　2 期（兄弟）
昆弟子　3 期（侄）
昆弟孙　4 小功（侄孙）
昆弟曾孙　5 缌麻（曾侄孙）

资料来源：杜正胜，《传统家族结构的典型》
注：中文数字表示"世"，阿拉伯数字表示亲等

除非这些拓跋贵族能有起码的"服制"概念，否则，对孝文帝当时在廷议辩论中所说的"案礼，卒哭之后，将受变服。于朕受日，庶民及小官皆命即吉。内职羽林中郎已下，虎贲郎已上，及外职五品已上无衰服者，素服以终三月；内职及外臣衰服者，变从练礼。外臣三月而除；诸王、三都、驸马及内职，至来年三月晦朕之练也，除凶即吉；侍臣君服斯服，随朕所降"这一套礼法，自然是不会有什么感觉的[1]。

太和十七年（493）五月壬戌，孝文帝"宴四庙子孙于宣文堂，帝亲与之齿，行家人之礼"（《魏书》，7:1，页171）。《景穆十二王传》亦有类似的记载：

> 时诏延四庙之子，下逮玄孙之胄，申宗宴于皇信堂，不以爵秩为列，悉序昭穆为次，用家人之礼。高祖（孝文帝）曰："行礼已毕，欲令宗室各言其志，可率赋诗。"特令（任城王元）澄为七言连韵，与高祖往复赌赛，遂至极欢，际夜乃罢。（《魏书》，19:2，页424）

这里所说的"四庙"，指的应该是明元、太武、文成与献文等孝文帝的前四代君主[2]，他们的子孙即构成一个以五服制为基础的亲属团体，至于在这个圈子以外的王族成员，譬如说明元帝兄弟的子孙，虽然仍为开国君主拓跋珪的子孙，却已不在以孝文帝为准的五服范围之内，这点自然引起许多族人的不满及抗议，并导致极为严重的后果。有关这些，我们将

---

[1]《魏书》，108:3，页2784。
[2] 照说孝文帝的前四代祖先应该是太武帝、恭宗、文成帝与献文帝。恭宗为文成之父、孝文之曾祖，只是他虽曾为太子，却未及登基而死，无庙，故此处所说的"四庙"应该是包括明元帝在内的。不过，恭宗的旁系子孙（例如元遥）则仍在孝文时的五服范围内，详见结论里有关元遥的讨论。

在下文中检讨。不过，孝文帝在推动服制时当然也采取了一些安抚的措施，例如孝明帝时元遥在抱怨被除去宗室属籍的表中即提到："临淮王提，分属籍之始，高祖赐帛三千匹，所以重分离；乐良王长命，亦赐缣二千匹，所以存慈眷。"（《魏书》，19:1，页446）[1]因此在当时似乎没有引起太大的骚动，至少史料中并无相关记载。除了"四庙子孙"一词外，孝文帝有时也直接用"五服"来指称王族内的这个团体。例如，太和二十二年（498），由于南征耗费过大，孝文帝决定从王室开始节约：

> 秋七月壬午，诏曰："朕以寡德，属兹靖乱，实赖群英，凯清南夏，宜约躬赏效，以劝茂绩。后之私府，便可损半；六宫嫔御，五服男女，常恤恒供，亦令减半；在戎之亲，三分省一。"（《魏书》，7:2，页184）

其中"六宫嫔御"与"五服男女"是列在同一个范畴的。

配合着五服制度的推行，孝文帝也不断地向这些贵族灌输中国传统的礼法观念。例如，太和十七年，孝文下诏"蠲大司马、安定王休，太保、齐郡王简朔望之朝"（《魏书》，7:2，页171），因为元休与元简分别是他的叔祖与叔父，在五服范围内算是他最亲近（也是仅余）的两个长辈。孝文对他们两人的礼敬，在列传中有更详尽的记载：

> 十八年，（元）休寝疾，高祖幸其第，流涕问疾，中使医药，相望于路。薨，赗帛三千匹。自薨至殡，车驾三临。高祖至其门，改

---

[1] 元遥此处说明孝文帝以赏赐的手段来安抚被除籍的宗室，只是根据《魏书》记载，临淮王提为太武帝之后，乐良（应为"浪"）王长命则为恭宗之后（18，页419；19:1，页452），照说应该都在孝文帝的五服范围之内，不知孝文时的分籍何以会涉及他们。

服锡衰,素弁加绖[1]。皇太子、百官皆从行吊礼。及将葬,又赠布帛二千匹,谥曰靖王。……高祖亲送出郊,恸哭而返,诸王恩礼莫比焉。(《魏书》,19:3,页517—518)

高祖仁孝,以诸父零落,存者唯(元)简。每见,立以待之,俟坐,致敬问起居,停简拜伏。(《魏书》,20,页528)

太和十九年(495),从弟广川王元谐卒,孝文为了丧礼中临哭的仪式,还大费周章地与群臣讨论一番:

诏曰:"朕宗室多故,从弟谐丧逝,悲痛摧割,不能已已。古者,大臣之丧,有三临之礼,此盖三公已上。至于卿司已下,故应。(阙)自汉已降,多无此礼。朕欲遵古典,哀感从情,虽以尊降伏,私痛宁爽。欲令诸王有期亲者为之三临,大功之亲者为之再临,小功缌麻为之一临。广川王于朕大功,必欲再临。再临者,欲于大殓之日,亲临尽哀,成服之后,缌衰而吊。既殡之缌麻,理在无疑,大殓之临,当否如何?为须抚柩于始丧,为应尽哀于阖棺?早晚之宜,择其厥中。"黄门侍郎崔光、宋弁,通直常侍刘芳,典命下大夫李元凯,中书侍郎高聪等议曰:"三临之事,乃自古礼,爰及汉魏,行之者稀。陛下至圣慈仁,方遵前轨,志必哀丧,虑同宁戚。臣等以为若期亲三临,大功宜再。始丧之初,哀之至极,既以情降,宜从始丧。大殓之临,伏如圣旨。"诏曰:"魏晋已来,亲临多阙,至于戚臣,必于东堂哭之。顷大司马、安定王薨,朕既临之后,复更受慰于东堂,今日

---

[1]孝文此处所行的礼,参见《礼记·丧服小记》。

第七章　孝道与北魏政治

之事，应更哭否？"光等议曰："东堂之哭，盖以不临之故。今陛下躬亲抚视，群臣从驾，臣等参议，以为不宜复哭。"诏曰："若大司马戚尊位重，必哭于东堂，而广川既是诸王之子，又年位尚幼，卿等议之，朕无异焉。"谐将大殓，高祖素服深衣哭之，入室，哀恸，抚尸而出。(《魏书》，20，页526—527)

正因为拓跋贵族对中国传统礼法观念的一无所知，孝文帝才需要如此不厌其烦地讨论礼制的问题，并且时刻身体力行，因为他的目的正在启蒙与教育这些贵族——他们的支持与否乃是孝文帝整个改革运动成败之所系。明乎此，我们即不难理解为何在太和二十一年(497)七月——当时他正忙于部署南征事宜——孝文帝还会特别拨冗"亲为群臣讲丧服于清徽堂"[1](《魏书》，7:2，页182)。而他会下令译《孝经》为鲜卑语，也就不足为奇了——因为除了服制礼法等有形的规范外，"孝道"更是汉人家族的精神纽带，具有数百年历史传统、作为汉族社会教忠教孝之标准读本的《孝经》，其重要性自然更不在话下。

孝文帝努力的目标当然并不只限于王族，太和十九年的"定代人姓族"，其目的除了如唐长孺所说的，在以新的标准——"先朝与当代(官爵)兼顾，而以当代为主"——来重新编制门阀序列外[2]，也带有推行五服制的意图，这点在诏书一开始即清楚地显露出来："代人诸胄，先无姓

---

[1]《魏书·献文诸王传》中对此事亦有记载："高祖亲讲丧服于清徽堂，从容谓群臣曰：'彦和、季豫（皆孝文之弟）等年在蒙稚，早登缨绂，失过庭之训，并未习礼，每欲令我一解丧服。自审义解浮疏，抑而不许。顷因酒醉坐，脱尔言从，故屈朝彦，遂亲传说。将临讲坐，惭战交情。'"(《魏书》，21:2，页573)。只是我们不太清楚他讲的到底是《礼记》，还是《仪礼》的《丧服》。按："丧服礼"的研究在魏晋南北朝时极为发达，这其实是与当时的门第社会相配合的，详见余英时，《名教危机与魏晋士风的演变》，《中国知识阶层史论——古代篇》，页358。
[2] 唐长孺，《论北魏孝文帝定姓族》，《魏晋南北朝史论拾遗》，页80—82。

族,虽功贤之胤,混然未分。故官达者位极公卿,其功衰之亲,仍居猥任。"而在决定能否入"姓"或入"族"(也就是能否列入士族)时,是否在五服范围内(五世)也是个重要的参考指标[1]:

> 原出朔土,旧为部落大人,而自皇始已来,有三世官在给事已上,及州刺史、镇大将,及品登王公者为姓。若本非大人,而皇始已来,职官三世尚书已上,及品登王公而中间不降官绪,亦为姓。诸部落大人之后,而皇始已来官不及前列,而有三世为中散、监已上,外为太守、子都,品登子男者为族。若本非大人,而皇始已来,三世有令已上,外为副将、子都、太守,品登侯已上者,亦为族。凡此姓族之支亲,与其身有缌麻服已内,微有一二世官者,虽不全充美例,亦入姓族;五世已外,则各自计之,不蒙宗人之荫也。虽缌麻而三世官不至姓班,有族官则入族官,无族官则不入姓族之例也。(《魏书》,113,页3014—3015)

除了王室与贵族外,孝文帝此一时期的一些措施,也多多少少地灌输给一般拓跋人"服制"的观念。例如,太和二十一年(497)九月,他下诏:"哀贫恤老,王者所先,鳏寡六疾,尤宜矜愍。可敕司州洛阳之民,年七十已上无子孙,六十以上无期亲,贫不自存者,给以衣食;及不满六十而有废痼之疾,无大功之亲,穷困无以自疗者,皆于别坊遣医救护,给医师四人,豫请药物以疗之。"(《魏书》,7:2,页182)"期亲"与"大功之亲"指的是同祖父的亲人,算是五服之内更为核心的一个亲属团体,

---

[1]《隋书·经籍志》登录有《后魏辩宗录》《后魏皇帝宗族谱》《魏孝文列姓族牒》三书(33,页989),应该是跟孝文帝这些政策有关。其中《后魏辩宗录》一书在《魏书》中作《辨宗室录》,为元晖业于北齐时所撰,内容是"魏藩王家世"(19:1,页448)。

照杜正胜的说法，在传统中国是家族共财的最大范围[1]。这样的亲属观念对当时居住在洛阳的汉人而言，可能没什么难懂之处，然而我们要知道，当时在孝文迁都之后，原居平城的拓跋人已大量迁入洛阳，他们自然也得开始逐渐熟悉这样的观念。

至于"孝道"的提倡，严格说来，北魏历代皇帝几乎都有奖励孝悌的诏令，这是沿袭汉族王朝的传统，并不足为奇。那么，孝文帝在进行上述改革的同时，是否也有特别针对拓跋人的一些鼓励办法呢？这点我们所能掌握的材料并不多。太和十四年（490），文明太后卒，他就曾为了替祖母服三年丧而与群臣（特别是拓跋贵族）针锋相对地辩论了一番，算是以身作则地提倡孝道。太和十七年八月，孝文帝巡行北镇，诏"诸北城人，……年满七十以上及废疾之徒，校其元犯，以准新律，事当从坐者，听一身还乡，又令一子扶养，终命之后，乃遣归边……"（《魏书》，7:2，页174—175）勉强可算是提倡镇人（城人）孝道的具体措施。镇人并不一定都是拓跋人，不过，根据本书《代人与镇人》一节的研究，拓跋人的确构成北镇镇人的最主要基石。除此之外，太和二十年二月，孝文帝下诏："自非金革，听终三年丧。"（《魏书》，7:2，页179）这道命令固然并非只针对拓跋人，不过从下文我们提到的一些故事看来，拓跋人（至少拓跋贵族）显然是主要目标之一。

3. 成效

孝文帝这些努力的成效如何？如果我们要问的是：拓跋人是否因此而达成了"敬宗收族"的目的？是否因此而变得更为"孝顺"？这倒是不

---

[1] 杜正胜，《传统家族结构的典型》，《古代社会与国家》，页783。

易作答的问题[1]。拓跋王室以及（可能）某些贵族或许达到了第一项目标，只是却也带来了一些相当严重的后果，此即王室氏族共同体的瓦解，这点我们稍后再谈。不过，如果我们撇开这些问题不谈，单就形式上遵行礼法一事——特别是在洛阳的代人上层社会——来看，那么，孝文帝或许多少还可以满意于他的收获。

前面提到过，太和十四年，孝文帝为了替文明太后服丧一事，曾与拓跋贵族及汉人大臣有过一番争论，由于对中国的礼制毫无概念，除了元丕曾就某些本族习俗是否奉行一事提出质疑外，在整个论辩过程中，拓跋贵族几乎完全不能置一词。然而事隔不过二三十年，在宣武帝与孝明帝的朝廷上，不少拓跋贵族已可针对礼制问题侃侃而谈，有时甚至达到吹毛求疵的地步。例如，孝明帝孝昌二年（526），禁军军官乙龙虎（应当是乙弗氏的后代）在服父丧时，少服了一个月，负责统率禁军的王室贵族元珍即决定要从重量刑："案违制律，居三年之丧而冒哀求仕，五岁刑。龙虎未尽二十七月而请宿卫，依律结刑五岁。"汉人大臣崔鸿认为过重驳回，元珍不服，又引经据典（特别是郑玄的注）展开一番辩论，最后崔鸿说明："龙虎生自戎马之乡，不蒙稽古之训……原其本非贪荣求位，而欲责以义方，未可便尔也。"退一步说，即使郑玄的注解完全正确，也不必如此小题大做，"龙虎具列居丧日月，无所隐冒，府（元珍）应告之以礼，遣还终月。便幸彼昧识，欲加之罪，岂是遵礼敦风，爱民之致乎？"

---

[1]《魏书·孝感传》可确定出身塞外少数民族的有长孙虑、乞伏保、董洛生三人，除了董洛生年代不详外，其他两人皆为孝文时人，这点或可旁证孝文帝对孝道的特别提倡在代人及其他少数民族间的确也发挥了某种程度的效果，只是仍无法说明孝文到底有什么具体措施。此外，太和十一年（487）春诏曰"三千之罪，莫大于不孝，而律不逊父母，罪止髡刑。于理未衷，可更详改"、十二年诏曰"犯死罪，若父母、祖父母年老，更无成人子孙，又无期亲者，仰案后列奏以待报，著之令格"（《魏书》，111，页2878），也都是有关提倡孝道的，只是这也并非只针对拓跋人。

(《魏书》，108:4，页2796—2799）

元珍的奏议当然不一定出自己手，不过他会如此热烈地参与讨论，对传统汉族礼制又如此坚持，亦可见时代风气之不同。这件事同时也说明，太和二十年孝文帝"自非金革，听终三年丧"的诏令，其实是个具有强制性的法律。北魏的法典未曾留传，类似的律令有多少我们已无从得知，不过执行的严格——在正常情况下——似乎毋庸置疑。因为，孝昌三年（527）七月，"司空、清河王怿第七叔母北海王妃刘氏薨，司徒、平原郡开国公高肇兄子太子洗马员外亡"，两人赶忙上书请礼官议决："出入犹作鼓吹不？"（《魏书》，108:4，页2799）可见对此类事件戒慎恐惧之一斑，类似例子尚多，此处即不一一赘述。

在这样的气氛之下，孝文之后继位的诸帝会相继公开讲解《孝经》，河间王元琛会以送金字《孝经》的方式来巴结中央，似乎也是相当可以理解的举动。与此相应的则是当时帝王的谥号、年号，乃至王子的名字都不乏用"孝"字的[1]。

三、"姓族难分"与"同姓为婚"

接下来我们得探讨一下孝文帝采取这些措施的基本动机，首先要检讨的是拓跋人在进入中原后社会组织的演变。

尽管有"同姓同宗"的说法，然而如上所述，传统汉人的宗族基本上还是以五服（亦即五世）为其界限的，出了五服的人，就是不共哀乐、不通庆吊的路人。就此而言，北亚游牧社会的氏族，由于是以共同的祖

---

[1]北魏帝王谥号以"孝"字者，如孝文、孝明、孝庄、孝武、孝静，年号如孝昌（孝明帝年号，525—527），王子以"孝"为名或字者，如出帝元修（字孝则）、元孝友、元子孝、元孝景等。

先为基础，使得它们所包含的族人范围远大于汉人的宗族[1]。虽然如此，氏族在草原游牧社会里所扮演的角色，还是相当类似于汉人农业社会里的宗族，譬如说，北亚草原的氏族亦有类似汉人祭祖的氏族祭典，氏族成员彼此间也有不相通婚、救济困厄，以及为族人复仇（血仇）的义务。套个现代术语来说，它们都是能够有效凝聚人群的共同体。草原时代的拓跋人想来也曾经有过这样的共同体，有关当时拓跋氏族的发展经过，我们在《"帝室十姓"与"国人"》一章中已大致叙述过。问题是：这个团体在进入中原之后，经历了什么样的变化？

什翼犍的部落联盟瓦解后，一些异姓部落——例如独孤、贺兰等——的组织似乎并没有受到太大的影响，《魏书》所说的"国众离散"（2，页19）、"诸部乖乱"（25，页643），主要指的应该是拓跋人的核心部落。公元386年拓跋珪趁着苻秦帝国因淝水之战而分崩离析的机会，展开复国运动。拓跋旧部在他的号召与领导下鸠集起来，或许多少恢复了往日的组织。然而多年的东征西讨，却也使得一些不肯诚心归附的部落（包括独孤与贺兰等部在内），遭到降为隶属，甚至分崩离析的命运。其中遭际最为悲惨的当属铁弗部，公元391年拓跋珪击溃铁弗部，基于多年的宿仇，乃下令收其氏族长刘卫辰（当时已死）"子弟宗党无少长五千余人，尽杀之"（《魏书》，2，页24）。"诸部乖乱"的情况似乎并没有改善多少。

如果拓跋珪在统一漠南诸部后，立即顿兵休息，那么，遭到战乱残

---

[1] 拓跋人早期的社会组织与氏族结构，由于史料有限，已很难再完整重建。这也是研究其他早期（例如匈奴、鲜卑、突厥等）北亚民族的学者所面临的共同问题。就此而言，蒙古人算是北亚民族中时代较早、资料保存又较多的一个例子，有关其社会组织与氏族结构的研究也要详细得多，特别是蒙古人发源于斡难河流域，离拓跋人发源地不远，其氏族结构的研究，在某种程度上或许还具有参考价值。有关早期蒙古人的社会组织，比较简要的介绍可参见符拉基米尔佐夫，《蒙古社会制度史》，页74—139；另参见本书《"帝室十姓"与"国人"》一章。

破的部落或许还有机会重新整顿、恢复其氏族组织。问题是，漠南局势稍一稳定，拓跋珪随即于公元396年亲率大军南下，两年内击溃了慕容燕的抵抗，取得山西、河北等地，定都平城（今山西大同），划周围约三万平方公里的地区为"王畿"，下令"离散诸部，分土定居，不听迁徙，其君长大人皆同编户"（《魏书》，83:1，页1812），在此诏令下，式微中的氏族组织无疑又遭到一次空前的打击。尽管有些部落由于受到战乱破坏的程度较小，在分土定居之初仍能维持相当紧密的氏族联系，例如公元408年，拓跋珪为其子清河王绍所杀，京师大乱，肥如侯贺泥即"举烽于安阳城北，贺兰部人皆往赴之"（《魏书》，83:1，页1813），"其余旧部亦率子弟招集族人，往往相聚"（《魏书》，16，页390）。然而这也只不过是回光返照而已，随着政局的日趋稳定，国家控制力量的逐渐增强，氏族的冰消瓦解终究还是难以挽回[1]。

由于史料不足，有关拓跋人在建立国家之后氏族组织瓦解的详细过程，我们已不得而知，不过从一些旁证中，或许可以略窥其蛛丝马迹。首先是在道武帝天赐元年（404）十一月：

> 以八国姓族难分，故国立大师、小师，令辨其宗党，品举人才。自八国以外，郡各自立师，职分如八国，比今之中正也。宗室立宗师，亦如州郡八国之仪。（《魏书》，113，页2974）

---

[1] 唐长孺，《拓跋国家的建立及其封建化》，页204—205。《官氏志》将离散诸部一事系于登国（386—395）初，上引的《贺讷传》则置于平中原（即破燕）之后，唐长孺认为"离散诸部可能不是一时之事，但大规模的执行必在破燕之后"，因为只有到这时，拓跋珪才有足够的威望来强制进行此事。参见本书第二章《拓跋魏的国家基础》。当然，北魏的统治者也不是将所有归附或掳掠而来的游牧部落一概解散，领民酋长所统辖的人民即仍维持着部落——换言之，也可以说是氏族——组织，只是这并非本文主旨所在。有关领民酋长，参见笔者，前引文。

大师、小师的设置是用来辨别姓族的，我们不晓得拓跋珪为何要在此时"辨别姓族"，照上面诏令看来，似乎是为了分派官职，得把候选人的出身弄清楚[1]。至于其成效如何，则不得而知。然而从这条资料，我们也可以看到，在分土定居之后才不过六年，各氏族成员的混杂已严重到不得不特设专人来分辨的程度[2]。

其次是有关"同姓为婚"的问题。太和七年（483），孝文帝（其实应当是文明太后，因为当时孝文仍未亲政）下诏：

> 淳风行于上古，礼化用乎近叶。是以夏殷不嫌一族之婚，周世始绝同姓之娶。斯皆教随时设，治因事改者也。皇运初基，中原未混，拨乱经纶，日不暇给，古风遗朴，未遑厘改，后遂因循，迄兹莫变。朕属百年之期，当后仁之政，思易质旧，式昭惟新。自今悉禁绝之，有犯以不道论。（《魏书》，7:1，页153）

赵翼即根据此一诏令认定："北魏本无同姓为婚之禁，至孝文帝始禁之。"（《陔余丛考》卷三十一《同姓为婚》）尽管赵翼此处并没有用上"族内婚"一类的词语，只是在当时一般人的理解里，"同姓婚"无疑即为"族内婚"，是有悖于汉人传统伦理的。比起赵翼来，李亚农对于近代的人类学稍有涉猎，因此他虽然接受赵翼对拓跋人"同姓为婚"的看法，却也有些疑惑：因为，在他看来，拓跋人出现在历史舞台时，已经进入父系氏族社会的阶段，照说应该是实行严格的族外婚制，因此，对于同姓婚（亦

---

[1]《太祖本纪》有条相关的记载："天赐元年十有一月，上幸西宫，大选朝臣，令各辨宗党，保举才行，诸部子孙失业赐爵者二千余人。"（《魏书》，2，页42）可见此一措施的确与选拔人才有关。

[2] 唐长孺，《拓跋国家的建立及其封建化》，页247。

第七章　孝道与北魏政治

即族内婚）居然能在拓跋人的社会长久通行一事大感困惑。然而，连文明太后在诏书里都承认这是"未遑厘改"的"古风遗朴"，似乎也没有什么可值怀疑之处。其中必有缘故。他的解释是，依照母系社会的习惯，只要男女双方的母亲出自两个不同的氏族，那么，即使是同姓也可以为婚，而拓跋人由于刚刚从母系社会转变到父系社会，"旧制度的影响还深刻地留在人们意识里，于是乎发生了同姓婚姻的混乱现象"[1]。

问题是，拓跋人是否果真有"内婚制"——即诏书中所谓的"一族之婚"——的习俗？答案是否定的。拓跋邻时，"七分国人"、重组"十姓"，姓氏都已有别，仍然规定"百世不通婚"（《魏书》，113，页3006）。《魏书》里也找不到"帝室十姓"有任何相互嫁娶的记录，这点即使是在游牧部落联盟时期亦然。拓跋王室对族外婚制执行之严格，还不仅限于帝室十姓。公元414年，南凉为西秦所灭，源贺亡命北魏，太武帝非常欣赏他，听说他出身南凉王室秃发氏，即曰："卿与朕同源，因事分姓，今可为源氏。"（《魏书》，41，页919；按"秃发"即"拓跋"之转音，见《北朝胡姓考》，页238—240）。虽然《魏书·源贺传》中说他"自署河西王秃发傉檀之子"，言下颇有怀疑之意。源贺后来在北魏屡立功勋，定策协助文成帝登基，成为一代名臣，其子孙也世代显赫，然而此一家族始终未与拓跋王室联姻。不通婚姻的缘故当然不止一端，与拓跋王室"同源"——虽然源贺的出身颇有疑问，而且就算同宗，照《新唐书》的说法，也是

---

[1] 李亚农，《李亚农史论集》，页339—341。一般而言，姓是跟着父亲而来，因此，在父系氏族社会里，同姓也就是同氏族，同姓为婚也就变成氏族内婚。不过，晚近的人类学者对"父系社会即实行严格的族外婚制"此一说法已表怀疑。例如，阿拉伯世界的Al Murrah Bedouin人虽为父系社会，娶妻的优先顺序却是其侄女，见Donald P. Cole, *Nomads of the Normads: The Al Murrah Bedouin of the Empty Quarter*, p.71。另外一份有关伊朗南部Basseri部落的田野研究亦有类似的报道，见Fredrik Barth, *Nomads of South Persia: The Basseri Tribe of the Khamseh Confederacy*, p.35。承王明珂兄示知相关资料，谨此致谢。

十代以前的事了[1]——无疑也是个决定性的因素。

既然帝室十姓如此厉行族外婚制，那么，上述所谓拓跋人"同姓为婚"的现象就颇有进一步澄清之必要了。首先，我们得弄清楚，同姓婚是否一定就是族内婚制。在传统社会里，尤其是远古时期，交通不便，人们活动的空间范围不大，交往的人如果是同姓，在绝大多数的情况下应即为同氏族人，因此，同姓婚被等同为族内婚制是相当可以理解的。文明太后是在这个角度下来理解拓跋人的"同姓为婚"，而将之视为"不道"的"族内婚制"。李亚农也是在这个角度下，尤其是在文明太后诏令的误导下，将拓跋人的"同姓为婚"视为仍保留部分"族内婚制"遗习的证据。

问题是，如果拓跋人的"同姓为婚"的确就是"族内婚制"，而且还是个行之有效、持之有故的"古风遗朴"，那么，第一，他们的统治集团为何却又如此严格地实行族外婚制？——并没有任何证据显示这个统治集团是外来的。其次，文明太后又凭什么敢如此激烈地反对此事？——甚至威胁要以"不道"的罪名来论处违反者[2]。比较合理的解释可能是：拓跋人原先——至少在进入历史时期以后——就是严格实行族外婚制的，"同姓为婚"的现象固然有，但不能跟"族内婚制"混为一谈；而且，"同姓婚"出现的时间可能早自部落联盟时期（因为当时战乱已极为频仍，部落离散的状况在所难免），在拓跋珪建国后可能更为普遍（因为"离散

---

[1] "源氏出自后魏圣武帝诘汾长子疋孤九世孙秃发檀"（《新唐书》，75:1，页3361）。"九世"原作"七世"，据姚薇元考证改（《北朝胡姓考》，页241）。

[2] 北魏律典已佚，《魏书》中有几条相关资料，可供参考。太武帝时，崔浩定律令，"大逆不道腰斩，诛其同籍，年十四已下腐刑，女子没县官"（《魏书》，111，页2874），"大逆不道"当然比"不道"要严重得多；此外，《魏书》亦曾提到安定王休子"愿平、清狂无行……灵太后临朝，……（愿平）坐裸其妻王氏于其男女之前，又强奸妻妹于妻母之侧。御史中丞侯刚奏以不道，处死，绞刑，会赦免，黜为员外常侍"（19:3，页519）。不过，当时已在孝文帝修律令之后，"不道"的处罚比起当年（太和七年）可能已要轻一些。另参见王健文，《西汉律令与国家正当性——以律令中的"不道"为中心》，《新史学》，3:3（1992）。

诸部，分土定居"的政策使得"姓族难分"的现象更为严重），到文明太后时已超过百年的光阴，对她来说，算得上是"古风遗朴"了。

接下来我们要探讨的问题是：拓跋人为何会出现"同姓为婚"的现象？根据笔者初步的理解，这个问题的发生与氏族解体的历史现象实际上是并肩而行的。在上引的诏书中，文明太后曾提到"夏殷不嫌一族之婚"，夏人的婚制如何，由于文献有阙，我们不敢断言，倒是李亚农在探讨殷人是否有"同姓不婚"的制度时，曾经说过：

> 由于殷人以国为姓，虽同其血统者，亦异其姓，数代之后，谁也弄不清楚谁与谁是同宗或不同宗了，在这种情况下，同姓不婚之制是无法遵守的。王国维氏说："……六世亲属竭矣。……婚姻可以通乎？……虽百世而婚姻不通者，周道然也。然则商人六世以后或可通婚？"（《观堂集林·殷周制度论》）王氏说，殷人在六世之后或者可以通婚，这是对的，但更正确的说法，是殷人在数代之后就没有办法来遵守"族内不婚"的原则。（《李亚农史论集》，页445—446）

我们无法确定殷人原先是否实行严格的族外婚制，然而就算殷人"在数代之后就没有办法来遵守'族内不婚'的原则"，我们似乎也不能说他们就是实行"族内婚制"的，因为，如果殷人能够确定彼此来自同一氏族，那么也有可能还是不会通婚的。

不管怎么说，对于拓跋人"同姓为婚"的问题，殷人的例子倒是可以给我们一些启示。此即，尽管拓跋人原先实行的是族外婚制，然而在没有文字记录的情况下，此一制度只有在聚族而居、族人的来龙去脉一清二楚的基础上才得以确实维持。部落联盟时期的连年征战，本已造成许多部族的严重混杂或解体，拓跋珪建国后的"离散诸部，分土定居"，更直接导致各个氏族的分崩离析,其结果则是"姓族难分"——换言之,即同姓的不一定同族,而同族的亦有可能异姓。在此情况下,同姓的如果能确知彼此并非源自同一祖先,还是可以互通婚姻的,这就造成"同姓为婚"的现象[1]。只是这样的"同姓婚"并不能轻易就跟"族内婚"画上等号,更扯不上什么母系社会的遗习,根据我们的理解,它其实只是拓跋人氏族社会解体之后的一个产物,因此也谈不上是什么"古风遗朴",这是我们得再次强调的。当然,除了少数的贵族外,一般的拓跋人由于并无详细的世系记录可资追寻,混杂数个世代之后,在无法确知彼此身世的情况下,我们也不能否认的确可能发生同族、同姓为婚的现象;然而,这只能算是偶然性的个案,并不能视为拓跋人有族内婚习俗的证据。

在《拓跋魏的国家基础》一章里,笔者曾经提到氏族部落的解体是代人集团得以形成的最主要因素之一。从政治层面而言,此一集团在当时的北魏帝国无疑具有支配性的地位,然而如从社会组织的角度来看,则此一集团的大多数成员无疑也因氏族的瓦解而面临着相当严重的危机。前面曾经提到过,氏族在北亚游牧社会可说是一个最具枢纽性的、凝聚

---

[1] 就此而言,文明太后显然犯了两个错误(赵翼、李亚农等人也在她的误导之下犯了同样的错误):第一,她把拓跋人一时的"同姓婚"现象误认为是固有的传统;第二,也是更为严重的,她把"同姓婚"等同于"族内婚"(所谓"一族之婚")。这个错误是很明显的,正如今天台湾偶尔亦有"同姓婚"的例子,政府亦不加以干涉,然而并没有人会因此就认为台湾社会有"族内婚"的习俗。

为了行文方便,此处(及本文中)皆将诏书里的错误归诸文明太后的误解(诏书虽然是以孝文帝的名义发布,实际上当然是文明太后的意旨),但是,意旨尽管是文明太后的,诏书可不一定非得由文明太后亲自来拟,而草诏者(通常是汉人)在撰稿时自行加上一些套头语在历史上也是司空见惯的,因此,这份诏书开头的几句话,"淳风行于上古,礼化用乎近叶。是以夏殷不嫌一族之婚,周世始绝同姓之娶。斯皆教随时设,治因事改者也"云云,也就是导致赵翼、李亚农等人误解的这几句话,很可能只是草诏者加上的套头语。果真如此,这几句话当然就不能作为拓跋人曾有过"族内婚制"的证据。此外,草诏者个人当然也有可能将一时的"同姓婚"现象误认为拓跋人固有的传统,从而形诸诏书。承杜正胜兄提示上述意见,谨此致谢。

人群的单位，因为它能提供游牧民最基本的宗教、防卫与生计的需求，其重要性实相当类似于宗族在汉人社会里所扮演的角色。此一共同体的崩溃，其严重性是可想而知的。虽然代人集团亦有其特殊的宗教祭典，例如四月的祭天大典等，国家也保障了每个氏族成员的安全，并多少照顾其经济利益，换言之，代人集团的出现，在某种程度上的确取代了以往氏族的部分功能（这当然也是拓跋统治者期望能达成的目标）；然而，这个团体的性格基本上还是政治性的，它的出现主要是为了确保一个定居国家的成立。这样的一个团体，无论就其规模，还是就其内涵与功能而言，都无法完全取代往日的氏族共同体。换言之，在代人集团与个别的代人之间，显然还需要有一个中介性的团体——亦即家族。

氏族解体后，拓跋人当然还是有家庭生活的，那么，他们的家庭情况如何？是否有可能如汉人的家族一样，取代了以往的氏族？唐长孺根据《魏书》卷二十七《穆寿传》（太武帝时人，公元5世纪前半叶）中所言，认为在氏族解体之后，拓跋人的社会结构业已转变成以家长制家庭公社（即家父长制共同体）为主，家庭成员包括了一父所生的几代后裔，而家长在家庭公社中——相对于氏族中的长老而言——是具有颇大权力的。严格说来，这样的一个家庭公社，其结构与汉人在五服制度下的家族并无太大差异[1]。然而《穆寿传》中说他："遇诸父兄弟有如仆隶，夫妻并坐共食，而令诸父馂余。"（页665）这样的家族是不太可能在其成员间培养出一种共同体的感情来的，因为，它缺乏汉人家族所具有的礼法与

---

[1] 唐长孺，《拓跋国家的建立及其封建化》，页247—248。我们无法得知这样结构的一个家庭在拓跋人的社会是否具有普遍性，照杜正胜的研究，当时（魏晋南北朝至隋唐）汉人社会一个普通家庭的人口结构大约在十口上下，特点是"尊长犹在，子孙多合籍、同居、共财，人生三代同堂是很正常的，于是共祖父的成员成为一家"（《传统家族结构的典型》，《古代社会与国家》，页815）。只是由于有关拓跋人家庭的史料不足，我们只能以《穆寿传》中所言为例。

精神。这是拓跋人在氏族瓦解后所面临的社会危机。我们在上一节中所讨论的孝文帝一连串的礼制改革，包括庙号的变动、五服制的推行、孝道与《孝经》的提倡等，其动机或许可以在此背景下得到部分解答。

四、王室氏族共同体的瓦解

孝文帝的这些努力有没有导致一些反效果呢？答案是肯定的。留在长城边疆地区的代人与镇人，由于始终没有参与孝文帝的礼制改造运动，与迁往洛阳的代人集团之间在文化上逐渐产生一种隔阂感，再加上政治与经济上的矛盾，最后终于酿成"六镇之乱"，这是研究北魏史的人耳熟能详的事实，本书第五章《国家祭典的改革》里亦已讨论过。不过，这可说是较长期性的影响，如就当时而言，孝文帝在推动上述改革时，尤其是将汉族的服制贯彻施行于王族内，其目的虽然是在"敬宗收族"，直接影响却是促成了王室氏族共同体的瓦解。这是因为，在中国传统社会里，服制不但是个"收族"的判准基础，有的时候其实也发挥了"辨族"的功能。孝明帝熙平二年（517）七月，侍中、领军将军、江阳王继上表抱怨被排除于宗庙祭典——也就是宗族——之外：

> 臣功缌之内，太祖道武皇帝之后，于臣始是曾孙。然道武皇帝传业无穷，四祖三宗，功德最重，配天郊祀，百世不迁。而曾玄之孙，烝尝之荐，不预拜于庙庭；霜露之感，阙陪莫于阶席。今七庙之后，非直隔归胙之灵；五服之孙，亦不沾出身之叙。校之坟史则不然，验之人情则未允。何者？礼云，祖迁于上，宗易于下。臣曾祖是帝，世数未迁，便疏同庶族，而孙不预祭。斯之为屈，今古罕有。昔尧敦九族，周隆本枝，故能磐石维城，御侮于外。今臣之所亲，生见隔弃，岂所

> 以桢干根本，隆建公族者也。伏见高祖孝文皇帝著令铨衡，取曾祖之服，以为资荫，至今行之，相传不绝。而况曾祖为帝，而不见录。伏愿天鉴，有以照临，令皇恩洽穆，宗人咸叙。请付外博议，永为定准。（《魏书》，108:2，页2763）

这显然是推行五服制的后遗症。元继是道武帝的曾孙[1]，由于并非明元帝之后，在孝文帝时即被排除于宗室的五服范围之外。只是当时适逢孝文锐意改革，元继虽心有不满，却也不敢触怒孝文帝。等到孝明帝即位，灵太后临朝称制，元继子叉娶了灵太后的妹妹，"灵太后以子叉姻戚，数与肃宗（孝明帝）幸继宅，置酒高会，班赐有加"，并长期将掌握禁军的领军将军一职托付给他（《魏书》，16，页402）。也正因如此，尽管在廷议时大部分元老重臣（包括王室贵族元澄与元晖）都认为应该维持"四庙"——也就是"五服"——的界限，并特别强调这是孝文帝时定下的制度：

> 天子诸侯，继立无殊，吉凶之赴，同止四庙。祖祧虽存，亲级弥远，告赴拜荐，典记无文。斯由祖迁于上，见仁亲之义疏；宗易于下，著五服之恩断。江阳之于今帝也，计亲而枝宗三易，数世则庙应四迁，吉凶尚不告闻，拜荐宁容辄预。高祖孝文皇帝圣德玄览，师古立政，陪拜止于四庙，哀恤断自缌宗。即之人情，冥然符一；推之礼典，事在难违。此所谓明王相沿，今古不革者也。（《魏书》，108:2，页2763）

灵太后还是决定赋予元继参与祭典的权利，她的理由是："祖庙未毁，曾

---

[1] 元继本为道武子阳平王熙之孙，过继给江阳王根，故袭封江阳王，与孝文帝的曾祖景穆皇帝同辈。

玄不预坛堂之敬，便是宗人之昵，反外于附庸，王族之近，更疏于群辟。"（同上）这是公然不遵五服的礼制了。只是其他类似的抱怨并不见得就都能得到灵太后的眷顾。例如，元遥兄弟为景穆皇帝之孙，在孝文时尚在宗室五服范围内，"至肃宗而本服绝，故除遥等属籍"，（元）遥表曰：

> 窃闻圣人所以南面而听天下，其不可得变革者，则亲也，尊也。四世而缌服穷，五世而袒免，六世而亲属竭矣。去兹以往，犹系之以姓而弗别，缀之以食而弗殊。又律云议亲者，非唯当世之属亲，历谓先帝之五世。谨寻斯旨，将以广帝宗，重盘石。先皇所以变兹事条，为此别制者，太和之季，方有意于吴蜀，经始之费，虑深在初，割减之起，暂出当时也。且临淮王提，分属籍之始，高祖赐帛三千匹，所以重分离；乐良王长命，亦赐缣二千匹，所以存慈眷。此皆先朝殷勤克念，不得已而然者也。古人有言，百足之虫至死不僵者，以其辅己者众。臣诚不欲妄亲太阶，苟求润屋，但伤大宗一分，则天子属籍不过十数人而已。在汉，诸王之子不限多少，皆列土而封，谓之曰侯，至于魏晋，莫不广胙河山，称之曰公者，盖恶其大宗之不固，骨肉之恩疏矣。臣去皇上，虽是五世之远，于先帝便是天子之孙，高祖所以国秩禄赋复给衣食，后族唯给其赋不与衣食者，欲以别外内限异同也。今诸庙之感，在心未忘；行道之悲，倏然已及。其诸封者，身亡之日，三年服终，然后改夺。今朝廷犹在遏密之中，便议此事，实用未安。（《魏书》，19:1，页446）

元遥要求的只是一个缓冲期，而非反对五服制的推行，故廷议时，"尚书令任城王澄、尚书左仆射元晖奏同遥表"，然而，"灵太后不从"（同上），可见灵太后并不见得想全面否定孝文帝的改革。不过，由此亦可看出当

第七章　孝道与北魏政治

时在王族之内推行的五服制显然相当积极，受到波及的族人自然也不在少数。

有意思的是，尽管孝文帝如此雷厉风行地在皇族间推动五服制，但在他统治之下的（黄河流域的）汉人士族对于"族"的分辨倒还没有那么严格，至少没有严重到像孝文帝那么唯"五服制"是从的地步。《颜氏家训·风操第六》曰：

> 河北士人，虽三二十世，犹呼为从伯从叔。梁武帝尝问一中土人曰："卿北人，何故不知有族？"答云："骨肉易疏，不忍言族耳。"当时虽为敏对，于礼未通。

那位北方人虽然说明是战乱流离的缘故[1]，颜之推仍以为于礼不合。其间的关键，照杜正胜的解释，乃在于"合礼的族非从传统社会人人习知的五服服纪讲起不可"。就此而言，当时的南方似乎倒反而更为坚持五服制的原则[2]。只是我们还不十分清楚孝文帝的力行五服制，到底是基于对古礼的坚持，还是如陈寅恪所言，乃传承江左之礼制而来[3]。

前面曾提到，在拓跋珪下令"离散诸部，分土定居"后，拓跋人的氏族已纷纷瓦解而形成了"代人集团"，然而其中也有例外，这就是拓跋王室的氏族，亦即当年"十姓"中的"拓跋氏"（孝文帝时改为元氏）。

---

[1] 根据王利器的考证，此一北方人乃夏侯亶，见《梁书·夏侯亶传》，另参见王利器，《颜氏家训集解》，页95。
[2] 杜正胜，《五服制的族群结构与伦理》，《古代社会与国家》，页856—857。颜之推的时代稍后于孝文帝，不过他所提到的当时南北族群认同的差异，倒是普遍存在于南北朝时期，详见杜正胜上引文。
[3] 陈寅恪，《隋唐制度渊源略论稿》，《陈寅恪先生论文集》，页8、11。

这个氏族还能凝聚在一起的原因可能很复杂，不过，作为帝国领导阶层之核心的角色其实已足以解释一切。然而，造成他们共同体意识持续维系的因素，除了此一身份外，还有他们共同的氏族祭典——亦即在帝国建立后还奉行了近百年的西郊祭天大典。孝文帝从公元493年开始在王族中推行五服制，已将许多氏族成员排除于宗庙祭祀之外，而我们知道，依照北亚游牧社会的习俗，氏族成员若被拒于祭典之外，即被视同外人[1]；就此而言，孝文帝推行五服制，实际上可说是另一种形式的"辨族"，而且只要服制的规定继续实施，这种排除的过程即会持续下去。单只被排除于宗庙祭祀之外也就罢了，对那些氏族成员来说，他们至少还有个共同的氏族祭典——每年四月的西郊祭天——可以维系其身份意识；因为，根据传统，拓跋氏以及前面曾经提到过的所谓"七族"的成员，都可以参加此一祭典，其氏族代表则为当然的主祭者；而且，在许多较为保守的氏族成员心目中，传统西郊祭典的分量要远比汉式的宗庙祭祀重要得多了。然而，这么一个最后，也是最为重要的氏族共同祭典，也在公元494年被孝文帝宣告废除：太和十八年三月，"诏罢西郊祭天"（《魏书》，108:1，页2751）。这些氏族成员心中的失落感与不满自然可想而知。

　　孝文帝或许以为这些因服制缘故而不断被排除于宗庙祭祀之外的氏族成员，可以根据自己的五服亲疏，分别凝聚成各自的家族团体，这应该也是他的基本理想。只是：第一，这些氏族成员或许还无法了解"服制—家族"的观念；其次，这里面还牵涉到不少现实利益的问题，元继在上引表文中即抱怨"不沾出身之叙"，而希望"令皇恩洽穆，宗人咸叙"，换言之，被划分出去的族人，其处境正如后来张普惠所说的："嫡封则爵禄无穷，枝庶则属内贬绝。"（《魏书》，66，页1743）没有哪一个族人

---

[1] 符拉基米尔佐夫，《蒙古社会制度史》，页83—84。

会愿意自己被列为"枝庶",从而失去原有的特权地位。这个结果倒是孝文帝所始料未及的。

五、征服王朝与《孝经》

在本章第一节里,笔者曾以汉帝国为例,说明家产制政权与孝道的密切关系,孝文帝即位时,北魏立国已久,当然已谈不上所谓的游牧封建制;不过,当时整个朝廷上下尚弥漫着一股浓厚的北亚草原文化遗习,却也是个不争的事实[1]。因此,孝文帝提倡孝道,无疑也带有巩固其家产制政权的企图。就此角度而言,《孝经》在另一个征服民族——女真人——的汉化过程中所扮演的角色,或许可以给我们一些启发。

女真人于12世纪初崛起东北,继而入侵中原,建立长达百余年之久(1127—1234)的征服王朝——金。在统治华北期间,女真人曾经历了汉化与反汉化(或本土化)的运动,而其中最为关键性的人物则为海陵王完颜亮(1149—1161)与金世宗(1161—1189)。完颜亮于公元1149年弑熙宗自立,此后一直到1161年他因伐宋之役失利而为部下所杀为止,十余年间的一些措施,例如对汉文化的仰慕、迁都(从上京迁移至燕京)、为了一统天下而发动南伐等,都相当类似北魏孝文帝当年的作为[2]。然而,就在完颜亮死后不久,金帝国即展开一场大规模的反汉化运动。1161年,金世宗完颜乌禄在女真贵族的拥戴下自立为帝,他对海陵王的汉化措施深恶痛绝:

---

[1] 参见本书第五章《国家祭典的改革》。
[2] 有关金海陵王的汉化,详见陶晋生,《女真史论》,页44—45。

> 亡辽不忘旧俗，朕以为是。海陵习学汉人风俗，是忘本也。若依国家旧风，四境可以无虞。此长久之计也。(《金史》，89，页1989)

> 自海陵迁都永安，女直人浸忘旧风。……今之燕饮音乐，皆习汉风，盖以备礼也，非朕心所好。东宫不知女直风俗，第以朕故，犹尚存之。恐异时一变此风，非长久之计。(《金史》，7，页158—159)

大定十三年（1173）四月，御睿思殿，命歌者歌女直词，顾谓皇太子及诸王曰：

> 朕思先朝所行之事，未尝暂忘，故时听此词，亦欲令汝辈知之。汝辈自幼惟习汉人风俗，不知女直纯实之风。至于文字语言，或不通晓，是忘本也。(《金史》，7，页159)

对于女真人的传统则充满了强烈的自信心：

> 女直旧风，最为纯直。虽不知书，然其祭天地，敬亲戚，尊耆老，接宾客，信朋友，礼意款曲，皆出自然。其善与古书所载无异。汝辈当习学之，旧风不可忘也。(《金史》，7，页164)

除了不时提醒宗室贵族慎毋抛弃女真本俗外，在实际措施上，他还曾下令卫士学习女真文字、禁止他们说汉语；两度禁止女真人改汉姓，并禁止他们穿着汉服；女真人诉事时，以女真语问之[1]。除此之外，鉴于当时女真人

---

[1] 俱见《金史》，卷七、八；另见陶晋生，前引书，页82。

第七章　孝道与北魏政治

骑射之技逐渐不竞，金世宗亦努力提倡田猎与击球等户外活动。从1162年到1188年，他几乎每年秋冬两季都亲自领军出京行猎，他的理由是：

> 祖宗以武定天下，岂以承平遽忘之邪？皇统（按：熙宗年号，1141—1148）尝罢此事，当时之人皆以为非，朕所亲见，故示天下以习武耳。（《金史》，131，页2813—2814）

所有这些措施，包括他的致力于武事，恰好都与北魏孝文帝力行汉化及"文治"的作为背道而驰[1]。我们晓得，金世宗并不是像他开国祖先那样的一介武夫，他对汉文化颇有素养，又勤政爱民，在金史上有"小尧舜"之称[2]，他反对汉化，提倡本土化运动，显然有其特殊缘故在[3]。

只是，尽管金世宗对女真人的汉化极为不满，实际上也采取了不少措施企图力挽狂澜，然而，他在登基后不久（1164年）即设置了译经所，"诏以女直字译书籍"（《金史》，99，页2185），大量翻译中国经典，等到1183年大部分经典译成，诏"以女直字《孝经》千部付点检司分赐护卫亲军"（《金史》，8，页184），对中国传统经典——尤其是《孝经》——重视的程度，却又跟孝文帝不相上下，其间显然颇有深意在。

金世宗自己的解释是："朕所以令译五经者，正欲女直人知仁义道德所在耳。"（《金史》，8，页184—185）问题是，他也曾经说过："女直旧风，

---

[1] 魏孝文帝禁胡服、禁胡语、改汉姓，这是众所周知的。此外，公元490年，孝文帝在与拓跋贵族辩论为文明太后服丧一事时，曾经说道："祖宗情专武略，未修文教。朕今禀圣训，庶习古道，论时比事，又与先世不同。"（《魏书》，108:3，页2780）此一立场恰与金世宗"祖宗以武定天下……故示天下以习武耳"的说法形成强烈对比。
[2]《金史》，8，页204；详见陶晋生，前引书，页77—78。
[3] 陶晋生，前引书，页78—82。

最为纯直。虽不知书，然其祭天地，敬亲戚，尊耆老，接宾客，信朋友，礼意款曲，皆出自然。"（上引文）又一再要求女真贵族毋忘"旧风"，对女真人传统的伦理道德以及生活习俗显然颇引以为傲。我们固然可以解释，他之所以要女真人读中国经典，是因为"女直旧风……其善与古书所载无异"；然而，中国古书中所载的"仁义道德"，除了符合女真人的"旧风"者外，是否也有一些——至少在他看来——是他们传统中所欠缺，而他又认为女真人应该知道的？他的嫡长子完颜允恭的一段话，恰好给这个问题提供了一个完满的答案。有一次完颜允恭听到太子侍读完颜匡与内侍驼满九住由伯夷、叔齐而及于"君臣之分"的讨论，乃叹曰：

> 不以女直文字译经史，何以知此。主上立女直科举，教以经史，乃能得其渊奥如此哉。（《金史》，98，页2164）

我们晓得，女真人初起时，君臣之分并没有那么严格：

> 初，女真之域，尚无城郭，星散而居。虏主完颜晟（按：完颜阿骨打之弟）常浴于河，牧于野，其为君草创，斯可见矣。盖女真初起，阿骨打之徒为君也，粘罕之徒为臣也，虽有君臣之称，而无尊卑之别。乐则同享，财则同用。至于舍屋、车马、衣服、饮食之类，俱无异焉。虏主所独享惟一殿，名曰乾元殿。此殿之余，于所居四外栽柳行以作禁围而已。其殿也，绕壁尽置大炕。平居无事则锁之，或开之，则与臣下杂坐之于炕，伪后妃躬侍饮食。或虏主复来臣下之家，君臣晏然之际，携手握臂，咬头扭耳，至于同歌共舞。莫分尊卑而无间。（《三朝北盟会编》卷一百六十六引《金虏节要》）

第七章　孝道与北魏政治

一直到入中原后才逐渐接受汉族的君主制度：

> 又自僭位以来，左右诸儒，日进诡谀，教以宫室之壮，服御之美，妃嫔之盛，燕乐之侈，乘舆之贵，禁卫之严，礼义之尊，府库之限，以尽中国为君之道。今亶（金熙宗，阿骨打之孙）出则清道警跸，入则端居九重。旧功大臣，非惟道不相合，仍非其时莫得见。瞻望墀阶，洞分霄壤矣。（前引书）

制度建立之后自然得继之以心理建设，换言之，即培养所谓"君臣之分"的观念，而《孝经》里的一些教诲，例如"夫孝始于事亲，中于事君，终于立身"（《开宗明义章第一》），"资于事父以事君而敬同。……故以孝事君则忠，以敬事长则顺，忠顺不失，以事其上，然后能保其禄位而守其祭祀"（《士章第五》）等，在金世宗看来，无疑最能承担起这份改造思想的任务。明乎此，我们自然可以理解为何他在反对汉化、厉行本土化运动之际，还是不遗余力地翻译中国经典，并且特别以女真文《孝经》颁赐护卫亲军。

金世宗之后，继位的章宗（1189—1208，完颜璟，女真名麻达葛，完颜允恭之子）仍然继续推动他的本土化运动，除了提倡女真语言文字、禁止女真人改汉姓及着汉服外，章宗更进一步制定了"本国婚聘礼制"，下令"拜礼不依本朝者罚"，留在东北地区的女真人也被要求专心学习武事，不得改变本俗[1]。尽管如此小心翼翼地防止女真人汉化，1204年，章宗仍然特别下诏："亲军三十五以下令习《孝经》与《论语》。"（《金史》，12，页270）《孝经》与政治的密切关系——尤其是对征服王朝而言——由此可见一斑。

---

[1] 以上详见《金史》，卷九至十二。

只是，金世宗对汉文化的了解跟北魏孝文帝比起来终究不免有上下床之别。在提倡孝道或《孝经》这一点上，孝文帝之所以会如此大费周章地从整顿宗庙制度与推行五服制开始，正因为他深切了解到，汉族的孝道只有在配合其传统礼制、家族制度的条件下才能落实。换言之，对孝文帝而言，先落实孝道实践的环境乃是第一义，一旦这个目标达成，那么，再来要求这些拓跋贵族讲究"君臣之分"与"效忠"——对家产制君主的"恭顺"——自然会水到渠成，至少在他看来应该如此。

最后，我们简单叙述一下孝文帝这些改革的回响，并谈谈同样重视《孝经》的教育，在晋和南朝又代表了什么样的意义。

尽管孝文帝的礼制改革对北魏帝国而言最后是以悲剧收场的，但他的影响终究还是持续了下去。北魏灭亡后，继起的两个胡人政权——北齐和北周——对《孝经》仍然相当重视：《孝经》被列为宗室启蒙读本，皇太子也有讲《孝经》的记录。例如，北齐废帝为太子时，曾"集诸儒讲《孝经》"；高欢侄儿高叡在宫中亦读《孝经》；连北边酋帅王纮亦"诵《孝经》"[1]。北周王室宇文贵"少聪敏，涉猎经史，尤便骑射。始读《孝经》，便谓人曰：'读此一经，足为立身之本'"（《周书》，13，页201）。只是我们还不十分清楚他们是否也同时接受了汉族传统的礼制与家族制度。

相形之下，与北魏同时的南方诸朝，包括更早一点的晋，虽然也同样强调孝道与提倡《孝经》，然而他们的出发点却与孝文帝或其他的征服王朝大相径庭。

由于沿袭汉族王朝的传统，晋与南朝诸君主对《孝经》的重视自然不在话下。中国历代帝王注《孝经》者有七人，其中四人即出现在此一时期（详见第一节）。临殿讲解《孝经》者更比比皆是。尤其是晋司马氏

---

[1]《北齐书》，5，页74；13，页170；25，页365。

第七章 孝道与北魏政治

为儒学世家，本就有讲经书的传统，《孝经》自然更是重点所在："(晋)武帝泰始七年（271），皇太子讲《孝经》通。咸宁三年（277），讲《诗》通。太康三年（282），讲《礼记》通。惠帝元康三年（293），皇太子讲《论语》通。元帝太兴二年（319），皇太子讲《论语》通。……成帝咸康元年（335），帝讲《诗》通。穆帝升平元年（357）三月，帝讲《孝经》通。孝武宁康三年（375）七月，帝讲《孝经》通。并释奠如故事。"（《晋书》，19，页599）此外，宋文帝元嘉二十二年（445）四月，皇太子讲《孝经》通，释奠国子学，如晋故事（《宋书》，17，页485）；齐武帝永明三年（485），文惠太子于崇正殿讲《孝经》（《南齐书》，21，页399）；梁武帝中大通四年（532）三月庚午，侍中、领国子博士萧子显上表置制旨《孝经》助教一人，生十人，专通高祖（梁武帝）所释《孝经》义（《梁书》，3，页76）；昭明太子（梁武帝子），"三岁受《孝经》《论语》……天监八年（509）九月，于寿安殿讲《孝经》"（《梁书》，8，页378）。

然而，晋与南朝的君主之所以特别提倡孝道与《孝经》，照唐长孺的说法，实与当时的现实政治环境有密不可分的关系——由于这些君主的政权都是篡夺而来，"在'忠'的方面既已无从谈起，（因此）只能提倡孝道以掩饰己身的行为"[1]。在这种"忠"与"孝"彼此之间已出现相互矛盾的情况下，自然也谈不上像孝文帝或其他征服王朝的君主那样，利用《孝经》与孝道以巩固自身政权这一类的问题了。

---

[1]唐长孺，《魏晋南朝的君父先后论》，页238。

第四篇 附录

1 北魏的"河西"

国史上称"河西"者一般皆指以凉州为中心的所谓"河西四郡",不过在北魏时,则"河西"有时亦指陕北及绥远[1]南部,因为当时山西北部为拓跋人基地,陕北及绥远南部正好在"黄河之西"。公元376年,苻坚击溃拓跋什翼犍的部落联盟后,"分国民为二部,自河以西属之(刘)卫辰,自河以东属之刘库仁。……坚后以卫辰为西单于,督摄河西杂类,屯代来城。慕容永之据长子,拜卫辰使持节、都督河西诸军事……姚苌亦遣使结好,拜卫辰使持节、都督北朔杂夷诸军事,大将军、大单于、河西王"(《魏书》,95,页2055)。上文屡见"河西"一词,皆指陕北、绥远南境,而与甘肃的"河西"无涉。《魏书·世祖纪上》:"神䴥元年(428)夏四月,西巡,田于河西。……十有一月,行幸河西,大校猎。"(页74)此处"河西"亦为陕北、绥远南境,因为要到太延五年(439),太武帝灭北凉后,北魏势力才真正抵达甘肃之"河西"。

---

[1]绥远,见51页注1。——编者注

太武帝于公元429年大举北伐柔然，回程时掳获大量高车部民、牲畜，"列置新民于漠南，东至濡源（滦河上游，察哈尔[1]南境），西暨五原、阴山（绥远南境），竟三千里"（《魏书》，4:1，页75），这些高车部落在当时分别被称为"东部敕勒"与"西部敕勒"，而"西部敕勒"因主要聚居于陕北、绥远南境，于是又有"河西敕勒"之称。《魏书·世祖纪》："神䴥三年（430），三月，云中、河西敕勒千余家叛，尚书令刘洁追灭之。"（页75）细索《刘洁传》有关此事之记载，乃因"敕勒新民以将吏侵夺，咸出怨言，期牛马饱草，当赴漠北"，刘洁与安原建议"及河冰未解，徙之河西，冰解之后，不得北逾"。于是分徙三万余落于河西，"新民惊骇，皆曰'圈我于河西之中，是将杀我也'，欲西走凉州。洁与侍中古弼屯五原河北，左仆射安原屯悦拔城北，备之"（《魏书》，28，页687），五原在绥远南境，悦拔城（代来城）即统万镇，在陕北榆林市横山区无定河北岸，可见此处"河西"皆指陕北、绥远南境之地，"河西敕勒"当然也就是聚居此地的高车部落。此外，《源贺传》中记载孝文初"河西敕勒叛，遣贺率众讨之"（页721）。《高祖纪》皇兴五年（471）则直接记为："冬十月丁亥，沃野、统万二镇敕勒叛，诏太尉、陇西王源贺追击。"（页135）沃野镇在内蒙古巴彦淖尔市五原县北方，统万镇地理位置已见上述（见严耕望，《中国地方行政制度史》，页753、756），换言之，《源贺传》中的"河西敕勒"亦即聚居于陕北、绥远南境"河西之地"的高车部落。

最后，我们来探讨一下，作为北魏国家牧场所在地的"河西"究竟是指哪一个。《魏书·食货志》："世祖之平统万，定秦陇，以河西水草善，乃以为牧地。畜产滋息，马至二百余万匹，……高祖即位之后，复以河阳为牧场，……每岁自河西徙牧于并州，以渐南转；……而河西之牧弥滋矣。

---

[1] 察哈尔，见51页注2。——编者注

1 北魏的"河西"

正光以后，天下丧乱，遂为群寇所盗掠焉。"（页2857）文中并未明言置"牧地"是哪一年的事，根据文首所言"平统万，定秦陇"来看，下接的"河西"很可能是指陕北、绥远南境的"河西"，因为统万正在此一地区，然而凉州不久即入北魏掌握（439），"凉州之畜，为天下饶"（崔浩语），北魏是不可能不在当地（亦即甘肃之"河西"）设置牧场的，因此，两地皆有可能，或者，两地皆置有牧场亦未可知[1]。

不过，魏末大乱时，史书中屡见"河西牧子"起事，细索其地，大半皆在陕北一带。例如《魏书·肃宗纪》："孝昌二年（526）三月，西部敕勒斛律洛阳反于桑干，西与河西牧子通连，别将尔朱荣击破之。"（页243）。桑干在山西北部，故斛律洛阳联合的"河西牧子"当以陕北较近情理；查《尔朱荣传》有关此事记载："敕勒斛律洛阳作逆桑干西，与费也头牧子迭相椅角，荣率骑破洛阳于深井，逐牧子于河西。"（页1645）深井在今山西省朔州市西北，离尔朱荣根据地所在之北秀容（今山西省忻州市）甚近，故知尔朱荣率军北上击败斛律洛阳后，即乘势将与其合作的牧子逐至黄河以西的陕北，如果是指甘肃之"河西"，则未免距离过远。

此外，《北齐书》亦有"河西费也头"（根据唐长孺考订，"费也头"这个集团是充当牧子的[2]）的记载。《神武纪上》："河西费也头纥豆陵伊利居河池（据唐长孺考订，当为苦池河，《魏书》作'苦洩河'），恃险拥众。"（页10）于是公元534年，高欢"西伐费也头纥豆陵伊利于河西，灭之，迁其部于河东"（页13）。此处所云"河西"皆指陕北一带，因为当时据有关中的宇文泰与高欢正处于敌对状态，高欢实无可能越过陕西

---

[1] 唐代马牧虽盛（根据《张说之文集·陇右监牧颂德碑》，最盛时有四十万匹），亦不在凉州一带。据《元和郡县图志·原州》"监牧"条所云，唐代马牧在秦渭原会四州境，亦即今日甘肃黄河以东地区。

[2] 唐长孺，《拓跋国家的建立及其封建化》，《魏晋南北朝史论丛》，页213。

深入甘肃之"河西"。不管是以"牧子",还是以"费也头"的名义出现于史书,我们看到大半皆冠有"河西"一词,而此一"河西"又大半指陕北、绥远南境之"河西",因此,陕北、绥远南境当时是北魏重要的国营牧场之一,殆无疑义。

综上所述,我们可以确定"河西"一词在北魏时,经常是用来指"陕北、绥远南境"这一地区的,至于我们通常所理解的以凉州为中心的"河西",在当时固然也有称河西者,却也常以"河右"称之。《魏书·李顺传》:"沮渠蒙逊以河西内附,世祖(太武帝)欲精简行人,崔浩曰:'蒙逊称蕃,款著河右。'"(36,页830)其后,太武帝在与派往凉州的使节李顺商谈时,大致也是以"河右"来称凉州。例如,"(李)顺既使还,世祖问与蒙逊往复之辞,及蒙逊政教得失。顺曰:'蒙逊专威河右三十许年。'"(页831)"太延三年(437),顺复使凉州,及还,世祖曰:'昔与卿密图,期之无远,……今和龙既平,三方无事,比缮甲治兵,指营河右,扫荡万里,今其时也。'"(页832)之所以如此,主要是北魏立国平城,陕北、绥远南境正在"黄河以西",以"河西"称之,实为极自然之事。事实上,在拓跋珪定都平城之前,拓跋人的根据地尚以盛乐为主,相对而言,陕北、绥远南境即成"黄河以南",故当时习惯称为"河南",公元391年,拓跋珪亲率大军"南渡河",击灭刘卫辰部,"自河以南,诸部悉平……起河南宫"(《魏书》,2,页24—25)。只是,等到拓跋人定都平城日久,"河西"之名遂逐渐取"河南"而代之[1]。

"河西"一名而分指两地的现象,亦见于《史记》。除了汉武帝元狩二

---

[1] 秦汉都关中,亦习惯称陕北与绥远南境为"河南"或"河南地"。例如"秦灭六国,而始皇帝使蒙恬将十万之众北击胡,悉收河南地",汉武帝时(公元前127年),遣卫青"取河南地,筑朔方"(《史记·匈奴列传》)。

1 北魏的"河西"

年（121B.C.）霍去病击匈奴时所夺得的"河西四郡"外，另外一个"河西"则是指春秋战国时期晋、魏所控制的、位于陕西境内的领土。公元前651年，晋献公卒，诸子争位，夷吾即以"割晋之河西八城"说动秦穆公遣兵送其入晋（《史记·秦本纪》，页187）。在《匈奴列传》与《秦本纪》里，司马迁也分别提到"魏有河西、上郡，以与戎界边"，以及公元前330年，魏"纳河西地"与秦（页206，2885）。其中的"河西"指的都是晋、魏在陕西境内的领土。晋、魏与北魏一样皆立国山西，司马迁以"河西"称呼其陕西境内的领土，可说是极自然的，虽然早期的史料记载并非皆如此[1]。只是晋、魏的"河西"，根据张守节的注释，在今天陕西省渭南市韩城市、大荔县境，离北魏的"河西"尚有一段距离。这是因为春秋时，陕北尚为戎狄所据，要等到战国，魏北攘戎狄，置上郡后，才将此地纳入中国版图（《史记·匈奴列传》，页2885）。尽管如此，司马迁在提到陕西境内魏领土时，通常还是"河西、上郡"并举，虽然上郡实际上亦在黄河以西。随着秦汉相继都关中，原有的"河西"一词遂逐渐罕用，等到再出现于《史记》时，指的已经是河西四郡的"河西"了。

---

[1] 例如夷吾割地一事，《左传》的记载为："赂秦伯以河外列城五。"（僖公十五年）《吕氏春秋·长见篇》提到魏时吴起治理此地，则曰："治西河之外。"司马迁在《苏秦列传》里，有时亦用"河外"或"西河之外"（如魏"西有长城之界，北有河外"，页2254）。在《匈奴列传》里，司马迁提到"魏有河西、上郡，以与戎界边"，接着"秦惠王击魏，魏尽入西河及上郡于秦"（页2886），可见"河西"与"西河"是可以互通的。

2 司马金龙墓

　　1965年，大陆考古学者在山西大同市（即北魏都城平城）东南约六七公里的地方，发掘了北魏琅琊王司马金龙的墓葬（葬于公元484年）[1]。出土的文物包括陶俑、生活用具、墓志、木板漆画等，共计有454件，算得上是有关魏晋南北朝时期考古的一个重大发现。

　　随葬的物品中，除了一些日常用品，例如青瓷唾壶、铁马镫、石灯座，以及一些牲畜的陶俑外，最主要的发现有两种：其一是大量的陶人俑，包括装甲骑兵、轻骑兵及铠甲武士在内的武士俑二百余尊，以及一百余尊男、女俑；其二则为几幅木板漆画，推测原来应当是一座屏风。

　　北朝墓葬中发现陶制人俑，已可说是司空见惯，例如1981年清理完毕的北齐娄叡墓中也有武士俑、文吏俑、女乐俑等数百件[2]。大批武士俑的随葬，具体说明了当时北方尚武的风气，以及贵族大多拥有武装部曲的事实。

---

[1] 山西文物工作委员会，《山西大同石家寨北魏司马金龙墓》，《文物》，1972:3。
[2] 山西考古研究所，《太原市北齐娄叡墓发掘简报》，《文物》，1983:10。

此外，值得我们注意的是，司马金龙墓中的陶俑，身上的穿着几乎都是圆领或斜领窄袖长衣，根据沈从文的考订，这是当时北方民族衣饰的主要形式[1]。武士们如此穿着，是为了战斗的需要，这倒不足为奇，然而其他的人士亦如此装扮，就颇值玩味了。相形之下，百年之后的北齐娄叡墓（葬于570年）中，除了胡服的武士俑外，另有百余个文吏俑的穿着已近汉式（右衽宽袖）。这一点具体说明了北魏朝廷在孝文帝迁都洛阳（493年）前，北族文化具有的优势地位。相对而言，北魏灭亡后继起而据有关东地区的北齐，其统治阶层虽为胡人或胡化汉人所构成，却也有相当强烈的鲜卑民族意识，例如《北齐书·王纮传》云：

> 王纮，为小部酋帅。父基，颇读书。……年十五，随父在北豫州，行台侯景与人论掩衣法为当左、为当右。尚书敬显儁曰："孔子云：'微管仲，吾其被发左衽矣。'以此言之，右衽为是。"纮进曰："国家龙飞朔野，雄步中原，五帝异仪，三王殊制，掩衣左右，何足是非。"（25，页365）

然而，孝文帝迁都洛阳后所推动的一连串汉化运动，至少还有一部分保存了下来。司马金龙与娄叡墓葬陶俑衣着的转变，具体地证明了这一点。正如史家陈寅恪所言：洛阳文物人才虽经契胡（尔朱荣）之残毁，其遗烬再由高氏父子（北齐创基者高欢、高澄）之收掇，更得以恢复炽盛于邺都[2]。

司马金龙墓葬中的陶俑固然呈现出强烈的北族文化色彩，我们却也不能就此认定当时的平城一带毫无汉文化立足的余地，事实远非如此，

---

[1] 沈从文，《中国古代服饰研究》，页143。
[2] 陈寅恪，《隋唐制度渊源略论稿》，《陈寅恪先生论文集》，页41。

因为在墓中还发现了一座彩画屏风。屏风虽然已经毁损，不过还留下五块较完整的木板，每块上面分别绘有四幅漆画。北朝墓葬中发现图画的虽然不多，但也并非绝无仅有，例如上述娄叡墓中就有总面积达200平方米的大型壁画七十一幅。话虽如此，如果我们考虑到司马金龙墓中这些画的特殊时空背景，或许就会了然何以学术界对它们会有如此兴趣：第一，它们出现在北族文化仍居支配性地位的北魏前期的平城地区；其次，有关此一时期北魏的绘画（不管是实物还是文献），传世的资料皆相对较缺乏。

学者们首先关切的是这些画的风格。有的意见认为，这些画线条的运用富有节奏感，连绵不断，悠缓自如，极接近东晋名画家顾恺之"如春蚕吐丝""春云浮空，流水行地"的画风和意境——换言之，即南方绘画的风格。当然，也有人认为这些画的风格基本上还是属于北方的，与云冈石雕的刀法，洛阳、辽阳、望都、安平等地的汉晋壁画，有一脉相承之处[1]。何者为是，尚待考究，笔者不敢妄置一词。不过，如就我们上述的特定时空背景来考虑，则这些画至少还有其他一些特点：此一时期（平城时期，398—493）的北魏墓葬中极少有彩画屏风；其次，相对于其他墓葬中以墓主生前生活场景及死后世界等宗教题材为主的壁画，司马金龙墓中的屏风画却是取材于汉代刘向所作的《列女传》等故事。两汉时已习惯将这些故事搬上屏风，以为规鉴之用。据称为顾恺之所作的《女史箴图》（现藏大英博物馆），以及宋墓本的《列女仁智图》（顾恺之、戴逵等人原作）取材用意皆有类似之处[2]，可见司马金龙墓中的屏风画是有其悠久传统的。

---

[1]《山西大同石家寨北魏司马金龙墓》，页29；志工，《略谈北魏的屏风漆画》，《文物》，1972:8，页56。
[2] 沈从文，前引书，页125。

这样的屏风画如果出现在一个拓跋贵族的墓中，我们或许可以解释这只不过是他喜爱收集一些汉人的艺术品。如果是出现在孝文帝迁都以后的北魏墓葬，那就更不足为奇了，因为那时汉文化及其生活样式已成为北魏朝廷上下竞相模仿的对象[1]。可是，这座彩画屏风主人的身份却有点特殊。

司马金龙的父亲司马楚之出身东晋王室，公元419年，刘裕代晋已迫在眉睫（420年，刘裕称帝，国号宋），司马楚之起兵反抗不成，只好亡命北魏。在北魏极受礼遇，尚河内公主，封琅琊王，拜侍中、镇西大将军、云中镇大将，在镇二十余年，464年卒时，还得到"陪葬金陵（皇陵）"的殊荣。司马金龙为河内公主所出，袭爵，仍为侍中、镇西大将军及云中镇大将。父死子继，兄死弟继（司马金龙卒于484年，其弟司马跃又出任云中镇将），前后长达五十年，几乎已可说是世袭，这在北魏历史上是极为罕见的。

我们知道，北魏立国平城，借镇戍控扼四方，北方诸镇尤为腹心所在，非拓跋王室及"勋臣八姓"这些"贵族中的贵族"，等闲不轻易派任，被征服的北方汉人世族更是不可能有机会的。然而，司马楚之以一介孤臣，却在云中镇这个拓跋帝国"核心之核心"所在的重镇[2]，父子相袭了五十年，受宠信的程度连拓跋的王室贵族都极少能相与比拟，何以如此？

在拓跋王朝的权力结构中，王室（拓跋氏）与以勋臣八姓为中心的贵族，无疑是最高的统治阶层，由于这些人原先皆为部落联盟时期的酋长，因此，相对于君主的权力而言，他们可算是具有相当程度自主性的统治集团，甚至——在某些情况下——可与君权相制衡（相形之下，北方汉

---

[1] 参见杨衒之,《洛阳伽蓝记》。
[2] 云中镇为拓跋人故都及皇陵所在地，在今内蒙古呼和浩特市和林格尔县北。

人世族的地位就显得较被动与从属了)。然而，除此之外，拓跋王朝的权力结构中，还有一群身份特殊的人——此即包括外戚、宦官、宠幸与客在内，我们或可称之为私人性从属于君主的"附庸"。司马楚之就是属于这个团体中，具有"客"此种特殊身份的成员。

"客"的存在，就人类早期历史社会（包括游牧社会）而言，实乃一普遍现象，而且也不仅限于首领（君主或酋长）才有。当然，首领通常较有资格供应更多的"客"。"客"的身份相当模糊不清，而且依各个社会性质亦各有不同；不过，一般而言，他们皆来自此一社会以外，然而，在成为"客"之后，基本上即被视为其"主人"的"家人"。

拓跋人在建立国家之前，想来已有"客"的存在。国家建立后，君主的"客"也就制度化起来，根据《魏书》所载，当时拓跋王朝大致是依据来归附者的身份、归附的方式（自愿或被迫）等标准，分别给予"上客""中客""下客"（亦称第一客、第二客）等不同的待遇。"客"在拓跋王朝的地位如何，由于个别情况有异，很难一概而论。不过，当时拓跋人刚从"部落"转向一个"国家"，君权正处于发展阶段，因此，君主常有意地将一些重要的职务委托给"客"，以牵制原有部落贵族的力量。这在世界其他家产制国家也是惯见的措施，例如古埃及的法老王即经常委派他的"宾客"指挥军队[1]。东晋为刘裕所亡后，出身晋王室的司马楚之对北魏而言，当然具有相当的利用价值，他之得以封王、尚公主实不足为奇。但是，我们只有在了解"客"的身份在当时拓跋权力格局中所具有的微妙的平衡作用后，才能了然他们父子能受到如此宠遇的缘由。

话说回来，司马楚之虽出身南方贵族，我们也可以假定他深受汉文化的熏陶，然而他投身北魏后，大半时间皆在云中、平城等当时北族文

---

[1] 韦伯，《支配的类型》，页54。

化极浓厚的地区，妻子河内公主亦为拓跋人，因此，他的儿子——即本文主角司马金龙——的文化倾向如何，就成为耐人寻味的问题。正如司马金龙墓葬中同时出土的具有浓厚北族文化色彩的陶俑，以及纯然汉文化风格的彩画屏风一样。

司马金龙是否因为受其父熏陶而喜好汉文化，乃至死后还要以此屏风殉葬？抑或他也像其他拓跋贵族一样，只是喜欢收集一些汉文化的艺术品而已？这样的问题或许是永远无法回答的，这样的问题也可能根本没多大意义。因为，他们父子之受宠待，根据我们上面的分析，自有其缘由，至于他们父子的文化倾向如何，在拓跋统治者看来，或许根本是无关紧要的。

附带提一下，公元484年司马金龙卒，他的儿子司马徽亮袭爵，然而司马徽亮后来却因为牵连到496年拓跋贵族穆泰、陆叡等人的谋反，以致夺爵。而我们知道，这次谋反的动机基本上是针对孝文帝的汉化运动的。那么，或许正如陈寅恪所云：北朝胡汉之分，不在种族，而在文化[1]。而从司马楚之祖孙三代的际遇来看，也许在当时拓跋统治集团的眼中——就权力的角度而言——胡汉种族也罢，个人文化倾向也罢，皆非所当措意者。

---

[1] 陈寅恪，前引书，页38。

3 论李唐氏族

在本书第二章的《代人与镇人》一节（第三节）89页注2里，笔者将李唐皇室的祖先李虎列入武川镇人集团。李虎的祖先是否曾为武川镇人，史学界尚有不少争议。此处稍作一些说明。

虽然有关李唐氏族的史料皆明言其先世曾镇武川，唯陈寅恪认为李虎之先世（即虎之祖李熙）为赵郡人，且未曾到过武川，因为李熙及李天赐（虎之父）的墓皆在赵郡，若为武川镇人，则死当葬于武川[1]。我们可以承认李唐氏族确实极有可能为汉人，且出身赵郡李氏。问题是，正如我们在《代人与镇人》一文所言，北魏时期汉人而出镇北疆者，比比皆是。陈寅恪认为既出镇武川，则墓葬当在武川，而不该在赵郡，殊不知北魏原先亦曾规定徙代（平城）之民"死徙无出关"，然而到了孝文时期禁令放宽后，即有许多人（特别是士族）千里迢迢将其祖先灵柩运回祖籍安葬[2]，

---

[1] 陈寅恪，《李唐氏族之推测后记》，《金明馆丛稿二编》，页301；《魏晋南北朝史讲演录》，页290—291。

[2] 参见《拓跋魏的国家基础》100页注1。

3 论李唐氏族

李熙、李天赐纵使原来葬于武川，也没什么道理不能由后代子孙移回赵郡安葬于祖茔。

陈寅恪于《三论李唐氏族问题》一文中认为：由于孝文帝于太和十九年（495）六月下诏迁洛之民死葬洛阳，因此，"假使李熙及天赐父子二人俱死于太和十九年六月丙辰以前，则应俱葬于恒代。假使父子二人俱死于太和十九年六月丙辰之后，则父子二人俱应葬于（洛阳）邙岭。假使父子二人一死于太和十九年六月丙辰以前，一死于太和十九年六月丙辰以后，则应一葬于恒代，一葬于邙岭"[1]。问题是，孝文帝的"迁洛之民"大体上只限于平城王畿内的居民（即使是这些居民也未完全南迁，见《魏书》，9，页226—227），北镇镇人是有部分移防到南疆的，然而倒没听说他们也一起南迁至洛阳。因此，李熙、李天赐父子大概是不太可能葬于邙岭的。退一步说，就算他们果真迁洛，如果他们真是赵郡李氏，也是可以归葬乡里的，孝文帝实际上只要求"代人"葬于邙岭，而不许他们归葬平城。

笔者倒不是认定李唐先世就一定出身"武川镇人"，只是其中有些疑点仍待澄清。跟随宇文泰定关中、东向争霸的群雄，尽管先世都有些暧昧不明（特别是出身"镇人"者），但多少都还可以找出宇文泰之所以重用他们的缘故——或者出身武川及其他各镇，随贺拔岳入关中，后来再转入宇文泰麾下的，例如武川镇人（也有出身怀朔者）；要不然就是关中当地的土豪及望族，有助于宇文泰平定关中者，前者如李贤（高平镇人），后者如苏绰。有关李唐先世的记载，由于其后代成为君主，当然更是暧昧不明，然而如果截掉其先世（至少是李虎）曾为"武川镇人"的一段过去，我们就实在弄不清楚李虎何以（以及如何）在北周政权中扮演一个重要角色的关键。

---

[1] 陈寅恪，《三论李唐氏族》，《金明馆丛稿二编》，页305。

4 代人集团表[1]

姓氏	籍贯	附魏时间	重要人物简历
纥骨（胡）	代	建国前	胡泥，孝文时宿卫禁中，永城侯。
普（周）	代	建国前	周几，父千，有功于道武时，封顺阳侯。坐事死。几善骑射，明元时为殿中侍御史，掌禁兵，封交趾侯。
普（周）	代	建国前	周观，明元时为北镇军将，太武时以军功为都副将，镇云中，进爵金城公，转高平镇将，入为内都大官。
普（周）	代	建国前	周忸，文成即位，进爵乐陵王，南部尚书，太尉，寻赐死。
普（周）	河南洛阳	建国前	周摇，少刚果有武艺，仕西魏至开府仪同三司。

---

[1]本表主要根据《魏书》《北齐书》《周书》《隋书》《北朝胡姓考》及部分碑铭资料编制。此外，表中族姓前加※者，即为未见于《魏书·官氏志》之记载者；个人姓名前加※者，即为列名于《魏将相大臣年表》者。

4 代人集团表

姓氏	籍贯	附魏时间	重要人物简历
拔拔（长孙）	代	建国前	※长孙嵩，父仁为什翼犍南部大人。嵩，助道武建国，明元时为"八公"之一，定策立太武。位至太尉，北平王。※长孙颓（嵩子），曾任侍中。
拔拔（长孙）	代	建国前	※长孙道生（长孙嵩从子），道武时内侍，助太武平赫连夏，司空，上党王。※长孙观（道生孙），孝文时为殿中尚书，侍中。※长孙稚（道生曾孙），宣武、孝明时为主要军事统帅、司徒，司空、尚书令，封冯翊王，后随孝武入关奔宇文泰。长孙绍远（稚子），随入关，为西魏名臣。长孙览（稚孙），为北周及隋重臣。
拔拔（长孙）	代	建国前	※长孙肥，助道武建国，封蓝田侯。长孙亦干（肥弟），从道武平中原，任广平太守。※长孙翰（肥子），善骑射，拥立明元有功。后为都督北部诸军事，率众镇北境，拒柔然，太武时还京师，封平阳王。
拔拔（长孙）	河南洛阳	建国前	长孙俭，传云长孙嵩玄孙，起家员外散骑侍郎。初从尔朱天光破陇右，后随宇文泰。
拔拔（长孙）	代	建国前	※长孙渴侯，太武末年为殿中尚书，掌禁军，故得以拥立文成帝。文成立，出任尚书令，寻赐死，其后无闻。
达奚（奚）	代	建国前	※奚斤，助道武建国，典禁兵。明元时为"八公"之一。太武临朝，为左辅、司空，封宣城王。

姓氏	籍贯	附魏时间	重要人物简历
达奚（奚）	代	建国前	奚牧，助道武建国，拜并州刺史，任城公。
达奚（奚）	代	建国前	奚眷，道武时有军功，太武时出镇虎牢、长安。
达奚（奚）	河南洛阳	建国前	※奚康生（生于468），其先代人，世为部落大人。祖直，柔玄镇将，入为镇北大将军，内外三都大官，赐爵长进侯。父普怜，不仕而卒。康生性骁勇，太和十一年（487）从柔玄镇将击柔然，有功，为宗子队主，后随孝文南征有功，为魏末名将。
达奚	代	建国前	达奚武（生于504），祖眷，怀荒镇将，父长，汧城镇将。武少好骑射，为贺拔岳所知。岳征关右，引为别将。及岳死，武与赵贵拥立宇文泰。
达奚	河南洛阳	建国前	达奚寔（生于513），字什伏代，少有干局，起家给事中，孝武时镇弘农，随孝武入关。
达奚	代	建国前	达奚长儒，父庆，（西魏）骠骑大将军，仪同三司。长儒十五袭爵乐安公，西魏大统中，起家奉车都尉，为宇文泰亲信。
伊娄（伊）	代	建国前	※伊䫈，善射多力，太武时为殿中尚书，典宿卫。爵河南公，拜司空。
伊娄	代	建国前	伊娄穆，父灵，善骑射，为宇文泰所知。穆字奴干，为宇文泰亲信。伊娄谦（穆弟），为北周、隋大臣。

4 代人集团表

姓氏	籍贯	附魏时间	重要人物简历
乙旃（叔孙）	代	建国前	※叔孙建，助道武建国，与安同等十三人参军国大事，平原镇大将，封丹阳王。※叔孙俊（建子），助明元即位。※叔孙邻（建子），曾任尚书令，凉州镇大将[1]。
车焜（车）	代	建国前	车路头，明元为太子时，随侍左右，后助明元登基，封宜城公。
丘敦（丘）	代	建国前	※丘堆，明元即位时，拾遗左右。太武监国，堆与太尉穆观等为右弼。后为太武所杀。
俟亥（亥）	代	建国前	不详。
丘目陵（穆）	代	建国时期	※穆崇，助道武建国，太尉，封宜都公。※穆颉（崇子），太武时为殿中将军，殿中尚书，征西大将军。※穆观（崇次子），尚公主，明元时为太尉。太武监国时为右弼。※穆寿（观子），尚公主，太武时为侍中、中书监、南部尚书。※穆泰（崇玄孙），尚公主，赐爵冯翊侯，殿中尚书，谏止文明太后废孝文帝，获赐铁券，后因不满孝文迁都措施，与陆叡谋反，被诛。※穆平国（寿子），尚公主，拜侍中、中书监。※穆罴（寿孙），尚公主，孝文时为侍中、中书监，穆泰之反，罴与通，削封为民。

[1]乙旃氏除了叔孙建一支外，尚有叔孙普洛（道武）、叔孙拔（太武）、叔孙侯头（孝文）、乙旃侯莫干（叔孙侯，孝文）、乙旃括（孝文）、乙旃免（孝文）、乙旃阿各仁（孝文）、乙旃应仁（孝文）、叔孙头（宣武）、乙干贵（魏末）等人。

姓氏	籍贯	附魏时间	重要人物简历
			※穆亮（罴弟），献文时尚公主，侍中、征南大将军。孝文时为殿中尚书。仇池镇将。侍中、尚书左仆射，司州大中正。迁司空，录尚书事。※穆绍（亮子），尚公主，宣武时为中书令，殿中尚书。尔朱荣掌权，为尚书令[1]。
丘目陵（穆）	代	建国时期	穆丑善，穆崇宗人，道武时率部归附。为天部大人[2]。
步六孤（陆）	代	建国时期	陆突，其先世领部落，道武时率部归附，从征伐，有战功，为离石镇将，后为上党太守、关内侯。※陆俟（突子），太武征赫连昌时，诏俟督诸军镇大碛。后历任虎牢、安定、怀荒、长安等镇大将。

[1]《魏书·穆崇传》云："其先世效节于神元、桓、穆之时。"（27，页661）然而，《魏书》卷一找不到任何有关其先世的记录，崇传中又云："机捷便辟，少以盗窃为事。"似乎也不像有部落长或世家大族的身份。照崇传所载看来，他是只身追随道武帝的，故列其归附于建国时期，亦即386—398年间。其宗人穆丑善倒是个部落长，不过传中所记，归附亦在道武初起时。丘目陵氏可能早在拓跋珪以前即曾加入拓跋联盟，然而，如前所述，什翼犍败亡后，这些部落又告离散，或独立，或归附其他部落，到了拓跋珪建国时期才又一一投入其麾下，丘目陵氏可为一个典型例子。同理，独孤氏与贺兰氏早在拓跋珪建国前即为拓跋联盟的重要成员，贺兰氏且为拓跋珪母亲的氏族。然而什翼犍的联盟瓦解后，这些部落皆各自独立，拓跋珪依附于独孤部时，其实是过着寄人篱下的生活，除了帝室十姓的成员外，并无其他部落归其领导。这其实也是北亚草原游牧联盟的常态，所谓树倒猢狲散，拓跋珪后来虽在贺兰部及一些旧属支持下，展开复国运动，然而贺兰部还是保持相当独立的。拓跋珪主要是靠着（燕）慕容垂的援助，才征服独孤部与贺兰部。因此，不管在拓跋珪建国前，这些部落与拓跋联盟的关系如何，拓跋珪崛起后，还是要重新收降这些部落的。因此以建国时期作为一个起点，是比较符合事实的。

[2]丘目陵氏除上述两支外，《孝文吊比干碑》尚有丘目陵纯、丘目陵惠两人。

姓氏	籍贯	附魏时间	重要人物简历
			※陆馛（俟长子），袭爵，曾谏止献文帝禅位于元子推，助孝文登基。※陆丽（俟子），太武时为南部尚书，协助文成帝登基，大受重用，封平原王，其父陆俟亦因此封东平王。※陆定国（丽长子），献文时为侍中、殿中尚书、司空，延兴五年（475），坐事免官爵为兵。太和初复位。※陆叡（丽子），袭爵，沉雅好学，娶博陵崔鉴女，曾数度领军北征，后除尚书令，都督恒、肆、朔三州军事，不满孝文南迁，遂与穆泰谋反，诛。其子希道坐父事徙边，后得还，为刺史。陆腾（俟玄孙），其父旭，好《老》《易》，著有《五星要诀》及《两仪真图》，孝庄帝时归隐，腾后入西魏，有功，为柱国、大司空。陆隽（俟族子），献文初为侍御长，以谋诛乙浑，拜侍中、吏部尚书、尚书令。
步六孤（陆）	代	建国时期	陆真，父洛侯，秦州刺史。真少善骑射，有军功，历任长安等镇将，赐爵河南公。
独孤（刘）[1]	代	建国时期	※刘尼，祖敦，有功于道武，为方面大人。尼于太武末掌禁兵，与陆丽等人扶立文成帝，任司徒，东平王。

---

[1] 独孤氏早在建国前即为拓跋联盟的重要成员。拓跋氏之世仇刘虎、刘卫辰，乃至后来的赫连勃勃皆此族人。见姚薇元，《北朝胡姓考》，页46—47。

姓氏	籍贯	附魏时间	重要人物简历
独孤（刘）	秀容阳曲	建国时期	刘贵，少居怀朔，与高欢友善，魏末天下大乱，初随尔朱荣，后随高欢。
刘	普乐（博骨律镇）	建国时期	刘丰，果毅绝人，魏末破六韩拔陵之乱，以守城功除普乐太守，后追随高欢。
独孤	中山	建国时期	独孤永业，便弓马，高欢擢为定州六州都督，宿卫晋阳，为北齐名将[1]。
独孤（刘）	代	建国时期	刘世清，祖拔，魏燕州刺史，父巍，金紫光禄大夫。世清于武平末（570—575）为侍中、开府仪同三司，通四夷语，为当时第一。
贺兰（贺）	代	建国时期	贺悦，讷从父弟，助道武建国，封北新公。
贺兰（贺）	代	建国时期	贺狄干，家本小族，助道武建国，后为道武所杀。
贺兰（贺）	武川	建国时期	贺兰祥，贺讷裔孙（《胡姓考》，页33），其先以良家子出镇武川，遂家焉。祥母为宇文泰姊，故随宇文泰起兵[2]。
贺楼（楼）	代	建国时期	※楼伏连，世为酋帅，随道武建国定中原。广陵王，太武时出镇统万。※楼毅（伏连兄曾孙），孝文时为殿中尚书、尚书右仆射、侍中。

[1]《孝文吊比干碑》有独孤遥，此外，尚有独孤熊（北周）和独孤枝（北齐）。
[2] 贺兰氏除上述几支外，见于史籍者尚有贺兰豹子（北齐）、贺兰愿德（北周）、贺兰隆（北周）和贺兰漠（北周）。

4 代人集团表

姓氏	籍贯	附魏时间	重要人物简历
贺楼（楼）	代	建国时期	贺娄子干，本代人也，随魏氏南迁，世居关右。少以骁武知名[1]。
万忸于（于）	代	建国时期	于栗磾，世首部落，助道武定中原，新安公，虎牢镇大将。※于洛拔（栗磾子），文成时为侍中，殿中尚书、尚书令。※于烈（洛拔子），立功于孝文时（穆泰之反，"代乡旧族，同恶者多，唯烈一宗，无所染预"）。助宣武帝夺诸王权。其侄女为宣武后。※于劲（洛拔子），女为宣武后，景明三年为领军将军。※于忠（烈子），宣武时甚受宠信，并为恒州大中正。孝明初为主要权臣（灵太后临朝前）。
万忸于（于）	代	建国时期	于简，明元时出使冯跋不屈，被囚二十四年始还。
万忸于（于）	代	建国时期	于提，孝文时出使高车不屈，三年始还。
万忸于（于）	代	建国时期	于洛侯，孝文时为秦州刺史，用刑酷滥，诛。
万忸于（于）	河南洛阳	建国时期	于谨，曾祖婆为魏怀荒镇将，祖安定为高平镇都将，父提为陇西郡守。谨后从宇文泰，有功于北周。为六柱国大将军之一[2]。

---

[1] 贺娄氏除上述两支外，尚有楼勃（太武）、楼龙儿（孝文）、贺娄乌兰（东魏）等人。
[2]《北史·于谨传》以于谨为于栗磾后人，此处据《北史》校勘记将其列为另一支。

姓氏	籍贯	附魏时间	重要人物简历
尉迟（尉）[1]	代	建国时期	尉古真，从道武平中原建国。※尉眷（古真侄），明元、太武、文成时名将，拜侍中、太尉、渔阳王。
尉迟（尉）	代	建国时期	※尉元，父目斤，世为豪宗，勇略闻于当时，明元时立军功，为中山太守。元为献文、孝文时名将，尚书令、淮阳王。
尉迟（尉）	代	建国时期	尉拨，父那，濮阳太守。拨为太武、文成时名将，安城侯。
尉迟（尉）	太安狄那（怀朔镇）	建国时期	尉长命，父显，魏代郡太守。长命助高欢起兵[2]。
尉迟（尉）	代	建国时期	尉迟迥、尉迟纲，宇文泰外甥，为北周名臣。
尉迟（尉）	善无（迁怀朔镇）	建国时期	尉景，孝昌中，北镇反，景与高欢首先依附杜洛周，后归尔朱荣。妻为高欢姊。
尉迟（尉）	河南洛阳	建国时期	尉瑾，父庆宾，魏肆州刺史（即为尔朱荣攻执之尉庆宾）。瑾少敏悟，好学慕善，迁直后，后与司马子如（高欢旧知）为姻亲，故得显贵。
尉迟	武川镇	建国时期	尉迟真檀，与贺拔胜父子、宇文肱（泰父）、舆珍等人袭杀破六韩拔陵部下卫可孤。

---

[1] 根据《魏书·尉古真传》所载判断，尉古真并非率领部落归附，然而在北朝史上，还有许多尉（或尉迟）姓，而非尉古真一系者，活跃于政治舞台上，他们究竟来自何处？按，《魏书·太祖纪》云："天兴六年（403）春正月，朔方尉迟部别帅率万余家内属，入居云中。"（2，页41）北朝史上尉迟（或尉）姓者，可能有不少来自此部落。

[2]《北齐书》卷十九另有"代人"尉标，实即尉长命，见姚薇元，《胡姓考》，页192。

4 代人集团表

姓氏	籍贯	附魏时间	重要人物简历
纥奚（嵇）[1]	代	建国时期	嵇根，世为纥奚部帅，道武皇始初（396—397）率部归魏，尚什翼犍女。※嵇拔（根子），尚华阴公主，位尚书令。※嵇敬（拔子），为大司马、大将军[2]。
若干（苟）	代	建国时期	※苟颓，曾祖乌提，助道武建国，赐吴宁子。颓，文明太后时为殿中尚书，迁司空公，进爵河东王。※苟孤（颓从叔），助明元登基，为镇军大将军，并州刺史。
若干	武川镇	建国时期	若干惠，父树利周从广阳王元渊征葛荣，阵亡。若干惠从尔朱荣，最后追随宇文泰。[3]
拔列兰（梁）[4]	安定（迁武川）	建国时期	梁御，因官北边，遂家武川，高祖俟力提，从道武征伐，为定阳侯。御少好学，善骑射。随尔朱天光入关，最后从宇文泰。

[1]《魏书·太祖纪》云："登国五年（390）行幸意辛山，……讨贺兰、纥突邻、纥奚诸部落，大破之。……十有一月，纥奚部大人库寒举部内属。"（2，页23），此为纥奚氏入魏之始。
[2]《魏书·万安国传》（卷三十四）将"嵇"误作"奚"，见姚薇元考证，《胡姓考》，页222—223。纥奚氏除嵇根一支外，尚有纥奚斤、纥奚舍乐和纥奚永安，皆北齐时人。此族在北魏初尚公主，出任要职，似甚显赫，而且列为"勋臣八姓"之一，不知何以事迹甚少。纥奚斤等人亦是附见于他人传中。又若照姚薇元所考，嵇根即《魏书》卷二中皇始二年聚众反的纥奚部帅叱奴根，问题是，叱奴根起事不成即被消灭，何以其子仍能出任要职？
[3]若干氏除了上述两支外，尚有若干侯莫仁（孝文）和若干宝（北周）。
[4]据姚薇元考订，此族本出自安定郡（今甘肃省平凉市泾川县），其后一部分人附魏迁北边，为代人或武川人，其他人则仍留居甘陕一带，为当地豪族，北朝时期所见梁氏，大抵皆出自此族。

姓氏	籍贯	附魏时间	重要人物简历
拔列兰（梁）	代	建国时期	梁椿，祖屈朱，魏昌平镇将，父提，内三郎。椿初以统军随尔朱荣，后随宇文泰。
是连（连）		不详	是连子畅（北齐）。
拔略（苏）		不详	拔略昶（魏末）。
仆兰		不详	不详。
若口引（寇）		不详	寇提（太武）。
叱罗（罗）[1]	代（怀朔镇）	建国时期	※罗结，其先世领部落，为国附臣。助道武建国，赐爵屈蛇侯。河内镇将。※罗斤（结子），太武时为带方公，长安镇都大将，柔玄镇都大将。陪葬金陵。
是贲（封）	代	建国时期	封敕文，父豆，道武时领众三万征幽州，拜幽州刺史。敕文，太武时为天水公，镇上邽。
阿鹿桓（鹿）	济阴	太武[2]	鹿生，父寿兴，沮渠牧犍库部郎，生为济南太守，有治绩，后为郯城镇将。正始中（504—507）卒，年七十四。鹿悆（生子），好兵书、阴阳、释氏之学，太师、彭城王勰召为馆客。普泰中（531）为右光禄大夫，度支尚书，河北五州和籴大使。

---

[1]叱罗吐盖见于《孝文吊比干碑》，官职是"直阁武卫中臣"。根据年代推算，恐怕即为罗结之从玄孙，见《魏书·罗结传》（44，页989）。

[2]《魏书·鹿生传》云："父寿兴，沮渠牧犍库部郎。"（88，页1901）可见本居凉州一带，到了太武帝平凉州（439）时，才移到平城的。

4 代人集团表

姓氏	籍贯	附魏时间	重要人物简历
乌丸[1]（王）	广宁（朔州）	建国前	王建，祖姑为平文后，什翼犍母。建少尚公主。道武建国功臣，真定公，陪葬金陵。王度（建孙），太武时为殿中尚书，后出镇长安。
乌丸（王）	武川镇	建国前	王德，善骑射，初从尔朱荣，后随宇文泰，为北周名将（初德丧父，家贫无以葬，乃卖子庆并女以营葬事）。
乌丸（王）	太原祁县	建国前	王轨，世为州郡冠族，累叶仕魏，赐姓乌丸氏，父光，少雄武，每从（宇文泰）征有功，位至骠骑大将军，开府仪同三司。轨亦为北周名臣。
乌丸（王）	太原祁县	建国前	王庆，父因，魏灵州刺史，庆少有才略，从宇文泰征伐有功。
乌丸（王）	代	建国前	王康德，从高欢起兵。
乌丸（王）	灵丘（恒州）	建国前	王峻，明悟有干略。为高欢相府墨曹参军，累迁恒州大中正，爵北平县男，营州刺史。

---

[1]根据姚薇元考订，北朝时期，王姓胡人主要来自乌丸、拓王（高丽）以及钳耳（羌）三氏，其他匈奴、羯、契丹、回纥诸族亦有以王为氏者（《胡姓考》，页276）。当然，王更是汉人大姓。本表基本上以居住在边疆地区的王氏为主，而不详究其究竟为汉人还是其他胡族，由于太原王氏及京兆王氏皆为中原汉族著姓，胡人（或汉人）姓王者亦常喜冒称来自此两地，此处以姚薇元的考订为准，因此王洛儿虽称京兆人，实则有胡人嫌疑。此外，北朝时期王姓出自太原祁县者甚多，其中王轨、王神念诸人，姚微元皆订为出自乌丸（页257，注4）。然而王庆、王思政亦皆出身太原祁县，不知是否亦为胡族。要之，太原祁县在今山西省晋中市祁县，在当时算是拓跋魏的核心区，汉胡混杂，想清楚划分实为不易，不过，既然居地极为接近拓跋帝国的核心区，列入"代人集团"应当是没问题的。此外，乌丸一族主要部分固然皆改为王氏，不过，似乎也有改为桓氏者，《魏书·世祖纪》记太武帝攻赫连夏时，有执金吾桓贷，后来克统万，又以常山王素与桓贷镇之（4:1，页72—73），桓贷可能为乌丸之后。

姓氏	籍贯	附魏时间	重要人物简历
乌丸（桓）	代	不详	桓贷，太武帝时为执金吾。
※拓王（王）	京兆	建国时期	※王洛儿，善骑射，明元帝为太子时，给事帐下，后助明元登基。封新息公。
拓王（王）	太原	建国时期	王雄，字胡布头，少有谋略，初从贺拔岳入关，后随宇文泰，赐姓可频（叱）氏。
拓王（王）	武川镇	建国时期	王勇，便弓马，魏末从军，后随宇文泰，为北周名将，赐姓库汗氏。
拓王（王）	武川镇	建国时期	王盟，宇文泰舅，其先乐浪人，六世祖波，前燕太宰。祖珍，魏黄门侍郎。父黑，伏波将军，以良家子镇武川，因家焉。王盟于六镇乱起入河北，后入关，为北周名将。
薄奚（薄）		建国时期[1]	不详。
他骆拔（骆）		不详	不详。
普陋如（茹）		不详	不详。
贺葛（葛）		不详	不详。
阿伏干（阿）		不详	不详。
可地延（延）		不详	延普（明元）。
素和（和）	代	建国时期	和跋，世领部落，为国附臣，道武时为外朝大人，参军国大谋，从平中原。镇邺。归（跋子），爵高阳侯，后以罪徙配凉州为民，盖吴之乱，复拜将军往讨之。还，拜雍城镇都大将，高阳侯。

---

[1]据姚薇元考订，薄奚乃河北境内乌丸之一支，若然，则建国时期已入魏。

4 代人集团表

姓氏	籍贯	附魏时间	重要人物简历
素和（和）	代	建国时期	※和其奴，善射御，赐爵东阳子，文成时，迁尚书，平昌公。
素和（和）	代	建国时期	※和匹，太武末（451）任侍中。太武死，与兰延等谋立文成，为宗爱所杀（452）。
胡引侯伏侯（侯）[1]	神武尖山（怀朔镇）	建国时期	侯渊，六镇乱，随杜洛周南寇，后与妻兄念贤归尔朱荣。最后归高欢，又叛之，死。
胡引侯伏侯（侯）	上谷（高平）[2]	建国时期	侯植，高祖恕，魏北地郡守，子孙因家于北地之三水。遂为州郡冠族。植，武艺绝伦，正光中（520—524），起家奉朝请。后随孝武入关，为西魏、北周名将。
胡引侯伏侯（侯）	怀朔镇	建国时期	侯景，右足短，弓马非其长，所在唯智谋。魏末六镇乱，事尔朱荣，后从高欢，欢死，叛归梁。
吐谷浑		不详	不详。
贺若	代	不详	贺若统，父伏连，魏云州刺史。统初随葛荣，后入尔朱荣、高欢。最后叛归宇文泰。子贺若敦，为西魏、北周名将。

---

[1] 姚薇元认为胡引氏即护佛侯部。《魏书·太祖纪》云："登国元年五月，护佛侯部帅侯辰、乙弗部帅代题叛走。诸将追之，帝曰：'侯辰等世修职役……'"（2，页20）可见护佛侯部（即胡引氏）为拓跋联盟旧部。
[2] 根据《周书·侯植传》的校勘46，三水在北魏时期并不属于北地，而是属于泾州新平郡（页513）。根据《魏书·地形志》，其地当为今宁夏固原市，也就是北魏高平镇所在地，高平镇置于太武帝太延二年（436），侯植祖先很可能是在那时迁到高平镇的。

姓氏	籍贯	附魏时间	重要人物简历
匹娄（娄）	代	献文[1]	娄提，献文时为内三郎，献文崩，提自尽，几至于死。
匹娄（娄）	代	献文	娄宝，代为酋帅，祖大拔，巨鹿子。宝，好读书，孝明时为朔州刺史。从随孝武入关。
匹娄（娄）	代（怀朔镇）	献文	娄昭，祖提[2]，家僮数千，牛马以谷量，太武时（据《胡姓考》，疑为太和之误），以功封真定侯。父内干，有武力，昭为高欢妻弟。从高欢起兵。
谷浑（浑）		不详	不详。
俟力伐（鲍）		不详	不详。
牒云（云）[3]	武威	不详	牒舍（疑为云）乐，少从尔朱荣为军主，统军。后随高欢。
是云（是）		不详	是云宝（魏末）。
豆卢吐伏卢（卢）[4]	昌黎徒何[5]	建国时期	豆卢宁，高祖胜，皇始初归魏，父长，柔玄镇将。初随尔朱氏，后随宇文泰[6]。
叱李叱伏列（李）[7]	雁门（山西代县）	建国时期	李栗，父祖于什翼犍时入国。栗为道武元从功臣二十一人之一。助道武平中山，后为道武所诛。

---

[1]《魏书·显祖纪》："皇兴四年（470），……长孙观军至曼头山，大破（吐谷浑）拾寅，……渠帅匹娄拔累等率所领降附。"（6，页130）娄氏一族史传有名的，皆在献文之后，故匹娄拔累之降当为此氏入魏之始。

[2]姚薇元于《胡姓考》中认为此一娄提即为献文时自尽未死之娄提，按两人年代固然相近，然而也不见得就为同一人，《魏书》成于北齐，娄昭则为北齐国戚，若昭果然为《魏书》之娄提后人，魏收不当一无所知。以事理判断，分为两人恐较确。

[3]北朝史料罕见以"云"为姓者，此族可能自始即未改姓。

4 代人集团表

姓氏	籍贯	附魏时间	重要人物简历
叱李 叱伏列 （李）	高平镇	建国时期	李贤，自云陇西成纪人，汉李陵之后，陵没匈奴，子孙因居北狄。曾祖富，太武时以子都督讨两山屠各，殁于阵。祖斌，袭领父兵，镇于高平，因家焉。贤于魏末率乡人起兵，助尔朱天光，后随宇文泰。李远（贤弟），亦随宇文泰，为十二大将军之一，赐姓拓跋氏。

---

[4] 根据姚薇元考订，吐伏卢即豆卢氏，此氏本姓慕容，为慕容燕皇室之后，道武帝末年诛除慕容氏，部分之慕容氏即改为此姓（也有仍用慕容者，如慕容白曜），这当然不能否定原本即有豆卢一氏，不过此一时期以豆卢为姓者，凡有较详尽之资料，一律皆申言为慕容之后。庾信替豆卢宁写的墓志就直接用慕容宁（《庚子山集》，14）。在此一表格中，凡是归附的诸国王室之后，原则上皆列为"客、宠幸"之类，因此，卢鲁元、卢丑皆列于彼。然而正如笔者于本书中所言，时间一久，"客"的身份会日益模糊，而逐渐与团体中其他成员无甚区别，豆卢宁崛起已在魏末，列入"代人集团"应当是妥切的。

[5] 豆卢宁传中说他是"昌黎徒何人"，举的当然是旧望（卢鲁元、卢丑亦如此），不过，入魏之后，他们这一支究竟居于何地，似乎还可找到一点蛛丝马迹。传上说他在西魏孝武帝大统元年（535），"迁显州刺史，显州大中正"（页309）。我们晓得，中正一职照理应当是由当地望族出任的，西魏北周时期，中正官虽已不再有以前"甄选人品"的权力，习惯上也还是以当地人士来出任。因此，弄清楚显州的地理位置，就可以推测豆卢宁的原居地。北魏的显州在今天山西省孝义市，不过，豆卢宁担任的是西魏的显州大中正，而西魏的显州又在今天甘肃省庆阳市正宁县，到底何者为是？根据当时情况判断，由于山西控制在东魏手中，甘肃正宁县的显州显然是西魏侨置的，而豆卢宁传上说他跟随尔朱天光入关，可见原先是追随尔朱氏起兵的，尔朱氏的根据地在秀容，离山西孝义市的显州较近，因此，豆卢宁是比较可能来自此地的。

[6] 除豆卢宁外，见诸史籍的尚有豆卢绍、豆卢光、豆卢狼，皆为北周人。

[7] 根据姚薇元考证，叱利即叱李、泣伏利、叱列、叱伏列之异译，后改姓为李，本高车人（《胡姓考》，页297—300）。若然，则此氏附魏可以远溯至建国时期，例如道武开国功臣中有李栗，姚薇元疑即为此氏。此外，《叱伏列龟传》中亦云："世为部落大人，魏初入附，遂世为第一领民酋长。"《周书》，20，页341）

姓氏	籍贯	附魏时间	重要人物简历
叱李 叱伏列 （李）	陇西狄道	建国时期	李和，其先陇西狄道人，后徙居朔方，父僧养，以累世雄豪，善于统御，为夏州酋长。和少敢勇，初为贺拔岳帐内都督，后从宇文泰，赐姓宇文氏。
副吕（副）		不详	不详。
如罗（如）		不详	不详。
破落那（那）		不详[1]	不详。
乞伏（扶）[2]	陇西	太武	并州刺史乞伏成龙（文成帝）[3]
吐奚（古）	代	不详	※古弼，好读书，又善骑射，明元时典西部，太武时，赐爵建兴公，镇长安。恭宗监国，征为东宫四辅，与宜都王穆寿并参政事。太武卒，吴王余立，以弼为司徒，文成即位诛之。
庚	代	建国前	※庚业延，其父及兄和辰，世典畜牧。助道武建国，后为道武所诛。
渴单 纥单 （单）		建国时期[4]	单乌干（道武），纥单步胡提（魏末）。

---

[1] 姚薇元根据《魏书·序记》所云"昭成（什翼犍）建国二年，……东自濊貊，西及破洛那，莫不款附"（1，页12），断定破洛那氏附魏极早（《胡姓考》，页105）。问题是，当时什翼犍的势力只能控制云中、盛乐、平城一带，连世仇刘虎部落都控制不了，遑论远在西域的破落那了。魏收此语，也不过是个饰词而已。且破落那国即使有人归附北魏，数量大概也不多，此族人在整个北朝历史上根本就默默无闻。

[2] 乞伏本西秦国姓，西秦于431年灭于赫连夏，魏太武帝克夏，乞伏一氏遂入魏。此族人魏后，见于史传者，除了地方官外，尚有一些是领民酋长（乞伏慧一族），似乎尚有部分族人是保持部落组织的。

[3] 除乞伏成龙外，魏末尚有乞扶莫于、乞步落，东魏有乞伏锐，北齐有乞伏保达。

[4] 《魏书·窟咄传》云："刘显之败，遣弟亢埿等迎窟咄，……太祖左右于桓等谋应之，同谋人单乌干以告。"（15，页385）姚薇元疑此单乌干为纥单部人，若然，则此氏早在建国时期已入魏。

4 代人集团表

姓氏	籍贯	附魏时间	重要人物简历
贺拔[1]（何）	神武尖山（怀朔），徙武川镇	不详	贺拔胜，祖尔逗，选充北防，遂家于武川（今内蒙古呼和浩特市武川县），献文时赐爵龙城男，为本镇军主。胜便弓马，六镇乱起，与兄允、弟岳随其父度拔转战北方。后随尔朱荣、高欢，最后投奔宇文泰。
贺拔（何）	善无	不详	贺拔仁，从高欢起兵[2]。
侯几（几）		不详	侯几长贵（魏末）。
贺兒（兒）		不详	※兒乌干，文成帝时曾任司空。
出连（毕）		不详	不详。
叱吕引侯吕邻（吕）[3]	代	建国前	吕洛拔，曾祖渴侯，什翼犍时率户五千归国。洛拔，文成时为平原镇将，成武侯。吕文祖（洛拔子），献文时龙牧曹奏事中散，以牧产不滋，徙武川镇。

---

[1]《魏书·贺拔胜传》云："祖尔逗，选充北防，家于武川，……显祖（献文）赐爵龙城男，为本镇军主。"（80，页1780）贺拔氏何时入魏，不得而知，姚薇元认为他们是高车人，而道武与太武时皆分别自漠北掳掠了大批高车人，因此，他们有可能在这两个时期入魏。不过，不管他们何时入魏，此族人真正出现在史传上，或者说与北魏政权有较密切关系，则要到贺拔尔逗选充北防（即镇人）。传中说献文时，赐尔逗龙城男，故定其为献文时人，不过，尔逗充镇人的时间当然是有可能在献文之前的。此族人原先可能大半为镇人，不过，也非全部。见于《孝文吊比干碑》的贺拔舍，官衔是"符节令"，想来是任职朝中的。此族人似乎未曾南迁洛阳，因为找不到改用汉姓"何"的例子。

[2]此外，贺拔氏尚有贺拔舍（孝文）、贺拔文兴（孝明）、贺拔弥俄突（魏末）和贺拔伏恩（魏末）。

[3]据《魏书·高车传》："又有侯吕邻部，众万余口，常依险畜牧。登国中（386—395），其大人叱伐为寇于苦水河。八年夏，太祖大破之，并擒其别帅焉吉延等。"（103，页2312）侯吕邻即侯吕邻。依传中所述，则侯吕邻部居处当在今宁夏固原市附近（《胡姓考》，页121—122）。这一带在北魏时期为所谓"西部敕勒（高车）"的居地，而西部敕勒又长期为北魏禁军的来源（《魏书》19:1，页450），侯吕邻部属柔然还是高车，当然还有疑问（参见《胡姓考》，页120；

姓氏	籍贯	附魏时间	重要人物简历
莫那娄（莫）	代	建国时期	莫题，道武时典禁兵，高邑公，道武末处死。
莫那娄（莫）	太安狄那（怀朔镇）	建国时期	莫多娄贷文，骁果，从高欢起兵。
奚斗卢（索卢）		不详	不详。
莫芦（芦）		不详	不详。
破六韩步六汗（韩）	安定安武（今甘肃省庆阳市镇原县）	明元	※韩茂，父耆，明元时自赫连勃勃来降，拜常山太守，居常山九门（今河北省石家庄市正定县）。茂善骑射；太武时以军功为殿中尚书，安定公。文成时，为尚书令。
破六韩（韩）	太安狄那（怀朔镇）	明元	韩轨，随高欢起兵。
破六韩（韩）	武川镇	明元	韩果，善骑射，初随贺拔岳，后从宇文泰。为北周名将。
破六韩（韩）	广宁石门（怀朔镇）	明元	韩贤，壮健有武，初随葛荣，荣破，徙至并州，从尔朱荣，后随高欢。
破六韩（韩）	河南东垣（今河南省洛阳市新安县东）	明元	韩雄，祖景，孝文时为赭阳郡守。雄少敢勇魁岸，膂力绝人，工骑射。孝武西迁，雄与其属六十余人于洛西举兵，数日间，众至千人。归宇文泰。
没路真（路）		不详	不详。
虎地干（虎）		不详	不详。

《蕃姓录》，页60），不过，俟吕阿倪的官职"直阁武卫"，正是禁军（所谓"殿中武士"）的职位，疑当时仍有不少俟吕邻人留居原地，恐怕也还维持部落组织，至于是否属于"领民酋长"的集团，资料不足，无法断言。

4 代人集团表

姓氏	籍贯	附魏时间	重要人物简历
莫舆（舆）[1]	武川	建国时期	舆珍，与贺拔胜父子、宇文肱（宇文泰父）、念贤等人袭杀破六韩拔陵部下卫可孤。
纥干（干）		不详	纥汗煞兴（魏末），纥干广略（北周）。
俟伏斤（伏）		不详	伏树（太武），伏阿奴（孝文）。
是楼（高）	代	建国时期	高保宁，武平末（北齐末年）为营州刺史，镇黄龙。
高[2]	善无（恒州）	建国时期	高市贵，少有武用，六镇乱起，随尔朱荣，迁秀容大都督，第一领民酋长。后随高欢。
沓卢（沓）	晋寿	不详	沓龙超，永熙（532—534）中，萧梁入寇益州，被擒，不屈而死。
奇斤（奇）		不详	不详。
盖楼（盖）[3]	杏城镇	太武	不详。

---

[1] 根据姚薇元考证，慕舆氏本为慕容燕贵族，因此，应当是在道武克慕容燕时入魏的。不过，由于道武末年曾大肆诛杀慕容氏，以致有一部分慕容氏改姓慕舆，因此，要分辨哪些是原先的慕舆，哪些是慕容改的，甚为困难。慕舆氏除了前列魏末武川豪杰的舆珍外（《周书》，14，页216），太武帝时曾任侍中、左仆射等官的李盖，其原配亦为此族人（《魏书》，83，页1824）。

[2] 姚薇元认为北魏时期，胡人高姓者除鲜卑、高丽外，尚有一支来自秀容地区的匈奴（《胡姓考》，页280—281）。高市贵（见《北齐书》，19）传虽云善无人（恒州，即代），然而他一开始即随尔朱荣（亦秀容人），后又封为秀容大都督，可能是出身秀容的高氏。

[3] 盖楼乃卢水胡一支，卢水胡当时聚居在今日陕西中部，以杏城镇为主要根据地，而北魏要到太武帝击败赫连夏（427）后，才控制了陕西全境，故列其入魏于太武时。北魏见于史传之杏城镇将，如安固、尉拨、郝温（见《魏书》卷三十、四十五），大抵皆在太武时或其后，亦可旁证北魏控制此处不应早于太武。盖楼氏归附北魏后，大部分成员似乎仍留在杏城镇一带，公元445年发动大规模叛乱的盖吴，也是自此处起兵的。这些人当然很难说是"代人"。虽然如此，《官氏志》列此姓于"内入诸姓"，而且我们也很难否认有部分盖楼氏移入平城（甚至早在太武取得杏城镇以前）的可能性，故此处仍列于"代人集团"。

姓氏	籍贯	附魏时间	重要人物简历
嗢石兰（石）		不详	石猛。
解批（解）		道武[1]	不详。
须卜（卜）		建国时期[2]	卜田（太武）。
丘林（林）		不详	不详。
尔绵（绵）		太武[3]	不详。
壹斗眷（明）		不详	不详。
叱门（门）		不详	不详。
秘邘（邘）		不详	不详。
宿六斤（宿）[4]		不详	宿石，曾祖赫连文陈为夏开国君主赫连勃勃弟，道武天兴二年（399）归附。祖若豆根，明元时赐姓宿六斤。石于文成时尚公主，封太山公，曾任北征中道都大将。
大莫干（郃）		不详	不详。
素黎（黎）		不详	不详。

---

[1]《魏书》卷二及一百三云，天兴四年（401），高车解批莫弗幡豆建率其部三十余落内附。此当为解批氏入北魏之始。

[2] 须卜为匈奴贵族，《魏书·世祖纪》云："神䴥元年，并州胡酋卜田谋反伏诛。"（4:1，页74）可见并州匈奴有此族，并州于建国时期即已入北魏掌握，故列此族入魏于建国时期。上述秀容匈奴高氏亦同。

[3]《魏书·世祖纪》："太平真君十年二月，蠕蠕渠帅尔绵他拔等率其部落千余家来降。"（4:2，页103）殆为此族入魏之始。

[4] 有关此氏的问题较复杂：第一，姚薇元认为宿六斤氏即宿勤氏，不过他唯一的证据是"勤"与"斤"发音极近（《胡姓考》，页155），因此，是否还是有可能为两个不同的氏族？其次，明元帝赐赫连若豆根为"宿六斤氏"时，到底宿六斤为一旧有氏族，还是一全新姓氏（如"豆卢氏"的例子）？魏末夏州有"贼帅宿勤明达"，不过我们也很难确定他是宿石的后裔，还是来自原有的宿勤（或宿六斤）氏。

4 代人集团表

姓氏	籍贯	附魏时间	重要人物简历
吐难（山）	河南洛阳	不详	山伟，祖强，工骑射，献文时为内行长。伟涉猎文史，孝明时为侍御史，国子助教，谏议大夫。爱尚文史。[1]
屋引（房）	河南洛阳	不详	房谟，其先代人，魏末为昌平、代郡太守。六镇乱起，率所部奔中山。后从高欢。[2]
树洛干（树）		不详	不详。
茂眷（茂）		不详	不详。
乙弗（乙）[3]	代	太武	乙瑰，其先世为吐谷浑渠帅，太武时，父遣瑰入贡，因留平城，善弓马，数从征伐，尚上谷公主，定州刺史，西平王。※乙乾归（瑰子），尚恭宗女安乐公主，秦州刺史。乙瑷（曾孙），尚孝文女淮阳公主。乙弗氏（瑷女），为西魏文帝后。
乙弗	代	建国时期	乙弗朗，其先东部人，世为部落大人，与魏徙代。少有侠气，善骑射。魏末，北边扰乱，避地并、肆。从尔朱荣，后隶贺拔岳，入关。后随宇文泰。
乙弗	武川镇	建国时期	乙弗库根，与贺拔胜父子、宇文肱（泰父）、舆珍等人起兵袭杀破六韩拔陵部下卫可孤[4]。

---

[1]孝文时有直阁武卫中臣吐难苌命。
[2]文成帝时有房杖。
[3]根据姚薇元考订，此族原为青海一带吐谷浑部落，乙瑰于太武帝时才入魏。然而，道武帝时已有"乙弗部帅代题"，可见早在建国前即有附属拓跋联盟者。而且，乙弗朗传中也说他祖先为"东部人，世为部落大人，与魏徙代"。可见虽同为乙弗氏，却有不少分支。
[4]乙弗氏除上述几支外，尚有乙弗绘（魏末）、乙弗贵（魏末）、乙弗丑（魏末）、乙弗凤（北周）、乙弗寰（北周）、乙弗亚（北周）和乙弗虔（北周）。

姓氏	籍贯	附魏时间	重要人物简历
宥连（云）		道武[1]	不详。
宇文	河南洛阳	建国时期	宇文福，其先南单于之远属，世为拥部大人。祖活拨，仕慕容垂，道武平慕容宝，活拨入国，为第一客。宇文福少骁果，太和初，拜羽林郎将，迁洛后，负责牧场，随孝文南征。宣武时，为都官尚书，营州大中正。孝明时，都督怀朔、沃野、武川三镇诸军事，怀朔镇将。
宇文	武川镇	建国时期	宇文泰，五世祖陵仕慕容燕，道武平慕容宝，陵降魏，徙代，随例徙武川。魏末，六镇乱，肱（宇文泰之父）起兵，后卒于军，泰初随鲜于修礼、葛荣、尔朱荣，再从贺拔岳，入关，岳死，遂领其众。
宇文	昌黎大棘（夏州）（统万镇）	建国时期	宇文贵，其先徙居夏州。贵少从师受学，辍书叹曰："男儿当提剑汗马以取公侯，何能如先生为博士也！"正光末，破六汗拔陵围夏州，刺史源子雍固守，以贵为统军。后随尔朱荣，元颢之役，率乡兵从尔朱荣焚河桥。从孝武西迁，与宇文泰为远亲，甚受亲用。后为十二大将军之一。

[1]《魏书》卷二及二十九云，天兴二年（399），破宥连部，徙其别部诸落于塞南。此为宥连氏入魏之始。

4 代人集团表

姓氏	籍贯	附魏时间	重要人物简历
宇文	代	建国时期	宇文盛,曾祖伊与敦、祖长寿、父文孤,并为沃野镇军主。盛初为宇文泰帐内。
宇文	河南洛阳	建国时期	宇文测,宇文泰之族子,高祖中山,曾祖豆颓,祖骐骥,父永,位并显达。测性沉密,少笃学,尚宣武女阳平公主。从孝武西迁,甚得宇文泰信任。
宇文	武川镇	建国时期	宇文虬,少从军有战功,初从独孤信,后随信入关,为北周名将。
宇文	代	建国时期	宇文显和,宇文泰之族子。曾祖晋陵,祖求男,仕魏,并显达。父金殿,魏兖州刺史,安吉县侯。显和颇涉经史,善骑射,与孝武帝甚相知,从孝武入关。
宇文	河南洛阳	建国时期	宇文忠之,其先南单于之远属,世据东部,后入居代都,祖阿生,安南将军,巴西公。父倪,卒于治书侍御史。忠之涉猎文史,颇有书札。参修国史。
太洛稽(稽)		不详	不详。
柯拔(柯)		不详	不详。
步鹿根(步)		不详	步堆(太武)。
俟奴(俟)		不详	不详。
去斤(艾)		不详	不详。
渴侯(缑)		不详	不详。

姓氏	籍贯	附魏时间	重要人物简历
慕容[1]	代	建国时期	慕容绍宗，慕容燕之后，曾祖腾归魏，遂居于代。祖郁，岐州刺史，父远，恒州刺史。尔朱荣为绍宗从舅子，魏末北镇乱，绍宗从尔朱荣起兵。尔朱氏败，从高欢，为北齐功臣[2]。

---

[1] 慕容氏在北魏声名最显赫者无疑是慕容白曜，不过在此处将慕容白曜列入"客"一栏，其理由参见314页注1及本文相关之处。至于慕容绍宗，虽同为慕容之后，入魏时间已久，故列入"代人"。

[2] 从史料中看不出慕容绍宗与列为"客"的慕容契是否同属一支。不过这两家有一点极类似之处，即他们均与北方边区的关系相当密切。慕容绍宗的祖父曾任岐州刺史，岐州在今天陕西省宝鸡市凤翔县，原为雍城镇（太和十一年改州），算是北镇地区。他的父亲出任恒州刺史，恒州在今山西大同，即原先魏都平城所在地，当然是北镇地区。慕容绍宗一家本来就为北镇人士（观其与尔朱氏关系可知），这也许无甚奇怪。问题是慕容契，孝文迁都时，他曾经帮忙经营新都，出任过太中大夫、光禄少卿，应该是已定居在洛阳了。然而，从宣武帝开始，他连续出任"都督沃野、薄骨律二镇诸军事，沃野镇将，都督御夷、怀荒二镇诸军事，平城镇将，都督朔州、沃野、怀朔武川三镇三道诸军事，朔州刺史"，一直到他516年去世为止，十余年间一直在北镇地区活动，他的儿子昇，也担任过沃野镇将，传上说："甚得边民情。"连他的弟弟慕容晖也出任过新平郡太守，新平在今陕西省咸阳市彬州市一带，也算是北镇地区。当然，我们知道，自从孝文帝于493年迁都洛阳后，北镇地区已成为一个名实相符的"边区"，地位远不如前，然而出任镇将者多半还是出身原先拓跋政权核心集团的家族，例如于氏、源氏等。慕容氏原本就非核心集团人物，也找不到他们对北镇地区特别熟悉或有特殊关系的资料，不知为何会频频出任当地军政职位？有一个可能是执政者并不希望他们出任中原地区（即慕容燕故地）的官职，而且也正因为他们与北镇地区无特殊地缘关系，反而容易控制。由于资料限制，这个问题一时尚无法圆满解决。此外，《北齐书》卷二十另有慕容俨，不过从本传来看，实难确定他到底是何方人士，本传说他是"清都成安人"，问题是《魏书·地形志》没有清都一郡，他的父亲叱头，名字虽然有胡化嫌疑，但却出任南顿太守，南顿在今河南省周口市商水县，再从他的经历来看，"正光中，魏河间王元琛率众救寿春，辟俨左厢军主"（《北齐书》，20，页279），极有可能是成长在中原地区的，因此，不列入本表。

4 代人集团表

姓氏	籍贯	附魏时间	重要人物简历
纥豆陵（窦）[1]	顿丘卫国	建国时期	窦瑾，自云汉司空融之后。少以文学知名，太武时，参与军国之谋，屡有军功，拜使持节、散骑常侍、都督秦雍二州诸军事、长安镇将、毗陵公，在镇八年。征为殿中、都官尚书。文成时以诽谤伏诛[2]。
纥豆陵（窦）	太安捍殊（怀朔镇）	建国时期	窦泰，祖罗，魏统万镇将，因居北边。父乐，六镇乱起，与怀朔镇将杨钧固守遇害。追随尔朱荣，后随高欢（泰妻为高欢妻妹），为北齐功臣。
纥豆陵（窦）	代	建国时期	窦炽，世为部落大人，后魏南徙，因家于代，六镇乱，避难定州，入葛荣军，再随尔朱荣，后随孝武帝入关，为北周功臣[3]。

---

[1]此姓根据姚薇元考证，乃出自没鹿回部大人窦宾，拓跋之始祖神元即窦宾婿（《胡姓考》，页176）。神元即因并吞没鹿回部而兴起。至拓跋猗卢时，脱离拓跋联盟独立，改称纥豆陵部，至道武时才又附附，此族在魏时似乎不太显赫，《魏书》有窦瑾、窦瑗，唯是否属于此族，尚难断定。不过，此族势力想必相当庞大，因为到魏末大乱，就有不少纥豆陵部人起兵，例如《魏书·孝庄纪》有"河西人纥豆陵步蕃大败尔朱兆于秀容"（页268），《出帝纪》也有河西费也头帅纥豆陵伊利（页289）。当然，并非所有纥豆陵部人皆仍维持部落形态，也有像窦泰那样部落离散而派到北镇驻防的。

[2]姚薇元怀疑窦瑾为纥豆陵部人（《胡姓考》，页178），因为传中除了"高祖成为顿丘太守，因家焉"一句外，别无其他述及先世之处，确实有可疑之处。观其传中经历，从太武征伐，任殿中尚书、长安镇将等，大多也是由北族人士担任的职位。姚薇元的说法确有可能。不过，传中说他"少以文学知名"，似乎又不大像是北族的传统，故此处仍以顿丘为其地望。话说回来，就算其先世为顿丘人（汉人），至少从窦瑾开始就应该落籍在"代"了。

[3]窦炽的侄孙女为唐高祖后（太宗母），窦氏一族在唐代非常显赫（《胡姓考》，页179），《周书》又修于唐，故以窦氏为汉大鸿胪章之后，定其地望为"扶风平陵"，姚薇元已证明此说不可靠（页175），而且传也已明言"家于代"，故定为"代人"。

姓氏	籍贯	附魏时间	重要人物简历
侯莫陈（陈）	代	建国时期	※陈建，祖浑，道武时为右卫将军。善骑射，内行长。孝文时为司徒，魏郡王，甚得文明太后宠待。
侯莫陈	代	建国时期	侯莫陈悦，父婆罗门为驼牛都尉，故家于河西。悦善骑射，魏末归尔朱荣。
侯莫陈（陈）	宜阳（今河南宜阳）	建国时期	陈忻，少骁勇，姿貌魁岸，同类咸敬惮之。孝武西迁，忻乃于辟恶山招集勇敢少年数十人，寇掠东魏，密遣使归附宇文泰。与韩雄里闬姻娅，少相亲近。俱总兵境上三十余载，每有御扞二人相赴，常若影响[1]。
叱卢（祝）		不详	不详。
和稽（缓）		不详	不详。
菟赖（就）		不详	不详。
厍狄	代	建国时期	厍狄峙，其先辽东人。本姓段，段匹磾之后，徙居代，世为豪右。祖凌，武威郡守，父贞，上洛郡守。峙，善骑射，从孝武入关，随宇文泰[2]。
厍狄	代	建国时期	厍狄回洛，少有武力，从尔朱荣起兵。后随高欢。
厍狄	怀朔镇	建国时期	厍狄盛，少有武用，随高欢。北齐功臣。
厍狄	神武（怀朔镇）	建国时期	厍狄昌，少便弓马，从尔朱天光定关中，再随贺拔岳，最后随宇文泰。

---

[1]孝文时有陈提、侯莫陈益，魏末有侯莫陈升、侯莫陈仲和、侯莫陈洛州，北周有侯莫陈昊。
[2]《周书·厍狄峙传》云，其先辽东人，本姓段氏，匹磾之后也。后徙居代（33，页569）。峙是否确为段匹磾（4世纪初人，《晋书》卷六十三有传）之后，年代相隔过远，无从考究，故此处置于厍狄氏。

4 代人集团表

姓氏	籍贯	附魏时间	重要人物简历
库狄	代	建国时期	库狄伏连，事尔朱荣，后随高欢[1]。
破多罗（潘）	广宁石门（怀朔镇）	建国时期	潘乐，魏世分镇北边，乃家焉（《姓纂》云："潘长，怀朔镇北将。"按此潘长乃潘乐之祖父，见《胡姓考》）。北镇乱，乐从魏临淮王或为统军，再归葛荣、尔朱荣，最后随高欢。
叱干[2]（薛）	代	建国时期	薛野䐗，少失父母，养于宗人利家，文成时，召补羽林，并州刺史，河东公。薛琡（野䐗孙），魏末襄助高欢。
辗迟（展）		不详	展祖辉（魏末），展几虎（魏末）。
费连（费）	代	明元	费于，祖峻，仕赫连夏，明元时降魏，后迁广阿镇大将，爵下邳公，于少有节操，太武时迁商贾部二曹令。费穆（于孙），魏末六镇乱，出任朔州刺史，后得知于尔朱荣，为吏部尚书，夏州大中正。
綦连（綦）	河南洛阳	太武	綦儁，祖綦辰，并州刺史。儁，章武县伯，中尉，曾负责修史。
綦连	代	太武	綦连猛，习弓马，初从尔朱荣，后随高欢，为北齐名将。
独孤浑（杜）	柔玄镇	不详	杜洛周，孝明帝孝昌元年（525）率众反于上谷。

---

[1] 魏末尚有库狄丰乐、库狄温、库狄曷赖。
[2] 孝明帝孝昌三年（527），叱干麒麟反，入据豳州。豳州在今甘肃省庆阳市宁县（青山定雄，《中国历代地名要览》，页556），而叱干部本在今陕北延水之南（《胡姓考》，页206），相去不远，可知魏末此地仍有叱干部人活动。不过，我们无法推断他们是否仍维持部落组织，虽然有此可能。此外，北齐有仪同叱干苟生，北周有叱干保洛。

姓氏	籍贯	附魏时间	重要人物简历
喝盆（温）		不详	不详。
达勃（褒）		不详	不详。
郁都甄（甄）		不详	不详。
可朱浑渴烛浑（朱）	代郡桑干	不详	朱瑞，祖就，卒于沛县令。父惠，行太原太守。瑞于孝明帝孝昌（525—527）末随尔朱荣，为荣所亲任。荣入洛阳，除中书舍人。后为青州大中正，再转沧州大中正。
可朱浑	怀朔镇	不详	可朱浑元，原为辽东人，世为渠帅，魏时拥众内附，曾祖护野肱为怀朔镇将，遂家焉。元少与高欢相知。后从尔朱天光入关，逮宇文泰据关中，乃东奔归高欢。
可朱浑（朱）	代	不详	朱长生，孝文时使高车不屈，留三载始得还。
※段	代	不详	段琛，少有武用，从高欢起兵。
越勤（越）		道武	越肱特（魏末），越勤世良（北周）。
叱奴（狼）		建国时期	叱奴世安（北齐），叱奴兴（北齐），叱奴后（北周）。
库褥官（库）		明元	不详。
※赫连（杜）[1]	盛乐	不详	赫连达，传云赫连勃勃之后，曾祖库多汗因避难改姓杜。达随贺拔悦起兵，后又从宇文泰，为北周名将。

---

[1]此族本姓刘，为匈奴独孤部一支，与《魏书》卷二十三的独孤部刘库仁本为同宗（《刘库仁传》，页604）。其先祖刘虎自公元3世纪初即不断与拓跋氏争夺部落联盟的领导权。341年，刘虎死，子刘务桓归顺当时拓跋统治者什翼犍，并娶什翼犍之女。356年，刘务桓死，部落内乱，最后领导权落入务桓子悉勿祈手中，悉勿祈死，弟卫辰继立，再与拓跋氏通和，并娶什翼犍女。365年，两族关系再恶化，连年交战，到了375年，刘卫辰向苻坚求援，376年，苻坚军队北

4 代人集团表

姓氏	籍贯	附魏时间	重要人物简历
赫连		不详	赫连子悦，赫连勃勃之后，魏永安初，以军功为济州别驾，后说服侯景追随高欢[1]。
※赤小豆（豆）	代	不详	豆代田，明元时以善射为内细射。太武时为殿中尚书，以前后军功，进爵长度公，出为统万镇大将。
※吐万（万）	代	太武	※万安国，祖※万真，世为酋帅，常率部民从太武征伐，拜敦煌公。父振，尚高阳长公主，长安镇将，冯翊公。安国尚河南公主。献文时封安城王。
吐万	代	太武	吐万绪，父通，周鄜州刺史。绪，少有武略，袭爵元寿县公，北周大将军，少司武。
乌洛兰（兰）		建国前[2]	※兰延，太武时任左仆射，与和匹等人谋立文成帝，为宗爱所杀。孝文帝时有兰英。

上击败什翼犍，拓跋联盟瓦解，苻坚乃令刘卫辰与刘库仁分统拓跋旧部（《魏书》，1）。到了拓跋珪崛起，于391年灭刘卫辰，尽诛其族。刘卫辰子勃勃逃至后秦姚兴处，逐渐发展自己势力，建国夏，并改姓氏为赫连（《魏书》，95，页2056—2057）。这是赫连氏的来源。此外，刘虎一支原号"铁弗"（《魏书》，95，2054），姚薇元认为"铁弗""拓跋""秃发"三词乃同音异译，皆意指"胡父鲜卑母"，故太武帝会认出身"秃发氏"的源贺为同宗，并赐姓"源"，为"同源"之意也（《魏书》，41，页919；《胡姓考》，页6、238）。问题是，若照此推论，则铁弗刘虎一支也可视为与拓跋氏同源，而刘库仁一支也以拓跋氏同源了。然而刘库仁及刘虎子孙桓却又都曾娶拓跋什翼犍之女，看来又不太可能是同宗，真正关系如何，由于史料不足，实难以确定。又赫连夏于公元431年为太武所败，徙其宗族入京，后以谋反被诛，传云因避难改姓可能即指此。问题是赫连子悦这一支为何又不用改姓？或许赫连子悦一支与夏宗室关系较疏，得以不用连坐，当然也有可能是太武特别赦免这一支，因此不但不用改姓，也可以出任官职。慕容燕的宗室亦有类似的例子。

[1]此外，魏末尚有赫连豆勿于、赫连恩等。
[2]按《魏书·皇后列传》云，文皇帝（神元子）次妃兰氏。姚薇元疑为此族人，若然，则早在神元时已入拓跋联盟。

姓氏	籍贯	附魏时间	重要人物简历
※万俟（万）[1]	高平镇	不详	万俟丑奴，孝庄武泰元年（528）聚众反，宗党甚盛，如万俟道洛、万俟阿宝等。
一那蒌（蒌）		不详	不详。
羽弗（羽）		不详	不详。
※斛斯	广牧富昌（怀朔镇）		斛斯椿，父敦，孝明时为左牧令，河西贼起，将家投尔朱荣，后随孝武入关从宇文泰。
※董	代	建国时期	董洛生，居父丧过礼，入《魏书》卷八十六《孝感传》。
※卫		不详	卫可孤（魏末）[2]。
※乞袁（乞）	代	不详	乞伏保，本高车人。
※来	代	建国时期	来初真，助道武建国，武原侯，与八议。※来大千（初真子），善骑射，典宿卫禁旅，太武时，与卢鲁元等七人俱为常侍，持杖侍卫，昼夜不离。赐爵庐陵公，镇云中。巡抚六镇，以防寇虏。
※默台（怡）	辽西	建国时期	怡峰，本姓默台，避难改焉。高祖宽，燕辽西郡守，道武时，率户归朝，拜羽真，赐爵长蚳公，曾祖文，冀州刺史。峰少从征役，永安中，从贺拔岳入关，后归宇文泰。
※薛孤	代	不详	薛孤延，少骁果，有武力。韩楼之反，延随之。后从高欢。

---

[1]《魏书·官氏志》无"万俟"一氏，唯此族在魏末宗党甚盛，应当也是相当重要的部落，姚薇元考订此族曾改汉姓"万"（《胡姓考》，页248）。
[2] 根据姚薇元考订，董、卫皆为匈奴大姓（《胡姓考》，页287—288）。董洛生传中明言"代人"，故列于此，卫可孤于魏末随破六韩拔陵起兵，似亦为沃野镇人。

4 代人集团表

姓氏	籍贯	附魏时间	重要人物简历
※张	代	不详	张琼，有武用，初随葛荣，后从尔朱荣、高欢。
张	代	不详	张保洛，自云本出南阳。家世好宾客，尚气侠，颇为北土所知。少便弓马，初随葛荣、尔朱荣，后随高欢。
张	代	不详	张纂，父烈，桑干太守。纂初事尔朱荣，后随高欢，为参丞相军事。北齐时，曾为筑长城大使，领步骑数千镇防北境。
张	西河隰城汾州（今山西汾阳）	不详	张亮，少有干用，初事尔朱荣。尔朱氏灭，随高欢，委以书记之任。后为西南道行台，攻梁江夏、颍阳七城，皆下之。武定末，为汾州大中正。
张	代	不详	张华原，少明敏，随高欢，每号令三军，常令华原宣谕。
※孟	河南洛阳	不详	孟盛，晓北土风俗，历羽林监，明解北人之语，孝文时，敕在著作，以备推访。后常出使远蕃。
※贾	中山无极	不详	贾显度，父道监，沃野镇长史。显度初为别将，防守薄骨律镇。正光末，北镇扰乱，为贼攻围，乃率镇民浮河而下，既达秀容，为尔朱荣所留。贾显智（度弟），为高欢微时友。
※阎	河南河阴		阎庆，曾祖善，魏州镇将，因家于云州之盛乐郡。祖提，燉煌镇都大将。父进，有谋略，卫可孤之乱，固守盛乐，以功拜盛乐郡守。庆于大统三年（537）归宇文泰。拜云州大中正，赐姓大野氏。晋公宇文护（北周权臣），母为阎庆之姑，开皇二年（582）卒，年七十七。

5 外戚、客与宠幸表[1]

姓氏	籍贯	附魏时间	重要人物简历
独孤（刘）	代	建国时期	刘罗辰（伯父刘库仁，为独孤部酋长），罗辰妹为道武后，拜南部大人，平中原，封永安公。刘仁之（罗辰玄孙），卒于孝静帝时，通书史真草。
刘	长乐信都	建国前	※刘洁，祖刘生于什翼犍时归国。父提，道武时为乐陵太守，信都男。洁于太武监国时，与古弼选侍东宫，后出任尚书令，得罪太武，族诛。
贺兰（贺）	代	建国时期	贺讷，贺兰部酋长，道武舅，助道武建国。
贺兰（贺）	代	建国时期	※贺迷，从兄女为太武后，赐爵长卿子。

---

[1]本表仅供参考之用，故只列一些较具代表性者。其他见于《将相年表》的外戚、宠幸可直接看《魏书》，其中少数人物（如安同、张衮、燕凤等人）究竟是该列入"代人集团"，还是"客"，当然还有商榷余地，《代人集团表》中的一些人物也有类似问题。不过，由于（一）有争议的人物并不多，（二）"代人"与"客""宠幸""外戚"等，在拓跋政权的权力结构中虽有矛盾存在，但正如本书所言，基本上，他们（包括皇室）都是广义的"代人集团"的一分子，这个问题应该不是太严重的。

姓氏	籍贯	附魏时间	重要人物简历
胡引（侯）侯伏侯	河南洛阳	建国时期	※侯刚，其先代人。出身寒微，以善烹饪，得宠于宣武、孝明及灵太后时。
豆卢（卢）吐伏卢	昌黎徒何	建国时期	※卢鲁元，明元时选侍东宫，太武亲爱之。性多容纳，善与人交，由是公卿咸亲附之，赐爵襄城公。
豆卢（卢）吐伏卢	昌黎徒何	建国时期	卢丑，太武师傅。爵济阴公。
是楼（高）	渤海蓚县	建国时期	高湖，原仕慕容燕，道武平中山，湖率户三千归附，赐爵东阿侯，太武时为凉州镇都大将。高谧（湖子），位至侍御史，以罪徙怀朔镇。高真（湖子），自泾州别驾，迁安定太守。高稚（湖子），薄骨律镇将，营州刺史。高欢（谧孙），字贺六浑，既累世北边，故习其俗，遂同鲜卑。家贫，及聘武明皇后（娄氏），始有马，得给镇为队主。六镇乱起，随尔朱荣，后自立，为北齐开国君主。
高	高丽人	建国时期	高琳，五世祖宗，率众归魏，拜第一领民酋长，赐姓羽真氏。祖明、父迁仕魏，咸亦显达，琳母尝祓禊泗滨，因生琳。正光（520—540）初，起家卫府都督。后随宇文泰[1]。

[1] 照高琳传的年代算来，其五世祖宗入魏当在道武时。根据当时常例，封领民酋长者应当是有部落，且世袭的。可是根据传中资料看来，似乎并非如此，至少我们看不出高琳拥有任何部落的迹象（如尔朱氏）。再者，传中称其母被祓于泗（水）滨，泗水在今山东省，可见其家已南迁，而领民酋长除非征战、朝贡，否则极少离开其封地。或许魏初之"领民酋长"亦有虚封者，不过此例未之他见。更有可能是为高琳作传者的夸张。参见《周书·高琳传》，29，页495。

姓氏	籍贯	附魏时间	重要人物简历
屈突（屈）	昌黎徒何	建国时期	※屈遵，原为慕容燕臣，道武时归魏，中书令，赐爵下蔡子，从驾还京师。※屈垣（遵孙），善书计，太武时甚受宠信，车驾出征，常居中留镇，赐爵济北公。※屈道赐（遵曾孙），太武时为尚书右仆射，加侍中。
慕容	慕容宗室	建国时期	※慕容白曜，父慕容琚，慕容燕宗室，道武取中山时归附，并州刺史，高都侯（太武时？）。白曜，文成为太子时给事东宫，文成即位，为北部尚书，献文即位与乙浑共掌朝政，领兵取青、齐，为济南王，470年被诛[1]。

---

[1] 慕容白曜传中并没有说明地望。不过，道武帝平中山后，不少慕容宗室被迁到平城，就像慕容绍宗传中所云："遂居于代。"当然，并非所有的慕容宗室皆迁到平城，有一部分回到辽东，也有部分跟随慕容德进入山东。因此，进入"代人集团"为"客"的只是其中一部分，这是必须说明的。慕容后裔在初期的北魏政坛上并不活跃，理由也很简单——猜忌。慕容氏到底曾经长期（前燕，337—370；后燕，384—407；南燕，398—410）统治过中原一带，最后又是间接亡于拓跋氏手中，拓跋统治者对他们的猜疑是可以想见的。试想一直到了将近一百五十年以后，东魏政权已掌握在高欢手中，担任青州刺史的慕容绍宗只不过被人诬告曾经登上广固城（南燕故都）长叹"大丈夫何复先业理不"，就即刻被高欢召回（《北齐书》，20，页273）。北魏初期对慕容宗室的猜忌当然只会更强烈。魏收在《魏书》中提到道武帝末年曾有诛除慕容氏的行动，死者三百余人（《魏书》，2，页44："天赐六年七月，慕容支属百余家，谋欲外奔，发觉，伏诛，死者三百余人。"）《慕容白曜传》则说得更直接："慕容破后，种族仍繁。天赐末，颇忌而诛之。"（页1123）迫使幸免者纷纷改姓为豆卢或慕舆（《胡姓考》，页97、131）。其实，遭此命运的也不只慕容一氏，举凡为魏所灭的北方诸国之后，如夏之赫连氏、北凉之沮渠氏，下场都差不多，唯一的例外大概是北燕的冯氏（详见本书相关部分之讨论）。慕容白曜一支为何仍能维持旧姓，原因不详。不过，他之所以能崛起，在献文帝初期与乙浑共掌朝政，甚至率领大军南伐青齐一带，主要还是因为当文成帝仍为太子时，他曾服侍过文成，故文成登基后遂受重用（页1117）。可见还是基于个人而非家族的因素，这跟太武帝时豆卢鲁元发迹的情况极为类似（《魏书》，34页，801—802）。问题是，等到慕容白曜顺利平定曾为南燕领土的青齐，立下巨大军功后，拓跋统治集团终于发觉情况不对，次年（470）即以莫须有的罪名将其诛除。要到孝文帝时，慕容氏才又开始在政治上活动。

姓氏	籍贯	附魏时间	重要人物简历
慕容	慕容宗室	建国时期	慕容契（白曜弟子），孝文太和初以名家子为中散，后为营州大中正，定陶男。宣武时，历任沃野、薄骨律、怀荒等镇将，朔州刺史。慕容昇（契子），亦为沃野镇将。
段	雁门原平	建国时期	※段霸，父乾，慕容垂广武令，道武时率乡部归化。霸幼为阉宦，为中常侍、殿中尚书、武陵公。出为定州刺史，太武时以贪渎，免为庶人。从弟荣，雍州别驾，兄弟诸从遂世居广武城。
秃发（源）	代	太武	※源贺，南凉秃发氏后裔，太武时来奔，赐姓源。从平凉州，封西平公，殿中尚书，太武卒，扶立文成帝，进爵西平王，拜太尉。献文帝将让位于元子推，贺固执不可，乃禅位孝文。※源怀（贺子），殿中尚书，长安镇将，尚书令，为魏末重臣。源子恭（怀子），吏部尚书，襄城县开国男，为魏末名将。源师（子恭孙），北齐时摄祠部，属孟夏，以龙见请雩，祭竟不行，后入周，隋文帝受禅，朝章国宪，多所参定。
赫连宿六斤	朔方人	建国时期	※赫连文陈，赫连勃勃之弟，道武天兴二年（399）归附，拜上将军。※若豆根(文陈子),明元时赐姓宿六斤。
郁久闾（闾）	代	太武	※闾毗，太武时降魏，妹为太武后。文成时为河东王、评尚书事。闾纥（毗弟），文成时为侍中，中都大官。

姓氏	籍贯	附魏时间	重要人物简历
郁久闾（闾）[1]	柔然宗室	道武	闾大肥，柔然宗室，道武天赐元年（404）来降，尚公主，为上宾，入八议。数为将有功，太武时为荥阳公。
钳耳（王）	太原晋阳	太武	※王叡，六世祖横，张轨参军，晋乱，子孙因居于武威姑臧。父桥，解天文卜筮，凉州平，入京，历仕终于侍御中散。叡少传父业，而姿貌伟丽，后得文明太后宠幸，封中山王。※王袭（叡子），为尚书令。
钳耳（王）	冯翊李润	太武	王遇，其先自晋世以来，恒为渠长，父守贵，为郡功曹。遇事坐腐刑，为中散，迁内行令。
安	辽东	建国时期	※安同，助道武建国，北新侯，太武监国时为左辅，太武即位，为高阳公。※安原（同子），明元时为云中镇将，武原侯。太武时为河间公。安颉（同子），明元时为内侍长，后为太武时名将。
车	车师	文成	※车伊洛，本车师王，文成时国灭，归魏（452）。赐以妻妾、奴婢、田宅，拜上将军。
高	高丽人	献文	高崇，父潜，献文时归附，赐爵开阳男，诏以沮渠牧犍女赐潜为妻，封武威公主，拜驸马都尉（上客）。崇征为中散，迁尚书三公郎，景明（500—503）中袭爵，迁领军长史，洛阳令。高谦之(崇子)，国子博士。高恭之(道穆，崇子)，御史中尉。

---

[1]《魏书·崔浩传》云："蠕蠕子弟来降，贵者尚公主，贱者将军大夫，居满朝列。"（35，页817）因此，太武时之安丰公闾根，文成时之濮阳王闾若文，孝文时之河间王闾虎皮、给事中郁久闾麟、散骑常侍郁久闾敏，恐怕皆为此两家之后。北齐时有郁久闾业（《金石录》，22），可能是孝文迁都后仍居北镇者，也有可能是北齐时才从柔然来归附的。

5 外戚、客与宠幸表

姓氏	籍贯	附魏时间	重要人物简历
高	高丽人	孝文	※高肇（高崇族人），父飏，于孝文时归附，拜河间子，待以客礼，赐奴婢牛马彩帛。飏女为宣武后。故高肇于宣武时掌朝政。※高显（肇弟），侍中。※高猛（肇侄），尚公主，中书令，殿中尚书。
莫	雁门繁畤	建国前	莫题，祖莫含，原为并州刺史刘琨属官，拓跋猗卢时归附拓跋。题助道武建国，为东宛侯。※莫云（题弟），道武时为安德侯，参军国谋议。太武时，镇统万，安定公。
燕	代	建国前	※燕凤，字子章，好学博综经史，明习阴阳谶纬。什翼犍时归附。道武时任行台尚书，太武时赐爵平舒侯。
许	代	建国前	许谦，字元逊，少有文才，善天文图谶之学。什翼犍时归附。后助道武建国。许洛阳（谦子），太武时为北地公，出为明垒镇将。
谷	昌黎	建国时期	※谷浑，父衮，勇冠一时，为慕容垂广武将军。浑折节受经业，道武时，以善隶书为内侍左右，太武时，领仪曹尚书，濮阳公。※谷纂（浑玄孙），侍中兼殿中尚书，营州大中正。
张	上谷沮阳	建国时期	※张衮，好学有文才。随道武建国，入八议，临渭侯。张度（衮次子），袭爵，崎城镇都大将，和龙镇都大将。张白泽（度子），文明太后时为殿中尚书。张伦（白泽子），肆州刺史，除燕州大中正（孝明时）。

姓氏	籍贯	附魏时间	重要人物简历
张	雁门原平	建国时期	※张黎，善书计，道武甚善待之。太武时领兵万二千人通莎泉道。柔然入侵，与司空长孙道生拒之。吴王余立，以黎为太尉，文成立，诛。
王	凉州代	太武	王士良，其先太原晋阳，晋乱，避地凉州，太武平凉州，曾祖景仁归魏，为燉煌镇将。祖公礼，平城镇司马，因家于代。父延，兰陵郡守。士良初随尔朱仲远，后随高欢，为东魏、北齐名臣。
唐	晋昌冥安（瓜州）	太武	唐和，原为陇西李暠臣属，李氏为沮渠氏所灭，和与兄契携外甥李宝避难伊吾，太武末归魏，为上客，文成时为酒泉公，出为济州刺史。
吕	东平寿张	建国时期	吕罗汉，其先于石勒时徙居幽州。祖显为慕容垂河间太守。道武时，以郡来降，赐爵魏昌子，拜巨鹿太守。父温，有文武才。太武伐赫连昌，以温为幢将，先登陷阵，每战必捷。出为秦州司马，上党太守。罗汉有武干，太武时征为羽林中郎。从征悬瓠，以功迁羽林中郎、幢将，及南安王余立，罗汉犹典宿卫，文成之立，罗汉有力焉。拜殿中尚书，进爵山阳公。献文出讨柔然，罗汉与右仆射南平公元目振都督中外军事。征拜内都大官。太和六年卒。

姓氏	籍贯	附魏时间	重要人物简历
刘	刘宋王室	文成	刘昶，宋文帝第九子，文成时入魏，封丹阳王，前后尚武邑公主、建兴长公主、平阳长公主。孝文时曾数次参与南征。子承绪，尚彭城长公主。孙辉袭爵，尚兰陵长公主。
刁	南人	明元	刁雍，曾祖协，从司马叡渡江，居于京口，官至尚书令。雍于明元时归附。太武时镇济阴，对抗刘宋。太平真君五年（444）为薄骨律镇将。至454年还京。
司马	东晋皇室	明元	※司马文思，明元时归附，太武时，爵谯王，为怀荒镇将，文成时卒。
司马	东晋皇室	明元	※司马楚之，明元时归附，太武时为琅邪王，安南大将军，屯颍川以拒刘宋。后为镇西大将军，云中镇大将，朔州刺史，尚河内公主，在边二十余年，文成和平五年（464）卒，陪葬金陵。司马金龙（楚之子），袭爵，镇西大将军，云中镇大将，朔州刺史，太和八年卒。金龙初纳源贺女，后娶沮渠氏（沮渠牧犍女）。司马徽亮（金龙子），袭爵，坐连穆泰罪失爵。司马跃（金龙弟），尚赵郡公主，代兄为云中镇将，朔州刺史。司马裔（楚之曾孙），州郡辟召，并不应命。潜归温城，起兵应宇文泰。裔又成为河内温县的乡豪。

姓氏	籍贯	附魏时间	重要人物简历
萧	萧齐王室	宣武	萧宝夤，齐明帝第六子，萧衍代齐，宝夤亡入魏，尚南阳公主，封齐王。曾数次参与南征。孝明时出为都督徐南兖二州诸军事，徐州刺史。关中乱起，以宝夤为开府、西道行台，为大都督西征。公元527年反，后为尔朱天光所擒，处死。长子烈，尚建德公主，宝夤反，伏法。
严	冯翊临晋（南人）	明元	严稜，原为刘宋陈留太守。明元时降魏，为上客。
王	琅邪临沂		王肃，王导之后也。孝文帝时自南齐投奔，甚受孝文赏识，数从孝文南征。孝文崩，遗诏以肃为尚书令，与咸阳王禧等同为宰辅。尚陈留长公主。宣武时数次参与南征，有功。501年卒。
杨	恒农华阴	建国时期	※杨播，高祖结，仕慕容燕。曾祖珍，道武时归国为上客。播母王氏为文明太后之外姑，故甚得信任，一族皆显贵。此族后因助孝庄帝杀尔朱荣，为尔朱氏所灭。杨椿诫子孙曰："汝家仕皇魏以来，高祖以下乃有七郡太守，三十二州刺史。"
毛	荥阳阳武（南人）	太武	※毛修之，父瑾为东晋梁秦二州刺史。刘裕定关中，以修之为司马留关中，后入赫连夏，太武平夏，入北魏。神䴥（428—431），以修之领吴兵讨柔然，拜吴兵将军。从太武平平凉。能为南人饮食，常在太官，主进御膳。从征和龙，阻止朱修之之乱。迁特进、抚军大将军，位次崔浩下。毛法仁（修之子），随修之归魏，文成时为殿中尚书。

姓氏	籍贯	附魏时间	重要人物简历
朱	南人	太武	朱修之，刘宋将领，为北魏所擒，太武以其固守，以宗室女妻之，为云中镇将（按当时云中镇都大将当为司马楚之）。从征和龙，谋率吴兵作乱，不成，亡奔冯文通，回江南。
刘	平原	献文	刘休宾，刘宋幽州刺史，镇梁邹。慕容白曜征青齐，休宾固守，至历城下始降。白曜送休宾及宿有名望者十余人，俱入代都为客（下客），及立平齐郡，以梁邹民为怀宁县，休宾为县令。文晔（休宾子），太和中，坐从兄闻慰南叛，与二弟文颢、季友被徙北边，孝文帝特听还代。
房	清河绎幕	献文	房法寿，少好射猎，轻率勇果，结群小为劫盗。慕容白曜入青齐，法寿袭盘阳以降之。及历城、梁邹降，法寿、（房）崇吉与崔道固、刘休宾俱至京师，以法寿为上客，崇吉为次客，崔、刘为下客。赐爵壮武侯，给予田宅、奴婢。
樊	代	不详	樊子鹄，其先蛮酋，被迁于代，父兴，平城镇长史，归义侯。子鹄值北镇扰乱，南至并州，尔朱荣引为都督府仓曹参军。孝庄时，征授都官尚书，西荆州大中正。为魏末名将。

姓氏	籍贯	附魏时间	重要人物简历
赵	河南洛阳	太武	赵肃，其先世居河西，太武平河西，曾祖武迁平城，赐爵金城侯。祖兴，中书博士。后随孝文南迁。赵肃于孝明帝时曾任殿中侍御史，东西魏争战时，肃率宗人助西魏，赐姓乙弗[1]。
陆	吴郡 河南洛阳	太武	陆载，从刘裕平关中，留镇，入赫连夏，太武平赫连夏，入魏。陆高（载子），冠军将军，营州刺史。陆政（高子），其母吴人，好食鱼，北土鱼少，政求之，常苦难，后宅侧忽有泉出，而有鱼。从尔朱天光入关，后归宇文泰。陆通（政子），初随父入关，失散，东归随尔朱荣、尔朱兆，尔朱氏灭，入关随宇文泰，为帐内督。沙苑之役，力战有功。以军功为开府仪同三司，赐姓步六孤氏。陆逞（通弟），宇文泰亲信，羽林监，时辈皆以骁勇自达，唯逞独兼文雅。

---

[1]赵肃的例子是另一种个案，他的祖先世居河西，太武平河西，曾祖赵武归魏，赐爵金城侯，大概是迁到平城。祖赵兴，中书博士。父赵申侯，举秀才，为军府主簿，孝文迁都，他们也随之南下，所以赵肃传说是"河南洛阳人"。更有意思的是，他逐渐成为洛阳一带的豪族，东西魏交战时，他助西魏，大统三年，独孤信东征，赵肃率宗人为乡导，监督粮储，军用不匮，太祖（宇文泰）闻之，曰："赵肃可谓洛阳主人也。"（页663，类似司马裔的例子）可见当时迁移的多半是大族，而这些大族也都整族移动。详见《周书》卷三十七，司马裔的例子参见《周书》卷三十六。

姓氏	籍贯	附魏时间	重要人物简历
李	陇西狄道	太武	※李宝，西凉李暠之后，太武时入魏，任镇西大将军，沙州牧，敦煌公，镇敦煌。后入京，历任要职。※李冲（宝子），为文明太后宠幸，历任中书令、南部尚书、尚书仆射等要职，对文明、孝文之改革、迁都，贡献甚大。※李韶（宝孙），宣武时为侍中、七兵尚书，孝明时为殿中尚书、中军大将军。
冯	长乐信都	太武	冯朗，北燕王室之后，入魏，坐事诛，女没入宫，后为文成帝皇后（即文明太后），故冯氏一族于献文、孝文两朝甚为显赫。※冯熙（朗子）曾任侍中、中书监，其女为孝文后。※冯诞，冯修（皆熙子），曾任侍中、镇北大将军等职。

6 镇人表[1]

	镇名[2]	时间	简历
刘贵	怀朔 秀容阳曲	不详	刘贵，少居怀朔，与高欢友善，魏末天下大乱，初随尔朱荣，后随高欢。
刘丰	博骨律	不详	刘丰，果毅绝人，魏末破六韩拔陵之乱，以守城功除普乐太守，后追随高欢。
贺兰祥	武川	不详	贺兰祥，贺讷裔孙（《胡姓考》，页33），其先以良家子出镇武川，遂家焉。祥母为宇文泰姊，故随宇文泰起兵。
若干惠	武川	不详	若干惠，父树利周从广阳王元渊征葛荣，阵亡。若干惠从尔朱荣，最后追随宇文泰。

---

[1]本表主要根据《魏书》《北齐书》《周书》与《隋书》等正史资料。基本上只限于"六镇之乱"后活跃于军事、政治上的人物。《魏书》虽然有一些流徙边镇的记载，例如太武、文成时期的名将吕洛拔，"长子文祖，显祖（献文）以其勋臣子，补龙牧曹奏事中散。以牧产不滋，坐徙武川镇"（30，页732），大概是当镇人的。拓跋丕儿子拓跋隆、拓跋超参与太和二十年的"穆泰之乱"，被诛，"隆、超母弟及余庶兄弟，皆徙敦煌"（14，页361），大概也是充兵户。不过，吕文祖后来遇赦回京，而流配敦煌的拓跋丕之后，史无所闻，类似的例子皆不列入本表。
[2]第一行为镇名，其他为原籍。

6 镇人表

	镇名	时间	简历
独孤信	武川	文成	独孤信，魏氏之初，有三十六部，其先伏留屯者，为部落大人，与魏俱起。祖俟尼，文成和平中，以良家子自云中镇武川，因家焉，父库者，为领民酋长，少雄豪，北州咸敬服之。信善骑射，正光末，与贺拔度拔等同斩卫可孤。北边丧乱，避地中山，为葛荣所获，及尔朱荣破葛荣，以信为别将。后随孝武入关，信与宇文泰少甚相知，遂蒙重用。后为柱国大将军。其长女为周明帝后，第四女为元贞皇后（？），第七女为隋文帝后[1]。
尉长命	怀朔	不详	尉长命，父显，魏代郡太守。长命助高欢起兵。
尉景	怀朔	不详	尉景，孝昌中，北镇反，景与高欢入杜洛周中，仍共归尔朱荣。妻为高欢姊。
尉迟真檀	武川	不详	尉迟真檀，与贺拔胜父子、宇文肱（泰父）、舆珍等人袭杀破六韩拔陵部下卫可孤。
梁御	武川（安定）	不详	梁御，因官北边，遂家武川，高祖俟力提，从道武征伐，为定阳侯。御少好学，善骑射。随尔朱天光入关，最后从宇文泰。

---

[1]独孤信是领民酋长，领民酋长奉命出镇之事并非罕见，高平镇的李贤也是在祖父时代领部落出镇的。然而李贤的部落到高平后，似乎已逐渐解散，部落民转化为"乡人"，而独孤信的部落组织似乎仍保留下来，他们与真正的镇人应当还是有点距离的。例如，他们或许还有入京宿卫的义务（或"权利"）。只是，由于这些人传中明言"出镇"，将之排除于镇人之外似也不甚妥当，故本表中凡是领民酋长而明言出镇某地者，皆列入。

	镇名	时间	简历
叱罗协	怀朔	不详	叱罗协，少寒微，恒州刺史、怀朔镇将杨钧擢为从事。魏末客于冀州，随葛荣，再随尔朱荣。后随宇文泰，曾任恒州大中正。
王德	武川	不详	王德，善骑射，初从尔朱荣，后随宇文泰，为北周名将。（初，德丧父，家贫无以葬，乃卖子庆并一女以营葬事。）
王勇	武川	不详	王勇，便弓马，魏末从军，后随宇文泰，为北周名将，赐姓库汗氏。
侯渊	怀朔	不详	侯渊，六镇乱，随杜洛周南寇，后与妻兄念贤归尔朱荣。最后归高欢，又叛之，死。
侯植	高平[1]	不详	侯植，高祖恕，魏北地郡守，子孙因家于北地之三水。遂为州郡冠族。植，武艺绝伦，正光（520—525）中，起家奉朝请。随孝武入关，为西魏、北周名将。
侯景	怀朔	不详	侯景，右足短，弓马非其长，所在唯智谋。魏末六镇乱，事尔朱荣，后从高欢，欢死，叛归梁。
娄昭	怀朔	不详	娄昭，祖提，家僮数千，牛马以谷量，太武时（据《胡姓考》，疑为太和之误），以功封真定侯。父内干，有武力，昭为高欢妻弟。从高欢起兵。

---

[1]根据《周书·侯植传》的校勘四十六，三水在北魏时期并不属于此地，而是属于泾州新平郡（页513）。根据《魏书·地形志》研判，其地当在今天宁夏固原市，也就是北魏高平镇所在地，高平镇置于太武帝太延二年（436），侯植祖先很有可能即在那时迁到高平镇去的。

6 镇人表

	镇名	时间	简历
李贤	高平	太武	李贤，自云陇西成纪人，汉李陵之后，陵没匈奴，子孙因居北狄。曾祖富，太武时以子都督讨两山屠各，殁于阵。祖斌，袭领父兵，镇于高平，因家焉。贤于魏末率乡人起兵，助尔朱天光，后随宇文泰。李远（贤弟），亦随宇文泰，为十二大将军之一，赐姓拓跋氏。
贺拔胜	武川 神武尖山	太武/文成	贺拔胜，祖尔逗，选充北防，遂家于武川镇，献文时赐爵龙城男，为本镇军主。胜便弓马，六镇乱起，与兄允、弟岳随其父度拔转战北方。后随尔朱荣、高欢，最后投奔宇文泰。
莫多娄贷文	怀朔	不详	莫多娄贷文，骁果，从高欢起兵。
韩轨	怀朔	不详	韩轨，随高欢起兵。
韩果	武川	不详	韩果，善骑射，初随贺拔岳，后从宇文泰。为北周名将。
韩贤	怀朔	不详	韩贤，壮健有武用，初随葛荣，荣破，徙至并州，从尔朱荣，后随高欢。
破六韩拔陵	沃野	不详	破六韩拔陵，破六韩常宗人，魏末起兵。
舆珍	武川	不详	舆珍，与贺拔胜父子、宇文肱（宇文泰父）、念贤等人袭杀破六韩拔陵部下卫可孤。
高欢	怀朔	献文	祖高谧以罪徙怀朔。欢少贫，及聘娄氏为妻，始有马。六镇乱起，随尔朱荣，后自立，为北齐开国君主。
乙弗库根	武川	不详	乙弗库根，与贺拔胜父子、宇文肱（泰父）、舆珍等人起兵袭杀破六韩拔陵部下卫可孤。

	镇名	时间	简历
宇文泰	武川	不详	宇文泰，五世祖陵仕慕容燕，道武平慕容宝，陵降魏，徙代，随例徙武川。魏末，六镇乱，肱（宇文泰之父）起兵，卒于军，泰初随鲜于修礼、葛荣、尔朱荣，再从贺拔岳，入关，岳死，领其众。
宇文虯	武川	不详	宇文虯，少从军有战功，初从独孤信，后随信入关，为北周名将。
宇文盛	沃野	不详	宇文盛，曾祖伊与敦、祖长寿、父文孤，并为沃野镇军主。盛初为宇文泰帐内。
宇文贵	统万 昌黎大棘	不详	宇文贵，其先徙居夏州。贵少从师受学，辍书叹曰："男儿当提剑汗马以取公侯，何能如先生为博士也！"正光末，破六汗拔陵围夏州，刺史源子雍固守，以贵为统军。后随尔朱荣，元颢之役，率乡兵从尔朱荣焚河桥。从孝武西迁，与宇文泰为远亲，甚受亲用。后为十二大将军之一。
窦泰	怀朔	不详	窦泰，祖罗，魏统万镇将，因居北边。父乐，六镇乱起，与怀朔镇将杨钧固守遇害。追随尔朱荣，后随高欢（泰妻为高欢妻妹），为北齐功臣。
侯莫陈崇	武川	不详	侯莫陈崇，其先，魏之别部，世为渠帅。祖允，以良家子镇武川，因家焉。父兴，殿中将军、羽林监。崇善骑射，年十五，随贺拔岳与尔朱荣。后随宇文泰。为柱国大将军。侯莫陈顺（崇兄），从魏孝武入关。
库狄盛	怀朔	不详	库狄盛，少有武用，随高欢。北齐功臣。

6 镇人表

	镇名	时间	简历
厍狄昌	怀朔	不详	厍狄昌,少便弓马,从尔朱天光定关中,再随贺拔岳,最后随宇文泰。
万俟丑奴	高平	不详	万俟丑奴,孝庄武泰元年(528)聚众反,宗党甚盛,如万俟道洛、万俟阿宝等。
杜洛周	柔玄	不详	杜洛周,孝明帝孝昌元年(525)率众反于上谷。
潘乐	怀朔	不详	潘乐,魏世分镇北边,乃家焉(《姓纂》云:"潘长,怀朔镇北将。"按此潘长乃潘乐之祖父,见《胡姓考》)。北镇乱,乐从魏临淮王或为统军,再归葛荣、尔朱荣,最后随高欢。
可朱浑元	怀朔	不详	可朱浑元,原为辽东人,世为渠帅,魏时拥众内附,曾祖护野肱为怀朔镇将,遂家焉。元少与高欢相知。后从尔朱天光入关,逮宇文泰据关中,乃东奔归高欢。
王盟	武川	不详	王盟,宇文泰舅,其先乐浪人,六世祖波,前燕太宰。祖珍,魏黄门侍郎。父罴,伏波将军,以良家子镇武川,因家焉。王盟于六镇乱起入河北,后入关,为北周名将。
孙腾	怀朔 (咸阳石安)	太武	祖通,仕北凉沮渠氏,沮渠灭(439),入魏,因居北边。孙腾后为怀朔户曹史,六镇乱起,先从尔朱荣,后归高欢,为高欢心腹。
念贤	武川 (金城枹罕)	太武	父求就,以良家子戍武川,乃家焉。贤颇涉文史,魏末六镇乱,与宇文肱(宇文泰之父)等人起兵。

	镇名	时间	简历
斛斯椿	怀朔	不详	斛斯椿,父敦,孝明时为左牧令,河西贼起,将家投尔朱荣,后随孝武入关,从宇文泰。
斛律金	怀朔		斛律金,高祖倍侯利,以壮勇有名塞表,道武时率户内附,赐爵孟都公,祖幡地斤,殿中尚书,父大那瓌,第一领民酋长。金善骑射,行兵用匈奴法,望尘识马步多少,嗅地知军度远近,初为军主,与怀朔镇将杨钧送柔然主阿那瓌还北。正光末,破六韩拔陵构逆,金拥众属焉,后统所部万户诣云州请降,授第二领民酋长。为杜洛周所破,脱身归尔朱荣。后从高欢。斛律平(金兄),魏景明中,释褐殿中将军,迁襄威将军,六镇起,隶大将军尉宾北讨。后奔其弟。
鲜于世荣	怀朔（渔阳）	不详	鲜于世荣[1],父宝业,怀朔镇将。世荣少有器干,兴和二年(540)为高欢副都督。
莫折太提	上邽	不详	孝明帝正光五年(524)据秦州反,自称秦王。
蔡儁	怀朔	不详	蔡儁,父普,北方扰乱,奔走五原,守战有功,拜宁朔将军。与高欢为旧交。初归尔朱荣,后随高欢。
段荣	怀朔姑臧武威	太武	段荣,祖信,仕沮渠氏,太武时入魏,以豪族徙北边,仍家于五原郡。父连,安北府司马。六镇乱起,与乡舅携妻子南趣平城。后与高欢奔尔朱荣,其妻为高欢妻姊。

---

[1] 鲜于为古丁零之后,亦即高车人,不过,此族早就居于今日河北一带,道武取河北,此族入魏,太武时,由于此族屡叛,徙三千家于京师(《魏书·世祖纪》,4:2,页102),其中大概有部分遣戍边镇,如朔州城人鲜于阿胡(《魏书》,4,页243)。曾在河北一带掀起大规模叛乱的鲜于修礼,原先也是五原一带的镇人。鲜于世荣似乎也是怀朔人(《北齐书》,41,页539)。

6 镇人表

	镇名	时间	简历
任延敬	怀朔	孝文	任延敬，伯父桃，太和初为云中军将，延敬随之，因家焉。初从葛荣，后随高欢。
徐远	怀朔（广平）	不详	徐远，其先出自广平，曾祖定，为云中军将，平朔戍主，因家于朔。远少习吏事，郡辟功曹。未几与太守率户从高欢。欢以远闲习书计，命为丞相骑兵参军事，深为高欢所知。
暴显	怀朔（魏郡）	不详	暴显，祖喟，魏朔州刺史，因家边朔，父诞，魏恒州刺史、乐安公。显少经军旅，善骑射。从高欢起兵。元象元年，除云州大中正。
傅伏	怀朔	不详	傅伏，父元兴，仪同、北蔚州刺史，伏少从戎，以战功至开府、永桥领民大都督。后为北齐名将。
杨忠	武川	不详	杨忠，高祖元寿，魏初为武川镇司马，因家于神武郡。父祯，魏末避地中山，忠武艺绝伦，曾入梁五年，后随尔朱兆、独孤信，与独孤信俱归宇文泰，后为十二大将军之一。赐姓普六茹。
寇洛	武川 上谷昌平	文成	寇洛，累世为将吏，父延寿，魏文成帝和平（460—465）中，以良家子镇武川，因家焉。魏末，寇洛率乡里避地并、肆，从尔朱荣及贺拔岳西征，洛与之乡里，乃随入关。侯莫陈悦害岳，洛与赵贵推宇文泰为主。
赵贵	武川 天水南安	不详	赵贵，祖仁，以良家子镇武川，因家焉。魏末，天下兵起，贵率乡里南迁，属葛荣陷中山，遂被拘逼。荣败，尔朱荣以贵为别将。后从贺拔岳入关，岳死，奉宇文泰为主。后拜柱国大将军，赐姓乙弗氏。

	镇名	时间	简历
李虎	武川（赵郡）	不详	李虎，凉武昭王后，凉为沮渠蒙逊灭，有李重耳奔于江南，仕宋为汝南郡守，复归于魏，拜弘农太守。生熙，起家金门镇将，后以良家子镇于武川，因遂家焉。生天锡，任魏为幢主。天锡生虎，有大志，为贺拔岳所重，随岳入关平万俟丑奴。岳卒，从宇文泰，为八柱国之一，赐姓大野氏。
常安成	沃野（高阳）	不详	常安成，世为豪族，徙北镇，魏末，柔然寇边，以统军从镇将慕容胜与战，大破之，后破六汗拔陵为乱，安成率所部讨之，卒于阵。常善（安成子），初从尔朱荣，后从宇文泰平侯莫陈崇。
蔡祐	高平（陈留）	不详	蔡祐，曾祖绍为夏州镇将，徙居高平，因家焉，祖护，魏景明初（500—502）为陈留郡守。父袭，名著西州，正光中，袭归洛阳，及孝武西迁，仍在关东，后始拔难西归。祐，便骑射，宇文泰召为帐下亲信，后为西魏名将，赐姓大利稽。祐少与李穆（李贤弟）布衣齐名。
田弘	高平	不详	田弘，敢勇有谋略，魏永安中，陷于万俟丑奴，尔朱天光入关，弘自原州归顺，为都督，后归宇文泰，赐姓纥干氏。

6 镇人表

	镇名	时间	简历
史宁	抚冥（凉州）	太武	史宁，曾祖豫，仕沮渠氏为临松令，魏平凉州，祖灌随例迁于抚冥镇，因家焉。父遵，六镇乱，率乡里二千家奔恒州，复归洛阳。宁以军功拜别将、直阁将军，宿卫禁中。后随贺拔胜入关中。
耿豪	武川（辽东）	不详	耿豪，其先避刘、石之乱，居辽东，因仕于燕，曾祖超，率众归魏，遂家于武川。豪少有武艺，贺拔岳西征，引为帐内。岳被害，归宇文泰。赐姓和稽氏。大统十六年（550）卒，年四十五。
杨篡	怀朔	不详	杨篡，父安仁，魏北道都督，朔州镇将。篡少习军旅，工骑射，年二十，从高欢起兵，后入关从宇文泰，赐姓莫胡卢氏。
司马子如	怀朔（凉州）	太武	司马子如，自云为晋宗室，其先晋乱奔凉州，魏平凉州（太武时），徙居于云中，父兴龙，魏鲁阳太守。子如为怀朔省事。与高欢为旧交。六镇乱起，奔尔朱荣，后随高欢。
王雅	统万	不详	王雅，善骑射，后从宇文泰，为北周名将。

7 领民酋长表

姓氏	籍贯	附魏时间	简历
独孤	云中	建国时期	独孤信，魏氏之初，有三十六部，其先伏留屯者，为部落大人，与魏俱起。祖俟尼，文成和平中，以良家子自云中镇武川，因家焉，父库者，为领民酋长，少雄豪，北州咸敬服之。信善骑射，正光末，与贺拔度拔等同斩卫可孤。北边丧乱，避地中山，为葛荣所获，及尔朱荣破葛荣，以信为别将。后随孝武入关，信与宇文泰少甚相知，遂蒙重用。后为柱国大将军。其长女为周明帝后，第四女为元贞皇后（？），第七女为隋文帝后。
独孤（刘）	弘农胡城	建国时期	刘玉，弘农胡城（今河南省三门峡市陕州区）领酋。曾祖初万头助道武建国，依地置官为何浑地汗。

7 领民酋长表

姓氏	籍贯	附魏时间	简历
独孤（刘）	中山	建国时期	刘亮，祖祐连，魏蔚州刺史，父特真，镇远将军、领民酋长。亮初从贺拔岳入关，岳死，与诸将迎宇文泰，宇文泰置十二军，亮为十二大将军之一，赐姓侯莫陈氏。卒于大统十三年（547），年四十岁。
拓王（王）	代	建国时期	王怀，不知何许人。少好弓马，北边丧乱，初从韩楼，531年叛楼归魏，拜第一领民酋长。后率其部三千余家随高欢。
乌丸（王）	太安狄那（朔州）	建国前	王纮，为小部酋帅，父基，颇读书，有智略，初从葛荣，后随尔朱荣，率众镇磨川。后随高欢。纮善骑射，爱文学。年十五，随父在北豫州，行台侯景与人论掩衣法为当左，为当右。尚书敬显儁曰："孔子云：'微管仲，吾其披发左衽矣。'以此言之，右衽为是。"纮进曰："国家龙飞朔野，雄步中原，五帝异仪，三王殊制，掩衣左右，何足是非？"
叱李 叱伏列	代郡	建国时期	叱伏列龟，世为部落大人，魏初入附，世为第一领民酋长。龟嗣父业，为领民酋长。正光五年，从广阳王元渊北征，又从长孙稚西征，后为高欢将，沙苑之败，入宇文泰。

姓氏	籍贯	附魏时间	简历
叱李 叱伏列	代西部人		叱列延庆,世为酋帅,曾祖鍮石,太武时曾从驾至瓜步,赐爵临江伯。延庆少便弓马,正光末,除直后,隶大都督李崇北伐。后随尔朱荣入洛,为尔朱世隆姊婿,荣亲遇之。擒葛荣,除西部第一领民酋长。叱列平(延庆兄子),袭第一领民酋长,临江伯。
乞伏	马邑鲜卑	太武	乞伏慧,祖周,父纂,并为第一领民酋长。慧便弓马,好鹰犬,齐文襄时为宜民郡王,齐灭,入北周。乞伏贵和(慧兄),并以帐内从高欢起兵。
破六韩 步六汗	太安狄那 (朔州)	明元	步大汗萨,曾祖荣,仕魏历金门、化正二郡太守,父居,领民别将。正光末,六镇反,萨避难南下,奔尔朱荣。后降高欢,为第三领民酋长[1]。
破六韩 步六汗	沃野镇	明元	破六韩拔陵,破六韩常宗人,魏末起兵。

---

[1] 步大汗萨是否为领民酋长,史未明言。传中虽说他的曾祖于魏时曾出任金门、化正二郡太守,但极不可靠(《魏书·地形志》中的"金门郡"皆置公元530年以后)。他的父亲曾任领民别将,别将为北魏镇府军职之一,然而并没有"领民别将"一职,尔朱荣于魏末曾率所部从李崇北伐,亦常有别将一衔,不知是否凡以领民酋长身份带别将者,即称之为"领民别将"。由于史料不足,此一问题尚无法解决。步大汗萨归附高欢后,虽受封为"第三领民酋长",然而当时领民酋长一职已为虚衔,并不一定要有部落,故不能引以为据。

7 领民酋长表

姓氏	籍贯	附魏时间	简历
破六韩步六汗	附化（朔州）	明元	破六韩常，匈奴单于之裔。世领部落，其父孔雀，世袭酋长，少骁勇，时宗人拔陵为乱，以孔雀为大都督、司徒、平南王。孔雀率部下一万人降于尔朱荣，为第一领民酋长。常，善骑射，与万俟受洛干归高欢。
侯莫陈	武川镇	建国时期	侯莫陈崇，其先，魏之别部，世为渠帅。祖允，以良家子镇武川，因家焉。父兴，殿中将军、羽林监。崇善骑射，年十五，随贺拔岳与尔朱荣。后随宇文泰。为柱国大将军。侯莫陈顺（崇兄），从魏孝武入关。
侯莫陈	代	建国时期	侯莫陈相，祖伏颓，魏第一领民酋长，父斛古提，朔州刺史，相，性雄杰，从高欢起兵。
厍狄	善无	建国时期	厍狄干，曾祖越豆眷，道武时以功割善无之西腊汙山地方百里以处之，后率部落北迁，因家朔方。魏正光初，厍狄干除扫逆党，授将军，宿卫于内。以家在寒乡，不宜毒暑，冬得入京师，夏归乡里。孝昌元年，北边扰乱，奔云中，刺史费穆送于尔朱荣，以军主随荣入洛，后从高欢起兵。尚高欢妹。

姓氏	籍贯	附魏时间	简历
万俟	太平（朔州）	不详	万俟普，其先匈奴之别种。正光中，破六韩拔陵构逆，授普太尉。普率部下降魏，授第二领民酋长。高欢平夏州，普乃率其部落来奔。万俟受洛干（普子），骑射过人，先随尔朱荣，后随高欢。
斛律	朔州敕勒	建国时期	斛律金，高祖倍侯利，以壮勇有名塞表，道武时率户内附，赐爵孟都公，祖幡地斤，殿中尚书，父大那瓌，第一领民酋长。金善骑射，行兵用匈奴法，望尘识马步多少，嗅地知军度远近，初为军主，与怀朔镇将杨钧送柔然主阿那瓌还北。正光末，破六韩拔陵构逆，金拥众属焉，后统所部万户诣云州请降，授第二领民酋长。为杜洛周所破，脱身归尔朱荣。后从高欢。斛律平（金兄），魏景明中，释褐殿中将军，迁襄威将军，六镇起，隶大将军尉宾北讨。后奔其弟。
斛律	太安（怀朔镇）	建国时期	斛律羌举，世为部落酋长，父谨，魏龙骧将军，武川镇将。羌举少骁果，永安中从尔朱兆入洛，兆灭，归高欢。
乙速孤	北秀容	不详	乙速孤佛保，领酋，少骁武，善射。孝武帝时为直阁将军，从入关。大统初阵亡。

7 领民酋长表

姓氏	籍贯	附魏时间	简历
尔朱	北秀容	建国时期	※尔朱荣，其先常领部落，世为酋帅。高祖羽健，登国初为领民酋长，率契胡武士千七百人从道武平中山。诏割秀容川方三百里封之，为世业。道武初以南秀容川原沃衍，欲令居之，羽健曰："臣家世奉国，给侍左右，北秀容既在划内，差近京师，岂以沃壤更迁远地。"祖代勤，太武敬哀皇后之舅。文成时除肆州刺史。父新兴，太和中继为酋长。家世豪擅，牛羊驼马，色别为群，谷量而已。朝廷每有征讨，辄献私马，兼备资粮，助裨军用。及迁洛，特听冬朝京师，夏归部落。每入朝，诸王公朝贵竞以珍玩遗之，新兴亦报以名马。转散骑常侍，平北将军，秀容第一领民酋长。荣于孝明帝时袭爵，除直寝。正光中，四方兵起，遂散畜牧，招合义勇。柔然寇边，诏假荣节，隶都督李崇北伐，荣率其所部四千人追击，度碛。孝明崩，率兵入洛阳，遂掌朝政。后为孝庄帝所杀。尔朱彦伯（荣从弟），祖侯真，孝文时并安二州刺史，始昌侯。父买珍，宣武时武卫将军，出为华州刺史。尔朱世隆（彦伯弟），孝明末为直斋，转直寝，后兼直阁，加前将军。尔朱荣表请入朝，灵太后恶之，令世隆诣晋阳慰喻荣。荣乃遣之回京，荣举兵南出，世隆遂遁走，会荣于上党。

8 公主婚姻表

姓氏	身份	公主	出处
娄氏（娄悦之子）	代人	华阳公主	《魏书》19:3
穆真	代人	长城公主	《魏书》27
穆泰	代人	章武长公主	《魏书》27
穆伯智	代人	饶阳公主	《魏书》27
穆观	代人	宜阳公主	《魏书》27
穆寿	代人	乐陵公主	《魏书》27
穆平国	代人	城阳长公主	《魏书》27
穆伏干	代人	济北公主	《魏书》27
穆黑	代人	新平长公主	《魏书》27
穆亮	代人	中山长公主	《魏书》27
穆绍	代人	琅邪长公主	《魏书》27
穆正国	代人	长乐公主	《魏书》27
穆平城	代人	始平公主	《魏书》27
宿石	客	上谷公主	《魏书》30
闾大肥	客	华阴公主 濩泽公主	《魏书》30
万振	代人	高阳长公主	《魏书》34

8 公主婚姻表

姓氏	身份	公主	出处
万安国	代人	河南公主	《魏书》34
嵇根	代人	什翼犍女（道武时）	《魏书》34
嵇拔	代人	华阴公主	《魏书》34
司马弥陀	客	临泾公主	《魏书》37
司马楚之	客	河内公主	《魏书》37
司马朏	客	华阳公主	《魏书》37
司马跃	客	赵郡公主	《魏书》37
刁宣	客	饶安公主	《魏书》38
陆昕之	代人	常山公主	《魏书》40
薛初古拔	不详	西河长公主	《魏书》42
乙瓌	代人	上谷公主	《魏书》44
乙乾归	代人	安乐公主	《魏书》44
乙瑗	代人	淮阳公主	《魏书》44
裴询	中原士族	太原长公主	《魏书》45
卢道虔	中原士族	济南长公主（孝文女）	《魏书》47
卢道裕	中原士族	乐浪长公主（孝文女）	《魏书》47
卢元聿	中原士族	义阳长公主（孝文女）	《魏书》47
李安世	中原士族	沧水公主	《魏书》53
刘昶	客	武邑公主 建兴公主 平阳长公主	《魏书》59
刘承绪	客	彭城长公主	《魏书》59
刘辉	客	兰陵长公主	《魏书》59
萧宝夤	客	南阳长公主	《魏书》59
萧烈	客	建德公主	《魏书》59
萧赞	客	寿阳长公主	《魏书》59

姓氏	身份	公主	出处
王肃	客	陈留公主，即刘承绪妻彭城公主	《魏书》63
尔朱荣	领酋	北乡郡长公主	《魏书》74
高肇	外戚	平阳公主	《魏书》82
姚黄眉	外戚	阳翟公主	《魏书》83:1
杜超	外戚	南安长公主	《魏书》83:1
冯熙	外戚	博陵长公主	《魏书》83:1
冯诞	外戚	乐安长公主	《魏书》83:1
冯穆	外戚	顺阳长公主	《魏书》83:1
李盖	不详	武威长公主	《魏书》83:1
高肇	外戚	高平公主	《魏书》83:2
高猛	外戚	长乐公主	《魏书》83:2
胡祥	外戚	长安县公主	《魏书》83:2
李彧	客	丰亭公主	《魏书》83:2
崔瓒	中原士族	襄城长公主	《魏书》89
赫连昌	客	始平公主	《魏书》95
沮渠牧犍	北凉君主	武威公主	《魏书》99
杨保宗	客	□□公主	《魏书》101
郁久闾吴提	柔然可汗	西海公主	《魏书》103

9 将相大臣年表[1]

姓氏	身份	任职时间	在位
拓跋遵	代人（王室）	道武（396）	12年（407年赐死）
拓跋仪	代人（王室）	道武（396）	14年（409年赐死）
屈遵	代人（客）	道武（396）	3年（398年卒）
燕凤	代人（客）	道武（396）	
张衮	代人（客）	道武（396）	
崔宏	中原士族	道武（396）	23年（418年卒）
崔逞	中原士族	道武（397）	
封懿	中原士族	道武（397）	
穆崇	代人	道武（398）	9年（406年卒）
长孙嵩	代人	道武（398）	40年（437年卒）
叔孙建	代人	道武（398）	40年（437年卒）
赫连文陈	代人（客）	道武（399）	12年（410年卒）
庾岳	代人	道武（402）	6年（407年赐死）

---

[1] 本表主要根据万斯同，《魏将相大臣年表》编制。由于殿中尚书一职典掌禁军，甚为重要，故根据严耕望考订（《北魏尚书制度考》），将曾任殿中尚书者列入（已见于万表者则不再列）。本表起自道武帝皇始元年（396），止于孝明帝孝昌三年（527），盖527年之后，大权已入权臣（尔朱荣、高欢等）之手，号令非自中出，官吏之任用亦然。

姓氏	身份	任职时间	在位
拓跋顺	代人（王室）	道武（402）	
拓跋嗣	代人（王室）	道武（403）	7年（409年即帝位）
拓跋绍	代人（王室）	道武（403）	7年（409年被杀）
奚斤	代人	明元（409）	40年（448年卒）
安同	代人（客）	明元（409）	
苟孤	代人	明元（409）	
叔孙俊	代人	明元（409）	8年（416年卒）
穆观	代人	明元（409）	15年（423年卒）
拓跋屈	代人（王室）	明元（409）	
王洛儿	代人	明元（409）	5年（413年卒）
车路头	代人	明元（409）	13年（421年卒）
嵇拔	代人	明元（411）	
拓跋焘	代人（王室）	明元（422）	1年（423年即帝位）
嵇敬	代人	明元（422）	
崔浩	中原士族	明元（422）	29年（450年诛）
丘堆	代人	明元（422）	
拓跋丕	代人（王室）	明元（422）	23年（444年卒）
拓跋弥	代人（王室）	明元（422）	3年（424年卒）
拓跋范	代人（王室）	明元（422）	26年（447年卒）
拓跋健	代人（王室）	明元（422）	20年（441年卒）
拓跋崇	代人（王室）	明元（422）	32年（453年伏诛）
拓跋俊	代人（王室）	明元（422）	20年（441年赐死）
刘洁	代人（客）	太武（423）	22年（444年族诛）
罗结	代人	太武（423）	4年（426年归老）
卢鲁元	代人（客）	太武（423）	20年（442年卒）
娥清	代人（王室）	太武（423）	
古弼	代人	太武（424）	29年（452年为文成所诛）
长孙翰	代人	太武（425）	6年（430年卒）
张黎	代人（客）	太武（426）	27年（452年为文成所诛）
拓跋素	代人（王室）	太武（427）	
谷浑	代人（客）	太武（427）	7年（433年卒）

姓氏	身份	任职时间	在位
安原	代人（客）	太武（428）	8年（435年被杀）
屈垣	代人（客）	太武（428）	16年（443年卒）
楼伏连	代人	太武（429）	21年（449年卒）
杜超	代人（外戚）	太武（430）	15年（444年卒）
长孙道生	代人	太武（430）	22年（451年卒）
司马楚之	代人（客）	太武（430）	35年（464年卒）
拓跋太毗	代人（王室）	太武（430）	
来大千	代人	太武（430）	16年（445年卒）
罗斤	代人	太武（431）	
毛修之	代人（客）	太武（432）	
拓跋纂	代人（王室）	太武（434）	4年（437年卒）
穆寿	代人	太武（435）	13年（447年卒）
长孙颓	代人	太武（437）	
拓跋提	代人（王室）	太武（438）	
莫云	代人（客）	太武（439）	
仇洛齐	代人（宠幸）	太武（439）	
李盖	代人（外戚）	太武（440）	
伊馛	代人	太武（440）	20年（459年卒）
拓跋伏罗	代人（王室）	太武（442）	6年（447年卒）
拓跋翰	代人（王室）	太武（442）	13年（452年为宗爱所杀）
李宝	代人（客）	太武（442）	
司马文思	代人（客）	太武（442）	
拓跋谭	代人（王室）	太武（442）	13年（452年卒）
皮豹子	不详	太武（443）	
拓跋他	代人（王室）	太武（444）	45年（488年卒）
杜凤皇	代人（外戚）	太武（444）	
万真	代人	太武（445）	
拓跋那	代人（王室）	太武（445）	
屈道赐	代人（客）	太武（445）	1年（446年卒）
段霸	代人（宠幸）	太武（445）	
拓跋羯儿	代人（王室）	太武（447）	5年（451年赐死）

姓氏	身份	任职时间	在位
拓跋良	代人（王室）	太武（448）	
拓跋拔	代人（王室）	太武（449）	7年（455年赐死）
穆平国	代人	太武（449）	3年（451年卒）
拓跋仁	代人（王室）	太武（450）	4年（453年伏诛）
兰延	代人	太武（450）	3年（452年为宗爱所杀）
韩茂	代人	太武（451）	6年（456年卒）
薛提	不详	太武（451）	1年（452年为宗爱所杀）
和匹	代人	太武（451）	1年（452年为宗爱所杀）
穆颉[1]	代人	太武	
豆代田	代人	太武	
窦瑾	代人	太武	
拓跋处真	代人（王室）	太武	
乙拔	代人	太武	
长孙真	代人	太武	
尉长寿	代人	太武	
长孙渴侯	代人	太武	452年为文成所杀
源贺	代人（客）	太武	474年免
宗爱	代人（宠幸）	文成（452）	同年诛
拓跋寿乐	代人（王室）	文成（452）	同年诛
周㤗	代人	文成（452）	同年诛
陆丽	代人	文成（452）	14年（465年为乙浑所杀）
兒乌干	代人	文成（452）	
杜元宝	代人（外戚）	文成（452）	1年（453年伏诛）
车伊洛	代人（客）	文成（452）	1年（453年卒）
陆俟	代人	文成（452）	7年（458年卒）
拓跋目辰	代人（王室）	文成（452）	
刘尼	代人	文成（452）	
于洛拔	代人	文成（452）	7年（458年卒）

---

[1] 穆颉以下至源贺于太武帝时曾出任殿中尚书，伊馛亦曾于太武时任此职。

9 将相大臣年表

姓氏	身份	任职时间	在位
拓跋道符	代人（王室）	文成（453）	15年（467年伏诛）
常英	代人（外戚）	文成（453）	
常喜	代人（外戚）	文成（453）	
和其奴	代人	文成（453）	17年（469年卒）
乙浑	代人	文成（455）	12年（466年伏诛）
闾毗	代人（外戚）	文成（456）	6年（461年卒）
闾纥	代人（外戚）	文成（456）	
尉眷	代人	文成（457）	7年（463年卒）
拓跋新成	代人（王室）	文成（457）	
高允	中原士族	文成（457）	31年（487年卒）
拓跋子推	代人（王室）	文成（459）	
拓跋石	代人（王室）	文成（459）	
拓跋天赐	代人（王室）	文成（461）	
拓跋小新成	代人（王室）	文成（461）	
拓跋万寿	代人（王室）	文成（461）	1年（462年卒）
李敷	中原士族	文成（463）	8年（470年伏诛）
乙乾归	代人	文成（463）	
拓跋云	代人（王室）	文成（464）	18年（481年卒）
许宗之[1]	中原士族	文成	
毛法仁	代人（客）	文成	
刘尼	代人	文成	
穆安国	代人	文成	
拓跋郁	代人（王室）	文成	
吕罗汉	代人（客）	文成	
陆叡	代人	献文（465）	32年（496年赐死）
李惠	代人（外戚）	献文（465）	12年（476年伏诛）
冯熙	代人（外戚）	献文（465）	31年（495年卒）
叔孙邻	代人	献文（465）	

[1]许宗之以下至吕罗汉于文成帝时曾任殿中尚书。

姓氏	身份	任职时间	在位
慕容白曜	代人（客）	献文（465）	6年（470年伏诛）
拓跋丕	代人（王室）	献文（465）	32年（496年废）
刘昶	代人（客）	献文（465）	33年（497年卒）
薛安都	代人（客）	献文（466）	4年（469年卒）
尉元	代人	献文（466）	27年（492年归老）
拓跋孔雀	代人（王室）	献文（466）	
陆定国	代人	献文（466）	11年（476年免）
陆儁	代人	献文（466）	
李峻	代人（外戚）	献文（467）	3年（469年卒）
拓跋桢	代人（王室）	献文（468）	22年（489年废）
拓跋长寿	代人（王室）	献文（468）	8年（475年卒）
拓跋休	代人（王室）	献文（468）	27年（494年卒）
拓跋长乐	代人（王室）	献文（470）	
长孙观	代人	献文（470）	
赵黑	代人（宠幸）	献文（470）	13年（482年卒）
罗拔	代人	献文	
陆馛	代人	孝文（471）	4年（474年卒）
穆亮	代人	孝文（471）	32年（502年卒）
万安国	代人	孝文（472）	5年（476年伏诛）
拓跋彬	代人（王室）	孝文（472）	18年（489年废）
薛初古拔	其他	孝文（472）	13年（484年卒）
陈建	代人	孝文（472）	14年（485年卒）
王琚	代人（宠幸）	孝文（474）	
李䜣	中原士族	孝文（476）	1年（477年伏诛）
高闾	中原士族	孝文（476）	
王叡	代人（宠幸）	孝文（476）	6年（481年卒）
拓跋忠	代人（王室）	孝文（476）	5年（480年卒）
张祐	代人（宠幸）	孝文（476）	
苟颓	代人	孝文（477）	13年（489年卒）
拓跋思誉	代人（王室）	孝文（478）	19年（496年削爵）
拓跋澄	代人（王室）	孝文（481）	39年（519年卒）

9 将相大臣年表

姓氏	身份	任职时间	在位
王袭	代人（宠幸）	孝文（481）	
冯诞	代人（外戚）	孝文（481）	15年（495年卒）
冯修	代人（外戚）	孝文（481）	14年（494年免）
拓跋猛	代人（王室）	孝文（481）	
拓跋禧	代人（王室）	孝文（485）	17年（501年诛）
拓跋幹	代人（王室）	孝文（485）	14年（498年免）
拓跋羽	代人（王室）	孝文（485）	17年（501年卒）
拓跋雍	代人（王室）	孝文（485）	
拓跋勰	代人（王室）	孝文（485）	
拓跋详	代人（王室）	孝文（485）	19年（503年卒）
郑羲	中原士族	孝文（485）	
拓跋平原	代人（王室）	孝文（486）	
李冲	代人（客）	孝文（486）	13年（498年卒）
楼毅	代人	孝文（487）	
源怀	代人（客）	孝文（487）	20年（506年卒）
抱嶷	代人（宠幸）	孝文（488）	
符承祖	代人（宠幸）	孝文（489）	
拓跋颐	代人（王室）	孝文（490）	
拓跋鸾	代人（王室）	孝文（491）	
拓跋简	代人（王室）	孝文（491）	9年（499年卒）
拓跋赞	代人（王室）	孝文（492）	
斛律恒	不详	孝文（492）	
拓跋继	代人（王室）	孝文（493）	33年（525年免）
穆泰	代人	孝文（495）	1年（496年赐死）
穆罴	代人	孝文（496）	1年（497年废）
崔光	中原士族	孝文（496）	28年（523年卒）
于烈	代人	孝文（496）	6年（501年卒）
张彝	中原士族	孝文（497）	23年（519年卒）
拓跋嘉	代人（王室）	孝文（498）	14年（511年卒）
刘芳	中原士族	孝文（498）	
王肃	代人（客）	孝文（499）	

姓氏	身份	任职时间	在位
郭祚	中原士族	孝文（499）	17年（515年被杀）
李韶	代人（客）	孝文（499）	
拓跋怿	代人（王室）	孝文（499）	22年（520年被杀）
拓跋嵩	代人（王室）	孝文（499）	
拓跋愉	代人（王室）	孝文（499）	
胡莫寒[1]	代人	孝文	
张白泽	代人（客）	孝文	
苟寿乐	代人	孝文	
尉羽	代人	孝文	
杨播	代人（客）	宣武（500）	
甄琛	中原士族	宣武（501）	24年（524年卒）
高肇	代人（外戚）	宣武（501）	15年（515年诛）
高猛	代人（外戚）	宣武（502）	
高显	代人（外戚）	宣武（502）	
于劲	代人（外戚）	宣武（502）	
拓跋晖	代人（王室）	宣武（502）	17年（518年卒）
穆绍	代人	宣武（503）	
高聪	中原士族	宣武（504）	
拓跋怀	代人（王室）	宣武（504）	14年（517年卒）
卢昶	中原士族	宣武（505）	
李崇	代人（外戚）	宣武（506）	20年（525年卒）
拓跋诠	代人（王室）	宣武（508）	5年（512年卒）
拓跋英	代人（王室）	宣武（509）	1年（510年卒）
李平	代人（外戚）	宣武（512）	6年（517年卒）
于忠	代人	宣武（512）	7年（518年卒）
拓跋遥	代人（王室）	宣武（514）	
邢峦[2]	中原士族	宣武	
胡国珍	代人（外戚）	孝明（515）	4年（518年卒）

[1]胡莫寒以下至尉羽于孝文帝时曾任殿中尚书。
[2]宣武时殿中尚书。

9 将相大臣年表

姓氏	身份	任职时间	在位
游肇	中原士族	孝明（515）	6年（520年卒）
刘腾	代人（宠幸）	孝明（515）	8年（522年卒）
侯刚	代人（宠幸）	孝明（515）	
拓跋悦	代人（王室）	孝明（517）	
拓跋钦	代人（王室）	孝明（517）	
拓跋叉	代人（王室）	孝明（517）	9年（525年诛）
皇甫度	中原士族	孝明（519）	
拓跋彧	代人（王室）	孝明（519）	
奚康生	代人	孝明（520）	1年（521年被杀）
皇甫集	中原士族	孝明（520）	
崔亮	中原士族	孝明（520）	1年（521年卒）
裴粲	中原士族	孝明（520）	
拓跋延明	代人（王室）	孝明（520）	
萧宝夤	代人（客）	孝明（521）	
王温	代人（宠幸）	孝明（522）	
谷纂	代人（客）	孝明（524）	
袁翻	中原士族	孝明（524）	
成轨	代人（宠幸）	孝明（524）	
萧综	代人（客）	孝明（525）	
拓跋徽	代人（王室）	孝明（525）	
拓跋丽	代人（王室）	孝明（525）	1年（526年卒）
胡祥	代人（外戚）	孝明（525）	
拓跋顺	代人（王室）	孝明（525）	
杨范	代人（宠幸）	孝明（525）	1年（526年卒）
徐纥	代人（宠幸）	孝明（525）	
封津	代人（宠幸）	孝明（525）	
拓跋略	代人（王室）	孝明（526）	
长孙稚	代人	孝明（526）	
拓跋渊	代人（王室）	孝明（526）	
杨椿	代人（客）	孝明（526）	
拓跋芝	代人（王室）	孝明（526）	

姓氏	身份	任职时间	在位
王琼	中原士族	孝明（526）	
裴延儁	中原士族	孝明（526）	
拓跋子攸	代人（王室）	孝明（526）	
拓跋宴	代人（王室）	孝明（526）	
尔朱荣	领酋	孝明（527）	
拓跋颢	代人（王室）	孝明（527）	
郑俨	代人（宠幸）	孝明（527）	
封回[1]	汉士族	孝明	

---

[1]孝明时任殿中尚书。

10 地方长官表[1]

1. 并州（396—527）

	姓名	身份	时期		姓名	身份	时期
1	拓跋素延	代人（王室）	道武	2	奚牧	代人	道武
3	叔孙建	代人	道武	4	拓跋六头	代人（王室）	明元
5	拓跋屈	代人（王室）	明元	6	楼伏连	代人	明元
7	苟孤	代人	明元	8	丘堆	代人	明元
9	伊楼拔	代人	明元	10	拓跋崇	代人（王室）	太武
11	娥清	代人（王室）	太武	12	赵蔚[2]	代人	太武

---

[1] 本表主要根据吴廷燮《元魏方镇年表》编制。比起《将相大臣年表》，本表资料更为缺乏，疏漏之处远过前表，这点吴廷燮自己也已说过。虽然如此，从中仍可观察出整个大致趋势究竟如何。北魏的版图前后变动甚大，为了顾及统计数字（比率）的精确，本表只列举前期（道武至太武）已纳入版图且较详细的各州（共14州），不过，由于截至此时，北魏控制的领土大多偏在黄河以北，"代人"占据大多数地方长官之职似乎也是理所当然之事，因此，另外列出490年以后，青、徐两地刺史表，与恒州（即平城所在地）做一比较。

[2]《周书·赵刚传》提到"曾祖蔚，魏并州刺史"（33，页572），吴廷燮列于太武一朝，本表从之。赵刚是"河南洛阳人"，应当是孝文帝时的"代迁户"，故定其身份为"代人"。赵刚传中所言当然也有夸张的可能，此处姑且置之不论。

	姓名	身份	时期		姓名	身份	时期
13	尉力斤	代人（古真子）	太武	14	刘殊辉	代人（外戚）	太武
15	李宝	代人（客）	太武	16	乞伏成龙	代人	文成
17	王宪	中原士族（王猛之后）	文成	18	薛野腊	代人	文成
19	孙小	代人（宠幸）	文成—孝文	20	拓跋陵	代人（王室）	
21	綦辰	代人	孝文	22	王袭	代人（宠幸，王叡子）	孝文（490）
23	于杲	代人	孝文	24	拓跋丕	代人（王室）	孝文
25	拓跋鸾	代人（王室）	孝文	26	李韶	代人（客，李宝子孙）	宣武
27	席法友	代人（客）	宣武	28	王仲兴	代人（宠幸）	宣武
29	高聪	中原士族	宣武	30	秦松	代人（宠幸）	宣武
31	拓跋元融	代人（王室）	宣武	32	穆镳	代人（穆丑善子孙）	宣武
33	崔延伯	代人（客）	孝明	34	拓跋徽	代人（王室）	孝明
35	高绰	中原士族	孝明	36	杨津	代人（客，杨播族人）	孝明
37	范绍	中原士族	孝明	38	魏承祖	代人（客）	孝明

并州

时间	总数	身份	人数	比率	身份	人数	比率
396—527	38	代人	34	89%	代人贵族	19	50%
					王室附庸	15	39%
		中原士族				4	11%
		其他				0	0%
396—490	21	代人	20	95%	代人贵族	11	52%
					王室附庸	9	43%
		中原士族				1	5%
		其他				0	0%

10 地方长官表

时间	总数	身份	人数	比率	身份	人数	比率
490—527	17	代人	14	82%	代人贵族	2	12%
					王室附庸	12	71%
		中原士族				3	17%
		其他				0	0%

2. 幽州（396—527）

	姓名	身份	时期		姓名	身份	时期
1	封豆	代人	道武	2	拓跋素延	代人	道武
3	张衮	代人（客）	道武	4	封沓干	代人	道武
5	奚斤	代人	道武	6	尉诺	代人	明元—太武
7	张昭	中原士族	太武	8	李崇	中原士族	太武
9	陈建	代人	文成	10	孔昭	代人（外戚，孔伯恭父）	文成
11	常诉	代人（外戚）	文成—献文	12	胡泥	代人	孝文
13	张敕提	中原士族	孝文	14	拓跋笃	代人（王室）	孝文
15	刷买奴	代人（宠幸）	孝文（490）	16	高闾	中原士族	孝文
17	李肃	中原士族	孝文	18	韦欣宗	中原士族	宣武
19	王秉	代人（客，王肃之弟）	宣武	20	高双	其他（高道悦族人）	宣武
21	穆镶	代人	宣武	22	崔延伯	代人（客）	宣武
23	李宣茂	中原士族	宣武	24	拓跋景略	代人（王室）	宣武
25	赵邕	代人（宠幸）	孝明	26	崔休	中原士族	孝明
27	裴延	中原士族	孝明	28	王诵	代人（客，王肃侄）	孝明
29	卢同	中原士族	孝明	30	常景	中原士族	孝明
31	王延年	不详	孝明				

幽州

时间	总数	身份	人数	比率	身份	人数	比率
396—527	31	代人	18	58%	代人贵族	8	26%
					王室附庸	10	32%
		中原士族				11	35%
		其他				2	6%
396—490	14	代人	11	79%	代人贵族	7	50%
					王室附庸	4	29%
		中原士族				3	21%
		其他				0	0%
490—527	17	代人	7	41%	代人贵族	1	6%
					王室附庸	6	35%
		中原士族				8	47%
		其他				2	12%

3. 冀州（396—527）

	姓名	身份	时期		姓名	身份	时期
1	长孙嵩	代人	道武	2	王辅	不详	道武
3	王建	代人	道武	4	拓跋遵	代人（王室）	道武
5	长孙道生	代人	明元	6	奚和观	代人	明元
7	闾大肥	代人（客）	太武	8	安同	代人（客）	太武
9	陆俟	代人	太武	10	崔赜	中原士族	太武
11	穆泥乾	代人	太武	12	仇洛齐	代人（宠幸）	太武
13	薛提	其他	太武	14	沮渠万年	代人（客）	太武
15	窦瑾	代人	文成	16	闾染	代人（外戚）	文成

	姓名	身份	时期		姓名	身份	时期
17	源贺	代人（客）	文成	18	韩均	代人	献文
19	拓跋云	代人（王室）	孝文	20	王琚	代人（宠幸）	孝文
21	赵黑	代人（宠幸）	孝文	22	孙小	代人（宠幸）	孝文
23	张宗之	代人（宠幸）	孝文	24	拓跋禧	代人（王室）	孝文（490）
25	拓跋干	代人（王室）	孝文	26	拓跋肱	代人（王室）	孝文
27	穆亮	代人（王室）	孝文	28	拓跋雍	代人（王室）	宣武
29	于劲	代人	宣武	30	拓跋愉	代人（王室）	宣武
31	拓跋丽	代人（王室）	宣武	32	拓跋晖	代人（王室）	宣武
33	拓跋遥	代人（王室）	宣武	34	萧宝夤	代人（客）	宣武
35	于忠	代人	孝明	36	李韶	代人（客）	孝明
37	封回	中原士族	孝明	38	侯刚	代人（宠幸）	孝明
39	拓跋孚	代人（王室）	孝明	40	源子邕	代人（客，源贺子孙）	孝明

冀州

时间	总数	身份	人数	比率	身份	人数	比率
396—527	40	代人	36	90%	代人贵族	10	25%
					王室附庸	26	65%
		中原士族				2	5%
		其他				2	5%
396—490	23	代人	20	87%	代人贵族	8	35%
					王室附庸	12	52%
		中原士族				1	4%
		其他				2	9%
490—527	17	代人	16	94%	代人贵族	2	12%
					王室附庸	14	82%
		中原士族				1	6%
		其他				0	0%

4. 定州（399—527）

	姓名	身份	时期		姓名	身份	时期
1	刘罗辰	代人（外戚）	道武	2	拓跋磨浑	代人（王室）	明元
3	尉古真	代人	明元	4	拓跋纂	代人（王室）	太武
5	独孤稽	代人	太武	6	拓跋勿期	代人（王室）	太武
7	毛天爱	不详（毛遐曾祖）	太武	8	乞文	代人（乞袁氏）	太武
9	段霸	代人（宠幸）	太武	10	沮渠万年	代人（客）	太武
11	刘尼	代人	文成	12	许宗之	汉士族	文成
13	乙瓌	代人	文成	14	冯熙	代人（外戚）	文成
15	和其奴	代人	文成	16	韩均	代人	献文
17	拓跋长乐	代人（王室）	孝文	18	赵黑	代人（宠幸）	孝文
19	陆儁	代人	孝文	20	胡泥	代人	孝文
21	楼毅	代人	孝文（490）	22	穆泰	代人	孝文
23	陆叡	代人	孝文	24	拓跋颐	代人（王室）	孝文
25	拓跋鳃	代人（王室）	孝文	26	穆亮	代人	宣武
27	拓跋鸾	代人（王室）	宣武	28	拓跋澄	代人（王室）	宣武
29	拓跋诠	代人（王室）	宣武	30	于劲	代人	宣武
31	拓跋琛	代人（王室）	宣武	32	崔亮	中原士族	宣武
33	杨椿	代人	孝明	34	甄琛	中原士族	孝明
35	李崇	代人（外戚）	孝明	36	李韶	代人（客）	孝明
37	拓跋世遵	代人（王室）	孝明	38	拓跋固	代人（王室）	孝明
39	拓跋渊	代人（王室）	孝明	40	拓跋囧	代人（王室）	孝明
41	杨津	代人（客）	孝明				

定州

时间	总数	身份	人数	比率	身份	人数	比率
399—527	41	代人	37	90%	代人贵族	14	34%
					王室附庸	23	56%
		中原士族				3	7%
		其他				1	2%
399—490	20	代人	18	90%	代人贵族	9	45%
					王室附庸	9	45%
		中原士族				1	5%
		其他				1	5%
490—527	21	代人	19	90%	代人贵族	5	24%
					王室附庸	14	67%
		中原士族				2	10%
		其他				0	0%

5. 相州（402—527）

	姓名	身份	时期		姓名	身份	时期
1	庾岳	代人	道武	2	长孙嵩	代人	道武
3	尉古真	代人	明元	4	叔孙建	代人	明元
5	司马准	代人（客）	明元	6	张蒲	中原士族	太武
7	穆莫提	代人	太武	8	杜超	代人（外戚）	太武
9	许彦	中原士族	太武	10	杜遗	代人（外戚）	太武
11	陆馛	代人	文成	12	李䜣	中原士族	文成
13	陆㒞	代人	献文	14	谷阐	代人（客）	献文
15	拓跋忠	代人（王室）	孝文	16	薛道标	代人（客，薛安都子孙）	孝文

	姓名	身份	时期		姓名	身份	时期
17	李安世	中原士族	孝文(490)	18	李佐	代人(客,李宝子孙)	孝文
19	高闾	中原士族	孝文	20	拓跋桢	代人(王室)	孝文
21	拓跋雍	代人(王室)	孝文	22	李平	代人(外戚)	宣武
23	王显	中原士族	宣武	24	于忠	代人	宣武
25	陆昕之	代人	宣武	26	高植	代人(外戚)	宣武
27	李韶	代人(客)	宣武	28	游肇	中原士族	孝明
29	奚康生	代人	孝明	30	拓跋熙	代人	孝明
31	李世哲	代人(外戚,李崇子孙)	孝明	32	李奖	代人(外戚,李平子孙)	孝明
33	李崇	代人(外戚)	孝明	34	拓跋瑱	代人(王室)	孝明
35	拓跋谌	代人(王室)	孝明	36	拓跋鉴	代人(王室)	孝明
37	裴衍	代人(客)	孝明				

相州

时间	总数	身份	人数	比率	身份	人数	比率
402—527	37	代人	30	81%	代人贵族	10	27%
					王室附庸	20	54%
		中原士族				7	19%
		其他				0	0%
402—490	16	代人	13	81%	代人贵族	7	44%
					王室附庸	6	38%
		中原士族				3	19%
		其他				0	0%
490—527	21	代人	17	81%	代人贵族	3	14%
					王室附庸	14	67%
		中原士族				4	19%
		其他				0	0%

6. 夏州（统万镇，424—527）

	姓名	身份	时期		姓名	身份	时期
1	拓跋素	代人（王室）	太武	2	长孙道生	代人	太武
3	楼伏连	代人	太武	4	拓跋羯儿	代人（王室）	太武
5	拓跋惠寿	代人（王室）	文成	6	拓跋提	代人（王室）	文成
7	拓跋新成	代人（王室）	文成	8	长孙观	代人	文成
9	闾虎皮	代人（客）	献文	10	尉元	代人	孝文
11	拓跋太兴	代人（王室）	孝文	12	拓跋彬	代人	孝文
13	陆骐驎	代人	孝文（490）	14	穆罴	代人	孝文
15	源怀	代人（客）	孝文	16	拓跋天琚	代人（王室）	宣武
17	陆弥	代人	宣武	18	封琳	中原士族	宣武
19	李肃	中原士族	孝明	20	封轨	中原士族	孝明
21	源子雍	代人（客）	孝明				

夏州

时间	总数	身份	人数	比率	身份	人数	比率
424—527	21	代人	18	86%	代人贵族	8	38%
					王室附庸	10	48%
		中原士族				3	14%
		其他				0	0%
424—490	12	代人	12	100%	代人贵族	5	42%
					王室附庸	7	58%
		中原士族				0	0%
		其他				0	0%
490—527	9	代人	6	67%	代人贵族	3	33%
					王室附庸	3	33%
		中原士族				3	33%
		其他				0	0%

7. 雍州（长安镇，430—527）[1]

	姓名	身份	时期		姓名	身份	时期
1	李顺	中原士族	太武	2	王斤	代人	太武
3	古弼	代人	太武	4	阳文祖	不详	太武
5	窦瑾	代人	太武	6	拓跋范	代人（王室）	太武
7	奚眷	代人	太武	8	葛那	代人	太武
9	皮豹子[2]	不详	太武	10	冯朗	代人（客）	太武
11	娥后延	代人	太武	12	陆俟	代人	太武
13	王度	代人	太武	14	拓跋仁	代人（王室）	太武
15	拓跋他	代人（王室）	太武	16	拓跋良	代人（王室）	文成
17	拓跋石	代人（王室）	文成	18	拓跋子推	代人（王室）	文成
19	拓跋道符	代人（王室）	献文	20	张白泽	代人（客）	献文
21	鱼玄明	不详	献文	22	刘邈	不详	献文
23	李惠	代人（外戚）	献文	24	陆真	代人	献文
25	拓跋丕	代人（王室）	孝文	26	拓跋目辰	代人（王室）	孝文
27	拓跋云	代人（王室）	孝文	28	拓跋太兴	代人	孝文
29	拓跋平原	代人（王室）	孝文	30	拓跋桢	代人（王室）	孝文
31	源怀	代人（客）	孝文（490）	32	拓跋幹	代人（王室）	孝文
33	拓跋澄	代人（王室）	宣武	34	拓跋衍	代人（王室）	宣武
35	高猛	代人（外戚）	宣武	36	拓跋丽	代人（王室）	宣武
37	崔亮	中原士族	宣武	38	拓跋苌	代人（王室）	宣武
39	卢昶	中原士族	宣武	40	拓跋昭	代人（王室）	孝明
41	拓跋志	代人（王室）	孝明	42	李宪	中原士族	孝明
43	拓跋修义	代人（王室）	孝明	44	杨椿	代人（客）	孝明
45	萧宝夤	代人（客）	孝明				

[1]北魏前期长安极为重要，有镇都大将、镇将、刺史等地方首长。这些职位有分属诸人而并置者，如太延五年（439），长安有镇都大将拓跋范、镇将窦瑾、刺史葛那，也有镇将兼刺史者（此为常例）。逮太和年间废镇，即不再带镇将之名，而改为都督诸军事。

[2]皮豹子传中云曾为长安镇将、都督秦雍诸州，时在太平真君（440）以前，吴廷燮漏记。

雍州

时间	总数	身份	人数	比率	身份	人数	比率
430—527	45	代人	37	82%	代人贵族	9	20%
					王室附庸	28	62%
		中原士族				4	9%
		其他				4	9%
430—490	30	代人	25	83%	代人贵族	9	30%
					王室附庸	16	53%
		中原士族				1	3%
		其他				4	13%
490—527	15	代人	12	80%	代人贵族	0	0%
					王室附庸	12	80%
		中原士族				3	20%
		其他				0	0%

8. 泾州（安定镇，432—527）[1]

	姓名	身份	时期		姓名	身份	时期
1	延普	代人	太武	2	狄子玉	羌	太武
3	陆俟	代人	太武	4	穆蒲	代人	太武
5	陆石跋	代人	太武	6	尉长寿	代人	文成
7	封阿君	不详	文成	8	李峻	代人（外戚）	文成
9	王树	代人	献文	10	邓宗庆	中原士族	孝文
11	张鸾旗	代人（宠幸）	孝文	12	抱嶷	代人（宠幸）	孝文（490）

[1] 泾州多氐羌杂胡，太武取得此地之初，以羌人狄子玉为刺史，另设安定镇以抚之，镇将则多为鲜卑人。参见严耕望，《北魏军镇》，页787—788。

	姓名	身份	时期		姓名	身份	时期
13	乞伏悦	代人	宣武	14	员标	不详	宣武
15	高绰	中原士族	宣武	16	奚康生	代人	宣武
17	拓跋祐	代人（王室）	宣武	18	皇甫集	中原士族	孝明
19	卢道裕	中原士族	孝明	20	胡宁	代人（外戚）	孝明
21	陆希道	代人	孝明	22	杨昱	代人（客）	孝明
23	吕伯度	不详	孝明	24	胡虔	代人（外戚）	孝明

泾州

时间	总数	身份	人数	比率	身份	人数	比率
432—527	24	代人	16	67%	代人贵族	9	38%
					王室附庸	7	29%
		中原士族				4	17%
		其他				4	17%
432—490	11	代人	8	73%	代人贵族	6	55%
					王室附庸	2	18%
		中原士族				1	9%
		其他				2	18%
490—527	13	代人	8	62%	代人贵族	3	23%
					王室附庸	5	38%
		中原士族				3	23%
		其他				2	15%

9. 秦州（上邽镇，436—527）

	姓名	身份	时期		姓名	身份	时期
1	杨难当	氐人	太武	2	拓跋勿头	代人（王室）	太武
3	杨保宗	氐人	太武	4	封敕文	代人	太武—文成
5	李惠	代人（外戚）	文成	6	乙乾归	代人	献文

10 地方长官表

	姓名	身份	时期		姓名	身份	时期
7	吕罗汉	代人（客）	孝文	8	于洛侯	代人	孝文
9	尉洛侯	代人	孝文	10	陆定国	代人	孝文
11	李洪之	代人（外戚）	孝文	12	薛道次	代人（客）	孝文
13	刘藻	代人（客）	孝文（490）	14	张彝	中原士族	宣武
15	薛世遵	代人	宣武	16	侯欣	代人	宣武
17	拓跋丽	代人（王室）	宣武	18	李韶	代人（客）	宣武
19	杨胤	代人（客，杨播族人）	宣武	20	拓跋修义	代人（王室）	宣武
21	赵煕	中原士族	孝明	22	薛峦	代人（客）	孝明
23	拓跋琛	代人（王室）	孝明	24	李彦	代人（客）	孝明
25	拓跋谭	代人	孝明				

秦州

时间	总数	身份	人数	比率	身份	人数	比率
436—527	25	代人	21	84%	代人贵族	7	28%
					王室附庸	14	56%
		中原士族				2	8%
		其他				2	8%
436—490	12	代人	10	83%	代人贵族	5	42%
					王室附庸	5	42%
		中原士族				0	0%
		其他				2	17%
490—527	13	代人	11	85%	代人贵族	2	15%
					王室附庸	9	69%
		中原士族				2	15%
		其他				0	0%

10. 平州（436—527）

	姓名	身份	时期		姓名	身份	时期
1	拓跋婴	代人（王室）	太武	2	拓跋浑	代人（王室）	太武
3	王腊	代人（外戚）	文成	4	常英	代人（外戚）	文成
5	李贵丑	不详	孝文	6	薛道标	代人（客）	孝文
7	薛真度	代人（客）	孝文（490）	8	崔景徽	中原士族	孝文
9	李彦	代人（客）	宣武	10	拓跋匡	代人（王室）	孝明
11	王买奴	不详	孝明				

平州

时间	总数	身份	人数	比率	身份	人数	比率
436—527	11	代人	8	73%	代人贵族	0	0%
					王室附庸	8	73%
		中原士族				1	9%
		其他				2	18%
436—490	6	代人	5	83%	代人贵族	0	0%
					王室附庸	5	83%
		中原士族				0	0%
		其他				1	17%
490—527	5	代人	3	60%	代人贵族	0	0%
					王室附庸	3	60%
		中原士族				1	20%
		其他				1	20%

11. 营州（和龙镇，437—527）

	姓名	身份	时期		姓名	身份	时期
1	拓跋浑	代人（王室）	太武	2	张度	代人（客）	太武
3	于洛拔	代人	太武	4	陆高	代人（客，陆逞祖）	太武
5	杨难当	氐人	文成	6	张伟	中原士族	文成
7	拓跋万寿	代人（王室）	文成	8	拓跋云	代人（王室）	文成
9	屈拔	代人（客）	献文	10	羊规	代人（客，羊侃祖）	献文
11	拓跋休	代人（王室）	孝文	12	高稚	代人（客）	孝文
13	拓跋猛	代人（王室）	孝文	14	拓跋思誉	代人（王室）	孝文（490）
15	拓跋景	代人（王室）	孝文	16	慕容契	代人（客）	宣武
17	崔敬邕	中原士族	宣武	18	甄琛	中原士族	孝明
19	李思穆	代人（客）	孝明	20	李仲遵	代人（客）	孝明
21	宋维	中原士族	孝明	22	拓跋汎	代人（王室）	孝明

营州

时间	总数	身份	人数	比率	身份	人数	比率
437—527	22	代人	17	77%	代人贵族	1	5%
					王室附庸	16	73%
		中原士族				4	18%
		其他				1	5%
437—490	13	代人	11	85%	代人贵族	1	8%
					王室附庸	10	77%
		中原士族				1	8%
		其他				1	8%
490—527	9	代人	6	67%	代人贵族	0	0%
					王室附庸	6	67%
		中原士族				3	33%
		其他				0	0%

12. 凉州（凉州镇，439—527）

	姓名	身份	时期		姓名	身份	时期
1	拓跋丕	代人（王室）	太武	2	拓跋健	代人（王室）	太武
3	尉眷	代人	太武	4	张珍	中原士族	太武
5	高湖	代人（客）	太武	6	穆颉	代人	太武
7	叔孙邻	代人	文成	8	拓跋浑	代人（王室）	文成
9	穆栗	代人	文成	10	拓跋他	代人（王室）	文成—献文
11	拓跋桢	代人（王室）	孝文	12	拓跋天赐	代人（王室）	孝文
13	拓跋鸾	代人（王室）	孝文（490）	14	楼毅	代人	孝文
15	拓跋诠	代人（王室）	宣武	16	拓跋绍	代人（王室）	宣武
17	司马仲明	代人（客）	宣武	18	高双	其他	宣武
19	高植	代人（外戚）	宣武	20	穆镔	代人	宣武
21	甄琛	中原士族	宣武	22	拓跋和	代人（王室）	孝明
23	崔游	中原士族	孝明	24	袁飜	中原士族	孝明
25	石士基	不详	孝明	26	尉聿	代人	孝明
27	宋颖	中原士族	孝明				

凉州

时间	总数	身份	人数	比率	身份	人数	比率
439—527	27	代人	20	74%	代人贵族	7	26%
					王室附庸	13	48%
		中原士族				5	19%
		其他				2	7%
439—490	12	代人	11	92%	代人贵族	4	33%
					王室附庸	7	58%
		中原士族				1	8%
		其他				0	0%

时间	总数	身份	人数	比率	身份	人数	比率
490—527	15	代人	9	60%	代人贵族	3	20%
					王室附庸	6	40%
		中原士族				4	27%
		其他				2	13%

13. 梁州（仇池镇，442—527）

	姓名	身份	时期		姓名	身份	时期
1	皮豹子	不详	太武	2	伏阿奴	代人	献文
3	皮喜	不详	孝文	4	穆亮	代人	孝文
5	拓跋提	代人（王室）	孝文	6	拓跋澄	代人（王室）	孝文
7	拓跋衍	代人	孝文（490）	8	拓跋英	代人（王室）	孝文
9	李崇	代人（外戚）	孝文	10	杨椿	代人（客）	宣武
11	李焕	中原士族	宣武	12	邢峦	中原士族	宣武
13	羊祉	中原士族	宣武	14	薛怀古	中原士族	宣武 孝明
15	拓跋彧	代人（王室）	孝明	16	拓跋恒	代人（王室）	孝明
17	拓跋子直	代人（王室）	孝明	18	傅竖眼	代人（客）	孝明

梁州

时间	总数	身份	人数	比率	身份	人数	比率
442—527	18	代人	12	67%	代人贵族	2	11%
					王室附庸	10	56%
		中原士族				4	22%
		其他				2	11%

时间	总数	身份	人数	比率	身份	人数	比率
442—490	6	代人	4	67%	代人贵族	2	33%
					王室附庸	2	33%
		中原士族				0	0%
		其他				2	33%
490—527	12	代人	8	67%	代人贵族	0	0%
					王室附庸	8	67%
		中原士族				4	33%
		其他				0	0%

14. 朔州（云中镇，444—527）[1]

	姓名	身份	时期		姓名	身份	时期
1	司马楚之	代人（客）	太武—文成	2	司马金龙	代人（客）	文成—孝文
3	司马跃	代人（客）	孝文	4	于染干	代人	孝文
5	于杲	代人	孝文（490）	6	拓跋颐	代人（王室）	孝文
7	侯莫陈斛古提	领酋	孝文	8	楼禀	代人	宣武
9	拓跋琛	代人（王室）	宣武	10	杨椿	代人（客）	宣武
11	高植	代人（外戚）	宣武	12	慕容契	代人（客）	宣武
13	暴喟	其他	孝明	14	李叔仁	其他	孝明
15	娄宝	代人	孝明	16	费穆	代人	孝明

---

[1] 朔州为拓跋人早期根据地，只是太武帝以前负责此一地区的行政长官并不清楚。值得注意的是，即使在孝文锐意汉化，大量启用汉人士族的情况下，汉人也还是没机会出任此州长官。恒州（即平城所在地）也有类似情况。

朔州

时间	总数	身份	人数	比率	身份	人数	比率
444—527	16	代人	13	81%	代人贵族	5	31%
					王室附庸	8	50%
		中原士族				0	0%
		其他				2	13%
		领酋				1	6%
444—490	4	代人	4	100%	代人贵族	1	25%
					王室附庸	3	75%
		中原士族				0	0%
		其他				0	0%
		领酋				0	0%
490—527	12	代人	9	75%	代人贵族	4	33%
					王室附庸	5	42%
		中原士族				0	0%
		其他				2	17%
		领酋				1	8%

15. 徐州（彭城镇，466—527）[1]

	姓名	身份	时期		姓名	身份	时期
1	薛安都	代人（客）	文成	2	尉元	代人	献文
3	拓跋嘉	代人（王室）	孝文	4	薛虎子	代人	孝文（490）

---

[1] 以上诸镇皆偏在北边，故列青、徐两个南方州镇。由于这两个地区差不多到470年左右才纳入北魏版图，因此，其比率表另行统计，从比率表上来看，汉人士族除了在青州的比率较他州略高外，徐州差异不大，如果我们以孝文帝后期的比率来看，则青州汉士族所占的比率也不见得就真的高多少。单就王室附庸一栏而言，比率有显著提高。不过，如就代人集团整体而言，则差不太多。

	姓名	身份	时期		姓名	身份	时期
5	拓跋郁	代人（王室）	孝文	6	拓跋澄	代人（王室）	孝文
7	拓跋衍	代人（王室）	孝文	8	拓跋愉	代人（王室）	孝文
9	拓跋鉴	代人（王室）	宣武	10	拓跋嵩	代人（王室）	宣武
11	拓跋晒	代人（王室）	宣武	12	卢昶	中原士族	宣武
13	李彦	代人（客）	宣武	14	杨钧	代人（客）	宣武
15	拓跋延明	代人（王室）	孝明	16	萧宝夤	代人（客）	孝明
17	拓跋颢	代人（王室）	孝明	18	杨昱	代人（客）	孝明

徐州

时间	总数	身份	人数	比率	身份	人数	比率
466—527	18	代人	17	94%	代人贵族	2	11%
					王室附庸	15	83%
		中原士族				1	6%
		其他				0	0%
466—490	3	代人	3	100%	代人贵族	1	33%
					王室附庸	2	67%
		中原士族				0	0%
		其他				0	0%
490—527	15	代人	14	93%	代人贵族	1	7%
					王室附庸	13	87%
		中原士族				1	7%
		其他				0	0%

16.青州（467—527）

	姓名	身份	时期		姓名	身份	时期
1	郦范	中原士族	献文	2	慕容白曜	代人（客）	献文
3	韩颓	代人（外戚）	孝文	4	李惠	代人（外戚）	孝文

	姓名	身份	时期		姓名	身份	时期
5	韩秀	中原士族	孝文	6	陆龙成	代人	孝文
7	拓跋天琚	代人（王室）	孝文（490）	8	公孙邃	中原士族	孝文
9	拓跋羽	代人（王室）	孝文	10	拓跋颐	代人（王室）	孝文
11	拓跋鸾	代人（王室）	宣武	12	刘芳	中原士族	宣武
13	郭祚	中原士族	宣武	14	拓跋继	代人（王室）	宣武
15	陆昕之	代人	宣武	16	高植	代人（外戚）	宣武
17	郑道昭	中原士族	宣武	18	拓跋融	代人（王室）	孝明
19	崔休	中原士族	孝明	20	拓跋罗	代人（王室）	孝明
21	拓跋匡	代人（王室）	孝明	22	拓跋鉴	代人（王室）	孝明
23	拓跋劭	代人（王室）	孝明				

青州

时间	总数	身份	人数	比率	身份	人数	比率
467—527	23	代人	16	70%	代人贵族	2	9%
					王室附庸	14	61%
		中原士族				7	30%
		其他				0	0%
467—490	6	代人	4	67%	代人贵族	1	17%
					王室附庸	3	50%
		中原士族				2	33%
		其他				0	0%
490—527	17	代人	12	71%	代人贵族	1	6%
					王室附庸	11	65%
		中原士族				5	29%
		其他				0	0%

青徐二州地方长官平均比率表

时间	总数	身份	人数	比率	身份	人数	比率
467—527	41	代人	33	80%	代人贵族	4	10%
					王室附庸	29	71%
		中原士族				8	20%
		其他				0	0%
467—490	9	代人	7	78%	代人贵族	2	22%
					王室附庸	5	56%
		中原士族				2	22%
		其他				0	0%
490—527	32	代人	26	81%	代人贵族	2	6%
					王室附庸	24	75%
		中原士族				6	19%
		其他				0	0%

北魏王畿图

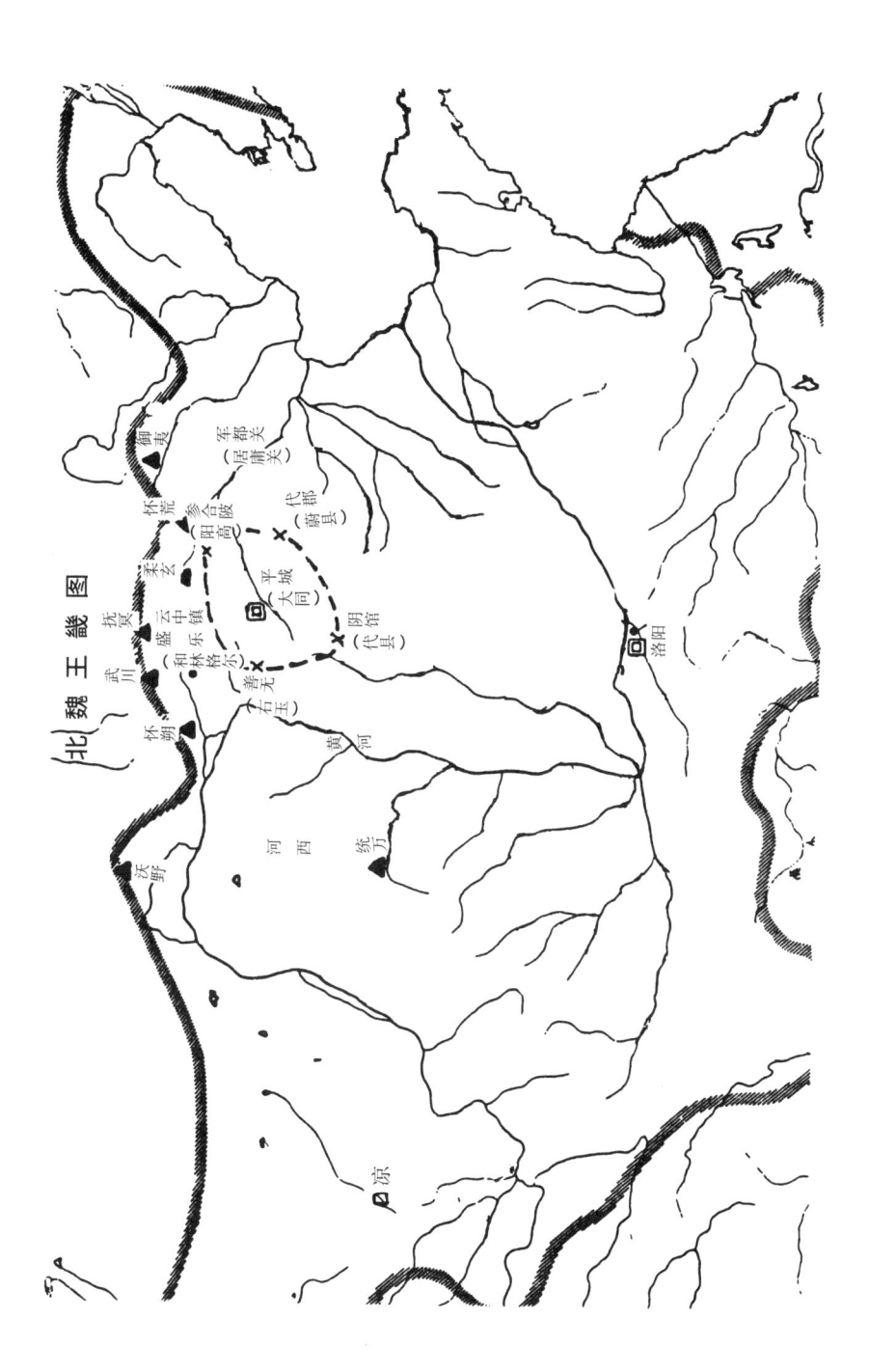

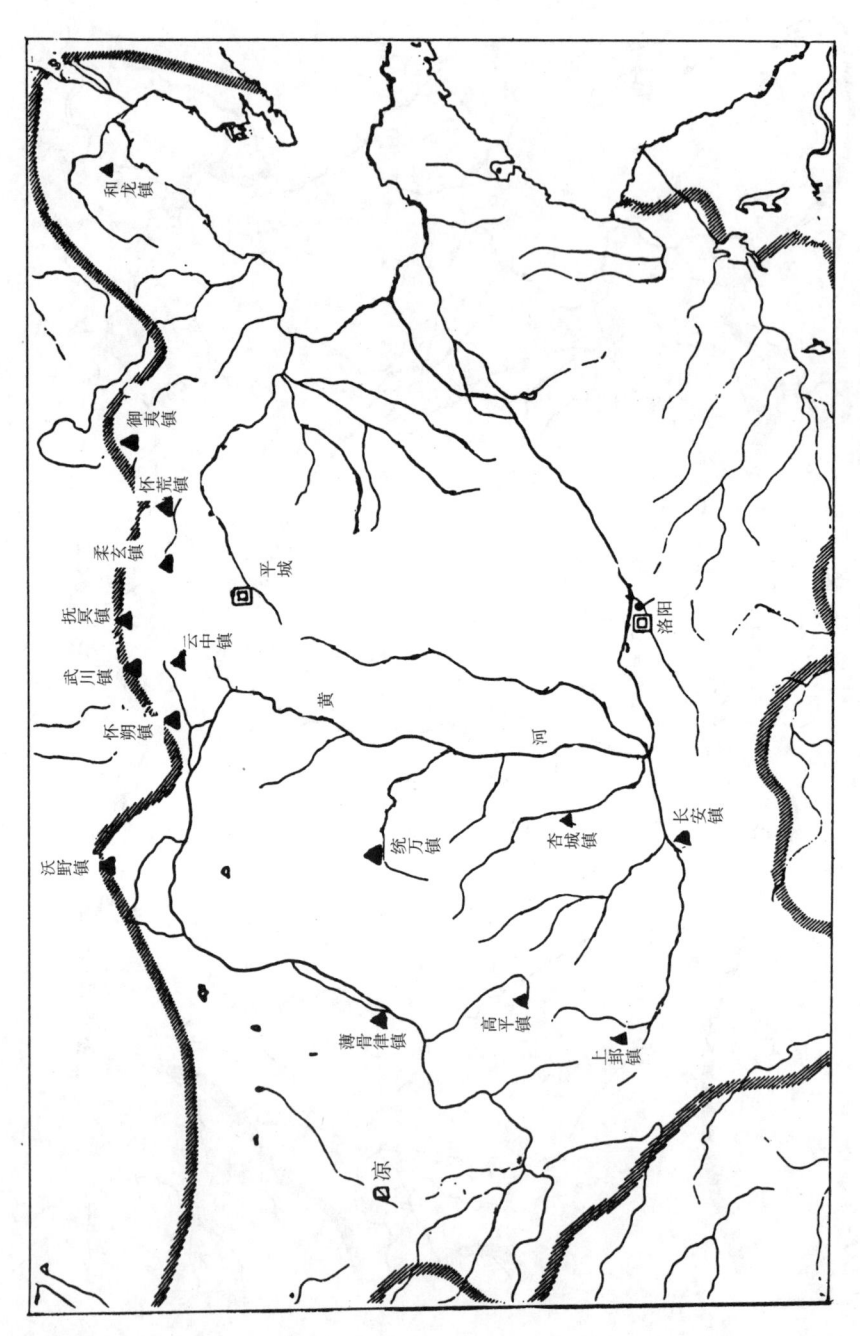

北魏北方军镇图（资料来源：严耕望，《北魏军镇制度考》附图）

书 目

一、基本资料

王昶编,《金石萃编》,(台北,石刻史料丛书甲编)。
王钦若,《册府元龟》,(台北,中华书局)。
令狐德棻,《周书》(点校本)。
司马光,《资治通鉴》(点校本)。
司马迁,《史记》(点校本)。
朱师辙校注,《商君书解诂》,(台北,1975)。
《孝经》,(台北,艺文,十三经注疏本)。
李吉甫,《元和郡县图志》,(商务,国学基本丛书)。
李百药,《北齐书》(点校本)。
李延寿,《北史》(点校本)。
杜佑,《通典》,(台北,新兴书局本)。
沈约,《宋书》(点校本)。
屈万里注释,《尚书今注今译》,(台北,1977)。
屈万里注释,《诗经释义》,(台北,1974)。
房玄龄,《晋书》(点校本)。

拉施特,《史集》,（北京，1983）。

姚思廉,《梁书》（点校本）。

徐梦莘,《三朝北盟会编》,（台北，1962）。

班固,《汉书》（点校本）。

《国语》（点校本）,（台北，1978）。

崔寔著，石声汉校注,《四民月令》,（北京，1965）。

宋濂,《元史》（点校本）。

脱脱,《金史》（点校本）。

陈寿,《三国志》（点校本）。

杨衒之著，范祥雍校注,《洛阳伽蓝记》,（台北，1980）。

葛洪,《抱朴子》（丛书集成初编）。

《睡虎地秦墓竹简》,（北京，1978）。

《蒙古秘史》校勘本,（呼和浩特，内蒙古人民出版社，1980）。

赵万里辑,《汉魏南北朝墓志集释》,（台北，1972）。

刘昫,《旧唐书》（点校本）。

欧阳修,《新唐书》（点校本）。

萧子显,《南齐书》（点校本）。

韩非著，陈奇猷校注,《韩非子集释》,（台北，1977）。

《礼记》（台北，艺文，十三经注疏本）。

颜之推著，王利器集解,《颜氏家训集解》,（台北，1982）。

魏收,《魏书》（点校本）。

魏征,《隋书》（点校本）。

郦道元著，王先谦校注,《水经注》（四部备要本）。

二、参考资料（中、日文）

大泽阳典,《冯后とその时代》,《立命馆文学》, 192（1961）。

山西文物工作委员会,《大同方山北魏永固陵》,《文物》, 1978:7。

书　目

山西文物工作委员会，《山西大同石家寨北魏司马金龙墓》，《文物》，1972:3。

山西考古研究所，《太原市北齐娄叡墓发掘简报》，《文物》，1983:10。

山东文物考古研究所，《曲阜鲁国故城》，（济南，1982）。

川本芳昭，《北魏の封爵制》，《东方学》，57（1979）。

川本芳昭，《北魏高祖の漢化政策についての考察——北族社会の変質との関係から見た》，《东洋学报》，62:3，4（1981）。

内田吟风，《北朝政局に於ける鮮卑及諸北族系貴族の地位》，《东洋史研究》，1:3（1936）。

毛汉光，《北魏东魏北齐之核心集团与核心区》，《"中央研究院"历史语言研究所集刊》，57:2（1986）。

王夫之，《读通鉴论》，（北京，1975）。

王健文，《西汉律令与国家正当性——以律令中的"不道"为中心》，《新史学》，3:3（1992）。

王国维，《观堂集林》，（台北，1983）。

古贺登，《北魏俸禄制施行について》，《东洋史研究》，24:2（1965）。

布洛克著，周婉窈译，《史家的技艺》，（台北，1989）。

札奇斯钦，《北亚游牧民族与中原农业民族间的和平、战争与贸易之关系》，（台北，1973）。

札奇斯钦，《蒙古文化与社会》，（台北，1987）。

田村实造，《中國征服王朝の研究》，（京都，1964）。

宇都宫清吉，《中国中世史把握のための一視角》，《中国中世史研究》，（东京，1970）。

守屋美都雄，《漢代爵の源流として見たる商鞅爵制の研究》，《东方学报》，27（1955）。

江上波夫，《内蒙古高原的生活·蒙古高原横断记》，（东京，1941）。

江上波夫，《匈奴の祭祀》，《ウラシア古代北方文化：匈奴文化論考》，（东京，1948）。

池田温，《中国古代籍帐研究》，（东京，1979）。

牟复礼，《中国历史的特质》，《历史月刊》，3（1988）。

米文平，《鲜卑石室的发现与初步研究》，《文物》，1981:2。

考古研究所汉城发掘队，《汉长安城南郊礼制建筑遗址发掘简报》，《考古》，1960:7。

西嶋定生，《中国古代帝国の形成と構造——二十等爵制の研究》，（东京，1961）。

西嶋定生，《中国古代统一国家的特質——皇帝统治之出現》，杜正胜编，《中国上古史论文选集》（下），（台北，1979）。

西野正彬，《北魏の軍制と南邊》，《北陆史学》，25，（1976）。

余英时，《名教危机与魏晋士风的演变》，《中国知识阶层史论·古代篇》，（台北，1980）。

余英时，《汉代循吏与文化传播》，《中国思想传统的现代诠释》，（台北，1987）。

余英时，《说鸿门宴的坐次》，《史学与传统》，（台北，1982）。

余逊，《读魏书李冲传论宗主制》，《"中央研究院"历史语言研究所集刊》，20:2（1949）。

吴廷燮，《元魏方镇年表》，《二十五史补编》。

吕光天，《鄂温克族》，（北京，1983）。

吕思勉，《两晋南北朝史》，（上海，1948）。

吕维祺，《孝经本义》，（台北，丛书集成本，1987）。

志工，《略谈北魏的屏风漆画》，《文物》，1972:8。

李亚农，《李亚农史论集》，（上海，1978）。

杜正胜，《平民爵制与秦国的新社会》，《编户齐民——传统政治社会结构之形成》，（台北，1990）。

杜正胜，《传统法典之始原》，《刑法的转变：从肉刑到徒刑》，《编户齐民——传统政治社会结构之形成》，（台北，1990）。

杜正胜，《中原国家的起源及早期的发展》，《古代社会与国家》，（台北，1992）。

杜正胜，《封建与宗法》，《古代社会与国家》，（台北，1992）。

杜正胜，《殷遗民的遭遇与地位》，《古代社会与国家》，（台北，1992）。

杜正胜，《五服制的族群结构与伦理》，《古代社会与国家》，（台北，1992）。

杜正胜，《传统家族结构的典型》，《古代社会与国家》，（台北，1992）。

沈从文，《中国古代服饰研究》，（台北，1981）。

谷川道雄，《中国中世の探求》，（东京，1987）。

谷川道雄，《北朝貴族の生活倫理》，《中国中世史研究》，（东京，1970）。

谷川道维，《武川鎮军閥の形成》，《名古屋大学东洋史研究报告》，8，（1982）。

谷川道雄，《魏晋南北朝及隋唐的社会和国家》，《中国史研究》，1986:3。

邢义田，《汉代的父老、僤与聚族里居》，《汉学研究》，1:2（1983）。

阮昌锐，《中国民间宗教之研究》，（台北，1990）。

周一良，《北朝的民族问题与民族政策》，《魏晋南北朝史论集》，（北京，1963）。

周一良，《领民酋长与六州都督》，《魏晋南北朝史论集》，（北京，1963）。

周一良，《从北魏几郡的户口变化看三长制的作用》，《社会科学战线》，1980:4。

周一良，《评介三部魏晋南北朝史著作》，《北京大学学报·哲学社会科学》，1985:2。

服部克彦，《北魏洛陽の社会と文化》，（京都，1965）。

河地重造，《北魏王朝の成立とその性格について——徙民政策の展開から均田制へ》，《东洋史研究》，12:5（1953）。

金子修一，《中国古代における皇帝祭祀の考察》，《史学杂志》，87:2（1978）。

金子修一，《魏晋より隋唐に至る郊祀、宗廟の制度について》，《史学杂志》，88:10（1979）。

青山定雄，《中国历代地名要览》，（台北，1973）。

侯仁之，《历史地理学的理论与实践》，（上海，1979）。

侯外庐编，《中国思想通史》第一卷，（北京，1957）。

前田正名，《平城の歷史地理學的研究》，（东京，1977）。

姚薇元，《北朝胡姓考》，（北京，1962）。

洪亮吉，《十六国疆域志》，（商务，国学基本丛书）。

韦伯，康乐、简惠美译，《支配社会学》，（台北，1993）。

韦伯，康乐编译，《支配的类型》，（台北，1989）。

凌纯声，《松花江下游的赫哲族》，（南京，1934）。

唐长孺，《九品中正制度试释》，《魏晋南北朝史论丛》，（北京，1955）。

唐长孺，《西晋田制试释》，《魏晋南北朝史论丛》，（北京，1955）。

唐长孺，《拓跋国家的建立及其封建化》，《魏晋南北朝史论丛》，（北京，1955）。

唐长孺，《魏周府兵制度辨疑》，《魏晋南北朝史论丛》，（北京，1955）。

唐长孺，《魏晋杂胡考》，《魏晋南北朝史论丛》，（北京，1955）。

唐长孺，《北魏均田制中的几个问题》，《魏晋南北朝史论丛续编》，（北京，1959）。

唐长孺，《西晋户调式的意义》，《魏晋南北朝史论丛续编》，（北京，1959）。

唐长孺，《拓跋族的汉化过程》，《魏晋南北朝史论丛续编》，（北京，1959）。

唐长孺，《魏晋南朝的君父先后论》，《魏晋南北朝史论拾遗》，（北京，1983）。

唐长孺，《土族的形成与升降》，《士人荫族特权和士族队伍的扩大》，《魏晋南北朝史论拾遗》，（北京，1983）。

唐长孺，《论北魏孝文帝定姓族》，《魏晋南北朝史论拾遗》，（北京，1983）。

唐长孺，《北魏末期的山胡敕勒起义》，《山居存稿》，（北京，1989）。

唐长孺，《新出吐鲁番文书简介》，《山居存稿》，（北京，1989）。

唐长孺，《门阀的形成及其衰落》，《武汉大学人文科学学报》，1959:8。

唐长孺、黄惠贤，《试论魏末北镇镇民暴动的性质》，《历史研究》，1964:1。

唐长孺、黄惠贤，《二秦城民暴动的性质和特点——北魏末期人民大起义研究之三》，《武汉大学学报》，1979:4。

孙同勋，《拓跋氏的汉化》，（台北，1962）。

岛田正郎，《契丹の祭祀》，《辽朝史の研究》，(东京，1979)。

徐复观，《中国人性论史》，(台北，1982)。

徐复观，《两汉思想史》，卷一，(台北，1982)。

徐复观，《中国孝道思想的形成、演变、及其在历史中的诸问题》，《中国思想史论集》，(台北，1962)。

秦蕙田，《五礼通考》，(台北，1970)。

陕西文物管理委员会，《统万城城址勘测记》，《考古》，1981:3。

马长寿，《乌桓与鲜卑》，(北京，1962)。

马长寿，《碑铭所见前秦至隋初的关中部族》，(北京，1985)。

宿白，《东北内蒙古地区的鲜卑遗迹》，《文物》，1977:5。

宿白，《盛乐平城一带的拓跋鲜卑——北魏遗迹》，《文物》，1977:11。

崛敏一著，韩国磐、韩昇等译，《均田制研究》，(福州，1982)。

康学伟，《先秦孝道研究》，(台北，1992)。

张伯忠，《哲里木盟发现的鲜卑遗存》，《文物》，1981:2。

张政烺，《古代中国的十进制组织》，《历史教学》，2:3,4,6 (1951)。

符拉基米尔佐夫著，刘竣荣译，《蒙古社会制度史》，(北京，1980)。

陈直，《史记新证》，(天津，1979)。

陈直，《汉书新证》，(天津，1979)。

陈垣，《元西域人华化考》，(台北，1962)。

陈寅恪，《唐代政治史述论稿》，《陈寅恪先生论文集》，(台北，1977)。

陈寅恪，《隋唐制度渊源略论稿》，《陈寅恪先生论文集》，(台北，1977)。

陈寅恪，《魏书司马叡传江东民族条释证及推论》，《金明馆丛稿初编》，(台北，1981)。

陈寅恪，《崔浩与寇谦之》，《金明馆丛稿初编》，(台北，1981)。

陈寅恪，《李唐氏族之推测》，《李唐氏族之推测后记》，《三论李唐氏族问题》，《金明馆丛稿二编》，(台北，1981)。

陈寅恪，《东晋南朝之吴语》，《金明馆丛稿二编》，(台北，1981)。

陈寅恪，《武曌与佛教》，《金明馆丛稿二编》，(台北，1981)。

陈寅恪著，万绳楠整理，《魏晋南北朝史讲演录》，(合肥，1987)。

陈学霖，《北魏六镇之叛变及其影响》，《崇基学报》，2:1（1962）。

陈铁凡，《孝经学源流》，（台北，1986）。

陶希圣，《服制之构成》，《食货》，1:9（1971）。

陶晋生，《女真史论》，（台北，1981）。

傅朗云、杨旸，《东北民族史略》，（吉林，1983）。

傅斯年，《论所谓五等爵制》，《"中央研究院"历史语言研究所集刊》，2:1（1930）。

劳榦，《北魏后期的重要都邑与北魏政治的关系》，《劳榦学术论文集甲编》（台北，1976）。

劳榦，《论魏孝文帝之迁都与汉化》，《劳榦学术论文集甲编》，（台北，1976）。

汤一介，《魏晋南北朝时期的道教》，（台北，1991）。

程树德，《九朝律考》，（上海，1955）。

黄展岳，《汉长安城南郊礼制建筑的位置及其有关问题》，《考古》，1960:9。

黄烈，《拓跋鲜卑早期国家的形成》，《魏晋隋唐史论集（二）》，（1983）。

逯耀东，《从平城到洛阳》，（台北，1979）。

杨宽，《战国史》，（上海，1980）。

杨联陞，《国史上的女主》，《国史探微》，（台北，1983）。

万斯同，《魏将相大臣年表》，《二十五史补编》。

福格，《听雨丛谈》，《清代史料笔记汇编》第一辑，（香港，1980）。

赵翼，《廿二史劄记》，（台北，1977）。

摩尔根（Morgan, L.H）著，杨东蓴等译，《古代社会》，（北京，1972）。

郑钦仁，《北魏官僚机构研究》，（台北，1976）。

郑钦仁，《北魏中侍中稿》，《食货》2:6，（1972）。

郑钦仁，《北魏中给事（中）稿——兼论北魏中叶文明太后的时代》，《食货》3:1，（1973）。

萧启庆，《元代史新探》，（台北，1983）。

钱穆，《国史大纲》，（台北，1974）。

滨口重国，《正光四五年の交に於ける後魏の兵制に就にて》，《秦漢隋唐史の研究》，（东京，1966）。

谭惠中,《关于北魏均田制的实质》,《历史研究》,1963:5。

严耕望,《北魏尚书制度考》,《"中央研究院"历史语言研究所集刊》,18,（1948）。

严耕望,《北魏军镇》,《中国地方行政制度史——魏晋南北朝行政制度》,（台北,1963）。

饶宗颐,《中国史学上之正统论》,（香港,1977）

《续修四库全书提要》,（台北,1972）。

三、参考资料（西文）

Barth, Fredrik, *Nomads of South Persia: The Basseri Tribe of the Khamseh Confederacy* (Prospect Heights, 1961).

Chan Hok-lam, "Chinese Official Historgraphy at the Yuan Court", Langlois, J. D. Jr. ed., *China under Mongol Rule* (Princeton,1981).

Claessen, Henri. J. M. & Peter Skalnik ed., *The Study of the State* (Hague, 1981).

Cole, Donald P., *Nomads of the Normads: The Al Murrah Bedouin of the Empty Quarter* (Arlington Heights, 1975).

Dien, Albert E., "Elite Lineages and the T'o-pa Accomodation: A Study of the Edict of 495", *Journal of the Economic and Social History of the Orient*, 19:1(1976).

Durkheim, E., *The Elementary Forms of the Religious Life* (New York, 1915).

Eberhard, Wolfram, *Conquerors and Rulers: Social Forces in Medieval China* (Leiden, 1965).

Eberhard, Wolfram, *Das Toba-Reich Nord Chinas* (Leiden, 1949).

Eliade, M. Shamanism, *Archaic Techniques of Ecstasy* (Princeton, 1964).

Fitzgerald, G .P., *The Empress Wu* (Melbourne, 1955).

Fung yu-lan. "The Philosophy at the Basis of Traditional Chinese Society," F.

S. C. Northrop ed., *Ideological Difference and World Order* (New Haven, 1949).

Ho Ping-ti, "Loyang, A.D. 495—534: A Study of the Physical and Socialeconomic Planning of a Metropolitan Area", *Harvard Journal of Asiatic Studies,* 26 (1966).

Hsiao Ch'i-ch'ing, *The Military Establishmemt of the Yüan Dynasty* (Cambridge, Mass. 1978).

Jagchid, S. and Hyer, P., *Mongolia's Culture and Society* (Boulder,: Westview Press, 1979).

Jenner, W. F. J., *Memories of Loyang, Yang Hsuan-chich and the Lost Capital, 493—534* (Oxford, 1981).

Jennifer, Holmgren, *Annals of Tai: Early T'o-pa history according to the first chapter of the Wei-shu* (Canberra, 1982).

Lasswell, H. D. and Kaplan, A., *Power & Society: A Framework for Political Inquiry* (New Haven, 1950).

Lattimore, Owen, *Inner Asian Frontiers of China* (Boston, 1940).

Loewe. M., *Crisis and Conflict in Han China* (London, 1974).

Mather, Richard B., "K'ou Ch'ien-chih and the Taoist Theocracy at the Northern Wei Court, 425—51", H. Welch & A. Seidel ed., *Facets of Taoism: Essay in Chinese Religion* (New Haven, 1979).

Parsons, T., "On the Concepts of Political Power," *Proceedings of the American Philosophical Society*, 107(1963).

Radcliff-Brown, A. R., *Structure and Function in Primitive Society* (New York,1952).

Suetonius, *The Lives of the Caesars* (Loeb Classical Liberary).

Swartz, M. J., Turner, V. W. & Tuden, A. eds., *Political Anthropology* (Chicago.1966).

Tao Jing-shen, *The Jurchen in Twelfth-Centutry China: A Study of Sinicization* (Seattle, 1976).

Vasiliev, A. A., *History of the Byzantine Empire* (Univ. of Wisconsin Press, 1952).

Wang Yi-t'ung, "Slave and Other Comparable Social Groups during the Northern Dynasties (386—618)", *Harvard Journal of Asiatic Studies*, 16(1953).

Wang Yi-t'ung, tr., *A Record of Buddhist Monasteries in Lo-yang* (Princeton, 1984).

Wechsler, H. J., *Offerings of Jade and Silk: Ritual & Symbol in the Legitimation of the T'ang Dynasty* (New Haven, 1985).

Wenley, A. G., "The Grand Empress Dowager Wen Ming and the Northern Wei Necropolis at Fang Shan", *Freer Galley of Art Occasional Papers*, 1:1 (Washing D. C., 1947).

Yü Ying-shih, "Individualism and the Neo-Taoist Movement in Wei-Chin China", Donald Munro ed., *Individualism and Holism: Studies in Confucian and Taoist Values* (Ann Arbor, 1985).

图书在版编目（CIP）数据

从西郊到南郊 / 康乐著. -- 北京：北京联合出版公司，2020.7（2023.9重印）
　　ISBN 978-7-5596-3614-0

　　Ⅰ. ①从… Ⅱ. ①康… Ⅲ. ①中国历史—研究—北魏 Ⅳ. ①K239.210.7

中国版本图书馆CIP数据核字（2019）第195362号

Simplified Chinese edition copyright © 2020 by Beijing United Publishing Co., Ltd.
All rights reserved.
本作品中文简体字版权由北京联合出版有限责任公司所有

从西郊到南郊：北魏的迁都与改革

作　　者：康　乐
出 品 人：赵红仕
出版监制：刘　凯　马春华
选题策划：联合低音
责任编辑：马　旭　肖　桓
封面设计：molifengya@outlook.com
内文排版：刘永坤

关注联合低音

北京联合出版公司出版
（北京市西城区德外大街83号楼9层　100088）
北京联合天畅文化传播公司发行
北京美图印务有限公司印刷　新华书店经销
字数320千字　787毫米×1092毫米　1/16　25印张
2020年7月第1版　2023年9月第4次印刷
ISBN 978-7-5596-3614-0
定价：75.00元

版权所有，侵权必究
未经书面许可，不得以任何方式转载、复制、翻印本书部分或全部内容。
本书若有质量问题，请与本公司图书销售中心联系调换。电话：（010）64258472-800